21世纪经济管理精品教材
经济学系列

Economics of Public Debt

公债经济学

李士梅◎主编 李安◎副主编

清华大学出版社
北京

内容简介

公债经济学是一门横跨财政学、金融学、投资学等多领域的学科。它致力于研究公债的发行和管理，阐释国家为平衡财政收支，运用债务方式取得财政资金的过程及运行规律，为解决现实的公债问题提供重要的理论基础和解决方案。公债是一国政府依据国家政治权力，采取国家财政性信用方式，向国内、国外筹措资金，包括内债和外债的一种特殊分配形式。公债经济学的主要内容包括：公债的基本原理与演变趋势，公债的种类、发行、偿还、付息，公债在金融市场上的流通，公债在国家财政中的地位与作用，公债的效应理论，公债的管理与政策等。

本书封面贴有清华大学出版社防伪标签，无标签者不得销售。
版权所有，侵权必究。举报：010-62782989，beiqinquan@tup.tsinghua.edu.cn。

图书在版编目(CIP)数据

公债经济学/李士梅主编. —北京：清华大学出版社，2019（2024.7重印）
（21世纪经济管理精品教材·经济学系列）
ISBN 978-7-302-52351-2

Ⅰ.①公… Ⅱ.①李… Ⅲ.①国债－经济学－高等学校－教材 Ⅳ.①F810.5

中国版本图书馆 CIP 数据核字(2019)第 034413 号

责任编辑：陆浥晨
封面设计：李召霞
责任校对：宋玉莲
责任印制：刘 菲

出版发行：清华大学出版社
网　　址：https://www.tup.com.cn, https://www.wqxuetang.com
地　　址：北京清华大学学研大厦 A 座　　邮　　编：100084
社 总 机：010-83470000　　邮　　购：010-62786544
投稿与读者服务：010-62776969, c-service@tup.tsinghua.edu.cn
质量反馈：010-62772015, zhiliang@tup.tsinghua.edu.cn
印 装 者：涿州市般润文化传播有限公司
经　　销：全国新华书店
开　　本：185mm×260mm　　印　张：16　　字　数：377千字
版　　次：2019 年 3 月第 1 版　　印　次：2024 年 7 月第 4 次印刷
定　　价：55.00 元

产品编号：081394-01

前言

当前,公债活动复杂多样,影响全面而深刻。从历史和现实来看,无论是发展中国家还是发达国家,都不同程度地存在公债风险。从政府债券的发行到公债市场的波动,从显性公债的日益膨胀到隐性公债的潜在危机,从公债风险的产生到公债危机的爆发,这些公债活动的影响往往遍及一国和地区社会经济生活的角角落落,甚至会通过连锁反应而波及世界其他国家和地区。因此,公债是一个世界各国都要积极面对的财政经济问题。

中国的公债市场经过几十年的发展,公债规模日益扩大,公债管理体系在探索和实践中不断完善。但发展的同时仍然存在许多问题需要解决,其中一个重要的问题就是因地方政府举债行为不规范而导致的隐性债务规模增大。必须采取有效措施,严防区域性、系统性风险发生,公债市场迫切地要求建立相关的法律制度予以规范。

公债经济学亦称公债论,是研究国家为平衡财政收支,运用债务方式取得财政收入的过程及其规律的科学。从经济学的角度看,债可以分为公债与私债。公债与私债的不同之处在于债务人的性质。债务人若为公共部门,债就列为公债;债务人为私人部门,债就列为私债。所以,所谓的公债就是公共部门的负债,它是某公共部门作为债务人,按法律的规定或合同的约定向另一经济主体承担一定行为义务所形成的债权债务关系。公债有广义和狭义之分,广义的公债是指以公与私为分界线,把公共部门作为一个整体与私人部门发生债务和债权关系;而狭义的公债是以政府与非政府为分界线,把政府部门作为一个整体与其他经济部门发生债务和债权关系,即把政府等同于公共部门,政府包括中央政府和地方政府。从公债的产生和发展来看,公债是一国政府以国家信誉为担保,采取国家财政信用方式,向国内外筹集资金,包括内债和外债的一种特殊财政收入形式。

以往研究公债经济问题,是在财政学中加以论述的。随着公债规模的扩大,公债种类的增多,公债管理的复杂化,公债理论也在不断向前发展,公债经济学开始逐渐从财政学中分离出来。它一方面着重阐述公债的基本原理及演变趋势,另一方面探讨公债的种类、发行、流通、偿还等一系列管理制度及规律。如今,公债经济学是一门横跨财政学、金融学、投资学的交叉学科,是经济学专业学生及致力于公债经济学研究的经济学者应该掌握的一门学问。

本书吸收了中外最前沿的研究成果,尽全力收集最新数据,运用多种方法对公债理论进行深入探讨和研究。前人的成果和观点给我们带来了无限的启发和鼓舞,谨再次表示衷心的感谢。

作　者

目录

第一章	公债经济学导论	1
	第一节 公债的概念及特征	1
	第二节 公债的功能和作用	5
	第三节 公债的产生条件	8
	第四节 公债的起源及发展	10

第二章	西方公债理论	31
	第一节 古典经济学派公债理论	31
	第二节 德国学派公债理论	37
	第三节 凯恩斯学派公债理论	40
	第四节 新古典综合学派公债理论	42
	第五节 理性预期学派公债理论	46
	第六节 公债思想演变的启示	52

第三章	公债的规模	55
	第一节 公债适度规模理论	55
	第二节 公债规模的衡量指标	60
	第三节 我国公债规模的发展现状	62
	第四节 公债规模对社会总供求的影响	72

第四章	公债的分类及结构	75
	第一节 公债的基本分类	75
	第二节 可转让债券	77
	第三节 不可转让债券	79
	第四节 公债的结构	81
	第五节 公债结构的设计原则	83

第五章	公债的发行、认购与偿付	85
	第一节 公债的发行	85

第二节　公债的认购 …………………………………………………………………… 98
　　第三节　公债的偿付 …………………………………………………………………… 105

第六章　公债的流通 …………………………………………………………………… 115
　　第一节　公债流通市场的分类及交易方式 …………………………………………… 115
　　第二节　公债的现货交易 ……………………………………………………………… 119
　　第三节　公债回购交易 ………………………………………………………………… 124
　　第四节　公债的期货交易 ……………………………………………………………… 129
　　第五节　公债交易程序与托管清算体系 ……………………………………………… 135
　　第六节　公债流通市场的功能 ………………………………………………………… 141

第七章　公债的管理 …………………………………………………………………… 144
　　第一节　公债管理概述 ………………………………………………………………… 144
　　第二节　公债管理的目标和原则 ……………………………………………………… 149
　　第三节　公债管理的工具和手段 ……………………………………………………… 152
　　第四节　公债管理体制 ………………………………………………………………… 155

第八章　公债的经济效应 ……………………………………………………………… 159
　　第一节　公债对财政收支的影响 ……………………………………………………… 159
　　第二节　公债对货币供给的影响 ……………………………………………………… 162
　　第三节　公债对收入分配的影响 ……………………………………………………… 168
　　第四节　公债的"挤入效应"和"挤出效应" ………………………………………… 170

第九章　公债的风险 …………………………………………………………………… 176
　　第一节　公债风险概述与分类 ………………………………………………………… 176
　　第二节　公债风险矩阵 ………………………………………………………………… 180
　　第三节　隐性债务和或有债务 ………………………………………………………… 183
　　第四节　公债风险化解 ………………………………………………………………… 192

第十章　地方政府公债 ………………………………………………………………… 196
　　第一节　地方公债概述 ………………………………………………………………… 196
　　第二节　我国地方公债的发展 ………………………………………………………… 199
　　第三节　我国地方公债的风险管理 …………………………………………………… 204
　　第四节　美国、日本地方公债的发展及借鉴 ………………………………………… 209

第十一章　中外公债的比较 …………………………………………………………… 217
　　第一节　发达国家公债的概况 ………………………………………………………… 217
　　第二节　中外公债发行方式的比较 …………………………………………………… 226

第三节　中外公债管理制度的比较 ·································· 230

第十二章　我国国债市场的发展与完善 ································· 235

　　第一节　金融危机背景下国债市场的功能 ························· 235

　　第二节　国债发行市场和流通市场的利率市场化 ················ 237

　　第三节　我国国债市场的发展及完善对策 ························· 240

参考文献 ·· 244

后记 ·· 246

第一章 公债经济学导论

公债出现于奴隶社会，存在于封建社会，形成于资本主义社会。纵观公债的发展历史，不难发现，随着经济的发展，公债的规模也在不断地发展和变化，尤其是资本主义社会出现以后，公债以资本主义经济关系为依托而迅速地发展壮大起来。

第一节 公债的概念及特征

一、公债的概念

从经济学的角度看，债可以分为公债与私债。公债与私债的不同之处在于债务人的性质。债务人若为公共部门，债就列为公债；债务人若为私人部门，债就列为私债。所以，所谓的公债就是公共部门的负债。它是某公共部门作为债务人，按法律的规定或合同的约定向另一经济主体承担一定行为义务所形成的债权债务关系。

公债有广义和狭义之分。广义的公债是指以公与私为分界线，把公共部门作为一个整体和私人部门发生债务与债权关系，着重于社会产品在国有与非国有之间的借贷。而狭义的公债则是指以政府与非政府为分界线，把政府部门作为一个整体和其他经济部门发生债务与债权关系，即把政府等同于公共部门，政府包括中央政府和地方政府。

在现实经济生活中，美国、日本等发达国家研究的公债多从广义角度出发，而从中国现实运用来看，人们研究的公债是指政府的债务，即狭义的公债。公债是各级政府借债的统称。中央政府的债务称为中央债，又称国债；地方政府的债务称为地方债。公债是中央政府举债的债务，是政府取得财政收入的一种有偿形式。

二、公债的特征

公债具有一般债券的三个特征：安全性、流通性、收益性。安全性是指债券持有者到期能够无条件地收回本金；流通性也就是债券的市场性，是指持有者想转让所持债券时能顺利成交的程度；收益性是指债券持有者可以在债务期间或期满后取得本金之外的收入。作为投资者，在其投资资金既定的情况下，如何选择投资工具，是在对各种金融商品的三性即安全性、流动性和收益性进行综合评价后作出决策的，对公债的投资也不例外。

（一）安全性

所谓安全是针对风险而言的。金融商品的风险一般包括三种。一是信用风险。所谓信用风险就是债务人违约，不能按约定期限和利率按时还本付息的可能。公债作为国家信用，其到期不按约定还本付息的风险几乎不存在，所以其信用方面的安全性最高。二是利率风险，即持有期内利率上升而使持有人收益受损的可能。三是购买力风险，即持有期内通货膨胀率升高而使持有人本金贬值的可能。就第二、第三种风险而言，公债与私债是同样存在的，但一般认为，如果规避某种风险的手段较充足，则可认为该风险较小或不存在。就我国公债来看，投资者投资公债后规避利率风险与购买力风险的手段较少，而其他金融商品则存在着较多规避风险的手段。所以在按期还本付息方面，公债与其他金融商品相比最具安全性，但公债却与其他金融商品同样地具有利率风险与购买力风险，且规避风险的手段相对缺乏。

（二）流通性

流通性是指金融商品在短时间内出手变现的能力。金融商品不同于一般实物商品，特别是一般消费品。社会公众购买一般消费品是价值的让渡，同时又是使用价值的取得。其购买是为了使用，在购买后一般不存在再流通的问题，因而在购买时也就无所谓再流通问题。而投资者购买金融商品，其目的是资金的保值与增值。在市场情况不稳定的情况下，就必须充分考虑其流动性；否则会使其机会成本增大，如在出现更好的投资机会时却不能抽出资金。流动性的大小主要决定于流通市场的发展状况，我国自1981年开始发行公债，但公债流通市场的建立直到1988年才开始，其发展在一定程度上有所滞后。相比而言，场外交易较场内交易更为滞后，这就使得在我国现阶段以机构持有公债为主的情况下，个人投资者进入流通市场难的问题更为突出。

（三）收益性

收益性是指债券能为投资者带来一定的收入。这种收入主要表现为利息，即债权投资的报酬。但如果债权人在债券期满之前将债券转让，则有可能获得债券的买卖价差。一般而言，投资者所要求的金融商品的安全性、流通性和其收益性之间有一定的替代关系。即安全性、流动性高，则收益性就差一些；而如果安全性、流动性低，则相应的收益性就要求强一些。我国现行的公债利率高于同期银行存款利率1~2个百分点的做法，究其原因，就是因为缺乏流动性，在实践中不得不相应地以提高收益性来对投资者作为补偿。

不过，公债作为一种特殊的债券，仍有其特殊性。主要表现在以下几个方面。

（一）安全性最高

公债是以国家信用为前提、以国家财政收入为保证的，国家信用是与国家主权同在，国家信誉是最高的信誉，所以公债的安全性是所有债券中最高的。普通债券由于发行者在信誉上的差异与经营业绩的好坏，其安全性有高低之分，一旦债券发行主体破产，其债券就毫无安全性可言，这在激烈的市场竞争中表现得尤为突出。因而，各国在进行债券信用评级时，公债不被列入被评范围之内，被认为是无风险债券。

（二）灵活性好，变现能力强

公债有其高度的安全性为担保，故在证券市场中享有极高的声誉，素有"金边债券"之称，是投资者重点投资的对象。大多数国家的公债发行量一般都比较大，在证券市场上都具有举足轻重的地位。公债的流通市场也很发达，公债交易十分方便并很容易成交，因而具有较好的流动性。

（三）收益性有保证

公债的发行是以国家信用为基础，以取得资金在一定时间的所有权，这种所有权的取得不同于税收等，而是一种市场行为。因此，必须以付给资金的让渡者利息为条件。由于公债的风险很小，因此，在世界上其利息率一般低于其他债券。不过，在我国，由于历史的原因，发行的公债具有无风险、低流动性的特点，公债的利息率一般高于同期银行存款利率水平的1‰～2‰。

（四）税收上享有优惠政策

在世界上几乎所有发行公债的国家中，公债的利息收入都是免交个人所得税的。其他各种资本性的收入，如股票、公司债、金融债等的收入都要缴纳个人所得税。除此之外，很多国家为了增强公债的流动性，降低投资者的交易成本，采取了降低公债交易税的政策，这是其他可流通证券无法比拟的。

三、公债与私债

（一）私债的概念

根据债务人的不同，债务可分为私债和公债。私人和企业举借的债务通常称为私人债务，即私债。私债的债务主体是私人部门，包括法人和自然人。根据欧盟统计局给出的定义，私人债务（private debt）包括两项内容：①贷款（loans）；②除股票外的证券融资（securities other than shares），包括短期非股票证券（如国库券、商业票据、存单等）和长期非股票证券（如不记名债券、次级债、公债等），但不包括金融衍生品。

（二）私债的形成原因

经济增长预期、利率环境、主要资产价格等因素影响了私人部门的债务需求。私债形成的原因主要有以下几种。

1. 经济稳定快速增长，居民未来预期乐观

自20世纪90年代末以来，各国通胀率不断下行，经济波动幅度降低，高增长、低通胀的宏观背景为个人、企业营造了宽松的投资环境，投资者信心增强，产生了对未来收入进一步增长的乐观预期。而乐观预期正是私人信贷膨胀的一个重要原因。

2. 利率水平大幅下降，刺激私人借贷增长

利率水平是理论界中被反复提及的一个重要因素。Muellbauer、Debelle等分别论述了名义利率、实际利率下降对私人债务的促进作用，借款成本下降、资产未来收益折现值增加等都是刺激私人部门借款增长的原因。随着通货膨胀水平的降低，利率水平也随之降低，因此私人借贷会增长。

3. 金融市场的不断完善，为私人借贷提供保障

金融创新的不断发展增强了银行对私人部门的信贷供给能力，进一步拓展了信贷供给的可能性。传统存款融资对银行的重要性有所下降，债券融资、证券化等市场化融资手段发挥了更大的作用。私人债务的累积通过刺激消费、投资从而促进总需求扩张、收入增长，而收入增长又会带动私人部门借贷能力的进一步增强，从而在债务与收入之间形成自我强化的正循环。

（三）私债的现状和存在的隐患

私人债务水平的常用衡量指标经常用债务占GDP（国内生产总值）的比重来表示。

欧盟统计局认为,私人债务占 GDP 比重达到 160% 是一国宏观经济的失衡警戒线。而 2008 年年底,欧元区半数国家该项指标都超过了警戒线,成为全球爆发金融危机的一个重要原因。截至 2015 年年底,中国债务总量达到 GDP 的 240%,其中私人债务占 GDP 的 200%,这个数额仅略低于日本 1991 年的债务,远高于美国 2007—2008 年的金融危机前夕的债务水平。

过度的负债是金融不稳定的主要来源。通过债务累积所驱动的经济增长并不会无限持续,债务—收入之间的正循环机制会受限于经济体的潜在产出能力,即经济体存在一定的内生约束机制来抑制债务驱动的经济膨胀。因此,在私人债务膨胀并推动经济增长的过程中,债务累积所产生的"边际效应"也不断下降,当债务水平达到一定程度时,对于经济体而言,债务的累积基本上是无效率的,经济增长不再具有可持续性,严重时甚至会以危机的形式表现出来,并在随后陷入衰退。

从私债的自身特点来说,私债本身的稳定性差,与公债的债信基础不同。无论是企业还是家庭,其稳定性和信用水平较公债而言都相差很多,存在大量的危机和隐患,也是银行业危机和整个金融市场波动的重要因素,因此对于私债需要严格的监督和控制。

(四)公债与私债的区别

公债的债务主体是政府,包括中央政府和地方政府及其所属机构。无论是公债还是私债,都具有自愿性和偿还性等特征,二者的共性是都以信用为基本要素,均可以债券的形式发行。债券是发行主体因筹措资金而向投资者出具的、承诺在一定时期后还本付息的借款凭证。但二者仍然存在本质的区别,在于发行的依据或担保物不同,私债一般须以财产或收益为担保,出借人只有在确保举借者具有履行还本付息的能力情况下才会出借。而公债的担保物不是财产和收益,是政府的信用,并不需要其他的担保物。二者的区别具体表现为以下几种。

1. 二者的债券发行方式不同

公债由政府直接或间接运用权力筹募,公债利率的高低、偿还的方式和期限等均由政府决定。私债则一般由债权人和债务人双方协商决定。

2. 二者成立的动力不同

公债债务关系的成立有经济和社会两方面因素。就经济因素而言,公债的发行要建立在物质利益为诱导,保证认购者获得一定经济利益的基础上。就社会因素而言,认购者的爱国热情和社会责任感也可能促成其认购。在某些特定情况下,社会因素往往会成为重要因素。私债关系的成立,一般只是依赖经济因素,认购人的投资意愿为私债成立的唯一动力。

3. 二者的主体不同

公债的债务人为政府,政府的特殊性决定了公债也具有一定的特殊性,公债的利率高低、期限种类、偿还办法等发行条件,一般由政府来决定。公债能否偿还也由政府的信用决定。而私债的债务人为居民、企业。私债利率的高低、期限的长短和偿还的方式,完全由市场供求决定。债务人的合法权益受到法律的保护。

4. 二者的举债目的不同

政府及其所属机构举借公债的目的,是筹集资金用于国家的经济建设、弥补财政赤字和满足社会的公共需要。私债的举债目的是满足债务人的生活、投资需要,具有利益最大化的特点,通常具有营利性。

5. 二者的流动性不同

公债的债务人为政府,公债以政府信用为基础,其状况被公众广泛地知道,所以公债可在金融市场上顺利地买卖和广泛地流通,债权人对债务人的信用状况比较信任,流动性较高。而私债的债务主体为企业或居民,其信用状况并不被公众广泛地知道,公众调查和了解其信用状况往往需要大量的人力、物力。因此私债的买卖,认购人需要付出大量的时间和资本才能成立,其流动性相对公债处于较低水平。

6. 二者的担保物不同

公债的信用依托于国家信用,政府可以不提供其他的担保物举债,国家在国家信用的保障下还本付息。而私债依托于企业和居民的资产与收入,在举债时必须以资产和收入为担保,私债的债权人关注债务人的资产价值和收入状况,任何的变动都会影响债权人的投资。

7. 二者存在的期限不同

私债的债务人是自然人或者法人,自然人的寿命有限,而法人面临着经营状况和资产状况的变动,这些都决定了私债的期限较短,一般以几年或十几年为主。而国家的稳定性较强,能够保证还本付息,因此公债的期限较长,最长的可达到几十年,甚至还存在"永久公债",如英国的统一公债只付息,不还本。

此外,公债的债信基础是政府的政治权力和政府掌握的各种社会资源与财富,而私债的信用基础相对较为薄弱。因此,公债凭借国家信用,创造借贷资本的能力比私债大得多。

第二节 公债的功能和作用

公债的功能是公债本身客观存在的属性,是不以人的主观意志为转移的内在功能。公债的功能与作用主要体现在如下几个方面。

一、弥补财政赤字

用发行公债来弥补财政赤字是公债产生的首要原因。弥补财政赤字一般有三种形式:增加税收、向中央银行透支或发行货币和举借公债。由于公债具有非强制性、有偿性和灵活性等特征,使得发行公债比用增税来弥补赤字更为简便,也避免了用透支或增发货币的办法来弥补赤字所造成的通货膨胀。同时用发行公债弥补赤字可以让人们享受减税所带来的好处,人们乐于认购而且对未来的预期看好,有利于扩大投资和消费。尤其是经济萧条时期,配合公共支出政策,对鼓励人们的信心和刺激需求大有裨益。我国在1994年以前,主要靠透支或借款的办法弥补财政赤字,这对前些年通货膨胀有直接的影响。1994年以后,新的《中央银行法》规定,财政不得向银行借款或透支,从而确定了公债作为弥补赤字的主要手段。这有利于完善财政运行机制,调节财政与银行关系,促进经济持续、稳定和快速发展。

二、筹集建设资金

举债弥补财政赤字只是临时性的,扩大建设规模才是公债发行的主要目的。政府活动无论是提供公共产品,消除自然垄断,还是兴建基础设施,这些项目一般是费用发生在前,而投资收益在后。用举借公债来筹措资金,在归还时用税收或新债来偿还,就把建设费用由现在转移到未来,由直接享受公共工程福利的人们承担建设费用,既公平又合理。当经济处于萧条时期,这项功能的作用愈益明显。一方面,通过举借公债用于基础设施建设,既启动了需求促进了经济增长,还可以通过基础设施辐射作用,带动相关行业的发展,引导产业结构优化和升级;另一方面,通过加强重点项目的经济建设,可以解决经济发展过程中的瓶颈,调整和优化经济结构,为经济的复苏和繁荣创造条件。

三、公债的金融功能

公债既是一种财政收入工具,也是一种金融商品。公债持有者所持有的公债到期不仅能收回本金,而且还能获得利息。由于本利回收风险小,其流通周转的速度快,因而公债投资成为很受社会公众欢迎的投资方式。如果说公债在财政方面的作用是本身所固有的,那么其在金融方面则衍生出更为重要的作用。

对于金融市场来说,公债市场是一个基准性市场。公债是一种基准性金融产品,其利率是市场的基准利率,总之,公债市场是整个金融市场的基础。它提供了一种无风险的资产,成为全部金融上层建筑的基础。一切金融工具都依据它进行套算和操作,各个经济主体要凭借它来进行风险对冲。另外,公债市场上形成的利率期限结构,会成为全社会利率结构的一个基础。我国现在搞利率市场化改革,就是因为依靠银行存款和贷款利率比较难形成一个合理的利率期限结构,没有一个合理的利率期限结构,几乎所有的金融活动都很难有效开展。这个功能是其他金融市场都不可替代的。

对于中央银行来说,公债是其实施货币政策的主要操作对象,公债市场是其贯彻实施货币政策的主要渠道和场所。在传统的准备金率、再贴现率和公开市场操作等各种政策工具中,绝大部分市场经济国家的中央银行基本上主要是依靠公开市场操作。而公开市场操作要有效、富有弹性,就必须有一个相当大规模的公债市场存在。而在中国,正因为没有一个成熟和一定规模的公债市场,在国内经济出现通货膨胀或通货紧缩时,中央银行手中根本就没有可供用来作对冲操作的工具和手段去调节货币的供应。

对于金融机构来说,发达的公债市场是其实施流动性管理的一个基础。过去中国的金融机构没有意识到这一点。最近几年,随着市场风险的增大,随着改革开放步伐的加快,随着金融监管的逐渐成熟,随着金融机构的内部控制系统逐渐健全,金融机构普遍发现,要想在经济的原则上有效地管理自己的资产和负债,其持有的资产中必须有相当份额的高流动性、无风险的资产。这种资产,非公债莫属。目前,中央银行已经注意到,中国(包括四大国有商业银行在内)的金融机构,都在逐渐地调整它们的资产和负债结构。调整的主要方向就是增大对债券的持有,减少贷款,提高资产和负债的流动性。

对于工商企业来说,公债市场也有助于它们进行流动性管理。目前,企业的流动性不但风险很大,而且日益不确定,在一个风险很大且不确定性的市场中,要进行稳健经营,必须有手段来防范风险,必须有一个很好的蓄水池,能够让暂时不用的资金得到运用;同时,在今后可能需要临时性资金的时候,能够立刻获得。因此,对工商企业来说,持有相当份额的高流动性的公债资产,也是非常必要的。

对居民来说,一个具有深度和广度的公债市场,是他们建立有效的投资组合,进行风险防范的前提条件。

在美国,由于市场高度发展完善,公债流通周转快、投资收益稳定,成为最受欢迎的金边债券。近年来,公债对中国金融的影响也在加强,公债在中国金融活动中将成为一个相当重要的角色。

四、公债的宏观调控功能

第一,发行公债,政府集中了社会上暂时闲置或沉淀下来的资金,通过公共支出的方式投资到公共工程建设中去,这本身就构成了社会总需求的一部分,有利于经济发展;同时通过公共工程的辐射作用,引导相关行业和配套产业的发展,不仅带动这些行业和产业的投资需求,而且这些行业和产业的发展促使与之相关的人员收入水平提高,会增加消费支出和投资支出,又引起其他相关行业和产业的发展,这就是公共支出的辐射作用。它使社会总需求扩展和社会产出提高。而公共工程建设的完成又可以创造出新的生产力,为社会提供产品和创造新的财富,大大提高了社会总供给水平,有利于缩小供需矛盾,促进供需平衡,为经济持续、快速发展创造条件。

第二,通过公债认购主体的不同,调节货币供给和流通,优化资源配置和调节收入分配。高收入者认购公债的累进程度大于低收入者时,公债资金通过公共支出和转移支付,将导致国民收入从高收入者向低收入者转移,这有利于收入公平。国家集中公债资金配置到私人不愿涉足的公共领域,这不仅有利于公共事业的发展,而且也是一种资源优化配置的手段。居民、银行和政府三者之间的公债认购、流通转手使货币供给时而收缩、时而扩张,有利于经济的平衡发展。

第三,公债集中社会闲散资金,集中投入到经济发展最需要的地方去,这不仅提高了资金的使用效率,加速了资本的周转和资本市场的发展,而且由于公债建设项目的社会效益进一步加强了资本的边际效率,还将有利于生产率的提高。

第四,政府举借公债,再把资金使用出去,通过资金来源和使用的方式不同,可促进投资和消费的相互转化。如果公债认购资金来源于非银行部门的投资资金,当政府将此资金用于消费性支出时,则会出现投资基金向消费基金的转化,此时对扩大消费需求、引导消费结构优化和层次升级具有极为重要的意义。当然,如果政府将此资金用于投资性支出,则消费和投资的比例关系不会改变,不过这有助于调整投资结构,从而改变国家的产业结构。因为政府投资具有计划性、规模性和公共性,一方面可以消除经济发展过程中的瓶颈;另一方面还可以通过政府投资对私人投资的带动作用,使投资规模扩张,有利于启动需求,促进经济增长。

第五,如果公债认购资金来源于非银行部门的消费资金,当公债资金用于投资时就有助于消费基金向投资基金转化。当公债资金用于消费时,此时消费基金和投资基金没有影响,只是非银行部门的消费需求向政府部门转移,这就改变了消费基金的使用结构;至于公债资金何时用于投资、何时用于消费,多少用于投资、多少用于消费,要视宏观经济具体情况确定。当投资疲软、预期利润率下降时,可增加政府投资,增加人们对未来的信心,带动私人部门积极投资,使经济早日走出困境。当商品积压、失业严重时,这时政府可增加消费支出促进消费需求上升,同样可以使经济走向繁荣。

第六,公债是连接财政政策和货币政策的最佳结合点。国家为达到特定的宏观调控目标,往往需要财政政策和货币政策进行松紧配合,而公债是连接两种政策的桥梁。仅有财政政策,或仅有货币政策而不讲究协调发展,往往使政策执行起来顾此失彼,达不到理想的效果。而公债作为财政政策的一种手段和货币政策公开市场操作的一种工具,很自然能够使它们有效配合相互作用。在西方,中央银行往往通过公开市场操作,买卖公债,吞吐基础货币,从而达到提高或降低利率的作用;由于利率又是投资决策的一个重要因素,利率高低决定了投资或多或少,最终致使经济或松或紧,达到政府调控经济的预期目标。

公债的上述功能和作用是在实践的基础上产生并逐步完善的。弥补财政赤字与筹措建设资金构成了公债的财政功能,也是公债的基本功能;金融功能是公债在金融市场上的作用与影响的进一步拓展和深化;公债的宏观调控功能对市场的调节、市场缺陷的弥补和产业政策的协调及资源优化配置有极为重要的作用。这些功能和作用的共同结果是促进了我国经济的发展与增长。

第三节 公债的产生条件

公债属于一个特殊的财政范畴。现代意义的公债产生于封建社会末期,并伴随着资本主义生产关系的产生、发展而出现。一般封建专制国家大都出现经济衰退,政治腐败现象,仅仅依靠加重税收已远远不能满足巨额的财政支出需要。恩格斯指出:"随着文明时代的向前发展,甚至捐税也不够了,国家就发行期票、借债,即发行公债。"[①]于是,就产生了公债制度。公债的产生需要特定的环境与条件,从历史的演进过程来考察,公债产生的基本条件有以下几个方面。

一、资本主义生产关系的发展

现代意义上的公债制度是在封建社会末期伴随着资本主义生产关系的产生、发展而出现的。资本主义经济作为一个强大的经济力量,已经在封建社会里生长起来了。新兴资产阶级虽然在政治上处于无权的地位,但是在经济上却是大量社会财富的拥有者。因此,封建专制国家,就在经济上求救于资产阶级,向新兴的资产阶级借债。马克思在分析这一情况时指出:"国家这是土地贵族和金融巨头联合统治的化身,它需要金钱来实现对国内和国外的压迫。它向资本家和高利贷者借钱,并付给他们一张凭据,规定每100英镑

---

① 恩格斯.野蛮时代和文明时代[M]//马克思,恩格斯.马克思恩格斯全集:第21卷.北京:人民出版社,1972:195.

借款必会付给一定数量的利息。"①马克思在论述公债的产生时指出:"公共信用制度,即国债制度,在中世纪的热那亚和威尼斯就已产生,到工场手工业时期流行于整个欧洲。殖民制度以及它的海外贸易和商业战争是公共信用制度的温室。所以它首先在荷兰确立起来。国债,即国家的让渡,不论是在专制国家,立宪国家,还是共和国家,总是给资本主义时代打下自己的烙印"②。这就是说,公债产生于封建社会末期而普遍于工场手工业时期,并且是和资本主义经济的发展紧密联系在一起的。

二、社会上存在可借贷的闲置资本

社会生产力的发展和商品经济的发展使得商品货币关系也得到了很大的发展,这为社会上存在大量的闲散可借贷资本创造了条件。随着商品货币经济的发展,企业自有资金增加,个人收入提高,银行储蓄增加,为公债的发行提供了强大的物质基础。借贷资本家将自己拥有的资本存入到银行享有利息,或者是寻求其他更好的收益方式在市场上投机牟利。无论是从西方公债产生的历史还是我国公债发展的历程来看,公债的产生与否取决于社会资本的转换能力,即社会上是否具有足够数量的闲散资金为公债的筹资提供可能。公债将社会闲散资金集中投入到经济发展最需要的地方去,这不仅提高了资金的使用效率,还能够加速资本的周转和资本市场的发展,这有利于生产率的提高。因此,只有商品货币经济发展到一定水平时,社会上才会有充足和稳定的闲置资金,这是公债产生的物质条件。

三、政府财政赤字弥补的需求

公债的产生与政府的财政需要是分不开的。当政府职能范围不断扩大时,财政支出的规模也随之增大,仅仅依靠税收已经很难去满足财政支出的需要,此时国家需要利用一种信用工具筹集资金,去弥补大量的财政赤字。通过发行公债弥补财政赤字,是解决财政困难的有效手段,也是公债产生的主要动因。另外从财政预算平衡看,通过举债弥补财政赤字,可以不增发或少增发货币,国家既得到了急需的资金,又不破坏供需总量平衡,从而防止因通货膨胀、物价上涨给群众带来的损失,也给商品生产正常进行提供了基本保证,因而公债成为国家弥补赤字的最佳选择。正如马克思所言:"这种国家负债状态的原因何在呢?就在于国家支出经常超过收入,在于这种不对称的状态,而这种不对称的状态,既是国家公债制度的原因又是它的结果。"③由此可见,巨额财政赤字迫使政府寻求新的出路,公债正好成为满足这一需要的手段。

四、国家对外扩张的需求

从历史看,公债制度在资本主义国家产生,是与保证其对外扩张的需要相联系的。马

---

① 马克思.新的财政把戏或格莱斯顿和辨[M]//马克思,恩格斯.马克思恩格斯全集:第9卷.北京:人民出版社,1972:50.
② 马克思.工业资本家的产生[M]//马克思,恩格斯.马克思恩格斯全集:第23卷.北京:人民出版社,1972:822.
③ 马克思.1848年至1850年的法兰西阶级斗争[M]//马克思,恩格斯.马克思恩格斯全集:第7卷.北京:人民出版社,1972:90.

克思在论述公债产生的原因时指出:"殖民制度以及它的海上贸易和商业战争是公共信用制度的温室。"为适应资本主义经济发展的要求,17世纪末开始了急剧的资本原始积累。资产阶级为了加速原始积累,进而缩短封建生产方式向资本主义生产方式的转变。不惜一切手段,对外推行野蛮的殖民制度和进行海外贸易以及进行商业战争。这样,必然要国家拥有巨额的开支和资本。马克思在《迪斯累里先生的预算》一文中,曾引用迪斯累里的话:"迪斯累里先生直截了当地向下院的议员们宣布,如果他们想要实行侵袭和侵略的政策,他们就应当拿出钱来,而且他们关于节约的叫喊只不过是一种嘲笑,因为与此同时下院曾表示愿意付出任何开支。"①马克思在《即将发行的印度公债》中还指出"将在英国举债,并且议会在二月间一开会予以核准的这项公债,目的是为了满足东印度公司的英国债主对该公司的要求,同时也是为偿付因印度起义而引起的有关军用物资、军需品和部队调动等项特殊开支"。②马克思还在《英国的新预算》一文中揭露对外侵略需要发行公债时说:"帕麦斯顿需要钱,而且需要一大笔钱,不仅是为了牢固地确立它的独立,而且也为了满足他轰击广州,对波斯作战,向那不勒斯进军等等的贪欲。"③这些充分说明,资产阶级国家公债是在进行海外贸易和商业战争需求的情况下产生与发展起来的。

除了以上几个基本条件之外,公债的产生还需要其他的条件,这些条件甚至可能会影响到公债的发展过程:一方面,商品经济环境下的社会意识观念会对公债的产生具有一定的影响,公债的发行不仅仅是客观经济环境下的产物,也会受到不同时代社会中人们的经济观念的影响,即公债的发行顺利与否与人们意识观念息息相关;另一方面,从历史进程的角度出发来看,虽然早期社会金融尚未出现或只是处于萌芽状态,但是伴随着社会的发展与进步,金融机构的发展和信用制度的完善便成了公债产生发展过程中的重要条件。否则,公债的发行就会缺乏有效的手段和工具。

第四节 公债的起源及发展

从古代西方社会开始,就出现了公债。公元前4世纪,古希腊和古罗马就出现了国家向商人、高利贷者和寺院借债的情况。当国家处于财政困难,税收和租赋难以满足政府的日常开支时,国家就经常通过向民间举借高利贷来解决财政赤字。而当政府在财政收支出现盈余的时候,也会通过发放高利贷给资金需求者来谋取利益。公债出现于奴隶社会,存在于封建社会,尤其是在资本主义社会获得了巨大成功。纵观公债的发展历史,不难发现,随着经济的发展,公债的规模也在不断地发展和变化,尤其是资本主义社会出现以后,公债以资本主义经济关系为依托而迅速地发展壮大起来。

---

① 马克思.迪斯累里先生的预算[M]//马克思,恩格斯.马克思恩格斯全集:第12卷.北京:人民出版社,1972:476.
② 马克思.即将发行的印度公债[M]//马克思,恩格斯.马克思恩格斯全集:第12卷.北京:人民出版社,1972:407.
③ 马克思.英国的新预算[M]//马克思,恩格斯.马克思恩格斯全集:第12卷.北京:人民出版社,1972:146.

一、西方社会早期的公债

公债,是随着国家的发展而出现的。总的来看,在奴隶制社会中,公债的出现是少量的,偶然的,并非经常的现象,而且公债的规模也是很小的。

(一) 12—16世纪初西方社会的公债

到了封建社会初期,尤其是中古社会时期的欧洲,比起古代社会,举债是相对频繁的。公债在封建时期得到一定程度的发展主要是由于战争等政治和自然原因造成的政府收支不平衡比较严重,封建主和城市国家的财政收入极为有限,财政支出较多,因而经常出现困难,尤其是发生战争,封建主在入不敷出时就不得不发行公债。如英格兰的亨利三世(1216—1272)就曾向他的兄弟、主教们与宗教团体、犹太人和英格兰的城市居民以及贵族中的某些成员借过钱。由于封建社会商品经济很不发达,以高利贷形式进行的借贷活动也相对不发达;况且封建国家在社会经济生活中所发挥的作用远不如现代国家,欧洲当时的"国家"规模也远不能与现代意义上的国家相比,这些就决定了封建社会的公债仍具有规模小和不经常的特点。

现代意义的公债制度是在封建社会末期,随着资本主义生产关系的产生和发展而产生与发展的。正因如此,现代意义上的公债制度产生于最早出现资本主义生产关系的意大利地区就很自然了。12世纪末期,在当时经济最为发达的意大利城市佛罗伦萨,政府曾向金融业者募集公债,其后热那亚和威尼斯相继效仿。在14世纪和15世纪期间,意大利各城市几乎都发行了公债。15世纪末16世纪初,美洲新大陆的发现和欧洲去往印度航路的开通,资本主义生产关系有了很大的发展,公债也发展起来了。此后,产生于地中海沿岸的现代公债,逐步扩展到欧洲其他地区。在德意志地区,政府也意识到"信贷的获得在新收入来源发展上起到了一部分作用,这种新来源的重要性最后远远超过旧的收入来源"。可见,公债扩大了政府的活动能力,并且到了封建社会末期,公债贷款人的队伍也逐步扩大。这充分说明随着经济的发达和社会的进步,政府不但通过公债向本国居民筹集资金,同时也可以向国外筹集资金。

(二) 16—17世纪上半叶西方社会的公债

封建社会末期的16世纪和17世纪上半叶,公债也有了较大的发展。当时欧洲的各君主国也面临着重重的金融问题,常常遇到财政困难,不得不举借债款。欧洲中世纪王室曾经通过实行包税制与派税制来进行融资的"贷款",包税人定期提前向王室提供收入,而派税人则同意政府延期报答他的劳务。在战争期间,这种借款需要往往更为迫切了,实际上这是赤字借债。例如,西班牙国王腓力二世于1556年7月登基时就发现,他的政府税收直至1561年年底全都抵押出去了,这些税收已全都"划归"向国王预付税收的金融家所有了。

这一时期的公债之所以发展,还与政府需要在国外用款有关。如1572年发生的尼德兰革命,使得西班牙、法国和英国必须长期在国外花费大笔的款项,为此政府不得不向那些可以将现金转移到国外去的人,即具有广泛国际联系的大金融家与商业银行家借款。这些金融家以其信贷网络为政府服务,通知他们在国外的合伙人或客户在收到他们签署的汇票之后，按照政府的指令提供国外支付所需要的贷款。如英国女王伊丽莎白(1558—1603)为了将钱送往尼德兰，也采用了这种形式，劝说那些与低地国家有贸易关系的大商人向驻尼德兰英军提供资金，而贷款将由伦敦的财政部负责偿还。

西欧一些城市还最先创立了长期公债的基本方法。从13世纪以来，许多城市摆脱了长期债务所造成的暂时困难。此后，欧洲许多城市通过出售"年金"而发行了长期公债。这就是投资者将一笔款项一次性地贷给市政当局，然后在规定的时间内债权人按商定的利息从市政当局取得年金，年金条件是优厚的。14世纪末低地国家的许多公爵与伯爵定期出售年金，法国与卡斯提在15世纪也开始仿效。但投资者认为城市的年金比君主的年金更为安全可靠，因而这些君主年金的需求很小，年金规模也小。

由于直接出售年金不能减轻各个国家所承受的短期债务的沉重负担和为了摆脱对短期借贷的依赖性，西班牙国王腓力二世于1557年6月颁布了一项作为战时应变措施的法令，将政府所有未偿还的"流动"债务约700万达克，都转成年息5%的偿债性年金。这是一项宣告政府债信破产的法令。1559年战争结束，国王回到卡斯提，安排了一次更为长期的"筹金"活动，即拨出一部分特殊的税收用以支付一笔固定的长期债务的利息。1560年11月14日又颁布了一项破产法令，将1557年以来贷给王室的所有贷款全部冻结，中止一切与之有关的债务的偿付。但所有债权人可将其最初的贷款面值加上利息，换成新的年金证券。新年金年息仍为5%，每年6月与12月由塞维利亚的交易银行支付利息。交易银行每年支付350万达克左右的年息，并可接受与支配王室的某些收入。不过，交易银行很快就陷入困境，使得政府无力向债券持有人支付利息。随后，西班牙在1575年、1596年、1607年、1627年、1647年以及1653年又颁布了一系列破产法令，冻结贷款，强迫债权人接受年金以取代他们本来可以从全国的各项税收中获得的收入。这样，每条法令都自动增加了长期公债的数额，增加了应付的年息，使之从1560年的350万达克上升到1598年的460万达克，1623年又上升到560万达克，1667年再上升到900万达克。到了此时，欠付的利息已累积了更多。由于每年需要支付的利息大大超过了政府总收入的半数，定期支付利息已根本不可能了。而此时西班牙哈布斯堡王朝借款数额已相当于10～15年的全部政府岁入了。如此巨大的债务，对于这个从16世纪末已开始失去海上霸权，经济上已日益衰落，岁入日益减少的西班牙来讲，债务危机十分严重。

在同一时期，法国政府为筹集长期公债的做法则不那么成功。1555年3月，法国政府宣布将大约400万利弗尔的短期债务统一成为所谓的"里昂大借款"，并将这笔借款平均分成41份，用里昂、蒙彼利埃与图卢兹的王室收入偿还本息，每年偿还达130万利弗尔。但这笔借款数额过大，政府负担太重，以致到1557年11月已无力偿还第8笔款项了。直到1559年4月与西班牙媾和之后，法国才开始继续偿还已中断的债务，同时又将另外的300万利弗尔的短期贷款转成第二笔被称为"小借款"的公债。这笔公债年息8%，总额高达1170万利弗尔，几乎等于当年王室债务总额4300利弗尔的25%。虽然法国政府指定用里昂市的岁入还债，但王室很快就宣布破产，直到1568年才偿还了大约180万利弗尔的债务。此后法国政府的岁入往往比支出要低60%，填补财政缺口的办法就是任意拍卖王室与教会的领地，以及大量借入高利贷，而贷款人主要是那些立足于里昂的意大利商人。这么沉重的债务包袱，是靠亨利四世在1599年以拒绝偿还相当一部分的王室债务的方法卸掉的。

意大利地区的一些城市共和国政府为筹集长期贷款所做的努力则相对成功。早在1408年,热那亚共和国就倡议其债权人正式组成一个股份银行,即圣乔治银行。到了16世纪30年代,由该行经办的债款总额超过了4 000万里拉(大约合800万达克),这是以发行每张面值为100里拉的信贷券筹集而来的。1619年5月创建于威尼斯的吉罗银行,也经办威尼斯的部分公债。该行共向那些借钱给国家的人发行了价值50万达克的有息债券,政府同意每月转给这家银行一笔固定的款项用以支付利息和分期偿还借款。由于这种债券得到银行并通过银行得到政府的保证,因而颇受欢迎;债券可以自由流通,其实际价值甚至高于票面价值。这种成功使威尼斯扩大了债券的发行,到1630年吉罗银行借款总额已累计为262万达克,政府每月给该行8万达克以支付利息及其他费用。在1630—1631年,由于出现了信用危机而使该债券的流通价值只相当于面值的70%,但政府采取了适当的补救措施,偿还了大批债券,将吉罗银行累积的债务降到了100万达克。在17世纪以后的日子里,这种债券的实际价值恢复并保持在高于其票面价值20%的水平上。

二、自由资本主义时期的公债

在资产阶级获取政权之后的自由资本主义时期,现代意义的公债制度最终得到确立和发展。

(一)荷兰公债

16世纪末,在西欧的尼德兰地区爆发了资产阶级革命并取得了胜利,建立了欧洲第一个资产阶级共和国——荷兰。在殖民制度、海外贸易和商业竞争三方面的作用下,荷兰迅速发展成为当时的资本主义强国。正如马克思所说,现代公债制度首先在荷兰确立是很自然的。

就在热那亚借助吉罗银行顺利发行长期公债的同时,荷兰却形成了有别于它的另一种类型的取得长期公债的形式。1572年以后,尼德兰各省反抗西班牙的地方三级会议承担了为战争筹集经费的职责,各省的总债务系由所有省的代表大会,也就是国会根据每年的预算开支来确定。由于荷兰地方上的与全国的三级会议主要是由各大城市的市政府代表组成,而战争所需要的钱款绝大部分是由这些城市所提供的,所以共和国的三级会议除征收一些新的间接税外,还出售了终身年金与可兑年金。

但是,这些公债的利息是沉重的,而战争对经济的影响,又使北方各省的收入受到影响,因而1572年起义之后荷兰国会颁布的首批法令中,就有一条是无限期停付所有以国会的名义出售的现有年金的利息,直到1586年才完全恢复付息。而在1607年与西班牙签订和约之前,即使是共和国内最富有的省份也难以交齐纳税与债款定额。但在和约之后,联省共和国的贸易与工业有了迅速的发展。经济增长和荷兰企业的利润使荷兰的财政状况迅速得到了改善,政府债信有了迅速的提高,使政府贷款的利率逐步下降。资本主义经济的发展,使得荷兰政府在17世纪对比其他任何国家政府来说,不仅可以按更低的利率借款,而且可以借到更多的钱。1651年,仅荷兰省一省的长期借款就高达1.4亿弗罗林,并且还要加上已出售短期公债或债券而背上的1 300万弗罗林。这种债券主要是在战时发行的,在任何时候都可以按其面值兑换成现金,并且它们的流通价值通常高于面值5%～7%。荷兰公众对政府公债是完全信任的,这可以从1655年国会设立的"偿债基金"不受欢迎上看出来。这一"偿债基金"是为了偿还部分公债,尤其是要用以偿还债券。但是,收回本金的投资者却不知如何处置收回的钱。因为当时在荷兰投资公债是最安全和最能保证生息的去处。因此,为顺应当时国内资本充斥情况,并使资本家能安全地获得更多利息,也为了满足自身因海外扩张的支出需要,荷兰政府发行了大量的公债。同时,资本的充裕,还使得荷兰资本家向国外大量发放了贷款;而其他国家为了进行战争,争夺市场,也相继在荷兰募集公债。例如,18世纪下半叶美国独立战争期间,英国和美国都曾在荷兰发行过军需公债。但是,荷兰资本主义发展的特点是商业超过工业,对外贸易超过对内贸易,巨额资本并非主要用于工业化,而却把大部分资本用于购买国内外公债。这样,随着英国的崛起,到17世纪末,荷兰的经济地位被英国所取代,因而最早进行产业革命的,并不是最早资产阶级革命成功的荷兰,而是英国。

(二) 法国公债

从1619年到1659年,由于对外战争和内部动乱,法国政府不得不从各方面谋求短期贷款。为了偿还借款,政府便大量增税,引起了人民的强烈不满,这段时间是法国财政混乱与其腐败的时期,有人通过对财政部账目的篡改,对国库的大部分收入进行了掠夺。如在1657年,当年全部可支配收入达4 200万利弗尔,但实际进入中央国库的现金岁入才2万利弗尔。1659年以后,法王路易十四(1661—1715)进行了财政改革,大幅度削减开支和减少增税,使征收的税款仅够支付一些基本开支。这使得在1662—1671年出现了预算盈余,这是法国从1610年至1789年为止近180年中仅有的出现财政盈余时期。这时期法国政府通过强迫转变部分债务,并统一部分债务,以及偿还部分债务,将旧年金的应付利息和提存的偿债基金总数从5 200万利弗尔减少到800万利弗尔。1671年法国政府又发行了一种新的年息为7%的年金,这种年金可以在需要时随时按其面值兑换成现金,并且年息是定期支付的。1672年法国再度爆发对荷战争,尽管支出需要大大增加了,但法国政府也拒绝将税收提高到1亿利弗尔以上,不够的部分靠举借公债来弥补。由于法国在17世纪60年代奉行的财政紧缩开支政策及其所取得的财政成就,使路易十四享有较高的债信,尽管战争持续了7年,但外国资本仍源源不断地流进了法国,为路易十四提供了大量的经费。从1674年到1683年期间,作为法国国家储蓄银行的"借贷银行"总共接受了价值2.63亿利弗尔存款,支用了2.27亿利弗尔。

但是,随着路易十四的财政改革,设计师柯尔贝尔于1863年去世后,路易十四开始抛弃以往奉行的借贷方式,开始执行一种欲取欲予的,即随自己意愿偿还而不是由债权人决定何时收回本息的公债方式。他关闭了借贷银行,下令增税并向税吏借高利贷,还向一批国际银行家借款以支付在国外的法国军队的经费。连年不断的战争和凡尔赛宫的挥霍无度,使法国财政陷入极为困难的境地。1713年西班牙王位继承战争结束后,法国财政赤字已达到25亿利弗尔。债务也达到空前规模,此时的财政部已拿不出任何钱来偿还债务,国王岁入仅有8 000万利弗尔左右,但已提前将3年的岁入都让渡出去了。为了挽救这种局面,政府采用了以下补救办法。

(1) 强行将债款的利率降低到4%。

(2) 强行将流动债务统一起来，这种方法还可将已提前抵押出去的偿还债务的收入收回。

(3) 拒付一部分可疑的或具有高利贷性质的债务，以这种方法购销了全部债务的1/5。

(4) 1718年，政府宣布约翰·劳的银行为皇家银行，并以银行纸币大量清偿公债。在1719—1720年，投入流通的纸币超过了10亿利弗尔。

(5) 用国家垄断机构西印度公司的股票来换政府债券。

当然，政府债券持有人并没有被强迫将其债券换成该公司的股票。但由于该公司拥有对美洲贸易、对路易丝安那殖民以及种植和销售烟叶的专利权，利润丰厚，而政府债券在公开市场上的价格还不及面值的一半，所以，绝大多数债权人都急于用债券去购买该公司的股票，因为该公司按面值接受债券。抢购风潮抬高了该股票的市场价格，也使法国公债骤然减少。

然而，1720年春天，西印度公司宣布将其股息定为2％，这是一个危险的信号。人们开始抛售股票，西印度公司的股票很快变得几乎一文不值了；而到该年10月，由于纸币流通已达30亿利弗尔，而皇家银行实际财产只有7亿利弗尔，这个事实的透露引起挤兑金银的风潮。皇家银行停止营业，国家拒绝接受贬值的纸币。1720年12月，政府成立了一个财政调查委员会，以清理皇家银行，清理西印度公司及其一大堆债券，并将所有的信用债券与银行券集中起来强行兑换。据估计，1720年年底市场上流通的债券价值40亿利弗尔，但送交委员会兑换的只有24.5亿利弗尔，而其中5亿多利弗尔的债券被拒绝兑换，并且还宣布所有未成交的债券一概作废。委员会承认的债券共计16.4亿利弗尔，这些债券都被兑换成了政府的公债券，年息定为2％～2.5％，这样，法国减少并控制住了公债，并且每年政府只需支付4 700万利弗尔的利息。但是，法国政府的债信也受到了严重损害，使得在18世纪余下的几十年中，人们对这场大灾难造成的损失仍耿耿于怀，从而使法国政府财政处于困难中，并使外国投资者不敢再贷款给法国政府。

此后，法国封建专制制度危机加深，宫廷的浪费和不平等税收政策，造成了严重的财政危机。而通过节省开支和发行公债等办法来解决财政困难的努力也失败了。北美独立战争时，法国参加反英战争又增加了20亿利弗尔的债务，国库濒临破产，财政危机更加严重，因而促进了革命形势的形成，终于在1789年爆发了资产阶级大革命，埋葬了法国封建制度。

(三) 英国公债

英国的资产阶级革命开始于1640年，但在整个17世纪中，英国资产阶级几乎没有向王室或政府提供过长期贷款，所有的借款最初都是短期的，利率也较高。财政经常出现赤字，即使在17世纪30年代和80年代，收入稍高于支出的情况下，也几乎无法解决债务问题。议会直接控制的政府也是如此。1688年的"光荣革命"确立了资产阶级在英国的统治。这时政府是通过提高税额和预支未来几年税款的方式取得短期贷款，来解决财政问题的。

1693年1月开始筹集由议会担保的长期贷款，这是通过出售终身年金的办法筹集，并准备用未来99年的某些货物税支付每年的年金，原先预定筹集100万英镑，但一年之后仍未达到这个数目。不过,这是英国政府首次采用了长期借款的原则,议会也承认应将公债的期限延长。1694年英政府又开始筹措新的长期贷款,3月发行彩票以便筹集100万英镑,4月以8%的利率发行了120万英镑的公债,并将认购者组成一个被称为"英格兰银行董事公司"(英格兰银行)的股份公司。结果这个办法非常成功,新组建的银行在完成了原定数额的公债之后,又为政府筹措了更多的贷款。该行还同意将债券票据兑换成现金,并允许财政部发行该行的"保证票"以便清偿债务。1697年以后,该行还接受政府的贷款票据,并把这种票据看作银行存款和对新公债的认购。这样,该行就帮助政府摆脱了债务和渡过了难关。从1689年至1702年间政府开支总额7 200万英镑,其中有6 300万英镑来自税收和预支的税款,只有700万英镑来自长期贷款,还不到财政收入的10%。

1702年以后,英政府的财政基础更为牢固,也赢得了伦敦企业家的信任。在1704—1708年期间,财政大臣以6.5%的低利率筹集了价值800万英镑的长期贷款。在1702—1713年的战争期间,政府的开支总额9 360万英镑中,来自借款的2 940万英镑约占总开支的31%。1710年,政府为筹措战争经费,发行了一种新的彩票。这种彩票发行到1714年,结果并不令人满意。

18世纪10年代最后几年法国西印度公司做法的成功,使得英国议会也采用了同样的办法来减轻公债负担。1711年英国为此也成立了一个类似西印度公司的公司即南海公司。这家公司的主要目的就是将政府流动债务统一成为持久性的债务基金。到了1713年,这一办法使英国政府保持着良好的信誉,但此时它也背上了沉重的公债包袱。1717年,主要是为了减轻1 170万英镑的彩票赔金(它的利率为6%)的债务负担,将它"统一"成为一种新的股金,年息为5%,由英格兰银行主管此事。因利率减低而节省下来的那部分钱被用来偿还总的债务,而形成了所谓的"偿债基金",并且还设立了"普通基金"以支付新发行的股票的股息。统一公债措施只是减轻了短期公债负担,但对长期公债没有改变。

1720年3月通过的南海法案,使得年金持有者可以将其换成南海公司的股票,它同样是非强制性的,在利益上具有更大的诱惑力,使得国家顺利甩掉债务包袱却又不违背对债权人作出的保证。与法国一样,人们都急于将年金换成南海公司的股票,一年之内就有80%的年金和85%政府其他一些有息债券转变成了南海公司的股票。该公司名义资本在1719年为1 170万英镑,而1720年就急增至2 600万英镑。政府为这些新转变的公债付给该公司5%的利息,这也减轻了利息负担。利益诱惑力导致了南海股票的迅猛上涨,1720年元旦南海股票价格指数为128点,到7月1日已高达950点。这又引起了整个股票行情的普遍看涨,股票投机热席卷了伦敦,蔓延到巴黎、阿姆斯特丹以及欧洲其他一些大城市。在这场投机热潮中,南海股票始终是热门货,甚至头脑精明的荷兰与瑞士资本家也购买了这家公司的股票,整个欧洲都沉浸在股票投机的狂热之中,人们把手中的现金都送进了伦敦交易所。

但是,法国西印度公司的股票暴跌迅速波及伦敦。1720年英国政府也突然加紧了对股票投机活动的控制,即议会通过了所谓的"泡沫法案"。许多投资者尤其是法国和瑞士的投资者都希望将股票换成现金,人们迫不及待地开始争先抛出股票。大崩溃爆发了:9月1日南海股票价格指数为775点,两星期后跌到520点,10月14日再跌到170点。

与此同时,其他公司的股票也迅速大幅下滑。

"南海泡沫事件"给英国政府债信和经济产生了严重的影响,随着股票价格惨跌,那些迅速成长起来的投机公司几乎都自行消失了。但南海公司却不能自行消亡,因为它牵扯到太多的钱与人。据统计,1721年南海公司欠其股东以及其他一些人的股息、贷款与债券共达1 400万英镑,并且其中还没有包括其1711年首次筹集股金以来该公司所发行的股票。另外,那些已经购买或已经答应购买该公司股票或债券的人,有部分钱尚未交付,也欠着该公司不下8 000万英镑的债务。英国议会对此进行了长期辩论,于1721年8月决定将南海公司的债务缩减到800万英镑,其余债务由议会负责偿还。1722年10月,英格兰银行也同意再接受价值420万英镑的南海股票。这些股票前面已说过每年可得到5%的股息,而股息是由政府支付的。南海公司的资本当时减少到不足3 400万英镑。1723年1月,南海股票价格自大崩溃以来首次达到了它的面值。1723年6月,该公司决定将寻求投机利润的投资与只寻求稳定收入的投资分别对待,也就是将公司的资本分成两个部分,一部分用以购买由该公司管理的、利息固定的"金边"公债券,这种公债券也被称作"南海年金";另一部分仍旧留作公司的贸易资本用以盈利,它的股息多少是不定的。同时,政府还对1720年以前的南海公司董事们分别处以罚款与没收钱财的处分,并以所得的钱赔偿给股东们,这就减少了购买南海股票持有者的损失。在投机热潮中购买股票的人几乎丧失了所有的投资,但将政府年金换成南海股票的人,其投资年收益只减少了25%~50%。股票购买者的这种损失使得政府的公债本息都大大减少了,但也使政府威信受到严重损害。因此,这以后政客们再也不敢把公债当作玩物了,政府也按期支付所有的债务利息。从此,政府债信逐步恢复,这也有助于私人投资活力的复苏。到18世纪30年代,股票市场已恢复正常,价格已实际回升到"南海泡沫事件"之前的水平。到了1735年,由于公债券价格高于其面值和货币利率的下降,人们已开始变得如17世纪50年代的荷兰那样,不欢迎政府过早偿还其债券的本金了,甚至股息稳定在4%的南海股票价格在1730年也高过它的面值了。这些都表明,包括公共信用在内的现代金融体系已在英国产生了,它为即将到来的产业革命提供了基本条件之一。

三、中华人民共和国成立前的公债

中国古代就有了国家举借债务的事情,而严格来说,还不属于现代意义上的公债。古时国家财政支出需要,都是通过赋税徭役等方式得到满足的,但各朝代是在"治"与"乱"的不停波动中度过的,一旦遇上天灾人祸,财政困难立即就显示出来了。当时,弥补财政不足的方法诸如从征税、铸币、管山海盐铁官营等措施中获利来弥补。没有如西欧封建主那样,越来越多地开始依赖公债来弥补财政不足。到了皇朝末期,内忧外患频繁,财政处于极度困难的状况,而是越发横征暴敛,巧取豪夺,很少依赖公债。但是尽管如此,在我国几千年的古代社会中,偶然出现过的一些皇朝借债的事情,或许从一定程度上可以反映出我国早期具有公债萌芽。经常较大规模地发行公债则是中国近代史上的事。这一时期按年代顺序,中国先后存在过清政府、南京临时政府、北洋军阀政府和国民党政府,旧中国的公债主要就是由这些政府承借的。旧中国的公债按照千家驹的说法,"属于资本主义公债的类型,但具有极为浓厚的半殖民地半封建的性质。它养肥了买办官僚资产阶级,同时促使广大农民贫困化"[1]。旧中国的公债分为以下三个时期。

(一) 甲午战争时期的公债

旧中国的公债发展具体细分起来以甲午战争时期为限,在其前公债无论是外债或内债总体规模都较小,而真正的大规模公债出现则是在甲午战争之后。

近代中国的公债中,国外借款早于国内借款,因此先从国外公债说起。这又可分为两个阶段。

1. 甲午战争之前,即1853—1894年清政府外债

中国的封建皇帝号称"富有四海",经济实力也雄厚于四周国家,因而没有举借外债的情形出现。1842年,英国侵略者向清政府索要鸦片战争的军费得逞后,曾表示该笔款项可以转化为借款,以图延长对舟山和鼓浪屿等地的占领,清政府未予同意。1853年,苏松太道为了镇压上海的小刀会起义,向外商赊账雇募船炮,构成了中国近代第一笔外债。但一般认为我国最初向外国举借公债始于1865年,这年左宗棠为了平定回民和捻军的起义,向外商借款。1853—1894年,这是清政府从尝试到决定借款的阶段。1865年上谕明确指示对外债可以"详细筹商,相机办理",是转向决定借款的标志。这一阶段举借外债次数达43次,借入款项折银圆约为6 900万元,数额不多,利息负担小,对当时财政状况影响不大。

2. 甲午战争开始到辛亥革命爆发为止的时期,即1895—1911年的债务

当甲午战争爆发时,清政府临时军费无从着落,曾有向国内借款,但公债发行结果并不理想,因而改为向国外借款。甲午战争后,清廷依《马关条约》赔款白银2亿两,加上辽东赎回费和利息总额约2.5亿两白银。为了偿付赔款,清廷1898年发行"昭信股票",预定发行1亿两白银,但仅募得0.11余亿两白银,因此对日赔款仍然乞诸外债。在到1900年为止的5年中,借款7次,总额达3.7亿两白银以上。在英德借款契约中,还规定在借款未清偿以前,中国政府不得变更总税务司的地位,海关行政权落于英人手中,这是一种奴役性的外债。光绪二十六年(1900),八国联军侵入北京,清廷被迫签订《辛丑条约》。赔偿各国之款共4.5亿两白银。到光绪三十年(1904)时由于赔款难以支付,清廷还向汇丰银行借款100万英镑,借款利息五厘,期限20年。这种战败赔款直接、间接转成的债务占这一阶段外债总额的1/3以上,充分体现出了这一时期公债的半殖民地性质。这一阶段的17年中,共借外债112次,折算为银圆总额达18.06亿元。

此时期在清政府的国内公债中,政府发行内债的时间远迟于外债。清政府发行的第一次国内公债是光绪二十年(1894)的息借商款。这次息借商款虽没有完全具备现代公债的形式,但可以说是中国举借内债的滥觞。其目的是应付甲午战争军费的需要。举债的对象是各省的官僚绅士和商人。但这次举债的效果并不算好,仅发行了1 102万两白银。在清政府贪污腐败的统治下,借款变成了官绅的变相捐输和对人民的变相勒索。在光绪二十一年(1895)四月宣布停止息借商款。

清政府的第二次内债是光绪二十四年(1898)发行的"昭信股票"。这一次发行的目的

---

[1] 千家驹.旧中国公债史资料1894—1949年[M].北京:中华书局,1984:3.

是偿付《马关条约》所规定的第四期赔款。清政府仿照各国公债形式由户部发行"昭信股票"。这实际上更为接近现代公债。发行额为1亿两白银,票面为100两、500两、1000两三种,年息5厘,以田赋盐税为担保,分20年还清。民众对此项长期公债不甚信任,加上发行中的各种弊端,人们视购买债券为捐输,而经募人员又强行摊派,使得发行结果很差,流弊也很多,仅募得实际数额1 100万两。到同年戊戌政变发生后,这一公债也就停止了。

辛亥革命时期,清政府为了应付时局,于宣统元年(1909)发行了"爱国公债"。定额为3 000万元,年息6厘,以部库收入为担保,偿还期为9年,前4年付息,后5年平均抽签还本。这时候清王朝除了王公世爵、文武官员认购少量外,最大部分是由清皇室的私钱购买的,共1 016万元,发行总计不过1 200万元。这一"爱国公债"还没有发行完,清王朝就被推翻了。爱国公债的发行由北洋政府继续担任,这是清王朝最后一次国内公债。

清朝发行的三次国内公债都失败了,说明了当时国内缺乏发行资本主义公债的经济基础。无论是清政府的统治者还是民众都不把公债看成一种债权债务关系。资本主义公债发行的物质基础:一方面要有资本主义经济的发展;另一方面要有资本主义化的金融机构与市场,而这两者当时的中国都是不具备的。正是由于我国当时缺乏发行资本主义公债的物质基础,加之清政府的腐败无能,连续三次国内公债的发行失败也就不足为奇了。

(二) 北洋军阀政府时期的公债

1. 北洋政府的外债

在北洋政府成立的最初几年,由于当时国内银行尚不发达,国民资金也未集中,内债发行仍然较为困难,为解决财政困难问题,仍不得不依赖外债。同时,列强仍维持以贷款控制中国的办法,继续予以大量贷款,这时"五国银行团"(指英、德、法、俄、日五国银行团)经过数年的酝酿,最终于民国二年(1913)四月成立所谓的"善后大借款"。善后借款数额为2 500万镑,偿还期47年,本息合计为4 285万镑,若以银圆计算将近7亿元,合同规定盐务稽核总司由外国人负责管理,使我国盐税税收权完全丧失。

此外,从民国元年(1912)到民国三年(1914),除了善后借款外,北洋政府借入的外债还有:中法实业银行借款1亿法郎,华比银行的二次借款,瑞记银行的三次借款,克利斯浦银行的借款,奥国的三次借款,等等[1]。民国三年(1914),"二次革命"爆发,北洋政府因债款收入多用于军费,财政更为穷困,又向"五国银行团"请求第二次大借款,但银行团考虑到中国再没有可靠的偿债担保品,因而没有成功。第一次世界大战爆发后,各国停止对外投资。北洋政府只得转向内债发行,由此内债逐渐占重要地位。

民国七年(1918)以后,欧洲各国无力对华贷款,日本乘虚而入先后以苛刻的条件,对中国成立中华汇业银行电信借款,吉黑两省森林金矿借款,吉黑铁路借款,以及高徐顺济铁路借款,等等。六七年间日本共贷出1.7亿日元,这就是所谓的"两原借款"[2]。这些贷款多秘密缔结,条件苛刻,严重地侵害了我国的主权。截至民国十四年(1925),北洋政府

---

[1] 邓子基,张馨,王开国.公债经济学——公债历史、现状与理论分析[M].北京:中国财政经济出版社,1990:180.
[2] 卢文莹.中国公债学说精要[M].上海:复旦大学出版社,2004:22.

财政整理会编制的财政部经营的无担保的各国外债,共合计银圆 407 156 308 元。

这一阶段,借款次数达 468 次之多,包括南京临时政府、护国军政府、大元帅政府等在内,总计 13.48 亿元。尽管总数小于清政府的外债,如剔除清政府因战争赔款转入的外债部分,这阶段的外债实际比清朝的外债数额更大。

2. 北洋政府的内债

辛亥革命后,特别是第一次世界大战的爆发,给予中国民族资本主义的发展一个契机。以金融机构来说,这阶段成立了多家银行机构。新式银行的设立和金融市场的形成,虽然对于民族资本的帮助不大,但它们却促成了中国公债的发行。辛亥革命以后,南京临时政府于民国元年(1912)二月二日发行了"中华民国军需公债"。不久南京政府向袁世凯妥协,实现所谓的"南北统一",这次军需公债就同爱国公债一样,归北洋政府继续承担。从 1914 年开始北洋政府大量发行内债。这一年国民党人进行"二次革命",向袁世凯开战,北洋政府由于军费增加使财政更加困难,特设立了一个内国公债局,发行"民国三年内公债",发行额 2 493 万元,年息 6 厘。北洋军阀期间公债的发行情况见表 1-1。

表 1-1 北洋军阀期间公债的发行情况　　　　　　　　　　百万元

年　份	公债发行额	库券等发行额	合　计
1914	25.0	10.1	35.1
1915	25.8	0.4	26.2
1916	8.8	1.8	10.6
1917	10.5	0.2	10.7
1918	139.4	7.0	146.4
1919	28.4	5.3	33.7
1920	122.0	24.7	146.7
1921	115.4	29.0	144.4
1922	83.2	2.2	85.4
1923	5.0	3.5	8.5
1924	5.2	0.1	5.3
1925	23.0	—	23.0
1926	15.4	—	15.4
合计	607.1	84.3	691.4

资料来源:王中培.中国之国内公债[M].上海:上海长城书局发行,1933:18,26.

由表 1-1 可见,从 1914 年开始,外债来源受到影响,内债逐年增加,直到 1918—1921 年,成为内债滥发时期;1922—1926 年,这是公债在 1921 年财政总长周自齐提出整理内债案后发展缓慢,陷于相对停滞的时期。据统计,从民国元年(1912)到民国十五年(1926)时期共发行了正式债券 27 种,发行额为 6.12 亿元,其中绝大多数是在民国三年(1914)以后发行的。从品种上看,除了正式债券还有各种记名和不记名的国库券、盐余借款和各银行的短期借款、垫款和透支等。

这阶段北洋政府的财政是破落户财政。它除了从海关总税务司分润一点儿关税剩余部分和盐税剩余部分外,完全靠举债过日子。由于军阀混战,政局不稳,政府的债信很低,因而公债发行折扣很低,利息不断提高且还需要担保。不过,它与清朝政府比有一个明显区别,即从重点依赖外债而转向主要依靠内债。

(三) 国民党政府时期的公债

1. 国民政府的外债

1928—1949年,是国民党统治的时期。在此期间的最初5年中,国民党政府鉴于北洋政府滥借外债的恶果,对借外债还是持慎重的态度。所需款项主要靠发行内债及国库券解决,尽量避免对外举借债款。1929年世界经济危机过后,在列强力图把"过剩"的资本输出到中国的压力下,国民政府在客观上适应了这一要求,制定了建设必须求助外债的政策。民国十八年(1929),有中法实业银行结账加算三个利息,债额200万法郎,有中法教育基金会借款26.5万美元。民国二十年(1931),因江淮流域遭受严重水灾,国民党政府曾向美国贷款,赊购麦45万吨,计921万美元,以供赈济之用。这种贷款实际上是变相的外债。民国二十三年(1934)六月,宋子文在美国签订了2948万美元的棉麦借款,以供生产之用。美国对中国的棉麦借款表示了中国信用的提高。此时国民党政府对于过去的外债,分别加以整理,在民国二十四年(1935)以前,陆续将数额较小而又无问题的借款,分别与外国磋商,免付利息而清偿。民国二十五年(1936)以后,对于数额较大而又无问题的外债,如津浦铁路原续借款、费克斯马科尼借款等,也洽谈偿还,以图恢复国际信用,借入更多的外债。此后直到抗日战争爆发,外债仍呈现出日益增长的趋势。

抗日战争爆发后,沿江沿海的关税尽失,财政危机四伏。国民政府为了应付庞大的军费开支,运用"公债政策",除内债外,又借入了大量的外债。这时第二次世界大战尚未爆发,苏联政府最先给予中国贷款,共计三次。第一次是在民国二十七年(1938)三月;第二次为同年七月;第三次在民国二十八年(1939)六月。全以易货贷款形式提供,即借款以购买苏联的货物,而以国内生产的茶叶等偿还。英国从民国二十八年(1939)三月起陆续借款5次,这些多为购货借款,如所谓桐油借款、钨砂借款等。美国参战以后,对中国援助的态度更为积极了,除大量借款外,还成立了租借法案协议,以庞大的物资供应中国。中国抗日战争得到了欧美各国的同情和支持,因而每次借款都比较顺利,借款条件也很优惠。这种巨额外债对中国坚持和取得抗战胜利,起到了积极的作用。总之,在抗战期间,中国对外借款12笔,金额为8.7亿美元和0.58亿英镑。此外,庚子赔款于民国三十二年(1943)五月,随着废除不平等条约而停止支付,大大减轻了外债负担,这是中国抗日战争的收获之一。抗日战争后,国民政府曾向美国和加拿大两国借外债6笔。据国民政府财政部公布的材料,举借的外债共计8845万美元和6000万加拿大元。

据统计,1928—1949年,国民政府借入652笔外债,金额达30.27亿元,其中抗日战争期间借入2.68亿元。①

2. 国民政府的内债

国民政府时期的内债较之北洋政府时期更是有过之而无不及。国民政府对于发行国民政府的内债这一方式是充分利用的。它一方面用公债来巩固和扩大自己的统治,一方面又利用公债来积累自己的财富。这一时期可以分为四个阶段:①广东和武汉国民政府

---

① 邓子基,张馨,王开国.公债经济学——公债历史、现状与理论分析[M].北京:中国财政经济出版社,1990:182.

时期的国内公债；②1927—1936年南京国民政府的国内公债；③1937—1945年国民政府的国内公债；④1946—1949年国民政府的国内公债。下面分别予以说明。

第一，广东和武汉国民政府时期的国内公债。民国十五年(1926)，广东国民政府北伐，为了筹备军费，在广州先后发行了三次有奖公债。共约1 700万元。又为了拯救中央银行钞票信用向广州各商店借600万元。民国十六年(1927)，武汉国民政府在汉口曾发行"整顿湖北金融公债"2 000万元。原为收迁官钱局旧票及抵还国民政府债券而发，就已发行609万余元。汉口的中央银行还代国库发行国库券900万元，后又续发行439万元，共1 339万元。以上各项合计，广东与武汉国民政府共约发行内债4 248万元。① 这几次公债的主要目的是支援北伐战争。

第二，南京国民政府的国内公债。南京国民政府的国内公债可分为三个阶段，见表1-2。

表1-2 南京国民政府的国内公债发行情况

年份	公债发行总额	发行公债的品种
1927	7 000万元	江海关二五附税国库券，民国政府续发行江海关二五附税国库券
1928	1.5亿元	卷烟税国库券、军需国库券、民国十七年(1928)金融短期公债、民国十七年长期公债
1929	1.98亿元	民国十八年(1929)赈灾公债、民国十八年裁兵公债、续发卷烟税库券、民国十八年关税库券、民国十八年编遣库券
1930	1.74亿元	民国十九年(1930)关税公债、民国十九年卷烟库券、民国十九年关税短期库券、民国十九年善后短期库券
1931	4.66亿元	民国二十年(1931)卷烟库券、民国二十年关税短期库券、民国二十年统税短期库券、民国二十年赈灾公债、民国二十年金融短期公债
1933	1.24亿元	民国二十二年(1933)爱国国库券、民国二十二年关税库券
1934	1.24亿元 150万英镑	民国二十三年(1934)关税库券、民国二十三年6厘英金庚款公债、民国二十三年关税公债
1935	5.7亿元	民国二十四年(1935)金融公债、民国二十四年俄退庚款凭证、民国二十四年四川善后公债
1936	6.22亿元	统一公债、民国二十五年(1936)复兴公债、第二、三期铁路公债
1937	5.17亿元	救国公债
1938	5.23亿元	民国二十七年(1938)国防公债、民国二十七年赈济公债、民国二十七年金公债
1939	12亿元	民国二十八年(1939)建设公债、民国二十八年军需公债
1940	12.49亿元 987万英镑 4 599万美元	民国二十九年(1940)军需公债、民国二十九年建设公债
1941	23.85亿元 1 000万美元	民国三十年(1941)建设公债、民国三十年军需公债、民国三十年滇湎铁路公债
1942	7.1亿元	民国三十一年(1942)第一期土地债券、民国三十一年同盟胜利公债

---

① 千家驹.旧中国公债史资料(1894—1949)[M].北京：中华书局,1984:16-17.

续表

年份	公债发行总额	发行公债的品种
1943	31.75亿元	民国三十二年(1943)同盟胜利公债、民国三十二年整理省债公债
1944	50亿元	民国三十三年(1944)同盟胜利公债、民国三十三年四川省征借粮食临时收据
1946	3.1亿元 8 000万美元	民国三十五年(1946)第二期土地公债、绥靖区土地债券、增发民国三十一年同盟胜利美金公债
1947	实际发行额不详	民国三十六年(1947)短期国库券、民国三十六年美金公债
1948	实际发行额不详	民国三十七年(1948)短期国库券、民国三十七年整理公债
1949	黄金200万两 1.36亿美元	民国三十八年(1949)黄金短期公债、民国三十八年整理美金公债

资料来源：刘华.公债的经济效应研究[M].北京：中国社会科学出版社，2004：40.

1927—1936年的内债变化情况。自民国十六年(1927)国民政府成立以后，外有西方各国支援，内有金融资产阶级的捧场，以关、盐、统税为担保，大量发行内债。统计自1927—1931年这5年之内共发行了内债达10.58亿元，超过了北洋政府时期的16年所发行的35%以上。巨额的借款也带来了沉重的利息负担，加上1931年的"九一八"事变，以及紧接着的"一·二八"事变使国内经济突变，公债信用发生动摇。于是国民党以此为由，减少利息并延长偿还年限，实际上第一次宣告了政府债信的破产。1933—1936年国民政府又发行了5.78亿元的内债，像这样滥发公债的结果，使其不得不再度宣告债信的破产。1927—1936年的10年中，南京国民政府总计发行了26亿元以上的内债，并且两次宣告债信破产。

第三，1937—1945年国民政府的国内公债。这一阶段国内公债的发行又远远超过前一阶段。抗战的爆发使国民政府的公债发行进入了一个新的时期，以抗战的名义大量发行国内公债。抗战期间，国民政府除了外币公债、关金公债和实物公债外，共发行法币公债145.76亿元。不论是从发行的绝对数和种类都比上期多很多。但仅仅是账面上的数字，而且抗战期间通货膨胀，法币严重贬值，因此与抗战前的几个时期不好比较。到了抗战后期，国民政府的财政政策从发行内债为主转向发行纸币和借入外债为主。

第四，1946—1949年国民政府的国内公债。在这一阶段，通货膨胀更为严重。国民政府又发行了几次公债，不过这些内债不再以废纸似的法币为单位，而是采取了美元、金元、稻谷甚至黄金的形式。事实上，这一时期国民政府的财政不是依赖公债，也不是依赖赋税。它对外是靠美援，对内是靠发行天文数字的法币与金圆券。1949年中华人民共和国的诞生，结束了蒋介石政权，也彻底消灭了其公债的剥削。

四、中华人民共和国成立后的公债

1949年中华人民共和国成立以后，公债的发展尽管经过了周折，但毕竟在一个相当长的时期内为新中国国民经济的恢复和发展提供了部分财源，发挥了积极作用，并且显示出它应有的地位。

（一）中华人民共和国成立初期的公债（1949—1952）

中华人民共和国成立时接管的是一副千疮百孔的烂摊子，整个国民经济已处于崩溃的状态。1949年由于经济的极端困难和新区税收需要时间整顿，财政收入最多只能得到303亿斤小米，而财政支出却达到了576亿斤小米。约有1/2的财政支出不得不靠发行通货来解决，又加上军政费用逐月增加，财政赤字上升，引起了物价的多次猛烈上涨。为了解决财政赤字问题，在1949年12月2日中央人民政府委员会第四次会议上，正式决定自1950年发行一批折实公债，以安定民生和发展经济。在这次会议上提出的《关于1950年财政收支概算的报告》中指出，概算总收入482.4亿斤细粮，总支出594.9亿斤细粮，预算赤字112.5亿斤细粮。弥补赤字的办法是发行国内公债43亿斤细粮，其余靠向银行透支来解决。人民胜利折实公债的推销对象主要是大中城市的工商业者、城市殷实富户和富有的退职文武官员。体现了"合理负担"的政策。由于当时处于严重通货膨胀，为了保护公债购买者的经济利益不受影响，公债的发行采用了折实形式。也就是这些公债的募集和还本付息都以实物为计算标准，折合人民币的价值。国家还规定人民胜利折实公债不得代替货币进入市场流通，不得向银行抵押、贴现，不准进行债券的买卖。这样就保证了不至于在严重通货膨胀的情况下起着火上浇油的作用，相反，由于整个发行对象是居民中的富裕阶层，因而起了回笼货币的作用。

人民胜利折实公债于1950年1—3月发行了第一期。发行结果大大超过本期1亿分的计划数，实际发行1.48亿分，相当于约43亿斤细粮。完成总发行计划数2亿分的70.4%。第一期人民胜利折实公债发行的结果，大批回笼货币，使预算赤字迅速减少，对稳定物价起到了重大作用，兼之国家此时在统一财政经济工作、稳定金融物价方面采取的一系列措施，财政经济状况很快好转，发行人民胜利折实公债的预定目的已经实现，因此没必要发行第二期折实公债。至此，中华人民共和国成立初期的公债发行工作告一段落。

（二）"一五"时期的公债（1953—1958）

除了发行"人民胜利折实公债"之外，1951—1952年政府还向外国借款15.27亿元。这些款项起到了国民经济的恢复和为"一五"的实施打好了坚实基础的作用。

在人民胜利完成了国民经济恢复的任务之后，我国从1953年起开始了第一个五年计划，进入了有计划的大规模经济建设时期。当时我国工业水平不仅远远落后于发达国家，而且还落后于东欧各民主国家的第一个五年计划的水平。因此，"一五"计划的基本任务之一就是集中力量进行以苏联援建的156个大型工业项目为中心的工业建设，建设我国工业化的初步基础。同时，在编制1953年国家预算时，由于缺乏经验，动用了1952年的财政结余，产生了实际动用信贷资金搞基本建设的"一女二嫁"的错误，这就更突出了完成"一五"计划在财力上的需要与可能的矛盾。巨量的建设资金需求在中国历史上是不曾有过的，因此需要运用公债作为筹集资金的辅助手段。

当时的政治经济环境对于政府举债是有利的。这表现为两方面：一方面，经过国民经济的恢复过程，人民生活已经普遍得到改善，包括工人、店员、公教人员和部队干部在内的各方人员的实际工资有所增加。加之当时人民群众的政治觉悟和爱国热情甚高这一因素，政府以发行公债的方式将人民群众的一部分收入和储蓄集中起来用作财政支出的需要,是完全可以做到的;另一方面,当时我国和苏联、东欧国家之间的关系尚处于较为密切的时期,所以也能够从外部取得一些贷款。正是在这种条件下,1953年12月9日的中央人民政府第二十九次会议通过了《1954年国家经济建设公债条例》,此后,又分别在1954年12月26日、1955年11月10日、1956年12月29日、1957年11月6日的全国人民代表大会常务委员会上通过并颁发了《1955年国家经济建设公债条例》《1956年国家经济建设公债条例》《1957年国家经济建设公债条例》《1958年国家经济建设公债条例》。也就是说,1954—1958年期间,我国连续5年发行了5次"国家经济建设公债",实际发行总额达35.45亿元,见表1-3。

表1-3 1954—1958年中国公债发行情况

公债种类	计划发行金额/千元	实际完成数	
		金额/千元	为计划数的百分比/%
1954年国家经济建设公债	600 000	844 066	140.7%
1955年国家经济建设公债	600 000	621 768	103.6
1956年国家经济建设公债	600 000	602 680	100.4
1957年国家经济建设公债	600 000	680 767	113.5
1958年国家经济建设公债	600 000	796 186	126.4

资料来源:财政部国家债务管理司.公债工作手册[M].北京:中国财政经济出版社,1992.

除此之外,在此期间还向苏联等国家举借了总额折合人民币约36.35亿元的外债。尽管20世纪50年代公债的发行规模并不大,其对同期其他形式的财政收入的替代作用却是明显存在的,可以说,没有那一时期人民胜利折实公债和国家经济建设公债的发行,国民经济的恢复任务和"一五"计划的胜利完成是不可想象的。

(三)公债的空白时期(1959—1980)

1958年以后,虽然财力需要与可能之间的矛盾依然存在,而且在连续三年的"大跃进"和随后发生的连续三年的自然灾害的形势下,这一矛盾更为尖锐。但是,中国政府先后从1958年和1959年停止了国外公债与国内公债的举借活动,随之进入1959—1978年长达20年的"既无内债,又无外债"的公债空白时期。理论界对此有以下三方面解释。第一,中国和苏联的关系在1958年开始破裂,随后苏联停止了对华援助,并且撕毁合同,撤走专家。以美国为代表的西方国家政府也对我国进行各种各样的经济封锁。所以,那一时期的国际政治环境不允许我们举借外债。第二,1958年后,"左"的错误思想在我国逐步处于支配地位,社会主义制度的优越性也被加上了"既无内债,又无外债"这一条,政府举借公债被视为有损社会主义国家声誉和形象的事情。所以,那一时期的国内政治环境也不存在举借公债的可能性。第三,在第一个五年计划胜利完成的刺激下,人们对国民经济的发展前景看好,甚至以为过不了多久就可以赶上西方发达国家,并据此对"二五"时期及其以后的财政收入做了较高的预期,因而认为政府举债已无必要。后来,随着三年自然灾害的发生和经济困难的加剧,财政收入连续两年出现了负增长,又使得发行公债提不上日程。

这些确实是出现公债空白时期的原因所在,不过,有一个更为重要的原因可能被人们忽视了。这就是"一五"时期,伴随着对农业、手工业和私人资本主义工商业的社会主义改造的进程,在中国已逐步形成了一种特殊的财政收入机制。

1953年政务院发布《关于实行粮食的计划收购和计划供应的命令》,确定在全国实行粮食统购统销制度。这其中最主要的规定是农民要按国家规定的价格标准将剩余农副产品统一卖给国家,并由国家按计划统一供应给城市工业部门和城市居民消费。来自农业的低价原材料降低了工业的原材料投入成本,低价的农副产品也使城市居民获得了实物福利,并降低了工业的劳务投入,在此基础上,工业部门获得了较高的利润。

1956年颁发了《国营企业、事业和机关工资等级制度》。该制度核心就是把工作分成若干类别,由国家统一规定工资标准,统一工作人员的升级,并监督年度工资基金计划的编制、实施。1960年又实行了对包括国营和集体所有制企事业单位以及国家机关、人民团体在内的几乎所有城镇单位的工资基金制度。上述两个制度使得政府可以通过压低工资标准、减少升级频率来直接或间接地降低工业的劳务投入成本。这样,工业部门又获得了较高的利润。

在几十年基本未变的财政统收统支管理体制下,企业(主要是工业企业)创造的纯收入基本都交财政集中分配,将工业的高利润集中到国家手中,再通过财政上的统支用于财政支出。不难看出,通过这一特殊的财政收入形成机制,政府完全有可能达到"人为"增加财政收入,进而缓和或解决财力需要与可能之间的矛盾。而这一任务,在正常条件下是应当通过举借公债来完成的。而事实恰恰是,中国财政职能在很大程度上凭借这样的财政收入机制才得以正常履行。

以上分析表明,在20年间,中国政府并非没有举债,只不过这一时期的公债是以一种特殊的形式隐含着。它之所以没有表现为公债,是因为广大人民群众以低工资和农副产品低卖价的形式默默地消化了这笔本应由政府承担的债务。

(四)我国恢复公债发行——公债的重新启动(1981)

改革开放以来,纵观近40年来我国公债的发展历程,可以分为计划阶段、市场化初探阶段、全面发展阶段和市场建设阶段。

1. 计划阶段

计划阶段从1981年至1987年。改革开放使城乡居民收入水平有了较大的提高,个人在国民收入分配中所占的比重越来越高,居民和个人收入在剔除消费后其剩余也明显增加,从1982年以后开始增加向个人发行公债的比例(表),闲置资金的增加在公债的持有结构上得到充分反映,见表1-4。

表1-4 1981—1988年单位、个人持有国库券情况

年份	合计/亿元	机构/亿元	个人/亿元	机构占比/%	个人占比/%
1981	48.7	48.6	0.1	99.8	0.2
1982	43.8	24.1	19.7	55.0	45.0
1983	41.6	21.0	20.6	50.5	49.5
1984	42.6	20.5	22.1	48.1	51.9
1985	60.6	21.8	38.8	36.0	64.0

续表

年份	合计/亿元	机构/亿元	个人/亿元	机构占比/%	个人占比/%
1986	62.5	22.9	39.6	36.6	63.4
1987	62.9	22.6	40.3	35.9	64.1
1988	92.2	34.9	57.3	37.8	62.2

资料来源：财政部综合计划司.中国财政统计(1950—1988)[M].北京：中国财政经济出版社,1989：52.

从1981年开始发行的国库券，到1987年为止，每年的实际发行额都超过了计划发行额（表）。6年总共发行了361.76亿元国库券，扣除已经还本的部分尚余336亿元。由此可见，这6年通过国库券的发行，是将相当数额的预算外资金、人民群众手中的部分购买力以及其他一部分社会财力集中起来，暂时转移给了国家。从而在不增加整个社会固定资产数额和社会购买力总量的情况下，增加了国家重点建设投资。这有利于国家对固定资产的投资规模、结构和方向进行宏观调节与引导，有利于抑制消费总量的过度膨胀势头，因而国库券是起到了积极作用的，见表1-5。

表1-5   1981—1987年国库券发行实际情况

年份	计划发行额/亿元	实际发行额/亿元	超出比例/%
1981	40	48.66	21.65
1982	40	43.83	9.58
1983	40	41.58	3.95
1984	40	41.50	3.75
1985	60	60.61	1.02
1986	60	62.51	4.18
1987	60	63.07	5.12

资料来源：邓子基,张馨,王开国.公债经济学——公债历史、现状与理论分析[M].北京：中国财政经济出版社,1990：230.

在这期间，公债的年平均发行规模为59.5亿元，发行日也集中在每年的1月1日。此时尚不存在公债的一级市场和二级市场，主要是采取行政摊派的形式，发行券种也单一，除1987年发行过54亿元的3年期重点建设债券外，其他券种平均为5~9年的中长期公债。在我国未进入市场化阶段时，应该说依靠行政分配的方法发行公债还是有其特定的历史意义的。但我们说，这种发行手段违背了公债本身的属性，对我国经济发展逐渐产生了消极影响。

2. 市场化初探阶段

市场化初探阶段从1988年至1995年。在这期间，我国公债在管理和制度上产生了一系列变革，向市场化方向迈出了关键的一步。1988年是我国公债历史上的一个重要转折点。国家为了解决公债的流动性问题，逐步建立和发展了公债市场，并于1988年4月和6月在61个城市进行国库券流通转让的试点，开创了中国公债流动性的先河。1990年，由于国家提高了银行存、贷利率，财政部相应将3年期向个人发行的国库券的利率提高到14%，向企业发行的5年期特种债券的利率提高到15%。同时1989年和1990年公债二级市场有所发展,以公债为经营对象的证券中介机构不断增加。1991年财政部第一次组织了公债发行的承购包销,有20家证券中介机构参加了承购包销团,这标志着公债的一级市场在我国初步建立起来。

随着公债发行市场的建立,新的发行方式也随之逐步建立起来。但由于发行条件没有市场化,一旦市场发生变化,就会导致发行困难。事实上1993年公债发行时确定的票面利率与当时二级市场收益相差巨大,造成公债发行困难。1993年我国第一次引进了一级自营商制度。19家一级自营商参与了当年第三期公债的承销。

1994年大量增加了公债的品种,丰富了公债的交易手段。同时,还首次发行了半年和1年期的短期公债及向个人投资者发行的不可上市的储蓄债券。1995年我国公债发行规模进一步扩大,公债品种更加丰富。1995年发行了3年期凭证式不可流通国库券,它虽然不能进入二级市场交易,但当持券者急需兑现时可到原购买网点提前兑现,增强了公债的流动性。公债品种的多样化在满足不同投资者需求的同时也为公债的顺利发行奠定了基础。

1995年公债发行还向市场化迈出了重要的一步,第一次采取招标方式发行公债并获得成功。这为促进公债一级市场的健全和完善,提高公债发行效率,降低公债发行成本,确保公债发行计划的顺利完成提供了保障。同时,在利率选择上也尽可能接近二手券的收益水平。可以说我国公债的二级市场已经有了较大的发展,逐渐向规范化和国际化靠拢。1994年公债期货市场交易十分活跃,促进了现货市场的发展。但也带来了包括监管不严、风险控制滞后及违规操作在内的一系列问题,以至于1995年发生了震惊国内外的"3·27国债期货"事件。5月17日国务院同意,中国证监会发出紧急通知,在全国范围暂停公债期货交易。但公债现货市场并没有受此打击走向萎靡,相反公债现货市场在1995年以后加快了发展。公债发行方式更多地采取了市场化招标方式,公债期限品种更加多样化了。

3. 全面发展阶段

1996年是我国公债市场全面发展的一年。随着公债的发行与流通市场的逐渐成熟,投资人的金融意识逐渐加深,这些有利条件使财政部考虑引入招标发行。1995年,国家进行了公债招标发行的试点,在不改变票面利率的前提下,财政部采取了划款期招标的方式,并取得了成功。此后,这一先进的发行方式获得全面推进。1996年发行的公债全部采用了招标方式并进一步获得成功,对贴现公债采取了价格招标,对附息公债采取了收益率招标,对已确定利率和发行条件的无记名公债采取划款期招标。同时根据市场供求状况和发行数量,分别采取荷兰式和美国式招标,并创造了"基数承购、区间投标、差额招标、余额分销"[①]及"自由投标、变动价位、二次加权、金额招标"的具有中国特色的招标方式。招标发行大大提高了发行效率,促进了公债市场由零售向批发转变。

此外,品种丰富也是这一年公债发行的特点。1996年全年发行的公债共有三个月、半年、一年、三年、五年、七年、十年七个期限品种的公债。公债品种丰富,改善了以往单一

---

① 高坚.中国债券[M].北京:经济科学出版社,1999:78.

结构的中期结构,使长、中、短公债品种的搭配趋于合理,形成了完整的公债收益率曲线。

在传统的计划体制下,中央银行直接控制对商业银行的再贷款和信贷规模。随着市场化进程的加快,货币政策工具要求引入间接调控手段。于1996年4月9日,中国人民银行首次向14家商业银行总共买进2.9亿元的公债,标志着利用公债市场进行的公开市场操作业务正式启动。

4. 市场建设阶段

1997年公债市场进行了调整,国家切断了银行资金流入股市的渠道,于1997年上半年作出了商业银行从证券交易所的债券交易撤出的决定;但为了满足商业银行运用公债的需要,同时成立了银行间债券市场。至此,公债市场形成了场内市场与场外市场同时发展的格局。

进入1998年后,中国经济面临来自各方面的挑战,国家宏观调控选择了积极的财政政策,其实质就是以增加财政赤字、扩大公债发行为主要内容的扩张性财政政策,以刺激需求,促进国民经济发展。其中最引人注目的就是增发了1 000亿元的长期建设公债,其重点投向是基础建设方面。1998年共发行了公债3 809亿元,成为公债发行史上规模最大的一年,而且主要面向银行和保险机构,银行间债券市场中可流通的债券大大增加。此外,1999年还在交易所市场发行了两期公债,其中一期是跨场所发行,向银行和交易所两市场同时发行,满足了不同层次市场投资主体的需求。在发行方式上,1998年10月财政部首次在银行间市场上以收益率为标的,采用了招标竞价方式发行公债。这是公债发行市场化在当前形势下迈出的重要一步。从1999年开始,市场化发行方式有了更大的发展。2000年,记账式公债的发行中有27.78%是以协议发行方式发行的,剩余的全部是采用招标式发行。2001年,全部记账式公债都以招标方式发行,占当年公债发行总量的60%以上。2008年11月,我国决定实施积极的财政政策,公债发行的规模不断扩大。但为了减轻中央政府的财政压力,作为地方政府筹措财政收入的一种形式,中国地方政府债券自2009年4月3日后,正式在上海证券交易所上市。2011年10月20日,经国务院批准,上海市、浙江省、广东省、深圳市开展地方政府自行发债试点,具体发债定价机制由各试点省市自定,自行组建债券承销团,债券自发自还。2012年6月26日二次审议的预算法修正案草案从严规范了地方债务,明确规定地方政府不能举债,只有法律或国务院规定才可由国务院财政部门代地方政府发行债券。2014年5月21日,财政部公布《2014年地方政府债券自发自还试点办法》,规定上海、浙江、广东、深圳、江苏、山东、北京、江西、宁夏、青岛10个地区被批准试点地方政府债券自发自还。

银行间债券市场快速而平稳地发展,为中央银行公开市场业务操作提供了基础,同时也为央行推动利率市场化进程打下基础。不过,流通领域三种类型的市场的并存不是市场自由选择的结果,而是更多地体现为主管部门强烈的行政管理色彩。把具有相同资金需求的投资者局限在同一个市场上进行交易,但又缺乏有反方向资金需求的其他类型投资者的参与,很容易导致交易萎缩。另外,市场的分割造成公债价格的割裂,从而大大影响了公债的流动性,不利于建立以公债收益率为基准的市场利率体系。因此,统一公债流通市场是完善我国公债管理的重要任务。

总的来看,我国的公债市场经过30多年的发展,已经初步形成了规模,公债管理体系也在不断的探索和实践中完善。但在发展背后仍然存在许多问题需要解决,其中一个重要的问题就是在公债市场发展的同时,法律建设严重滞后于市场。我国自1981年恢复发行国债以来,刺激了经济的增长,取得了显著的成效。然而我国至今尚未有一部统一的公债法律规范。随着我国市场经济的逐步完善,公债市场也迫切地要求建立相关的法律制度予以规范。另外与发达国家的公债市场相比,中国的公债市场还存在相当大的差距,仍然有许多不足之处,暴露出许多问题,还满足不了社会主义市场经济发展的要求。

第二章 西方公债理论

公债是西方主流经济学研究的主要问题之一,从早期自由资本主义的兴起到20世纪70年代,伴随着资本主义经济的起伏,公债理论也随之发展,形成了不同流派。通过对古典经济学派、德国学派、凯恩斯学派、新古典综合学派、理性预期学派关于公债的主要观点综述评价,力求为我国公债政策的制定和执行提供一些理论参考。

第一节 古典经济学派公债理论

公债是西方主流经济学研究的重要问题之一,早在古典经济学时代,亚当·斯密等经济学家就公债问题提出过大量深邃的思想。古典经济学派是以亚当·斯密的著作《国富论》出版为其诞生的标志,古典经济学派分析了市场的机制,认为市场是一只"看不见的手",在社会的经济活动中产生作用,在公债理论中,亚当·斯密强调了公债的负效用,经过大卫·李嘉图、让·巴蒂斯特·萨伊、西斯蒙第、约翰·穆勒的发展,古典经济学对于公债总体上持否定态度。

一、亚当·斯密的公债理论

(一)公债的用途是非生产性的

亚当·斯密认为公债完全不是追加的资本,恰恰相反,它是现有国内资本的扣除,并且会造成社会劳动和物质财富的非生产性的耗费。他指出:"最初债权者贷与政府的资本,在贷与的那一瞬间已经由资本的机能,转化为收入的机能了。换言之,已经不是用于维护生产性劳动者,而是用于非生产性劳动者了。就一般而论,政府在接入那资本的当年,就把它消耗了,浪费了,无望其将来能再生产什么。"[①]因此,亚当·斯密认为,靠发行公债来弥补财政支出,不但不会促进工业、商业和农业的发展,反而使原有的工商业资本被政府所吸收,被挪用于非生产性用途,这是国内原有资本的浪费,是阻碍生产力发展的,从而使一国走向衰落。为此,亚当·斯密对公债的发行和增长持坚决的否定态度,并发出警告:"举债的方案,曾经使采用此方案的一切国家都趋于衰落。首先采用这方法的,似为意大利各共和国。热那亚和威尼斯,是意大利各共和国中仅存的两个保有独立局面的共和国,它们都因举债而衰落。西班牙似是由意大利各共和国学的此举债方案,而就天然力量说,它比它们尤见衰微。"[②]亚当·斯密在这里认为,公债的盛行是意大利各共和国以及西班牙等国走向衰落的重要原因。

---

① 亚当·斯密.国民财富的性质和原因的研究:下卷[M].北京:商务印书馆,1983:488.
② 亚当·斯密.国民财富的性质和原因的研究:下卷[M].北京:商务印书馆,1983:492.

(二) 发行公债的原因之一是政府的非节俭性和奢侈浪费

亚当·斯密认为在工商业不发达的社会,由于君主和富有者都没有奢侈浪费的途径,所以收入的大部分积蓄起来了。但在富有各种高价奢侈品的商业社会,"君主自然会把他的收入大部分用以购买这些奢侈品,像其版图内的一切大土地所有者一样。他本国及邻近各国,供给他许许多多的各种高价装饰物,这些装饰物,形成了宫廷华丽但无意义的壮观"。① 于是,这种结果是"他们平常的费用,就等于他平常的收入;费用不超过收入,就算万幸了"。② 如果,"一国在平时没有节约,到战时就只好迫而借债"。③ 因此,亚当·斯密认为政府或君主的奢侈浪费是发行公债的根源。

无论政府发行公债是因为战争的原因,还是政府奢侈而不知节俭,公债都是非生产性的,是把该国一部分用于维持生产性劳动的资本抽出来,用于非生产性的国家财政支出,损害了产业资本的运行,导致资本积累的下降,资本净增额为负,这样势必影响该国的经济发展。"当国家费用由举债开支时,该国既有资本的一部分,必逐年受到破坏,从来用以维持生产性劳动的若干部分年生产物,必会被转用来维持非生产性劳动"。④ 在亚当·斯密看来,用发行公债来筹得的政府资金,和赋税相比,赋税不过把非生产性劳动从一种非生产性用途转移到其他的非生产性用途,而公债则把生产性劳动从生产用途转移到其他非生产性用途,所以由公债财源提供的政府支出,其总体经济机能就是从私人的投资转换为公共消费,这样看来,与赋税比较,公债在较大程度上破坏旧的资本。

亚当·斯密认为,公债累计带来的弊害不仅使政府吸收的产业资本充当非生产性支出,而且债台高筑必定导致国家破产。避免这种破产的骗术就是减低铸币标准成色,"劣币逐良币"的格莱辛法则发生作用,酿成通货膨胀,而通货膨胀对国民经济的增长是有消极影响的,一方面加重了人民的负担,另一方面加剧了资本从生产领域中游离出来。

概括地说,亚当·斯密是反对公债发行的,认为公债对国民经济增长来说是负效应的。他认为在非和平时代,公债是为战争服务的,而且由于公债在与税收相比中具有快速筹集资金的功能,反而容易导致战争的发生,是发生战争的催化剂;在和平时代,公债的发行是为君主的奢侈糜烂生活服务的,公债制度的存在为君主腐化堕落的生活提供了便捷的途径和通道。因此,他认为公债制度的消亡,在一定程度上会起到抑制战争和奢侈浪费,至少是减少了社会资本由生产性功能转化为非生产性功能的一条途径,从而有利于社会的生产性资本的积累和扩大。

亚当·斯密的上述观点,在当时的时代背景下,基本上是正确的。他指出了公债的非生产性。亚当·斯密的公债理论奠定了整个古典学派公债理论的基础。

二、大卫·李嘉图的公债理论

大卫·李嘉图的公债理论是围绕减债基金制度展开的。他在批评公债弊害的同时,

---

① 亚当·斯密.国民财富的性质和原因的研究.下卷[M].北京:商务印书馆,1983:471.
② 亚当·斯密.国民财富的性质和原因的研究.下卷[M].北京:商务印书馆,1983:472.
③ 亚当·斯密.国民财富的性质和原因的研究.下卷[M].北京:商务印书馆,1983:472.
④ 亚当·斯密.国民财富的性质和原因的研究.下卷[M].北京:商务印书馆,1983:489.

也对利用闲置货币资本转换为公债充当借贷资本这一方面的机能和效果提出了否定意见。

大卫·李嘉图指出了公债的弊端,他认为公债是掠夺生产资本转化为死亡资本,国家债券持有人的资本不可能变为生产性的,它实际上并不是资本。即使他出售债券,并将所得的资本用在生产上,他也只是通过使购买他的债券的人的资本离开一种生产行业的办法才能办到。"如果为了一年的战费支出而以发行公债的办法征集二千万镑,这就是从国家的生产资本中取去了二千万镑"。[①] 他认为,为支付公债利息而课征赋税,只不过把纳税人手中的资金转移到公债的持有人手中。换言之,发行公债是货币资本作为国家经费(军费)用于消费,如果该货币资本被人们用于将来的生产,就会成为利润的来源。考虑到公债事实上减少了资本,因此作为战时紧急筹划战费的方法,与其发行公债,还不如靠征收临时性的赋税——"战时税"。大卫·李嘉图认为动辄举债"会使我们不知节俭,使我们不明白自己的真实境况。假定战费每年是4 000万英镑,每人每年应为这笔战费捐纳100英镑。如果立即令其缴足应缴款项,他就会迅速从收入中节约100英镑。但在举债的办法下,他就只要支付这100英镑的利息,即每年5英镑,并会认为只需在支出方面省下这5英镑,因而错误地认为自己的境况和以前一样富足,如果全国的人民都像这样想和这样做,因而只节约4 000万镑的利息即200万镑,那么所损失的就不仅是把4 000万英镑资本投在生产事业所能提供的全部利息或利润,并且还有3 800万英镑,即他的储蓄和开支之间的差额"。[②] 从中可以看出大卫·李嘉图认为公债重要的危害在于原有资本被公债抽走对经济所产生的损害。同时,还有掩盖真实情况,使人们误以为境况还和以前一样好,而不知节俭,从而较少储蓄,不利于资本的形成。

总的来说,大卫·李嘉图反对公债制度。他认为,若政府财政收支不平衡时应该采取优于公债制度的税收方式筹资,而不应该求助于有害社会经济发展的公债制度。他进一步认为,在用税收弥补军事支出时,人们马上就会尖锐地感觉到战争的痛苦,因而国家也将较少倾向进行战争。如果战争已经开始,也将会力图尽快结束战争。而用公债弥补军费开支时,人们不致马上感觉到这种支出的重担,国家会轻率地倾向于卷入代价昂贵的冲突。而且,除了这种政治上的优点之外,税收较之公债还有一个很重要的经济上的优点,这就是,税收是由国民收入支付的,公债则要吞噬一部分国民生产资本并使之减少。从这点出发,大卫·李嘉图主张迅速地消除国债——"最可怕的灾难之一,无论什么时候,它都是为压迫人民而发明的"。[③]

综上所述,大卫·李嘉图认为公债把一个国家中的生产资本变为不生产的消费支出,从而减少了生产资本所带来的利润。从这个立场出发,他认为,公债对国民经济增长是无效率的,并反对公债。

从亚当·斯密到大卫·李嘉图,他们在公债问题上所表现出来的对公债非生产性用途的反对态度,是与他们所处的自由资本主义经济环境及他们的自由主义经济理论相一

---

① 大卫·李嘉图.政治经济学及赋税原理[M].北京:商务印书馆,1962:208.
② 大卫·李嘉图.政治经济学及赋税原理[M].北京:商务印书馆,1962:210.
③ 艾·布列格里.为帝国主义服务的税收、公债和通货膨胀[M].北京:中国财政经济出版社,1956:213.

致的。因此,他们认识到了公债对生产资本的损害和不利于自由资本主义发展的一面,却没有认识到公债对国民收入再分配所起到的调节作用。

三、让·巴蒂斯特·萨伊的公债理论

让·巴蒂斯特·萨伊把亚当·斯密的公债思想进一步发展,他的公债思想具有独到之处。他根据对法国发行公债的经验教训总结,坚决反对政府发行公债。他认为,政府的支出与私人消费在本质上是一样的,都是国家一部分民间的资本,从生产性投资转向非生产性消费,造成价值的毁灭和财富的损失,会导致通货膨胀,从而进一步恶化资本形成。政府举债不仅因资本被消费而造成反生产的负面作用,而且以后每年还要付息,这将给国家造成很大的负担。因此,限制政府举债,就可以加大工商业资本积累。

一般而言,政府可以发行公债来兴建营利性的公共工程,把民间小额的消费基金转化为公共投资,从而有利于全社会的资本积累和资本的扩大。但萨伊却认为政府可能浪费国家的储蓄,尤其是遇到缺乏责任心的政府时,更是如此。

萨伊还对梅伦关于"公债只是右手欠左手的债,不会损害身体"的说法进行了批判,他指出,公共财富不会由于为公债付息而减少,这是对的,因为债息不过是由纳税人手中转移到债权人手中的价值。该价值是由公债债权人,还是由纳税人去积累或消费,对社会来说是无关紧要的,因为社会价值总量是统一的。但公债的本金已经随举债带来的消费把该资本消灭掉了,永远不能再用来产生收入了。因此,社会被剥夺的不是该笔利息,而是被消灭了的资本收入,这笔资本如果由借款给政府的人自己用来投在生产事业上,就会同样为他提供一笔收入,但这笔收入是直接从生产事业中产生的,而不是来自同胞的钱袋。

因此,萨伊认为政府公债的发行是从生产领域中抽逃资本用于非生产领域,从而有碍于国民经济的增长。他还反对那种认为政府发行公债是把储蓄资金转化为资本资金,把资本从一个生产领域转化为另一个生产领域的观点,因为在他看来政府出现不负责任的情况太容易了。

四、西斯蒙第的公债理论

瑞士的著名经济学家西斯蒙第也是一个坚决反对国家发行公债的学者。他认为,公债是一种破坏性的支出,对社会资本积累的形成具有极大的危害性。"对人类最有害的发明也许莫过于公债了,任何发明也不会包藏着这样大的骗局"。[①] "当前的收入已经枯竭,于是趁国家还正有威信的时候就大胆求助于公债,政府随意支配它从商业中不断剥夺来的资本,把这些资本浪费出去,而只代之以将来致富的拨款单;这种野心是国家和议会发昏几个月,却给子孙后代贻害无穷"。[②]

西斯蒙第进一步认为,公债和私债不一样,个人或企业举债后用于生产,会形成产业资本,转化为生产过程中的流动资本或固定资本,从而带来利润和财富;而公债则不一样,是一种空想的资本。"国家有息证券并不是别的东西,只是一种空想的资本,它代表着

---

① 西斯蒙第.政治经济学新原理[M].北京:商务印书馆,1983:400.
② 西斯蒙第.政治经济学新原理[M].北京:商务印书馆,1983:400.

支付国债用的一部分年收入。与此相等的一笔应称为公债的公分母的资本被浪费掉了，但是，国家有息证券所代表的并不是它，因为这项资本在任何地方也不存在。但是，新的财富是应该由劳动和工业产生的；而在这些财富中每年都有一部分预先指定给会借出被销毁的财富的人了；这一部分要用赋税的方式从生产这些财富的人的手中夺取，然后交给国家的债权人，而且人们要根据本国通行的本金和利息的比例，对这种空想的资本制定一项债权人所应获得的年利。"①

西斯蒙第还批评了那种认为公债持有者抛出公债变现后就可能转化为资本的观点。西斯蒙第认为公债持有者抛出公债，用变现后的现金去投资，表面上看起来有新资本在形成，实际上是购买公债者从生产领域中抽逃资本，只不过生产资本从公债的购买者手中转移到公债的出卖者手中，公债所代表的那部分本金早已经被政府浪费和消灭掉了。"人们投入有息证券的资本，如果没有任何变化，是毫无用途的，这样的资本对投资人来说，不过是证券持有人手中的对别人劳动的支票。通过人们撤出这种资本来经营商业，那也不过是用别的资本代替它，实际上是任何东西也没有撤出；在有息证券中投过多少资本，其中就仍有多少资本，在工业方面留下多少资本，其中也仍有多少资本，所不同的只是两个投资人的名字罢了。旧的国债持有者以出售国债的所得用到工业上，并不是把国债的资本用到这种生产性的工业上，他所得的资本是购买国债的人的资本，这项资本可能已经用在银行或农业方面了，至少它是一项流动资本，因为，人们可以转移它。它可以改变自己的特殊用途，却不能改变推动生产的一般用途。原来的资本家一旦变成国债所有人，他就不能用他有息证券中的资本做任何事情，因为，实际上不存在的东西什么也不能做。"②

五、约翰·穆勒的公债理论

约翰·穆勒完全同意亚当·斯密和大卫·李嘉图的关于节约财政支出，限制国家职能的观点，所以他对公债制度与他们一样也是持否定态度的，把公债的作用看成筹划财源，以供给"战争或其他非生产性支出"。③ 他认为："这种公债是从资本中抽出来的（这和赋税不一样，赋税通常由收入支付，并且部分或全部因经济的增长而得到补偿），所以必定会使国家贫困。"④

约翰·穆勒认为："公债不可能取自购成工具、机器和房屋的那部分资本。公债肯定全部取自支付劳动报酬的那部分资本，劳动者会因此而受苦。但如果没有劳动者饿死，如果他们能忍受工资的这种减少，如果慈善机构能使他们免于陷入绝对贫困，就没有理由认为他们的劳动在下一年会比上一年生产得少。如果他们生产得同往年一样多，而他们所得到的报酬却少了几百万镑，那么这些钱就落入了雇主手中。这样，国家资本遭受的损失立即得到了弥补，不过这是用劳动阶级的贫困以及真正的苦难换来的。这就是为什么在

---

① 西斯蒙第.政治经济学新原理[M].北京：商务印书馆，1983：402.
② 西斯蒙第.政治经济学新原理[M].北京：商务印书馆，1983：403.
③ 穆勒.政治经济学原理及其在社会哲学上的若干应用[M].北京：商务印书馆，1991：96.
④ 穆勒.政治经济学原理及其在社会哲学上的若干应用[M].北京：商务印书馆，1991：96.

这种时期,即使在最不利的情况下,仍有人会很容易地获得暴利,而这些人的兴旺发达往往被社会看作是国家的繁荣昌盛。"① 换言之,约翰·穆勒认为,保证公债的财源是从流动资本中,即由雇用生产工人的工资基金中扣得的,所以对劳动阶级不利,只对资本家有利。

约翰·穆勒认为:"有许多因素致使这种对一国生产资源的突然抽取没有产生预料的结果。其中最为不利的情况,即政府借得并毁灭的全部款项是放债人从已投入生产的投资中抽出来的。"② 资本能够当作国内生产资本使用;但是把能使用的资本全部吸收为公债,是坏的财政手段。在提及一国政府在额外的非生产性开支方面所需的资金,是靠发行公债来筹措,赋税只提供利息好呢,还是靠课征赋税一下子把所需的款项都筹齐(用财政术语来说,这叫年收年支)好的时候,约翰·穆勒赞同查默斯的看法,即"在两种情况下所作的牺牲是同样的。不论花费多少,都得从年收入中抽取。国内生产的全部或每一部分财富,产生或帮助产生了人们的年收入。以赋税形式抽取所需款项固然会带来贫困,但以公债形式抽取所需款项,同样会带来贫困。苦难并未被防止,只不过转嫁给了劳动阶级,转嫁给了最无能力并且最不应该负担的阶级,而为了经常支付利息课征租税所产生的一切身体上、道德上和政治上的麻烦,也是纯粹的损失。每当从生产中或从生产基金中抽取资本,借给国家用在非生产性方面时,抽走的全部金额便是从劳动阶级身上扣得的。所以,公债实际上当年就得到了偿还;偿还公债所需作的全部牺牲实际上也已作出,只是付错了人,因而并未消除债权;并且是靠最坏的赋税,一种只向劳动阶级征收的赋税来偿付的。而在以这种最痛苦和最不公正的方式作出了偿还债务所需的全部努力之后,债务却依然存在,依然要长久地为其支付利息"。③

约翰·穆勒指出,就公债所吸收的价值如不这样使用就可用于国内生产这一点而言,查默斯的观点是完全正确的。然而,实际情况却很少完全符合这样的推测。"不太富裕的国家的公债,主要来自外国资本,外国资本也许只会向较有保证的政府债券投资。而富裕繁荣的国家的公债,通常不是从生产资金中抽取的,而是来自收入不断造成的新积累,一部分新积累如果不这样使用,就会转移到殖民地,或者向国外寻求别的投资机会。在这种情况下(后面将对此进行更加详细的考察),靠公债获得所需的款项,非但不会损害劳动者,不会扰乱整个国家的工业秩序,反而同靠课税筹集款项的方法相比,也许对劳动者和整个国家的工业更为有利,因为赋税,特别是沉重的赋税,几乎总有一部分要由本来可以节省下来增添到资本上去的资金来支付。而且很显然,如果一个国家每年能如此大量地增加其财富,能拿出一部分作非生产性开支而不会减少资本,甚至不会妨碍资本大幅度增加,那么在这样的国家,即使公债抽取的都是资本,都是在国内可以得到利用的资金,劳动阶级遭受的损害,也要比所假设的第一种情况少得多,反对靠公债筹款的理由也弱得多"。④

---

① 穆勒.政治经济学原理及其在社会哲学上的若干应用[M].北京:商务印书馆,1991:96.
② 穆勒.政治经济学原理及其在社会哲学上的若干应用[M].北京:商务印书馆,1991:96.
③ 穆勒.政治经济学原理及其在社会哲学上的若干应用[M].北京:商务印书馆,1991:97.
④ 穆勒.政治经济学原理及其在社会哲学上的若干应用[M].北京:商务印书馆,1991:97.

总而言之,约翰·穆勒和亚当·斯密一样,认为政府举债将削弱资本的力量,资本从私人企业转移至政府消费总是一种损失,对经济发展总是不利的。但他对亚当·斯密的国债理论进行了修正,这是因为,约翰·穆勒所经历的时期,正处于英国资本主义的成熟阶段,国内存在有过剩的闲置资本,作为活用闲置资本的方法,他同意发行公债,并认为,如果政府以国债形式举借的资金是非国内的外国资本,或虽是国内资本,但该资本所有人原本无意于储蓄,或虽储蓄但不用于生产事业,或虽用于生产事业但投资于国外,在所有这些情况下,政府所借的债务,对本国资本以及生产绝无损害。他还提议以市场利率的升降与否作为衡量国债危害程度的方法。即国债的发行刺激了市场利率的上升,即证明民间的生产资金被政府所吸收,则该国债对国民经济增长是负效率的;反之,若市场利率不被刺激,则该国债危害甚微。约翰·穆勒尽管保留了一定的公债有害的看法,但与亚当·斯密和大卫·李嘉图的公债负效应思想有一定的差距,开始赞同在过剩闲置资本的前提下发行公债的主张。从中可以看出,公债对国民经济影响方向如何是有一定条件和假设前提的。

古典经济学派认为政府举债必然会使民间生产资金移充财政用途,用公债弥补政府财政赤字,这会妨碍工商业的发展,会使政府形成一种不负责任的开支风气。另外,公债的发行会引起市场利率上升,排挤生产规模的扩张。因此,公债的大量增长会造成国力的衰弱。

第二节 德国学派公债理论

随着自由资本主义向垄断资本主义过渡,商品经济也高度发展起来了,社会资金也十分充裕,限制的资本也比较多。同时,资本主义频繁爆发经济危机,国家开始频繁干预经济,经常性运用财政政策和货币政策对经济运行进行宏观上的调控。在这样的经济背景下,逐步产生了一些主张和赞同发行公债的学派,如德国学派。此学派认为,公债的发行对经济生活具有正效应,尤其在有限需求不足的情况下更是如此。

一、卡尔·迪策耳的公债理论

德国历史学派卡尔·迪策耳是第一个从国民经济总体的立场出发,从宏观经济的高度来研究公债的作用及影响的,其主张是公债具有生产性,能促进国民经济的发展。

迪策耳认为,古典学派对信用制度进行了激烈的批评,认为这种制度使非生产性的消费成为可能。这些都是因为对国民经济基础概念的解释有错误的缘故:第一个错误是对政府经济从一般国民经济分离出来的有关理论解释有错误,以为消费所需的物质资料,是从国家经济中夺来的;第二个错误是不能从经费的生产性与非生产性观点,引申出政府的消费就是非生产性的。

迪策耳认为,应该从公债与整个国民经济的关系中去考察公债的效应,而不应该像亚当·斯密和大卫·李嘉图等古典经济学派那样把公债与国民经济割裂开来。他认为,古典学派把公债作为为政府筹集经费、获取收入的一种专门技术,忽视了由国家提供公共物质资料以维持国民经济运行这个事实,于是公债存在于国民经济之外,公债被认为是国民财产的负担。鉴于此,古典学派自然要反对国家信用制度,因为国家支出带来了国民财产的减少,公债把国民经济基础的剩余消化殆尽,所以是最能破坏国民经济的手段。与此不同的是,迪策耳认为国家财政与国民经济的关系是在相互作用中促使国民经济发展下去的。

迪策耳反对古典学派认为公债是非生产性消费的观点。认为国民经济的运行和生产劳动的循环会经常受到外来的冲击,如自然灾害、掠夺等。国家的存在通过提供公共物质资料会消除这些外来的对生产的冲击,从而保证国民经济的顺利进行,从而不能认为政府的支出是非生产性的。生产性劳动,为求其顺利达到从事与生产物质资料的目的,除其他条件外,对于来自外部暴力影响的保护,实属必要。若无这种保护则会妨碍劳动过程的进行,或使其迟延、恶化,或破坏了劳动生产成果,至少是要减少其价值,所以劳动的保护为生产的必要条件。这种暴力既有来自自然的暴力,也有人为的暴力。于是,为了不受这种暴力的影响,保护就成为生产所必需的条件,国家为完成这种保护而使用的物质资料应该是生产性的。他认为这种物质资料应是为新的物质资料、为保护其生产的财政支出全部为生产性的。这就是迪策耳所主张的国家经费的生产费学说。

迪策耳认为由法官、官员保护国内公安秩序,而由军队保卫国家与国民经济抵御外敌。如果没有军队则战争会成为每个人的负担,每个人不得不付出巨大的代价,牺牲多而效果少。他认为,防御的战争有助于维持国家财富与生产劳动的持续顺利进行。战争的作用是为发展国民经济攫取利益,或者是防御日后经济发展可能受到的攻击。无论哪种战争都具有维持和增加国家财富的目的。这样,军费即为国民经济一般的生产费,尽量减少这种费用并使筹划战争的方法少危害国民经济的发展,这正是战争的最高经济原则。这个原则要靠公债制度来实现。

迪策耳还进一步分析,认为将公债作为生产性的投资支出时,公债就不是非生产性的消费,而是资本性的支出。如公共交通设施、公路、运河、建设铁路都是生产性的,教育是为提高工人劳动力,宗教对提高国民道德产生影响,由此可提高生产的稳定状态。

迪策耳还认为,公债的发展有利于促进信用经济的发展,信用机构的繁荣有利于储蓄转化为投资,提高储蓄转化为投资的效率,有利于资本的积累和生产资本的形成,从而促进国民经济的发展。发行公债等同于发展信用经济。公债形成的储蓄可以成为国民经济的杠杆,将现在增加国家财富的财政负担转移到将来。因此,举债为国民经济的正常步骤。还应该把这种国家行为理解为生产性的,国家为完成其职能如需要建筑官厅、舰船、营房等属于固定资本;而一般的事务性费用则属于流动资本。公债经常被用于抵充固定资本,赋税则充作流动资本。在公共经济中,这两种资本观念之间应像在私人资本经济中那样保持均衡。公债在资本形成的增进上恰如蜜蜂一样,不断地取得蜂蜜以进行再生产。这等于国家举债也有利于将来一样。迪策耳认为,公债将游资转移到公共经济,通过提供公共物质资料,满足共同欲望形成固定资本,所以,不是消灭资本而是再生产,主张以公债促进积累资本扩大生产的所谓再生产学说。他认为公共信用是所有信用结构中最高的国家信用制度的适当运用,是国家经济高度发展的必然现象,国家债务是表现国家财富的标志。

综上所述，迪策耳从信用的角度、公共物质资料以及公共物质资料与私人物质资料之间的关系等多个角度论述了公债具有生产性的一面，尤其是在阐述公共物质资料方面的观点，至今也不过时。这相对于古典经济学派关于公债非生产性的理论，无疑是一个进步。简单地说，公债是否有害于经济的发展和国民财富的增长，其关键不在于公债的本身，而在于通过公债方式筹集来的资金是怎样使用的，重在公债的使用上。虽然迪策耳没有系统化的理论来阐述公债与国民经济之间的详尽的逻辑关系和相互作用的机制，但把公债放在整个国民经济运行的大框架中来研究公债问题，这对后来学者从一个全新的角度来进一步深化对公债的研究，起到了抛砖引玉的作用。他的观点，对后来德国社会政策学派的公债理论影响很大。

二、阿道夫·瓦格纳的公债理论

阿道夫·瓦格纳完成了德国社会政策学派的公债理论体系，探讨了赋税与公债的作用，当选择公债代替赋税时，按构成公债源泉的资本种类，区分为三种公债：一是来自国民经济中现实处于自由资金状态的资本公债，二是来自外国国民经济资本的公债（外债），三是来自国内资本的公债。由于公债的发行，这些资本是从国内其他部门那里夺来的。以这些资本为源泉的公债，可以用来满足临时财政需要，满足私人经济投资、国家经济投资、固有的临时费（战费和其他开支）。从国民经济的立场来看，满足一般的临时财政需要的方法和课税相比，采取前两种比采取赋税要好，必须避免第三种方法，此时必须以课税取代之。瓦格纳认为，发行公债比课税无疑问地更加不利于国民经济。其不利作用就是国家负担经费，即全体的牺牲比对现代个别经济课税所造成的分配的不平等、不公正更严重。他认为公债的这种不利作用将在长时间内危害国家财政。

关于为吸收国内闲置货币资本而发行的公债，瓦格纳认为，资本浪费在投机事业，能以公债来避免危机，在繁荣之后的停滞时期以公债吸收资本是胜过课税的手段。为吸收第二次世界大战后及萧条时期的闲置资本，瓦格纳提出政府征借方案，以增加就业。瓦格纳把政府开支与景气变动结合起来是一个伟大的功绩。在这种意义上可以说，瓦格纳是早期财政政策的倡导者。

瓦格纳一方面从保持原有财政秩序的愿望出发，赞同继续维持传统的平衡预算收支的财政政策；另一方面又从满足膨胀的财政支出的需要出发，主张用举借外债的方法来弥补预算赤字。不过瓦格纳指出应当根据财政支出的不同性质筹借资金，凡属于经常性的财政支出，必须以租税方式来筹集，凡属于临时性的财政支出则可用举借外债的方式来筹集。公债制度对社会的经济发展和国民财富的增长是有害还是有利，取决于公债资金的来源，如果购买公债的资金是社会闲置资金和游资，或者是外国资本的流入，那么公债制度不见得有多大的危害；然而，当购买公债的资金要从生产领域中抽离或挤占出来时，发行公债无疑是有害的。

德国学派主张以公债促进积累资本，扩大生产。认为公债制度对社会经济发展和国民财富的增长是有害还是有利，不在于公债本身，而是取决于公债的来源。支持国家干预经济，根据财政支出的不同性质筹措资金，通过举债来弥补财政赤字。

第三节　凯恩斯学派公债理论

随着资本主义自由竞争进入垄断阶段,1929—1933年的世界性经济危机成为公债理论发展史上的一个重大转折点。大危机的爆发,动摇了资产阶级对资本主义经济体系存在内部稳定机制的信念,把政府干预经济提上了议事日程,客观上要求资本主义放弃传统的健全财政政策,转而采取克服经济危机的"相机抉择"的财政政策。正是在这种背景下凯恩斯主义应运而生,为资本主义国家全面干预社会经济生活提出了一系列的政策主张和理论依据,其中利用财政政策包括实行财政赤字、发行公债等直接干预经济生活以实现社会总供给与总需求的平衡。从此,在公债理论上,大多数经济学家对公债的态度开始由否定转向肯定,认为公债有害于国民经济转向公债有益于国民经济。

一、公债对经济稳定影响的思想

运用财政政策熨平经济周期波动的思想无疑开始于凯恩斯。凯恩斯在1929年就提出公共工程计划。他反对政府将宝贵的储蓄用于支付失业救济金,主张发展公共工程事业,以吸收广大的失业劳动力。他说:"我们消耗我们宝贵的储蓄来支付失业救济金,而不是用它们来充实国家的制造业资本。劳埃德·乔治(Loyd George)先生经济方案将要利用的储蓄,并不是从其他资本设备中转移出来,而是部分来源于支付失业救济金的资金……我们只有一个宏大、简单、绝对无可争议的经济振兴规划。要是我们广大的失业劳动力吸收到生产性工作中去,肯定有许多实际的困难,但无论是什么困难,从其他就业和生产部门争夺资源或转移资源,绝不是困难之一。"①

凯恩斯是在1937年发表的一篇名为《如何避免经济衰退》的文章中,明确地阐述了他对付经济波动的宏观经济政策。当时,凯恩斯认为,英国已经爬出了衰退的低谷,到了应该采取措施稳定经济活动的时候了,而这一措施只能是财政手段。凯恩斯指出:"我们已经将自己从自由放任哲学中解放出来。三年前,重要的是运用公共政策来增加投资。很快我们会发现,同样重要的是限制某些投资,将容易获得、容易操作的公共投资要随时掌握在手中,以便在经济更急需的时候使用……政府在经济衰退时期举借债务刺激经济是非常明智的政策,同样,目前政府应当准备实施相反的政策……在经济萧条时期,鼓励或强迫地方政府大举进行资本开支是明智之举,同样,现在鼓励他们推迟新的投资就是正确的决策,不管推迟投资的是什么样的新工程或新事业。"②

凯恩斯的这篇文章清楚地说明,他提倡运用财政政策来实现经济稳定的目标,而政府举债是实现经济稳定的主要手段。

二、凯恩斯学派的公债理论

20世纪30年代的经济大危机动摇了古典经济学家市场均衡的理念,凯恩斯对传统

---

① 蒙代尔.蒙代尔经济文集.中译本,第二卷[M].北京:中国金融出版社,2003:137.
② 蒙代尔.蒙代尔经济文集.中译本,第二卷[M].北京:中国金融出版社,2003:145.

政府职能的观念提出了挑战。

凯恩斯是公债理论的集大成者。1936年他的《就业、利息和货币通论》（以下简称《通论》）问世，引起了西方经济学界的强烈反响，至此凯恩斯提出了一套完整的宏观经济理论，奠定了凯恩斯学派的理论体系。

凯恩斯认为保持经济稳定增长，实现充分就业，要求政府必须介入公共领域。凯恩斯指出，需求不足将成为资本主义经济运行的主要矛盾，并产生"不道德的失业重病"，而依靠"经纪人"的自利理性无法解决这一矛盾，因此，政府必须介入经济生活，对总需求进行干预。但是凯恩斯也同时强调，政府对需求或支出的干预应该限制在宏观层面，而个人的消费和支出则由个人作出决策，这样可以保证资本主义自由经济的性质不变。

财政政策是凯恩斯需求管理的主要手段之一，而"举债支出"则是扩大需求，实现就业的最佳途径。"一个人若失业已久，则作若干劳动，不仅没有负效用，也许还有正效用。如果我们接受这一点，则由此可以推出：举债支出虽然'浪费'，但结果倒可以使社会致富"。[①]

第二次世界大战后，根据资本主义公债不断增长的现实，凯恩斯的理论被其后的许多继承人以各种形式加以发展。概括地说，凯恩斯主义学派关于公债理论的主要论点有以下几个方面。

第一，以公债支持赤字财政的实行可以直接或间接地扩大社会的需求，从而消除经济危机和失业。因此，在有效需求不足的情况下，政府通过发行公债筹集来的经费，无论是用在消费性的非生产性支出上，还是投资在资本性、生产性支出上，都能够扩大全社会的有效需求，从而带动国民经济的增长。

第二，公债无害而有益。公债是经济危机时期刺激经济增长的必需条件，公债有害还是有利应当从刺激经济增长的角度去考察、评价。凯恩斯学派认为发行公债是一种不足为虑的有益于社会的措施。

第三，公债具有生产性，它可以促使物质财富的增加，因此，巨额公债的发行，不但非政府之债务，而应视同国家的资产。对于内债而言，内债是政府欠自己人的钱，是"左右口袋"之间的事情。这些债务只保持在国内，收利息的权力和付利息的义务正好抵消。因而公债非债。

第四，公债可以随经济的发展而不断增长。凯恩斯学派认为，尽管资本主义国家的公债绝对数有了惊人的增长，但同时表示着一个国家经济发展水平的国民生产总值（GNP）也是一个不断上升的数字。随着国民生产总值的增长，公债及其利息占GNP的比重越来越小。

第五，公债可作为国家调节、干预经济的重要杠杆，其作用不仅在于吸收通货膨胀时期的剩余购买力，增加经济萧条时期的需求，以稳定经济，还在于通过公债利率的确定引导社会资金的有效使用。

[①] 凯恩斯.就业、利息和货币通论[M].北京：商务印书馆，1988：110.

第四节　新古典综合学派公债理论

第二次世界大战后,在以萨缪尔森为代表的一批美国经济学家的努力下,逐渐形成了"新古典综合派"的宏观经济学。所谓的新古典综合就是把新古典经济学理论与凯恩斯经济学理论加以综合,即把微观经济学与宏观经济学相结合,因其秉承了凯恩斯主义的主要思想,因此又被称为"后凯恩斯主流经济学"。新古典综合学派主要代表人物有萨缪尔森、莫迪利安尼、托宾和汉森等。反映这个学派理论观点的代表著作是萨缪尔森的《经济学》。在经济政策上,他主张运用财政政策和货币政策,调节总需求,以减少失业、消除危机。在经济制度方面,他主张混合经济论,即公私机构共同对经济施行控制。新古典综合派对公债的分析实质是将分析的方法由短期转向了长期,这实质上是一种"新古典综合"。以萨缪尔森为代表的"新古典综合学派"调和了传统的"新古典"微观经济学和凯恩斯的宏观经济理论,较长时期在西方经济学中占据主流地位。

一、保罗·萨缪尔森的公债理论

20世纪50年代,保罗·萨缪尔森提出新古典综合派财政理论,他在《经济学》第五版中,把自己的理论体系称为"新古典综合学派"。作为新古典综合派的主要代表,他继承了凯恩斯的公债理论思想。萨缪尔森认为,凯恩斯主义是从1929年4月的美国华尔街股票暴跌开始到1933年基本停止这一遍及资本主义世界的经济危机的历史背景下产生的。凯恩斯的理论对资本主义的发展很有价值。他把公债和赤字以及辅助性的财政政策联系起来,对公债大加赞扬。

萨缪尔森提出不仅要在经济衰退时期推行赤字财政,在经济上升时期也要推行赤字财政,因此要大力发行公债,这样能增加人们的消费和投资,还可以为中央银行的公开市场业务提供回旋余地。他指出公债必须在一定条件下才能收到好的效果,债务的增长必须根据整个国民经济的增加来进行评价。政府发行公债是执行补偿性财政政策以稳定经济的有力武器,只有使公债长期增加才能维持稳定的高度就业。但公债不同于私人债务,私人债务因无法转嫁会对债务人造成压力,但是公债使得人感到富有,从而提高人的消费倾向,这会增加消费和投资,进而增加就业。

另外,作为后凯恩斯主义的代表人物,萨缪尔森的公债思想主要体现在对债务负担问题的分析上。他认为政府举债并不会形成沉重的负担。政府债务负担问题之所以成为西方公债理论中长期争论的一个问题,其主要原因就在于它直接关系到政府要不要举债。萨缪尔森认为可以从以下两个方面分析债务负担。

一方面,必须避免由于私人债务构成沉重负担而假设公债有不利影响的习惯做法;另一方面,也不能轻视运用公债可能带来的问题。为了使人们对债务负担有一个清醒的认识,他分析了政府债务的"真正负担"。他认为,政府的真正负担体现在以下三个方面。

(1) 为支持债务利息而征税会造成效率损失。

(2) 会产生资本替代效应。他认为:"也许,大量公债的最严重的后果是由于公债代替了一国财产存量中的资本而引起的。"也就是说,"私人资产可以被政府债务所取代"。

(3) 债务会对人们的情绪和私人投资产生影响。

萨缪尔森的公债思想,既同古典学派的经济学家反对公债的观点不一致,又同凯恩斯学派极力赞同政府举债的观点有所区别。从其实质来看,他是从否定的角度来肯定公债的。他分析了所谓的"真正的债务负担",并提醒人们加以注意。但这并不是他真正的目的,他真正的目的在于要击破那些"有关债务负担的神话",让人们认识到真正的债务负担并不像人们所说的那么可怕,从而使人们对债务负担有一个真正的认识。这与凯恩斯从肯定的角度来肯定公债的结果是一样的。

因此,萨缪尔森最后的结论是,公债并没有把重担施加于一个国家,就像该国公民被迫背负重石那样。而且,他还认为并不存在一个魔法似的比率,把一国的债务同它的光荣和衰落联结一在起。所以,这同亚当·斯密的债务使欧洲大国走向衰落的观点截然不同。

因此,萨缪尔森的观点可以总结为以下几点。

(1) 公债不是一个值得担忧的问题,而是一件有益的事,会增加净收入。

(2) 公债不是妨碍经济增长的因素,而是使经济稳定发展的因素。

(3) 公债的数额不应受到限制,公债的发行不但不应该视为国家的债务,还应该视为国家的资产。

(4) 公债不会增加人们的负担。因此,大量发行公债有利于经济繁荣和充分就业。

总而言之,萨缪尔森赞同政府通过发行公债来促进消费和投资,这种积极的财政政策对美国的经济起到了巨大的促进作用。

二、弗兰科·莫迪利安尼的公债理论

1946—1956 年,美国新古典综合派中十分盛行公债负担的这一观点,持有这个观点最突出的代表人物是弗兰科·莫迪利安尼。他所主张的"公债负担论"在公债有益还是有害这一问题上虽然没有作出简单的回答,但是反对公债有益论,也反对公债有益论的公债"非负担"理论。认为公债负担对当代人不是负担,但公债的实际负担转移给了后代,政府的公债政策能够影响未来一代人的消费机会,但是对公债的经济效应也应作出具体的分析。"公债负担论"从短期拓展到长期,从存量拓展到流量进行分析,得出的结论是公债对短期经济增长有刺激作用,但对长期经济增长则有一定的负效应。而判断公债是否带来负担的一个重要的标准就是看发行公债使我们子孙后代继承的资本存量是更多还是更少。

作为一个后凯恩斯主义者,莫迪利安尼坚决主张国家干预经济的观点,在消费理论和投资理论两个方面发展了凯恩斯的学说,对经济学的发展作出了开拓性的贡献,莫迪利安尼提出了家庭储蓄的生命周期理论,经过深入的研究,莫迪利安尼终于发现,在特定的时期内,个人所得对储蓄的影响很小,而个人所得相对于其惯性水准的比率,对储蓄的影响较大。在此基础上,莫迪利安尼提出了储蓄的生命周期假说,将个人一生的储蓄与财富融入经济学理论研究之中。在莫迪利安尼的假说中,人的生命是有限的,并开创性地将人有限的一生划分为依赖、成熟和退休三个阶段,在不同的生命阶段,人的储蓄情况是不同的,呈现出波状起伏的形态,类似于驼峰的形状。在其生命周期理论中指出:政府举债融资,居民以持有政府债券取代私人资本,而被政府所挤出的资金通过政府支出大多被直接或间接地用于当前消费,社会总体的生产能力降低,未来供给减少。在将来公债大规模偿还之际,总供求的短缺性缺口将进一步加大,带来通胀的压力,而私人资本的缩减也将是持久性的。莫迪利安尼认为,公债发行通过减少民间资本形成而减少将来的国民收入。在以充分就业为前提的情况下,公债融资会等额地减少民间资本的形成。而且在将来时点上,这种民间资本的减少使得资本的边际生产力下降,国民收入损失。

另外,莫迪利安尼在有限期界理论中提出,人们并不关心生命以外的事情,因此,由于发债带来的减税效应会带来消费需求的增加,这样,民间储蓄在这种情况下的增加就不足以补偿政府储蓄的减少,所以总储蓄下降,即使消费需求增加能够刺激短期经济增长,但总储蓄下降也会影响长期经济增长。

三、詹姆斯·托宾的公债理论

詹姆斯·托宾是属于后凯恩斯主义的美国新古典综合派的主要代表者之一。托宾不同意李嘉图主义主张,强调以政府为代表的社会机构同公司实体的不同,对政府效应要坚持凯恩斯式的肯定态度。他认为20世纪70年代兴起的以李嘉图的原始论述为起点的学界的争论,主要是围绕有关以公债为支撑的财政赤字能否吸收私人储蓄、公债对作为生产性金融资产的股票的需求影响以及公债负担的转移问题,产生各种不同的解释与政策主张。

托宾认为李嘉图等价定理限制条件太多,与现实不符。托宾针对理性预期学派经济学家巴罗在阐述李嘉图等价定理时所主要依据的生命周期代际效用函数以及由遗产引起的储蓄增加问题,进行了剖析。托宾认为即使在巴罗一次性总付税的假设下,也总会有一些家庭没有子女或者对其后代人的效用状况并不十分关心,除此之外的家庭很明显地会意识到,公债偿还时他们的后代将不得不承担起这些家庭转移的额外税收负担,尽管他们仍然会给自己的后代留有遗产,但对这种负担的不均衡、不公正分布预期,将使遗产不至于增加到能够支付起后代人所负担的税收,更不用说人们一般也没有能力维持其本人和下代人的效用(尤其是一个家庭有多个孩子时)。如此,由公债发行引起的纳税相对减少会减轻人们的即期预算约束,相对增加的收入不会完全用于增加遗产形式的储蓄,消费的增加是显然的。即便公债发行时得到"相对减税"的人们届时也要纳税还债。况且,现实也并非是"整笔讨清"的"一次总付税",这会引起减少纳税的行为,即人们也不会将一时增加的收入全部用于储蓄,从而等着交纳利息所得税。另外,由于公债的信誉最好,收益稳定,来自债券持有所获得的收益可以弥补未来因增税而产生的一部分收入减少,加之公债流通市场日益发达,公债券的高度流动性与其可靠性一起,不仅使公债券具有随时变现满足临时性消费之需的灵活性,而且也减少了未来消费的不确定性,由此,人们用不着为应付未来消费的不确定性而大量储蓄。

与此同时,国债发行也能够吸收私人储蓄,也就能够对总需求产生影响。特别是当经济处于非充分就业状态时,民间投资小于民间储蓄,则产生民间储蓄剩余,这时就有必要通过政府发债吸收民间储蓄剩余,并通过政府投资的增加保持总投资率的稳定甚至上升。如果通过增发公债扩大需求使那些闲置的资源得到利用,无疑会增加人们的未来收入预期,即使公债本息偿付是由未来收入支付的,预期的未来收入现值也会提高。也就是说,人们不仅不会产生对未来收入减少的预期而压缩当前消费,反而因预期收入现值提高而增加当前消费;并且也只有增加当前消费,非充分就业的闲置资源才会得到重新利用,收入预期才会实现。否则,如果像李嘉图主义者所分析的,人们将由公债发行引起的"转移支付"或"减税额"仅仅用于购买等量的政府债券储蓄,以应付纳税,而不增加任何形式的消费,其结果只能是政府债券余额、家庭手持债券量日益增长,收入水平却原地不动,赤字仍然存在。

可见,托宾的所有这些分析,无非是驳斥李嘉图主义者所持的公债支撑的赤字开支不会刺激消费增加的观点,证明凯恩斯主义相机抉择的财政政策不仅有利于长期均衡,在短期内也是有效的。

四、阿尔文·汉森的公债理论

美国经济学家阿尔文·汉森更坚决地支持发行公债。他认为公债是利害兼而有之,不过利大于害,主要原因在于公债是十分重要的内在稳定因素之一。20世纪50年代,汉森提出了以"反经济周期"为目的的"补偿性财政政策"和"补偿性货币政策"。"补偿性财政政策"不追求每一财政年度的收支平衡,只追求在经济周期的整个期间实现收支平衡。在经济萧条时,主张采用膨胀性财政政策,同时中央银行放宽信用,增加货币供给量,降低利息率,可以变萧条为繁荣;在达到充分就业、出现通货膨胀时,实施相反的紧缩性财政政策,同时紧缩信用,减少货币供给量,提高利息率,以求得萧条与繁荣时期的相互补偿,防止经济危机的爆发。汉森指出,公债可能是一种"经济的福利",是一个增加国民收入、保证充分就业的因素。公债是否偿还,要以整个经济情况为前提。健全的公债政策应该是在繁荣时期减少部分公债,危机时期增加公债,增加支出。另外,在《财政政策与经济周期》一书中,汉森从公债使用后对经济的影响和有无自偿能力的角度,把公债分为三类:死公债、消极性公债和积极性公债。汉森认为,应增加后两种公债,尽量减少第一种公债的发行,以此来促进经济的快速增长。除此之外,为了有效利用公债,需要加强对公债的管理,对此汉森提出了公债管理的四个基本准则,对后来公债理论的发展起到了很大的推动作用。

汉森总体上肯定了公债的积极作用,并进一步发展了凯恩斯关于公债的理论。他认为国内的公债与私债存在根本上的区别:私债是建立在私有资本暂时的空间让渡之上,理性经济人的借贷是追求利益的选择,必然有一定期限内的求偿权,不仅如此,还预期在偿还时有一定额外收益作为借贷的补偿。而公债的发行本身是为了提供公共商品和公共服务,不存在谁欠谁的问题,每个人在公债的使用中都受益于正外部性,并且在公债的连本付息按期偿还时不受任何损失。因此,公债不需要实质上的偿还,只要通过发行新债偿还旧债即可。汉森否认公债一定会引起所谓"负面效应"的理论,此负面效应通常被认为是通货膨胀、财政危机以及对国家购买力的削弱。

新古典综合派的核心思想是:只要采取凯恩斯的宏观财政政策和货币政策对资本主义经济活动进行调节,就可以避免经济萧条而使经济趋于充分就业。该学派把凯恩斯宏观经济学所主张的短期分析与古典经济学所强调的长期分析结合起来,还把传统的市场的自行调节机制与国家宏观调控结合起来。反映在公债上的观点为：①公债有益无害，必须利用；②公债是政府调节经济的重要政策手段；③公债可以随经济的发展而不断增长；④公债不会造成下一代人的负担。

第五节　理性预期学派公债理论

20世纪70年代发达资本主义国家出现的滞涨，在经济理论界掀起了一股对凯恩斯主义进行反思的热潮，由货币主义发展而来的理性预期学派、供给学派均在这一时期出现。反映在公债思想上，就是以巴罗为代表的理性预期学派掀起了复活李嘉图在300年前提到的一个思想，这就是被公共选择学派的主要代表人布坎南在《巴罗论李嘉图等价定理》这篇论文中，首次使用"李嘉图等价定理"这一术语，经济学界展开了对这一问题的大讨论。

一、大卫·李嘉图等价定理

债务中性理论的基本思想最早是由李嘉图提出的，他较早地注意到了债务偿还的资本化，即当前由减税引起的债务发行额就是未来增税的贴现值问题，不过，他本人并不认为生活中的人们就是按照等价的原则行事的。美国经济学家罗伯特·J.巴罗（R. J. Barro）在20世纪70年代利用新古典宏观经济学加以发展了的理性人假说，复兴了李嘉图的等价思想。他认为理性的经济人能够认识到政府征税与举债是等价的，因此，政府以债务融资去减税，尽管可以影响当期可支配收入，但不会影响经济主体的消费需求，因而政府举债的经济影响是中性的。债务中性理论，又被称为李嘉图中性、李嘉图等价定理或税收折现假说等。

（一）李嘉图思想产生的背景

19世纪20年代，为了对抗法国，英国使用金钱和外交手段，组建了反法同盟，导致军费开支庞大，国库入不敷出。如何解决军费的筹措问题，是增加课税还是发行政府债务？英国国会为此展开了激烈的争论。争论的焦点是，课税和发债这两种筹资方式，其经济效应有什么差别，哪种方式对减少居民的消费支出，紧缩国内经济的负面影响更大一些。以马尔萨斯（Malthus T. R.）为代表的一派经济学家认为，大量的征税会紧缩国内经济，相比之下，发行公债的负效应可能会更小一些。但李嘉图的观点相反，他认为，无论是以征税的方式来筹措军费，还是用发行公债的方式来应付支出，其经济效应都是等价的，即政府无论选择哪种融资手段，与其最终的经济效果无关。

（二）李嘉图等价定理的基本内容

关于公债效应如何，应该说是以李嘉图等价定理的影响最为深刻，在公债理论史上引起最大、最深远的争论。自从李嘉图的名著《政治经济学及赋税原理》问世以来，围绕李嘉图等价定理进行的探讨和研究主要集中在两个方面。一方面，在理论上李嘉图等价定理是否成立，主要集中围绕李嘉图等价定理的前提条件和假设以及这些假设条件对经济体系的影响而展开的探索和研究；另一方面，是从实证的角度对李嘉图等价定理进行实证和经验上的总结。

李嘉图曾经研究过,通过公债与赋税这两种不同的手段来筹集战争的经费对私人消费、储蓄、资本的形成以及经济的增长等宏观经济变量可能产生的影响,对该研究的结论和判断自己并未加以注意与关注,只是20世纪70年代的公共选择学派的创始人和代表人物詹姆斯·布坎南在其《巴罗论李嘉图等价定理》中,首次使用了"李嘉图等价定理"(Ricadian Equivalence Theorem)的提法。1990年巴罗(Robert J. Barro)在其所编的教材《宏观经济学》中正式阐述"李嘉图等价定理"的范畴。

李嘉图的等价思想是在其《政治经济学及其赋税原理》第17章《农产品以外的其他商品税》以及1819年应邀为《不列颠百科全书》撰写的公债偿债基金条目中系统阐述的。

李嘉图认为,政府为债务支付的利息不是借贷的资本,而仅仅是财富的转移,经济付出的真正代价是借贷发生的那一年里。"每年为偿付这种公债利息而课征得100万英镑,只不过由付这100万英镑的人手中转移到收这100万英镑的人手中,也就是说由纳税人手中转移到公债债权人手中。实际开支的是那2 000万英镑,而不是为纳2 000万英镑必须支付的利息。付不付息都不会使国家增富或变穷。政府可以立即通过赋税的方式一次征收2 000万英镑,在此情况下,就不必每年征收100万英镑。但这样做,并不会改变这一问题的性质。一个人虽无须每年支付100万英镑,却可能必须一次付清2 000英镑。对他来说,与其从自己资金中一次付清2 000英镑,倒不如向别人借2 000英镑,然后每年给债主付息100英镑更为方便。"①

李嘉图在这段话中表达了以下四个方面的含义。①只要政府支出是增加的,增加税收和举借债务都会等额减少一国的生产资本。②利息对消费者行为没有实际的影响。因为政府举债而引致的利息偿付,是来源于对消费者的课税,因此,对一个国家而言,不过是将一部分人的收入转付给另一部分人,国家的财富存量没有增加也没有减少。③举债和增税是等价的。由于举债和课税同样会造成一国的纯损失2 000万英镑,人民的收入会因此而下降,消费支出也会下降,举债和税收的替代对人们消费行为的影响是没有差别的。④隐含等价定理难以成立的结论,因为"对他来说,与其从自己资金中一次付清2 000英镑,倒不如向别人借2 000英镑,然后每年给债主付息100英镑更为方便"。②

从上面的论述中可以反映出李嘉图关于公债的思想。在他看来,当国家的经费被用于战争等纯消耗性或非生产性方面时,不管政府是采取征税的方法,还是通过发行公债的方法来替代征税以筹集经费,其经济效果是相同的,因为都会使全社会资本从生产性领域抽逃出来用于非生产性消耗,从而使用于生产性的资本减少;同时,由于公债的利息偿还来源于未来延迟的税收,公债的发行虽暂时使社会公众享受到了政府举债而不是征税的好处,但与此同时社会公众却获得了一笔未来必须以税收来偿还的债务,公债的发行是公众的税收负担延迟和在未来一定时期内的分摊,社会公众的理性选择是现在储蓄以便将来应付政府的征税;此外,公债利息的支付也不过是从一部分纳税人手中转移到另一部

---

① 平新乔.财政原理与比较财政制度[M].上海:上海三联书店,上海人民出版社,1997:590.
② 平新乔.财政原理与比较财政制度[M].上海:上海三联书店,上海人民出版社,1997:590.

分人手中,通过财政支出进行的民间内部转移。因此,付不付息并不影响国家的财富增减。这就是现代经济学家所称的"李嘉图等价定理"。

二、巴罗对李嘉图等价思想的发展

(一) 李嘉图等价思想的"悖论"

李嘉图等价定理源于李嘉图对人们在政府用发债为战争筹资时经济行为的分析。表面看来以税收筹资和债务筹资对个人是不同的:政府增加税收减少了个人的财富,而出售相当于税收价值的债券给同一个人,然后在以后连同利息偿还,则似乎没有改变这个人的财富。但是,政府的任何债券发行均体现着将来的偿还义务,由赤字支持的减税导致未来更高的税收。如果人们意识到这一点,他们会把相当于未来额外税收的一部分财富积蓄起来,结果此时人们可支配的财富数量与征税时的情况一样,消费支出没有改变,总需求不受影响。

由于现实生活中,人们对债券流动性的偏好,李嘉图本人并不认为在实际经济生活中人们会遵照"等价"的理性思维来处理债务和未来税收问题。但是,他的继承者,巴罗对此则深信不疑。他认为有理性预期能力的人们就是按照"等价"的原则行事的,无论政府是利用税收融资还是利用债务融资,其经济效果相等。

李嘉图等价定理成立的最大障碍是生命有限而债务无限。人们如果了解到政府的减税额就是未来增加税收的贴现额,因而会减少消费增加储蓄。但是,如果人们意识到政府债务的偿还期限长于自己的生命期限,就可以通过死亡来逃避未来的由政府债务转换而来的纳税义务。这样,就会产生一个"悖论":人们因为意识到政府今天的债务就是明天的税收,所以会减少消费增加储蓄;同样,人们由于认识到政府今天的减税(增债=减税)意味着未来要增税,消费者就会希望政府多发债,这样,人们就可以增加当期消费,(通过死亡)来逃避未来纳税。两种行为都符合"理性"的要求。

巴罗在1974年发表的《政府债券是净财富吗?》一文中提出了一个令人震惊的见解:生命有限不一定就意味着规划眼界有限,如果每一代人的效用都进入其前一代人的效用,那么每个消费者都会把整个后代的效用和预算约束纳入他关于消费与遗产规模的决策当中。

巴罗的论点是建立在将遗产行为等同于利他动机的基础之上,其基本思路是:一位利他主义的消费者不但从他自己的消费中获得效用,而且也能从他的子女们的消费中得到效用。因此,一个具有利他动机,为后代着想的消费者,不仅关心他自己的消费,同时也间接关心他的子女们的消费。如果所有利他主义消费者的后代们也是利他主义者,那么利他主义消费者便世代相传,都关心自己子女们的消费。如果这一假定成立,就可推导出一条重要的结论:利他主义者至少都间接关心他自己及其所有子孙后代当前和未来的全部消费。

根据巴罗的观点,由于消费者是世代间利他主义消费者,他就不会因现行的减税而增加当前的消费。对于利他主义消费者来说,由他们自己还是由他们的子孙后代缴纳较高的税收来抵偿政府新发行债券的本息,实质上都是一样的。因此,当政府削减100美元的税收后,利他主义消费者不会增加自己的当期消费,而是多购买100美元的政府债券。如果利他主义消费者在公债到期之前就去世了,他会把这些债券遗赠给他的后代,其后代可利用这些债券的本息来偿付公债到期之年增加了的税收。这样,在消费者是利他主义消费者的假定情况下,即使消费者在公债到期之前就去世了,李嘉图等价定理仍然成立。

(二) 巴罗对债务中性理论的数理分析

巴罗在1989年用数理方法表述了政府债务经济效应中性的思想。[①] 为解决债务负担在代际转移的难题,巴罗利用生命周期假说[②]和跨时分析方法,得出了家庭(个人)财富和财政支出的变动负相关,与赤字的路径无关的结论。

1. 家庭效用最优化模型

假设一个无限期界的典型家庭,其效用最大化的效果如下式表示:

$$U = \sum_{t=1}^{\infty}\left[\frac{u(c_t - n_t)}{(1+\rho)^{t-1}}\right] \tag{2.1}$$

式中:t 为时间,并且趋于无穷,表明典型家庭是无限期界家庭,即是下一代效用计入上一代效用,或者说下一代效用影响上一代消费行为的家庭,因此,c_t 为 t 时间每个人的消费量;n_t 为劳动供给量;ρ 为对效用的时间偏好,也叫折现率;家庭效用 u 与每个人的消费量和劳动供给量成正比,与时间偏好率成反比。此外,效用函数 u 满足通常的凹性条件:$\frac{\partial u}{\partial n_t} > 0$,且 $0 < \rho < \infty$,其中 $\rho > 0$。说明在每代人消费水平相同的情况下,赋予了后代消费以较小的权数。

为简化分析,假定劳动量是给定的,并且不随时间变化,则有 $n_t = 1$,其实际收入为 ω_t。如果令家庭拥有的初始资产 K_0,在 t 期末为 K_t,r_{t-1} 为 $t-1$ 时期的实际收益率,则家庭在 t 时期的预算约束为

$$K_{t-1}(1+r_{t-1}) + \omega_t = c_t + K_t \tag{2.2}$$

将 d_t 定义为贴现因子:

$$d_t = \frac{d_{t-1}}{1+r_{t-1}}, \quad t = 1, 2, \cdots; d_0 = 1 \tag{2.3}$$

利用式(2.2)和式(2.3),得到了从 $t=1$ 时开始的总预算约束的现值:

$$K_0 + \sum_{t=1}^{H} d_t \omega_t = \sum_{t=1}^{H} d_t c_t + d_H K_H \tag{2.4}$$

其中,H 为时间,表示个人或家庭的寿命,$H \geq 1$。

现在,假定 H 为有限期界,即家庭中父母与子女不再有利他主义的联系,父母不再关心家庭在 H 时刻以后(如死亡以后)的效用,这意味着不给后代留有遗产,因而排除了 $K_0 > 0$ 的可能性,但父母也不会为子女留下债务,排除了 $K_H < 0$ 的可能性。因此,在人们的消费欲望总是不能完全满足的假设前提下,家庭效用最大化的条件就是 $K_H = 0$。

[①] Barro, R. J. The Neoclassical Approach to Fiscal Policy, Modern Business Cycle Theory, Cambridge: Harvard University Press, 1989, pp. 178-235; Barro, R. J. The Ricardian Approach to Budget Deficits, Journal of Economic Perspective, 1989, 3(2), pp. 37-54.

[②] 由莫迪亚利尼和布伦伯格于1954年首次明确提出。生命周期假说,是指个人在他所经历童年时代、工作时代、退休时期和最终死亡这一生中的各个不同阶段内,他的消费计划同他的收入和收入预期值之间存在确定的关系。

换言之，$K_H=0$ 就是 H 为有限期界时，家庭效用最大化的横截性条件（transversality condition）。

将 $K_H=0$ 代入式(2.5)，$d_H K_H=0$，则有

$$K_0 + \sum_{t=1}^{H} d_t \omega_t = \sum_{t=1}^{H} d_t c_t \qquad (2.5)$$

式(2.5)表明，家庭总消费从时刻 1 到 H 的贴现值$\left(\sum_{t=1}^{H} d_t c_t\right)$，等于总劳动收入从时间 1 到时间 H 的贴现值 $\sum_{t=1}^{H} d_t \omega_t$ 加上初始资本 K_0。

如果放松 H 的条件，使之趋于无穷，也存在同样类似的结果。此时，横截条件是 $\lim_{H \to \infty} d_H K_H=0$，其含义是家庭最终不会留下任何贴现值为正的资产，即 $K_H=0$。则式(2.5)可以修改为

$$K_0 + \sum_{t=1}^{\infty} d_t \omega_t = \sum_{t=1}^{\infty} d_t c_t \qquad (2.6)$$

式(2.6)表明，家庭总消费的贴现值，等于总劳动收入的贴现值加上初始资产 K_0。

因此，家庭最优化问题便为在式(2.6)以及 $c_t > 0$ 的约束条件下，实现式(2.7)的效用最大化。巴罗给出的一阶条件为

$$\frac{\partial u / \partial c_t}{\partial u / \partial c_{t+1}} = \frac{1+r_t}{1+\rho}, \quad t=1,2,\cdots \qquad (2.7)$$

在式(2.7)中，当 $r_t \geqslant \rho$ 时，有 $c_{t+1} \leqslant c_t$。表明一个较高的利率将促使人们推迟消费；当 $r_t \leqslant \rho$ 时，有 $c_{t+1} \geqslant c_t$。表明较低的利率将使人们扩大即期消费；如果在消费常数的稳定状态上，即 $c_t=c$ 时，利率恒等于效用的时间偏好率。换言之，如果 $r_t=\rho$，则在式(2.6)中的约束条件下，消费处于稳定状态下，家庭的效用最大。

消费不随资产余额的变动而变动时，家庭获得的总效用最大，这正是巴罗债务中性理论的核心。

2. 政府跨时预算约束

假设政府支出的来源是税收和计息国债。国债期限为 1 年，且政府利率与私人利率相等。那么，以实际变量所表示的政府预算约束为

$$G_t + (1+r_{t-1})B_{t-1} = T_t + B_t$$
$$G_t + r_{t-1} B_{t-1} = T_t + (B_t - B_{t-1}) \qquad (2.8)$$

式(2.8)中，G_t 为政府债务支出；B_{t-1} 为 $t-1$ 期末未偿还的实际债务余额；r_{t-1} 为债务的实际利率；T_t 为 t 期的实际税收收入，税收为总额税。

式(2.8)是政府预算约束，它表明政府的任何债务都必须偿还。

从家庭的角度，用债券 B_0 代表初始财富，那么家庭的财富就等于 B_0 减去当前和未来税收的现值。假设私人利率等于政府利率，在无限期界条件下，家庭的净财富为

$$B_0 - \sum_{t=1}^{\infty} d_t T_t \qquad (2.9)$$

设 $t=H$，时间为有限期界，已知 $d_0=1$，将式(2.8)和式(2.3)代入式(2.9)，整理可得

$$\sum_{t=1}^{H} d_t T_t = \sum_{t=1}^{\infty} \{d_t[G_t + (1+r_{t-1})B_{t-1} - B_t]\}$$

$$= \sum_{t=1}^{H} d_t G_t + \sum_{t=1}^{H} d_t(1+r_{t-1})B_{t-1} - \sum_{t=1}^{H} d_t B_t$$

$$= \sum_{t=1}^{H} d_t G_t + \sum_{t=1}^{H} \frac{d_{t-1}}{1+r_{t-1}}(1+r_{t-1})B_{t-1} - \sum_{t=1}^{H} d_t B_t$$

$$= \sum_{t=1}^{H} d_t G_t + B_0 + \sum_{t=2}^{H} d_{t-1} B_{t-1} - \sum_{t=1}^{H} d_t B_t$$

$$= \sum_{t=1}^{H} d_t G_t + B_0 - d_H B_H$$

令 H 趋向无穷，则有

$$\sum_{t=1}^{\infty} d_t T_t = \sum_{t=1}^{H} d_t G_t + B_0 - \lim_{H \to \infty}(d_H B_H) \tag{2.10}$$

根据家庭最优化模型，H 为有限期界时，当 $d_H B_H = 0$，家庭效用最大。

同样，对式(2.10)，$\lim\limits_{H \to \infty}(d_H B_H) = 0$ 是典型经济人（家庭）效用最大优化的横截条件。它表示家庭最终不会留下任何为正的资产，此时效用最大。于是式(2.10)变形为

$$\sum_{t=1}^{\infty} d_t T_t = \sum_{t=1}^{\infty} d_t G_t + B_0 \tag{2.11}$$

$$B_0 - \sum_{t=1}^{\infty} d_t T_t = -\sum_{t=1}^{\infty} d_t G_t \tag{2.12}$$

式(2.11)表明，政府的全部支出最终将由税收支付。式(2.12)表明，追求效用最大化的理性经济人，其财富不随 B_0 或预算赤字的路径发生变化，财富只与政府支出存在反向关系。

3. 巴罗债务中性理论的表述

根据上面的分析，巴罗债务中性理论的思想可以总结如下。

如果下述条件成立：①经济中的个人或家庭具有无限期的寿命，换言之，每一代人都将下一代人的效用内在化；②在借贷市场上，私人部门能够获得与政府相同的借贷实际利率，即资本市场是完全的；③消费者有能力预见未来的税收；④税收是一次性总额税；⑤政府支出是给定的。

那么，经济中实际利率、投资、消费等的经济变量就不会随税收和预算赤字之间的转换而变化，也不会随家庭财富的变化而变化。对政府预算政策和税收政策有预见能力的典型个人与家庭，其经济决策只受税收的贴现值影响，而不会受税收时间安排的影响，政府用发债代替增税对个体消费者的决策没有影响。也就是说，政府增加借债和减少税收均不能改变消费者的经济行为。因为，理性经济人能够认识到，今天的债务（减税）就是明天的税收（增税）。只有当政府支出减少时，才能真正减轻私人部门的负担，增加其财富，此时，消费才会增加。对整个宏观经济来说，预算赤字虽然使政府储蓄下降，但却导致私人部门储蓄相应增加，结果总储蓄没有变化。于是，在一个封闭的经济中，不必以实际利率升高来平衡储蓄和投资需求，因而投资情况没有变化，发债不会减少生产资本，借债也

就不会成为后代的负担。即使在开放经济中,经常账户也不会受到影响,因为私人部门储蓄的增加足够避免从国外借款,结果,预算赤字不会带来经常项目赤字。

第六节 公债思想演变的启示

纵观公债思想历史的演变过程,不难发现,公债思想争论的本质一直都是自由主义与政府干预两种思潮之间的争论。公债思想总会因为主流经济思想交替而演变,但其发展的结果将是日趋完善。公债思想演变的过程,会受到当时历史条件的影响。思想理论可能会受到经济发展的阶段条件的制约。不同的历史经济条件下会使我们对公债的作用有一个客观的了解,应该意识到在自由与管制之间如何取得一种平衡,应该在哪些领域、多大程度上来发挥公债的作用,都需要对当前经济形势的准确把握。从西方公债思想的历史演变过程中,寻找我国公债政策的启示。

一、各学派观点产生的时代背景

从理论上,西方经济学家关于公债和赤字的观点大致可分为古典经济学派、德国学派、凯恩斯学派、新古典综合派以及理性预期学派,其核心观点可分为公债有害论、公债有益论与公债的中性论。几个学派观点的产生有着不同的时代背景。

古典经济学派处于资本主义市场经济蓬勃发展时期,在自由竞争条件下,供给创造需求的理论成立,几乎不存在失业,市场充分发挥了"看不见的手"的作用,社会资源配置较为合理,效率基本实现最大化。此时不需要政府的干预,自然反对举债这种干预手段。古典经济学派的哲学基础是个人具有利他主义动机,个人将充分考虑下几代人的福利,从而将代际之间的资本差异和债务负担差异弱化,将相当长一个时期作为理论模型的考察期。

德国学派出现于自由资本主义向垄断资本主义的过渡期。19世纪70年代以后,德国产业壮大,日渐走向垄断,内在矛盾开始显露。1873年的经济危机引起了中产阶级的没落,劳工失业和贫困,社会问题严重。商品经济得到高度发展,社会资金十分充裕,多次爆发资本主义经济危机,国家更加频繁地运用财政政策和货币政策干预经济。此时出现的德国学派支持公债的发行,认为在看待公债问题上,应从其与整个国民经济的关系中去考察公债的效益,不应割裂开来考虑。

凯恩斯学派产生于20世纪30年代,它的出现不是偶然的,而是有着极其复杂的经济根源,它是30年代经济大萧条的直接产物。1929—1933年,资本主义世界爆发了空前的经济危机,社会消费严重不足,整个市场经济处于瘫痪状态。崇尚自由经济的"供给创造需求"理论和市场机制完全能够保证社会的经济资源自动趋向均衡的传统经济理论,在严酷的经济现实面前不攻自破。面对市场失灵,主张政府干预经济的凯恩斯学派应运而生,公债发挥了积极作用,并扭转了资本主义经济危机的局面。于是,凯恩斯学派成为当时的主流经济学学派,倾向于政府的管理是可以发生效率的,而且政府应当对市场进行有效干预。

新古典综合学派是在"凯恩斯革命"之后最有影响力的凯恩斯学派。1936年英国著名经济学家凯恩斯在其出版的《就业利息与货币通论》一书中提出主张国家干预经济的政策。第二次世界大战以后,凯恩斯的追随者纷纷根据经济现状发展凯恩斯主义,试图解决凯恩斯没有解决的问题。在发展凯恩斯主义的热潮中,后凯恩斯主义经济学的内部大体上形成了两大主要支派:以美国萨缪尔森为首的新古典综合派和以英国琼·罗宾逊为首的新剑桥学派。新古典综合的经济理论以最完整的形式体现在萨缪尔森的《经济学》一书中。20世纪50年代以来,新古典综合派不但是经济学界流行的主流经济学,而且他的政策主张也相继被西方国家作为基本经济政策付诸实施,对推动西方经济学的发展具有一定的积极作用。

理性预期学派是20世纪70年代在发达资本主义国家出现"滞涨"的情况下,经济理论界掀起了一股对凯恩斯主义进行反思的热潮,由货币主义发展而来的理性预期学派在这一时期出现,并逐步确立了其微观与宏观的理论分析框架。在公债思想上,其中理性预期学派的代表人罗伯特·J.巴罗对于公债问题有着十分深刻的见解,他发表的著名论文《政府债券是净财富吗?》中阐述李嘉图等价定理的具体内容,并发展了李嘉图等价定理。理性预期学派认为理性的经济人能够认识到政府征税与举债是等价的,因而政府举债的经济影响是中性的,从根本上否定了凯恩斯主义所倡导的实施积极的财政政策,以实行短期总量调控政策的有效性。主张市场机制的自发调节作用,反对国家的干预。

二、各学派公债思想历史演变对我国的启示

古典经济学派处于资本主义市场经济蓬勃发展时期,在自由竞争、廉价政府的条件下,供给创造需求的理论成立。古典经济学派总体上对公债持否定态度,反对政府干预,支持市场主导。该学派认为,公债是非生产性的,会对国家造成危害。政府举债是把国家一部分用以维持生产性劳动的资本抽出来用于非生产性的国家开支,这样会影响国家的经济发展,增加未来还本付息的负担,损害人们的储蓄能力。但是我国在当前经济转型的过程中,经济增速放缓,不符合古典经济学派提出公债理论所处的资本主义市场经济蓬勃发展阶段。所以古典经济学派关于公债理论的观点并不适合我国现阶段基本国情。公债的发行需要考虑多方面因素,政府需要综合公债发行可能会出现的所有后果,权衡利弊,再根据具体情况作出具体的抉择。

德国学派和凯恩斯主义奉行的政府干预经济在我国一直具有较强的体现。从计划经济体制到市场经济的转轨,我国政府虽然逐渐减少干预,但是实际上与世界其他大多数国家相比,仍然具有较强的干预色彩。而德国学派与凯恩斯学派所倡导的将公债作为宏观经济调控的重要财政工具的理念也在我国得到继承。1981年我国公债恢复发行以来,规模逐年递增,为政府投资性建设,为社会保障的改革提供了一定的财力支持。从当前我国实际情况来看,凯恩斯主义的公债理论对我国具有积极的指导意义。主要原因是其理论产生的经济背景与我国现实的经济背景极为相似,都面临着需求不足的困难。因而,借鉴德国学派、凯恩斯主义的公债理论来指导我国公债的发行乃至其他财政政策,应是首要研究的问题。

新古典综合派主张经济学必须考虑政府宏观调控与市场微观调节之间的协调关系。其关于调节宏观经济的运行,提高微观经济效率的论述,对我国建立政府干预与市场调节相结合的公债管理机制提供了理论基础。新古典综合派的先驱阿尔文·汉森等认为公债

是一种"经济的福利",是一个增加国民收入,保证充分就业的因素,公债的发行要以整个经济情况为前提。健全的公债政策应该是在繁荣时期减少部分公债,危机时期增加公债,增加支出。这种公债的政策主张,在我国经济建设中确有借鉴之处。例如,在经济衰退期经济资源未被充分利用,可能失业增加,企业开工不足,经济正常运行和发展主要受需求不足的制约。政府在这种情况下可以采取扩张性财政政策,增加公债,增加财政支出,以刺激总需求扩张,降低失业率;在经济高涨时期,可利用的经济资源已经得到比较充分的利用,经济正常运行和发展主要受供给能力的制约。这时过大的需求不会引起供给的增加,只会引起物价上涨。对此,政府应采取紧缩性财政政策,减少公债,减少财政支出,实行适度从紧的财政制度,增加税收,以抑制总需求,降低通货膨胀率。

理性预期学派的巴罗利用新古典宏观经济学加以发展了的理性人假说,复兴了李嘉图的等价思想。他认为理性的经济人能够认识到政府征税与举债是等价的。因此,政府以债务融资去减税,尽管可以影响当期可支配收入,但不会影响经济主体的消费需求,因而政府举债的经济影响是中性的。但越来越多的理论和实证分析表明:公债中性是很难成立的,尤其是经济水平相对较为落后的国家,而我国仍然是一个发展中国家,经济水平不高,很难形成公债中性的观点。因此,理性预期学派的理论也不能完全适合我国国情。

我国的经济阶段处在发展中国家的水平上,没有建立健全的市场经济体制。在经济发展方式转变的过程中,经济增长速度降低,消费需求长期保持在较低水平,以及由于以前时期过度依赖财政政策而导致的投资需求膨胀引起的产能过剩。税收制度的改革和收入增长放缓以及减税政策的力度加大,使财政收入更加难以满足财政支出的需要。财政面临结构性和周期性的调整,就需要在较长时期内进一步扩大赤字,保证经济平稳发展。总之,任何一项宏观调控工具都需要科学而谨慎地实施,公债作为财政政策相当关键的部分,同样需要科学地预测和控制。

第三章 公债的规模

公债是各级政府借债的统称。中央政府的债务称为中央债,又称国债;地方政府的债务称为地方债。但是由于我国地方债没有在全国各省份全面推行,且相对国债体量较小,因而有时公债也称国债,故本章在讨论公债规模时将重点放在国债上。我国在改革开放后的20世纪80年代恢复国债发行。从此,国债的发行一直伴随着我国的经济体制改革与社会经济的发展。政府举债规模越来越大,我国国债规模已从1981年的121.70亿元增加到2015年的21 285.06亿元。除了弥补财政赤字和筹集建设资金这两个基本功能之外,国债已越来越成为我国经济体系中一种重要的宏观调控手段。因此合理利用国债,充分发挥国债的积极作用在经济生活中就显得尤为重要。

第一节 公债适度规模理论

一、基于成本—收益分析的公债适度规模理论

基于成本—收益分析的公债适度规模理论的渊源就是边际分析法。19世纪70年代,在理论经济学领域出现了边际效用学派,这个学派的出现被认为是经济学界的一场全面革命——边际革命。这场革命的代表人物是英国经济学家威廉姆·斯坦利·杰文斯(William Stanley Jevons)、法国洛桑学派的莱昂·瓦尔拉斯(Léon Walras)和奥地利学派的卡尔·门格尔(Carl Menger)。他们在19世纪70年代初先后出版了各自的代表作,并不约而同地讨论了同一个问题,即价值由什么决定。

基于成本—收益分析的公债适度规模理论把边际分析法引入公债领域,用于确定公债的适度规模,这一种理论的核心理念是:公债会同时产生正效应和负效应,正效应可看作是公债的收益,而负效应可看作是公债的成本,公债的适度规模就是指净收益最大的公债规模,用边际分析法可求得使净收益最大的公债规模。

在我国,龚跃彩于1988年最先提出"适度公债规模"的概念,并认为最适度的公债规模就是能够最大限度地发挥公债经济与社会效应的公债规模。张志超(1992)认为:"公债是一种生产要素,如同土地、劳动、资本或技术等一样,同样具有边际收益(MR)递减的性质,政府应在边际收益等于边际成本(MC)时确定公债规模,在此之前,MR>MC,继续借入是合理的,而在此之后,MR<MC,继续借入即违背了经济常理。"[1]

张志超对于公债适度规模的定义如图3-1所示,发债的边际收益呈现出先递增再递减的趋势。这是因为刚开始发行债务的时候,对于债务部门的能力要求不高且公债的经

---

[1] 张志超.适度债务规模理论[J].天津社会科学,1992(5):28-32.

济效应较为明显,而随着发债规模的扩大,边际收益呈现出的正效应越来越小。发债的边际成本为了简化分析,则被认为是一直单调递增的。当发债规模处于小于 Q_2 大于 Q_1 时,由于 MR>MC,继续借入可以增加公债的收益,当公债规模处于大于 Q_2 小于 Q_3 时,因为 MR<MC,如果此时继续借入就是使得净收益减小,因此处于 Q_2 的公债规模就是适度规模。

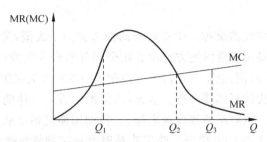

图 3-1　公债发行的边际收益—边际成本模型

二、基于可持续性分析的公债适度规模理论

基于公债可持续性分析的公债适度规模理论认为如果公债在未来的无限期中可以持续地发行,不会产生偿债风险和发债困难,那么此时的公债规模就可以认为是适度的。对于这一理论,最初是从研究财政收入的跨期预算入手的,后来更多的学者加入进来,来研究公债的可持续性问题,他们建立了一整套评测公债适度规模的指标体系,这些指标体系通常也被称为公债的风险指标体系。需要指出的是这种理论的公债适度规模是一个区间,而不是单个数值。

(一) 多马的公债规模理论

多马(Evsey D. Domar)在其著作《经济增长理论》中把动态增长理论应用到了公债规模的分析中,提出了自己的公债规模理论,这一理论对于以后公债规模理论具有重要的指导性意义。

多马模型的设定如下:B_t 为第 t 期公债总额,Y_t 为第 t 期国民收入;R_t 为第 t 期公债利息,i 为公债利息率,T_t 为第 t 期应纳税收入($T_t=Y_t+iB_t$),Y_0 为初始国民收入,B_0 为初始公债总额,β 为国民收入中被政府借用的部分。由此,多马假设了三种情况。

第一种情况为国民收入保持不变,则有 $Y_t=Y_0$,$B_t=B_0+\beta Y_0 t$,$\lim\limits_{t\to\infty}\dfrac{B_t}{Y_t}\to\infty$,同理有 $\lim\limits_{t\to\infty}\dfrac{R_t}{T_t}=1$,在这种情况下,政府的公债负担率(公债余额/国民收入)趋向于无穷大,利息支付与应税收入之比趋向于 1,也即政府最终会无力支付公债利息,公债的发行是不可持续的。

第二种情况,假设国民收入为定额 b 增长,那么有 $Y_t=Y_0+bt$,$B_t=B_0+\beta\int_0^t(Y+bt)dt$,经计算可得 $\lim\limits_{t\to\infty}\dfrac{B_t}{Y_t}\to\infty$,同理有 $\lim\limits_{t\to\infty}\dfrac{R_t}{T_t}=1$,此时,国民收入以定额增长,而公债则以

线性增长,也即国民收入的增长速度没有公债的增长速度快。从长期来看,政府的公债负担率仍然趋向于无穷大,最终政府会无力支付造成债务危机。

第三种情况,假设国民收入为固定的速度 g 增长,则有 $Y_t = Y_0(1+g)^t$,$Bt = B_0 + B\int_0^t Y_0(1+g)^t dt$,经计算可得 $\lim_{t \to \infty} \frac{B_t}{Y_t} = \frac{\beta}{g}$,$\lim_{t \to \infty} \frac{R_t}{T_t} = \frac{i}{\frac{g}{\beta}+i}$,在这种情况下,公债负担率为一个定值 $\frac{\beta}{g}$,利息支付与应税收入之比也为一个定值 $\frac{i}{\frac{g}{\beta}+i}$,此时政府不会产生债务危机。

多马的公债规模理论表明如果公债的增长速度小于国民经济的增长速度,那么公债会维持一个相对稳定的规模,公债最终会被清偿,公债发行可以持续。多马从国民收入的增长率和公债的增长率之间的关系来研究公债规模问题,具有开创性,特别是在凯恩斯主义盛行的时代能够表露出对公债规模过大的担忧,有其很强的现实性意义。

(二)扎哈的公债规模理论

本得拉·扎哈(Raghbendra Jha,2001)先给出了单期政府支出的预算约束:

$$G_t + r_t b_{t-1} = \tau_t + (b_t - b_{t-1}) \tag{3.1}$$

其中,G_t 为第 t 期政府支出;r_t 为第 t 期的利息率;b_t 为第 t 期的公债余额;τ_t 为第 t 期的税收收入。如果我们对式(3.1)稍作调整就可以得到

$$b_t = G_t - \tau_t + (1+r_t) b_{t-1} \tag{3.2}$$

式(3.2)表明当期的公债规模应该等于当期财政赤字金额、前一期公债本金、利息三者之和。令当期的名义 GDP 为

$$P_t Y_t = (1+\pi_t)(1+g_t) P_{t-1} Y_{t-1} \approx (1+\pi_t+g_t) P_{t-1} Y_{t-1} \tag{3.3}$$

式中:P_t 为第 t 期一般物品价格,Y_t 为第 t 期实际GDP,π_t 为第 t 期通胀率,g_t 第 t 期 GDP 实际增长率。式(3.3)同除以当期名义 GDP,那么就可变为式(3.4):

$$b'_t = G'_t - \tau'_t + \frac{(1+r'_t)}{(1+\pi_t+g_t)} b'_{t-1} \tag{3.4}$$

其中,$b'_t = \frac{b_t}{P_t Y_t}$ 为当期公债的相对规模(公债负担),b'_{t-1} 为前一期公债相对规模。同理,$G'_t = \frac{G_t}{P_t Y_t}$ 为当期政府支出相对规模,$\tau'_t = \frac{\tau_t}{P_t Y_t}$ 为当期政府税收相对规模,$r'_t = r_t - \pi_t$ 为实际公债利率。

通过上述变化,进一步分析可得出结论:当公债的实际利率 r'_t 小于 GDP 增长率 g_t 时,公债相对规模会趋于稳定,若不是每个期初都有赤字,那么债务可以被清偿,当公债实际利率大约为实际 GDP 增长率时,未来若无外来的盈余抵销债务,那么公债规模将趋于无穷大,最终债务政策将会不可持续。

比较多马和扎哈的公债规模理论可以发现,扎哈的理论着眼于利率与经济增长率之间的关系,而多马则是比较二者的增长速度。其实,二者的理论有着共通之处,一般来讲若公债的增长速度小于经济增长率,那么政府发债融资的利率也不会太高,从这个角度来讲,多马和扎哈的理论不过是一个问题的两面。

三、基于抽象模型分析的公债适度规模理论

基于抽象模型分析的公债适度规模理论,又称最优公债规模理论,是指通过建立一个抽象的模型,以社会福利最大化或者社会损失最小化为目标,来研究满足此目标的公债适度规模的稳态路径的理论。西方学者在这一领域的成果颇为丰硕,巴罗开风气之先,以李嘉图等价为落脚点,来研究在李嘉图等价不满足一次性总付税的条件时,一国公债适度规模的路径问题。

(一) 基于李嘉图等价定理的公债适度规模理论的理论渊源

李嘉图等价定理这一术语,是由詹姆斯·M.布坎南于1976年在其发表的一篇名为《巴罗的"论李嘉图等价定理"》中提出的,它是指无论用税收还是用发债来弥补财政赤字,其经济效应都是一样的。

19世纪初,英国为了对抗拿破仑的法兰西第一帝国,组建了反法同盟,由此耗费了巨大的财力。英国议会围绕着用税收还是用公债来弥补赤字这个问题,展开了激烈的争论。而这一问题的焦点在于:征税与借债这两种筹资方式,其经济效应有何差别?哪种方式对国民经济的负面影响更大?对于这一问题,马尔萨斯认为,大量的征税会在更大程度上压缩国内经济,相比之下,发行公债造成的负面影响会更小。

对于这一问题,李嘉图也给出了他的论述:"如果为了一年的战费支出而以发行公债的办法征集二千万镑,这就是从国家的资本中取去了二千万镑。每年为偿付这种公债利息而征课的一百万镑,只不过是由付这一百万镑的人手中转移到收这一百万镑的人手中,也就是由纳税人手中转移到公债债权人手中。实际的开支是那二千万镑,而不是为那两千万镑必须支付的利息。付不付利息都不会使国家增富或变穷。政府可以通过赋税的方式一次征收二千万镑,在这种情形下,就不必每年征课一百万镑。但这样做并不会改变这一问题的性质。"[①]从这一通俗的论述中,我们可以看出征税与发债对国民经济的效应是等同的。

李嘉图等价有着鲜明的政策含义,如果李嘉图等价原理成立,那就意味着单靠发行公债推行赤字的财政政策并不能刺激经济的发展。这成为新自由主义者在20世纪70年代"滞胀"的大背景下反对凯恩斯主义的重要依据。

作为理性预期学派代表人物的巴罗(Robert J. Barror,1974)在其论文中论证了如下命题:即使消费者在公债到期前死亡,李嘉图等价定理依然能够成立。[②] 巴罗的这一观点是建立在公众的遗赠动机之上的,即当期消费者不仅关心自己从消费中得到的效用,而且也很关心其后代从消费中获得的效用。也即对于当期消费者来说,其效用函数为

$$U^1(i) = U\{C^1(y), C^1(0), U^2(y,0)\} \tag{3.5}$$

式中:$U^1(i)$为消费者i的效用,$C^1(y)$为消费者在年轻时消费所获得的效用,$C^1(0)$为在年老时消费的效用,$U^2(y,0)$为其子孙后代一生中消费所获得的效用。假设政府在消费者i年轻时通过发行公债而不是税收来弥补财政赤字,此消费者i会意识到政府将

---

① 大卫·李嘉图.政治经济学及赋税原理[M].北京:商务印书馆,1962:208.
② Barro, R. J. Are Government Bonds Net Wealth? [J]. Scholarly Articles,1974,82(6):1095-1117.

在他年老时征税或者向其后代征税,因此,他并不会在年轻时扩大自己的消费,也就是说政府通过发债来刺激消费的行为是不能奏效的。

以上,只是巴罗对李嘉图等价成立的其中一个假设前提(人的生命是无限的)不满足时所作出的论证。实际上,李嘉图等价定理的假设条件是很多的:第一,无论是利用税收或者公债进行融资,初始时期的政府支出都不会发生改变;第二,先期的公债必须用以后的公债来偿还;第三,资本市场是完全的,私人借贷的利率和政府借债的利率是相同的;第四,个人对现在和未来的收入预期是确定的;第五,纳税人的生命是无限的,也即他既是现在的纳税人又是未来的纳税人;第六,纳税义务是可以预期的;第七,所有的税收都是一次性总付税。正是因为李嘉图等价原理有着诸多的假设,后继的学者从李嘉图等价原理出发,以长期的经济均衡为前提,通过设定精巧的模型来得出最优的税收与公债组合。

(二)扭曲税制下的公债适度规模模型

扭曲税(distortionary taxes),就是指使公众的经济行为发生变化,从而引起社会福利损失的税收。巴罗(1979)先假定李嘉图等价定理其他条件均得到满足,唯独一次性总付税这个条件不满足。以此为前提,他研究政府在最小的税收扭曲成本下的公债规模问题。[①]

首先,巴罗假定政府的支出序列$\{G_t\}$是外生的,且债务的实际收益率恒为r,政府通过发行公债和税收来弥补支出,每期的预算约束为

$$G_t + rb_{t-1} = \tau_t + (b_t - b_{t-1}) \tag{3.6}$$

式中:b_t为第t期期末政府债务存量;τ_t为第t期的实际税收收入。加入非Ponzi条件后,政府的贴现预算约束变为

$$\sum_{t=1}^{\infty} \frac{G_t}{(1+r)^t} + b_0 = \sum_{t=1}^{\infty} \frac{\tau_t}{(1+r)^t} \tag{3.7}$$

也就是说初始的政府债务与政府支出的现值之和的和应该等于以后各期税收收入的现值之和。

其次,巴罗假定Z_t为t期的实际税收扭曲成本,它取决于当期的税收τ_t和国民收入Y_t,那么税收扭曲成本为

$$Z_t = F(\tau_t, Y_t) = \tau_t f\left(\frac{\tau_t}{Y_t}\right) \tag{3.8}$$

同样的,税收成本的总现值为

$$Z_t = \sum_{t=1}^{\infty} \frac{\tau_t f\left(\frac{\tau_t}{Y_t}\right)}{(1+r)^t} \tag{3.9}$$

那么,政府的优化问题就是使得式(3.9)中的总扭曲成本最小,如果求得了最优税收的路径,债务适度规模的路径也就确定下来了。即

---

① Barro, R. J. On the Determination of the Public Debt[J]. Scholarly Articles, 1979, 87(5): 940-971.

$$\lim_{\tau_1,\tau_2\cdots} Z = \sum_{t=1}^{\infty} \frac{\tau_t f\left(\frac{\tau_t}{Y_t}\right)}{(1+r)^t} \tag{3.10}$$

约束条件为

$$\sum_{t=1}^{\infty} \frac{G_t}{(1+r)^t} + b_0 = \sum_{t=1}^{\infty} \frac{\tau_t}{(1+r)^t} \tag{3.11}$$

经求得

$$\lambda = \frac{\tau_t}{Y_t} f'\left(\frac{\tau_t}{Y_t}\right) + f\left(\frac{\tau_t}{Y_t}\right) \tag{3.12}$$

我们从式(3.12)可以看出每期的税率 $\frac{\tau_t}{Y_t}$ 都是相同的。因此,我们可以推知,如果给出既定的国民收入序列(Y_t,…)和政府支出序列(G_t,…),我们则可以解出税率,税率一旦求出,那么适度的公债规模和每期税收就可求出。

第二节 公债规模的衡量指标

衡量公债规模的指标主要可分为两类,即微观指标体系和宏观指标体系。微观指标体系是通过政府的债务与政府的财政收支之间的关系来衡量公债规模的指标体系,宏观指标体系主要用来衡量政府的债务与国民经济增长等指标之间的关系。

一、微观指标

（一）公债依存度

公债依存度是指当年的债务收入与财政支出的比例关系。从中国的财政体制来看,这一指标有两种不同的口径,即国家财政依存度和中央财政依存度。

国家财政公债依存度＝(当年公债发行额/当年全国财政支出额)×100%

中央财政公债依存度＝(当年公债发行额/当年中央财政支出额)×100%

公债依存度反映的是一国财政支出中有多大比重是靠发行公债来实现的。当公债发行量过大,债务依存度过高时,表明财政支出过分依靠债务收入,国家财政处于脆弱状态,就会对将来的还本付息构成潜在的威胁,公债风险加大。国际上一般公认 20% 是国家财政公债依存度的警戒线,25%～35% 是中央财政公债依存度的警戒线。

（二）公债偿债率

公债偿债率就是指当年的公债还本付息额与当年的财政收入的比率,即当年财政收入中有多大比例是用于偿还公债的。用公式表示为

国家财政公债偿债率＝(当年公债还本付息额/当年国家财政收入额)×100%

中央财政公债偿债率＝(当年公债还本付息额/当年中央财政收入额)×100%

公债的有偿性决定公债的规模必然受到国家财政资金状况的制约,必须把公债规模控制在与财政收入相适应的水平上,以免导致政府债务危机。国外的经验表明,公债的偿债率一般应控制在 10% 以内较为安全。

二、宏观指标

（一）公债负担率

公债负担率是指一定时期的公债余额与同期国内生产总值的比率。用公式表示为

公债负担率＝（当年公债余额/当年国内生产总值）×100％

根据各国的经济发展状况和财政政策的需要，各国的公债负担率是存在差异的，即使是同一国家在不同时期，公债的负担率也不同。欧盟提出政府的债务占国内生产总值的比重在60％以内作为欧盟国家的内控标准，是具有一定参考意义的。

公债负担率是反映某一个时点上的静态指标，由于存在公债的利率和付息，目前的公债规模会在将来扩大。因此，用公债负担动态变化率来描述即时公债规模在未来随时间而变化的趋势。下面推倒公债负担的动态变化率。

根据公债负担率的概念，有

$$b = \frac{B}{PY} \tag{3.13}$$

其中，b 为公债的负担率；B 为名义累计公债余额；P 为名义价格水平；Y 为实际GDP；PY 为名义GDP。对于上式(3.13)求导，则有

$$\frac{d}{dt}b = \frac{d}{dt}\left(\frac{B}{PY}\right) = \frac{\frac{d}{dt}B \times PY - B \times \frac{d}{dt}(PY)}{(PY)^2}$$

$$= \frac{\frac{d}{dt}B}{PY} - \frac{B}{PY} \times \frac{\frac{d}{dt}(PY)}{PY} = \frac{\frac{d}{dt}B}{PY} - \frac{B}{PY}\left[\frac{\frac{d}{dt}P}{P} + \frac{\frac{d}{dt}Y}{Y}\right] \tag{3.14}$$

式(3.14)中，$\frac{\frac{d}{dt}P}{P}$ 为通货膨胀率，用 π 表示，$\frac{\frac{d}{dt}Y}{Y}$ 为经济增长速度，用 g 表示。所以，式(3.14)可以转换为

$$\frac{d}{dt}b = \frac{\frac{d}{dt}B}{PY} - b(\pi + g) \tag{3.15}$$

其中，公债的名义利率与通货膨胀率的差，为公债的实际利率，用 r 表示，基本赤字率用 z 表示，名义利率用 i 表示。如果政府仅仅通过发行公债这一种方式弥补财政赤字，那么一年内公债余额的增加额就等于当年的财政赤字，而财政赤字又等于基本赤字(这里用 zPY 表示)与公债利息支出(这里为公债余额乘以名义利率，即 iB)的和。

因此有

$$\frac{d}{dt}B = zPY + iB \tag{3.16}$$

把式(3.16)带入式(3.15)中，有

$$\frac{d}{dt}b = z + ib - b(\pi + g) \tag{3.17}$$

将 $r = i - \pi$ 带入式(3.17)中，有

$$\frac{d}{dt}b = b(r-g) + z \tag{3.18}$$

式(3.18)是一个微分方程,求解上边的微分方程,得

$$b = \frac{z}{r-g} + Ce^{(r-g)t} \tag{3.19}$$

其中,C为常数。

式(3.19)就是公债的动态变化率,表示公债负担率随时间变化的趋势。根据式(3.19)可以看出,公债的负担率取决于经济增长率与公债的实际利率之间的数量关系。如果,公债负担率区于收敛,公债负担率就会下降;反之,公债负担率就会扩张、膨胀。因此,从长期看,要稳定和降低公债风险,关键在于提高经济增长率和降低公债的实际利率。

(二) 赤字率

赤字率即当年财政赤字额与当年国内生产总值的比率。

赤字率＝(当年财政赤字额/当年国内生产总值)×100%

(三) 国民应债率

国民应债率,一般是指公债余额占当年居民储蓄存款或居民储蓄存款余额的比率,或者年度公债发行额与当年居民储蓄存款增加额的比率,该指标反映应债主体对债务的承受能力,一般认为该指标小于100%即可。公式表示为

居民应债能力＝(公债余额/居民储蓄存款余额)×100%

或 居民应债能力＝(公债发行额/当年居民储蓄存款增加额)×100%

(四) 公债借债率

公债借债率是指当年公债发行额与当年国内生产总值的比率。

公债借债率＝(当年公债发行额/当年国内生产总值)×100%

第三节 我国公债规模的发展现状

一、改革开放以来我国公债规模的变化

以1981年1月16日《中华人民共和国国库券条例》的颁布为标志,我国开始恢复发行公债。同年,我国向国内发行公债49亿元。随后,我国每年发行大量的公债,且公债的规模越来越大,公债规模由1990年的375亿元增加到2015年的21 285亿元,是1981年的434倍(表3-1)。(注:本节公债规模专指国债规模,下同。)

表3-1 1990—2015年我国公债发行情况

年 份	公债发行额/亿元	公债余额/亿元	公债余额增长率/%	GDP增长率(名义)/%	财政收入增长率/%
1990	375.45	1208.75			
1991	461.40	1 337.71	10.67	16.60	7.23
1992	669.68	1545.44	15.53	23.58	10.60

续表

年　份	公债发行额/亿元	公债余额/亿元	公债余额增长率/%	GDP 增长率（名义）/%	财政收入增长率/%
1993	739.22	1 844.70	19.36	31.18	24.85
1994	1 175.25	2 832.85	53.57	36.34	19.99
1995	1 549.76	3 829.46	35.18	26.17	19.63
1996	1 967.28	4 945.72	29.15	17.07	18.68
1997	2 476.82	6 074.51	22.82	11.00	16.78
1998	3 310.93	7 862.33	29.43	6.88	14.16
1999	3 715.03	10 410.60	32.41	6.30	15.88
2000	4 180.10	13 010.00	24.97	10.73	17.05
2001	4 604.00	17 268.00	32.73	10.55	22.33
2002	5 679.00	19 336.10	11.98	9.79	15.36
2003	6 153.53	22 603.60	16.90	12.90	14.87
2004	6 879.34	29 631.00	31.09	17.77	21.56
2005	6 922.87	32 614.21	10.07	15.74	19.90
2006	8 883.00	35 015.28	7.36	17.15	22.47
2007	23 139.00	52 074.65	48.72	23.15	32.41
2008	8 549.00	53 271.54	2.30	18.24	19.50
2009	16 280.66	60 237.68	13.08	9.25	11.72
2010	17 849.94	67 548.11	12.14	18.32	21.30
2011	15 609.80	72 044.51	6.66	18.47	25.00
2012	14 527.23	77 565.70	7.66	10.44	12.90
2013	16 949.00	86 746.91	11.84	10.16	10.20
2014	17 876.57	95 655.45	10.27	8.19	8.62
2015	21 285.06	106 599.59	11.44	7.00	8.47

资料来源：根据财政部网站相关数据计算。

注：此处的 GDP 增速名义 GDP 计算所得。

从表 3-1 可以看出，从 1990 年到 2015 年公债发行规模分为三个阶段。第一阶段是 1990—1993 年，为了弥补财政赤字，筹集经济建设资金。应该说，这一时期的公债总量问题并不突出，逐年上升但始终在 1 000 亿元以下。第二阶段是 1994—2007 年，1994 年分税制改革树立了中国财政领域的一个里程碑，此我国的财政收入历经了跨越式的发展。而且由于国家预算体制改革，不再允许财政向中央银行透支解决赤字而改为发行国债，加之过于集中的还本付息，公债发行量呈现增长趋势。1994 年公债的发行额首次突破了 1 000 亿元大关，实际发行额达 1 175.25 亿元，比 1993 年的 739.22 亿元增加了 59%。在这期间，为拉动内需和应对亚洲金融危机对中国经济的冲击，为了保持一定的经济增长，我国实行了积极的财政政策，扩大政府投资，公债发行量陡升。尤其是 2007 年，剧增到 23 139.00 亿元，达到了历年的发行高峰。第三阶段是 2008—2015 年，2008 年全球金融危机我国公债发行量骤然下降。但是在 2008 年全球金融危机之后，除了 2011 年和 2012 年出现了短暂的下降，我国公债的发行量整体上处于稳步上升的过程，到 2015 年已经达到了 21 285.06 亿元,比 2008 年增长了 149%,增长幅度巨大。金融危机的发生使人们的风险意识不断加强,因此像公债这种投资回报率比较稳定的投资方式将会成为居民的投资首选。由于一年期以内(不含一年期)的短期公债需在当年偿还,而不计入当年发行规模,因此,实际发行额还不止这个数。从 20 世纪 90 年代以来,公债的发行规模增长较快,几乎呈几何级数增长。

另外,从我国的公债余额规模来看,未来的发展潜力巨大,上升空间还很大。对于公债余额增长率,需要与财政收入增长率以及 GDP 增长率进行比较,如果公债余额增长率超过财政收入增长率,则会导致这个国家财政收入会越来越依赖公债收入。如果公债余额增长率超过 GDP 增长率,则会导致国内收入被政府占用严重。因此公债余额增长率要小于财政收入增长率以及 GDP 增长率。1994—2004 年,我国公债余额增长率始终大于 GDP 增长率,公债余额增长率仅有 1993 年和 2002 年小于财政收入增长率,说明公债余额增长率处于较高水平。从 2005 年开始,公债余额增长率开始有小于财政收入增长率和 GDP 增长率的趋势。但在 2013 年之后,公债余额增长率始终高于财政收入增长率和 GDP 增长率,这要引起我们的注意,需要对公债余额进行管理。从整体上来看,我国公债处于可控的范围内。但随着公债发行量的逐步加大,使得我国近年来各个指标均处于危险的状态,由于我国证券市场发展还不够成熟,因此在以后发行公债的规模方面我国要加以控制,发行结构也要进行调整,尽力降低潜在的风险,使公债成为国家进行宏观调控有效的手段。

二、我国公债规模微观指标体系的分析

(一)公债依存度

公债依存度是指一国当年公债发行额与财政支出的比率,该指标从流量上反映了财政支出在多大程度上依赖于债务收入。该项指标越高,表明财政支出对公债的依赖性越大,财政偿债能力就越弱。从表 3-2 可以看出,从 1994 年起,国家财政债务依存度已经超过国际公认的警戒线 20%;到 1998 年,国家财政公债依存度更是超过了警戒线达 10 个百分点。2008—2015 年,国家财政公债依存度有所下降,基本低于国际公认的警戒线。中央财政公债依存度更为明显,其公债依存度远远超过了警戒线,2007 年更高达 202.23%,可以说,我国中央财政的债务依存度非常高,中央财政支出资金很大一部分要依靠发行国债,这必然会削弱中央政府的宏观调控能力,其中潜在的风险是很明显的。

表 3-2 1992—2015 年我国公债依存度

年份	公债发行额/亿元	全国公共财政支出/亿元	中央财政支出/亿元	国家财政债务依存度/%	中央财政债务依存度/%
1992	669.68	3 742.20	1 170.44	17.90	57.22
1993	739.22	4 642.30	1 312.06	15.92	56.34
1994	1 175.25	5 792.62	1 754.43	20.29	66.99
1995	1 549.76	6 823.72	1 995.39	22.71	77.67
1996	1 967.28	7 937.55	2 151.27	24.78	91.45
1997	2 476.82	9 233.56	2 532.50	26.82	97.80
1998	3 310.93	10 798.18	3 125.60	30.66	105.93

续表

年份	公债发行额/亿元	全国公共财政支出/亿元	中央财政支出/亿元	国家财政债务依存度/%	中央财政债务依存度/%
1999	3 715.03	13 187.67	4 152.33	28.17	89.47
2000	4 180.10	15 886.50	5 519.85	26.31	75.73
2001	4 604.00	18 902.58	5 768.02	24.36	79.82
2002	5 679.00	22 053.15	6 771.70	25.75	83.86
2003	6 153.53	24 649.95	7 420.10	24.96	82.93
2004	6 879.34	28 486.89	7 894.08	24.15	87.15
2005	6 922.87	33 930.28	8 775.97	20.40	78.88
2006	8 883.00	40 422.73	9 991.40	21.98	88.91
2007	23 139.00	49 781.35	11 442.06	46.48	202.23
2008	8 549.00	62 592.66	13 374.31	13.66	63.92
2009	16 280.66	76 299.93	15 255.79	21.34	106.72
2010	17 849.94	89 874.16	15 989.73	19.86	111.63
2011	15 609.80	109 247.79	16 514.11	14.29	94.52
2012	14 527.23	125 952.97	18 764.63	11.53	77.42
2013	16 949.00	140 212.10	20 471.76	12.09	82.79
2014	17 876.57	151 785.56	22 570.07	11.78	79.20
2015	21 285.06	175 877.77	25 542.15	12.10	83.33

资料来源：根据财政部网站相关数据计算。

（二）公债偿债率

公债偿债率表明当年的财政收入中必须拿出多少份额用于公债还本付息,该项指标越高,说明债务偿还越集中,公债结构越不合理,从而国家的偿债能力越弱,国际上公认的公债偿债率警戒线为10%。从表3-3中我国公债偿债率来看,1995—2011年,国家财政公债偿债率均超过国际公认安全线的水平10%的国际警戒线,在1998年达到峰值23.82%。2012—2015年有所下降,下降至国际标准警戒线10%以下。而中央公债偿债率大体呈现下降趋势,近几年稳定在20%左右,但始终大于10%的国际警戒线。中央财政还本付息的压力明显加大,几乎每年中央财政收入的一半都用于还本付息。

虽然随着近年来我国财政收入的逐步提高,公债偿债率有所回落,但仍在国际水平之上。国家财政偿债率过高是因为：一方面我国公债期限的设计不合理,在"发新债还旧债"的债务模式下导致债务还本付息过于集中；另一方面由于在财政收入总量有限的情况下,公债规模的扩张速度过快,债务成本过高。

表3-3　1992—2015年我国公债偿债率

年份	公债还本付息额/亿元	全国财政收入/亿元	中央财政收入/亿元	国家财政公债偿债率/%	中央财政公债偿债率/%
1992	438.57	3 483.37	979.51	12.59	44.77
1993	336.22	4 348.95	957.51	7.73	35.11

续表

年份	公债还本付息额/亿元	全国财政收入/亿元	中央财政收入/亿元	国家财政公债偿债率/%	中央财政公债偿债率/%
1994	499.36	5 218.10	2 906.50	9.57	17.18
1995	882.96	6 242.20	3 256.62	14.15	27.11
1996	1 355.03	7 407.99	3 661.07	18.29	37.01
1997	1 918.37	8 651.14	4 226.92	22.18	45.38
1998	2 352.92	9 875.95	4 892.00	23.82	48.10
1999	1 910.53	11 444.08	5 849.21	16.69	32.66
2000	1 579.82	13 395.23	6 989.17	11.79	22.60
2001	2007.73	16 386.04	8 582.74	12.25	23.39
2002	2 563.13	18 903.64	10 388.64	13.56	24.67
2003	2 952.24	21 715.25	11 865.27	13.60	24.88
2004	3 671.59	26 396.47	14 503.10	13.91	25.32
2005	3 923.37	31 649.29	16 548.53	12.40	23.71
2006	4 898.64	38 760.20	20 456.62	12.64	23.95
2007		51 321.78	27 749.16		
2008		61 330.35	32 680.56		
2009	10 815.20	68 518.30	35 915.71	15.78	30.11
2010	12 381.27	83 101.51	42 488.47	14.90	29.14
2011	13 460.27	103 874.43	51 327.32	12.96	26.22
2012	11 644.45	117 253.52	56 175.23	9.93	20.73
2013	10 817.59	129 209.64	60 198.48	8.37	17.97
2014	12 544.35	140 370.03	64 493.45	8.94	19.45
2015	13 896.17	152 269.23	69 267.19	9.13	20.06

注：2009年之后采用公式还本付息额＝还本额＋付息额计算整理所得。

资料来源：根据财政部网站相关数据计算。

三、我国公债规模宏观指标体系的分析

（一）公债负担率

从表3-4可知，我国公债负担率很低，一直都低于30%，从国际比较看，根据国际货币基金组织公布的数据，2010年美国公债负担率为91.6%，日本为220.3%，德国为80%，英国为77.2%。与主要发达国家相比，我国公债负担率较低，远优于欧盟为其成员国规定的60%的控制水平。因此，也有人认为我国债务发行存在较大空间。

其实，我国的公债负担率很低也应结合实际来分析。

首先，在西方发达国家，公债规模较高，这是上百年累积下来的结果，而我国举债历史不长，以1981年算起，不过20年，公债规模若按目前这样的趋势发展下去，很可能达到难以控制的程度。

其次，由于西方发达国家财政收入占GDP的比重较高，一般为45%左右，所以公债余额大体上相当于当年的财政收入总额。而我国财政收入即使加上财政预算外收入，也

只占GDP的20%左右。所以按此推算,我国公债负担率应按实际情况进行相应调控。

表3-4 1990—2015年我国公债负担率

年份	公债余额/亿元	财政收入/亿元	GDP/亿元	公债负担率/%	财政收入占GDP比重/%
1990	1 208.75	2 937.10	18 872.9	6.40	15.56
1991	1 337.71	3 149.48	22 005.6	6.08	14.31
1992	1 545.44	3 483.37	27 194.5	5.68	12.81
1993	1 844.70	4 348.95	35 673.2	5.17	12.19
1994	2 832.85	5 218.10	48 637.5	5.82	10.73
1995	3 829.46	6 242.20	61 339.9	6.24	10.18
1996	4 945.72	7 407.99	71 813.6	6.89	10.32
1997	6 074.51	8 651.14	79 715.0	7.62	10.85
1998	7 862.33	9 875.95	85 195.5	9.23	11.59
1999	10 410.60	11 444.08	90 564.4	11.50	12.64
2000	13 010.00	13 395.23	100 280.1	12.97	13.36
2001	17 268.00	16 386.04	110 863.1	15.58	14.78
2002	19 336.10	18 903.64	121 717.4	15.89	15.53
2003	22 603.60	21 715.25	137 422.0	16.45	15.80
2004	29 631.00	26 396.47	161 840.2	18.31	16.31
2005	32 614.21	31 649.29	187 318.9	17.41	16.90
2006	35 015.28	38 760.20	219 438.5	15.96	17.66
2007	52 074.65	51 321.78	270 232.3	19.27	18.99
2008	53 271.54	61 330.35	319 515.5	16.67	19.19
2009	60 237.68	68 518.30	349 081.4	17.26	19.63
2010	67 548.11	83 101.51	413 030.3	16.35	20.12
2011	72 044.51	103 874.43	489 300.6	14.72	21.23
2012	77 565.70	117 253.52	540 367.4	14.35	21.70
2013	86 746.91	129 209.64	595 244.4	14.57	21.71
2014	95 655.45	140 370.03	643 974.0	14.85	21.80
2015	106 599.59	152 269.23	689 052.1	15.47	22.10

资料来源:根据财政部网站相关数据计算。

(二)赤字率

赤字率指标,国际公认警戒线为3%。由表3-5可知,我国的赤字率除2015年之外一直都低于3%,然而,在1998年实施积极财政政策以后,我国的赤字率迅速上升,由1998年的1.08%上升到2003年的2.14%,随着财政政策由积极转变为稳健,政府在确保财政收入稳定增长的同时,开始严格支出管理,逐步规范政府支出行为,我国财政赤字绝对额和财政赤字率都已出现下降,有人据此认为我国债务发行仍存在较大空间。显然我们必须结合我国的国情来加以分析和考虑。世界银行和其他一些学者研究表明,中国政府的实际赤字在改革开放期间平均占GDP的8%~9%,而不是公布的1%~2%,他们将银行系统的政策性贷款划为财政赤字。这种说法是有一定道理的,因为我国银行系统的不良资产中有一大部分是替代财政的政策性贷款积累而成的。因此,我国实际财政赤字率已超过3%的警戒线了。

表3-5 1992—2015年我国公债赤字率

年 份	财政赤字额/亿元	GDP/亿元	赤字率/%
1992	222.79	27 194.5	0.82
1993	298.87	35 673.2	0.84
1994	666.97	48 637.5	1.37
1995	662.82	61 339.9	1.08
1996	529.56	71 813.6	0.74
1997	582.42	79 715.0	0.73
1998	922.23	85 195.5	1.08
1999	1 743.59	90 564.4	1.93
2000	2 491.27	100 280.1	2.48
2001	2 516.54	110 863.1	2.27
2002	3 149.51	121 717.4	2.59
2003	2 934.70	137 422.0	2.14
2004	2 090.42	161 840.2	1.29
2005	2 280.99	187 318.9	1.22
2006	1 662.53	219 438.5	0.76
2007	−1 540.43	270 232.3	−0.57
2008	1 262.31	319 515.5	0.40
2009	7 781.63	349 081.4	2.23
2010	6 772.65	413 030.3	1.64
2011	5 373.79	489 300.6	1.10
2012	8 699.97	540 367.4	1.61
2013	11 003.10	595 244.4	1.85
2014	11 435.56	643 974.0	1.78
2015	24 215.77	689 052.1	3.51

资料来源:根据财政部网站相关数据计算。

(三)国民应债率

由表3-6可知,我国的居民应债能力绝大部分都处于100%以下(一般认为这个指标只要小于100%就可以),只有2007年的数据偏高,这可能是由于2007年我国股市发展情况良好,出现了全民炒股的热潮,因此本年居民储蓄的增加额不高,导致了居民偿债能力指标的突然变高。从总体上看,我国的居民偿债能力还是很乐观的。而且当今居民的投资意识已经越来越强,金融危机的发生使人们的风险意识不断加强,因此像公债这种投资回报率比较稳定的投资方式将会成为居民的投资首选,这在年内发行公债的火爆场面就已经得到印证。但同时也要认识到,由于我国的社会保障体系还不够完善,居民持有储蓄的意愿还是很强烈的,居民倾向于持有存款来应对买房、看病、教育、养老等方面,因此我国的这一指标也不应过于乐观。

表 3-6　1992—2015 年我国国民应债率

年　份	公债发行额/亿元	居民储蓄存款增加额/亿元	国民应债率/%
1992	669.68	2 512.40	26.65
1993	739.22	3 446.24	21.45
1994	1 175.25	6 315.30	18.61
1995	1 549.76	8 143.50	19.03
1996	1 967.28	8 858.58	22.21
1997	2 476.82	7 758.96	31.92
1998	3 310.93	7 127.67	46.45
1999	3 715.03	6 214.36	59.78
2000	4 180.10	4 710.55	88.74
2001	4 604.00	9 430.05	48.82
2002	5 679.00	13 148.22	43.19
2003	6 153.53	16 707.00	36.83
2004	6 879.34	15 937.74	43.16
2005	6 922.87	21 495.60	32.21
2006	8 883.00	20 536.30	43.26
2007	23 139.00	10 946.89	211.38
2008	8 549.00	45 351.20	18.85
2009	16 280.66	42 867.30	37.98
2010	17 849.94	42 549.80	41.95
2011	15 609.80	49 495.00	31.54
2012	14 527.23	58 565.10	24.81
2013	16 949.00	55 668.50	30.45
2014	17 876.57	41 847.00	42.72
2015	21 285.06	93 195.4	49.28

资料来源：根据财政部网站相关数据计算。

（四）公债借债率

公债借债率指标，国际公认的警戒线是 3%。从表 3-7 可知，我国公债借债率从 20 世纪 90 年代中期以来，上升速度较大。1997—2011 年，我国公债借债率大多高于国际公认的警戒线，且 2007 年达到顶峰 8.56%。西方发达国家的借债率一般在 5%～10%。总的来看，我国公债借债率水平普遍低于发达国家，即使与借债率较低的法国、英国和加拿大相比，借债率水平也不高。

表 3-7　1990—2015 年我国公债借债率

年　份	公债发行额/亿元	GDP/亿元	公债借债率/%
1990	375.45	18 872.9	1.99
1991	461.40	22 005.6	2.10
1992	669.68	27 194.5	2.46
1993	739.22	35 673.2	2.07
1994	1 175.25	48 637.5	2.42

续表

年 份	公债发行额/亿元	GDP/亿元	公债借债率/%
1995	1 549.76	61 339.9	2.53
1996	1 967.28	71 813.6	2.74
1997	2 476.82	79 715.0	3.11
1998	3 310.93	85 195.5	3.89
1999	3 715.03	90 564.4	4.10
2000	4 180.10	100 280.1	4.17
2001	4 604.00	110 863.1	4.15
2002	5 679.00	121 717.4	4.67
2003	6 153.53	137 422.0	4.48
2004	6 879.34	161 840.2	4.25
2005	6 922.87	187 318.9	3.70
2006	8 883.00	219 438.5	4.05
2007	23 139.00	270 232.3	8.56
2008	8 549.00	319 515.5	2.68
2009	16 280.66	349 081.4	4.66
2010	17 849.94	413 030.3	4.32
2011	15 609.80	489 300.6	3.19
2012	14 527.23	540 367.4	2.69
2013	16 949.00	595 244.4	2.85
2014	17 876.57	643 974.0	2.78
2015	21 285.06	689 052.1	3.09

资料来源：根据财政部网站相关数据计算。

通过上面的分析可以看出，从不同角度分析我国公债规模，其结论可能不一致。如就公债依存度来说，我国公债规模显得过大；但依据公债负担率来说，我国公债规模还不大。由于一个国家的公债规模到底能够达到多大取决于经济发展水平、金融市场和公债市场的完善程度、人们对政府的信心、公债本身的使用效益等多种因素，而这些因素又是不断发展变化的，债务指标的国际警戒线是一个静态指标，它并不能随着这些因素的变化而相应调整，也就不能针对不同时期的经济情况，从整个经济状况中来合理地对公债规模进行判断。由于我国与西方各国的经济体制和发展水平不同，在财政规则中确定的各项债务指标也存在量的差异，因此将我国的各项债务指标简单对比，并据此判断我国公债的适度规模具有一定的片面性。

总之，在一个国家一个时期的特定条件下，必然客观存在着某种适度债务规模。现实生活中，由于决定或影响适度债务规模的因素是多方面的，并且各种因素也处于不断变化之中，因此并不存在唯一的、指导一切时期和一切国家的公债适度规模。但是，不同国家公债规模的发展趋势及规律对我国公债规模合理性的判断仍具有一定的参考价值。

四、我国当前公债规模增大的原因

最能说明公债规模的指标是直接债务主体的债务依存度和偿债率。因为，只有这两个指标才是形成公债负担的内因,是构成公债风险的主观因素。总体上来说,我国公债规模正在逐年增加,但无论从公债负担率、赤字率还是国民应债率和借债率上来看,大多处在国际安全界限内,但不能过于乐观。面对依存度和偿债率长期超过国际警戒线等现象,需要对公债发行警觉,要适度控制公债规模。

归纳起来,公债规模增大的原因主要有如下四个方面。

第一,经常性财政收入规模,尤其是财政收入相对规模大幅度下降。经常性财政收入相对规模的下降,有体制改革过程中国家不得不支付的改革成本的因素,如放权让利、提高农产品价格、增加职工工资、支付价格补贴等;也有国家分配资金的渠道混乱,非规范性收入账户激增的原因,如预算外资金膨胀(据统计,2000 年仅地方预算外收入就达到 3 579 亿元,但 2011 起国家全面取消预算外收入),制度外收入(众多政府部门违规设置的乱收费、乱罚款、乱摊派、乱集资项目)扭曲性激增。据有学者保守估计,上述不规范的政府收入大体相当于规范性财政收入的规模。毫无疑问,这些不规范的收入渠道大多是通过侵蚀税基和截留财政收入才得以存在的。从直接意义上说,经常性财政收入相对减少肯定会抬高公债偿债率,增加国家按时偿还公债本息的难度。

第二,财政支出弹性相对不足,不能随财政收入的下降而相应下降。即有的财政支出项目压缩弹性极不充足,某些理应削弱的支出项目甚至还有所反弹,突出的是行政管理支出,1978 年只占财政支出的 4.9%,1999 年已经达到 12% 左右,2007 年以后行政管理支出被拆分到各个大项中,之后采用新口径统计,到 2009 年达到 22.52%。某些与社会经济发展直接有关的支出项目还需不断加强,如科学教育支出,普遍的看法是该项支出要超速增长。作为改革成本,还要新设置一些支出项目,如价格补贴支出、社会保障支出等。而且,作为公债发行的派生项目,公债还本付息支出也日渐庞大,借新债还旧债事实上成了偿还公债本金的唯一方式。面对财政收入规模的相对萎缩,这些呈刚性增长的财政支出主要依靠增加公债发行得以维持,反过来,公债的存在又使增长中的财政支出处于"预算软约束"状态,对公债发行空间的乐观估计使得财政支出增长更难控制。这样,在我国财政运行中形成一个不可避免的恶性循环:财政支出膨胀→财政赤字加大→公债发行规模增加→财政支出进一步膨胀→公债发行规模再增加。在公债自膨胀机制的压迫下,中央财政的债务依存度不断提高,公债风险日渐加深。

第三,财政赤字弥补方式的改变,是公债规模不断扩大的直接诱因。1993 年下半年,国家为了解决当时经济过热的问题,开始采用适度从紧的宏观调控政策。为了彻底斩断财政赤字与通货膨胀的关系,政府推出了取消财政向银行借款,财政赤字全部通过发行公债弥补的举措。1995 年开始生效的《预算法》使这样的赤字弥补方式具有了法的严肃性。随着弥补赤字方式由"双轨制"进入"单行道",公债的发行规模也由 20 世纪 80 年代和 90 年代初期的几十亿、几百亿元,一举突破了千亿元大关,1994 年达到 1 175.22 亿元,到了 2015 年达到 21 258.06 亿元。可以说,赤字弥补方式的单一化,是公债发行规模呈刚性增长的直接原因。

第四,积极财政政策的实施使公债发行规模获得了新的扩张根据。1998 年以来,为了抵御亚洲金融危机的影响,解决国内需求不足的矛盾,国家实施了增加财政投资支出和消费支出,相应增加公债发行规模的积极财政政策。3 年共发行长期建设公债 3 600 亿元。此举虽然对缩小需求缺口,缓解通货紧缩趋势,稳定经济运行,调整经济结构等发挥了十分明显的作用,但也大幅度提高了公债依存度和偿债率,加深了公债风险程度。2015年底,累计公债余额已经达到106 599.59亿元。

第四节 公债规模对社会总供求的影响

一、社会总供求的含义

(一) 社会供求总量

社会需求总量是指在一定时期内全社会有支付能力的对各种商品和劳务的需求总和。对此含义须把握四点。

一是社会需求有两个条件:一个是消费者愿意购买,另一个是消费者有支付能力。

二是社会需求是社会各个阶层个别需求的总和。

三是社会需求是全社会对个别商品和劳务的需求总和。

四是社会总需求计算具有时限性,即它是在某一时期内的需求总和,各个时期的社会需求总量往往不是一致的。

由于社会需求是一种有支付能力的购买,所以,一国社会购买力能反映一定时期内社会上有支付能力的商品和劳务的需求总量以及国内市场容量的大小。

社会供给总量是指一定时期内全社会提供的各种商品和劳务的总和,即全社会个别供给总和。影响社会供给总量的因素很多,主要有价格水平、生产规模、生产效益等。

(二) 社会供求结构

社会供求结构是指社会需求总量和社会供给总量之间的比例,包括社会需求结构和社会供给结构两个方面。

社会需求结构,是指一定时期内全社会对各类商品和劳务的需求比例。社会供给结构,是指一定时期内全社会所提供的种类商品和劳务占社会供给总量的比例。

影响社会供求结构的因素主要有两个:货币流向和产业结构。

二、公债对社会供求总量的影响

(一) 公债对社会需求总量的影响

1. 公债对货币流量的调节是其影响社会供求总量的关键

国内公债的发行与偿还所引起的货币增量,会扩大社会需求总量,引起货币供应量的增加的情况:①中央银行承购公债,无异于没有物资储备的货币投放;②专业银行承购公债,并向中央银行抵押贷款,扩大了信贷规模;③企业用银行贷款购买公债,而银行并未能缩减原有的信贷收支计划;④以发行纸币偿债,由于货币供应量的多少,直接代表了社会购买力的大小,所以,货币供应量增加,会导致相应的支付能力的需求增加,从而扩大社会需求总量。

2. 政府通过债券市场的买卖活动,能调节货币流量,扩大或缩减社会需求总量

在公债二级市场比较活跃,银行资本金制度比较健全的条件下,财政部或中央银行到二级市场上收购政府债券,不管出售者是谁,都会使商业银行的存款准备金增加,信贷规模扩大,引起市场货币流量的增加,进而导致社会需求总量的扩大。与此相反,在二级市场上由财政部或中央银行卖出债券,会使商业银行的储备金减少,信贷规模缩减,货币供应量减少,社会购买力下降,最终造成社会需求总量缩减。

3. 国外公债收入应作外汇储备,平衡国际收支,会扩大社会需求总量

如果国家将外债收入增加本国的外汇储备,那么银行就要相应地投放因定量的货币,从而使流通中的货币量增加,并相应地扩大社会需求总量。

4. 国内公债用于财政盈余,会减少社会需求总量

国内公债用于财政盈余,等于将社会货币资金的一部分转移到国家后暂时存储起来,不会形成有支付能力的对商品和劳务的需求,进而缩减了社会需求总量。

5. 用已经退出流通的货币购买公债,会增加当前社会需求总量

个人将暂时闲置不用的货币购买公债,虽不会增加社会货币供应总量,但会引起显示货币流通量的增加。这等于将潜在的购买力转化为现实的购买力,扩大了当前有支付能力的社会需求总量。

(二)公债对社会供给总量的影响

1. 举借外债用作进口物资,会增加社会总供给

举借外债,一般以外币结算,不会形成国内市场购买力。虽说外汇收入的投向有很多,但是,举借外债的收入一般均用于进口国内紧缺的物品和技术。这样必然会增加国内市场的社会供给总量。

2. 清偿外债,会减少社会供给总量

这里有两种情况:①用贸易外汇清偿国外公债,即被认为是直接较少了国内社会供给总量,也可认为是因进口能力减弱物资进口量少,而导致国内试产供给减少;②用介入外汇偿还外债,会减少物资进口量,导致社会供给总量的减少。

3. 公债的有效运用,能够促进生产发展,扩大社会供给总量

首先,公债的适度规模,合理投向,使国内社会供给总量增加。其次,用生产发展增加物资出口创汇,并进口先进的生产技术和设备,继续促进生产,增加社会供应总量,满足消费者的需要。

三、公债对社会供求结构的影响

公债对社会供求结构的影响一方面表现在公债对社会需求结构的影响,另一方面表现在公债对社会供给结构的影响。

(一)公债对社会需求结构的影响

1. 国内公债的发行和使用,会改变社会需求结构

这里有四种情况出现。①企业投资需求转化为国家投资需求。如果企业购买政府债券,使企业部分生产性资金转化为国家建设资金,形成国家生产性投资。②单位和个人的消费需求转化为国家的生产投资需求。如单位和个人用其消费资金购买公债,政府将此笔收入用于生产建设。③企业生产需求转化为社会公共消费需求。如企业购买公债,使企业部分生产资金转化为国家财政资金,形成各种公共消费支出。④个人消费需求转化为社会公共消费需求。如政府将从个人手中取得的货币资金用于公共部门的消费支出。上述需求结构变化的四种情况可以归为两类:一是消费需求向生产需求转化,二是生产需求向消费需求转化。

2. 公债发行新增货币投向,影响社会需求结构

假如有公债发行带来的新增货币投向生产部门,则生产需求占总需求的比重会扩大,消费需求会相应缩小;反之,消费需求比重会相应扩大。

(二)公债对社会供给结构的影响

1. 公债通过对生产结构的调节来影响社会供给结构

供给的前提是生产,生产的前提是资金投入,所以,供给结构受制于生产结构,生产结构又受制于资金分配结构。由于公债分配能够调节货币资金流向,也能够调节资金分配结构,对生产结构产生影响,进而影响社会供给结构。

2. 举借外债进口物资的构成不同,会影响社会供给结构

按照大类划分,进口物资可分为生产资料和消费资料;按照品种划分,进口物资可分为钢材、矿石等。由于进口物资种类较多,品种不一,决定了进口物资结构的多样化,而进口物资供给是社会总供给的一部分,所以进口物资的供给结构必将影响社会总供给的结构。

第四章 公债的分类及结构

公债是一个总的范畴,一个国家的公债总是由许多不同形式的具体公债构成的。为了充分而有效地运用公债,建立合理的公债结构,首先必须按照不同公债的性质和特点进行科学的分类。

第一节 公债的基本分类

公债的分类可以有不同的依据,常见的有以下几种。

一、按照可否自由流通划分

按照可否自由流通划分,公债可分为可转让公债和不可转让公债,也称上市公债和不上市公债。

可在金融市场上(主要指证券交易所)自由流通买卖的公债称为可转让公债,即上市公债。认购者在购入这种公债后,可随时视自己的资金需求状况和金融市场行情,而将债券拿到市场上出售,转让他人。也就是说,这种公债的认购者不一定是债券的唯一或最终持有者。各国目前大量发行的大都是可转让公债,在西方国家中可转让公债往往占到全部公债的70%以上。

不能在金融市场上自由流通买卖的公债称为不可转让公债,即不上市公债。认购者在购入这种公债后,即使遇有资金急需,也不能将债券及时拿到市场上脱手转让,兑付现金。但通常可在持有一定期限后向政府要求提前偿还(当然所得利息会大大减少)。也就是说,这种公债的认购者就是债券的唯一或最终持有者。由于这种公债不具流动性,故在各国公债总额中所占比重不大。

二、按照发行区域划分

按照发行区域划分,公债可分为国内公债和国外公债。

凡属在国内发行的政府公债为国内公债,简称内债。国内公债的债权人多为本国人民(包括本国的银行、企业、行政事业单位、各种经济团体和非经济团体,以及居民个人等),其还本付息均以本国货币支付。政府按照规定的程序和方式在国内办理公债的发行与还本付息事项。国内公债是一国公债的主要组成部分。

凡属在国外发行的政府公债为国外公债,简称外债。国外公债的债权人多为外国政府,也有一部分为外国银行、企业、各种团体与组织、个人。它既可经双方约定成立,也可在国外市场上直接(或委托)发行,但一般均以外国的通货、债权国通货或第三国通货计算发行并还本付息。国外公债是一国公债总额不可或缺的一部分,但一般所占比例低于国内公债。

三、按照偿还期限划分

按照偿还期限划分,公债可分为短期公债、中期公债和长期公债。

公债从发行之日起至归还本金时止,为公债的偿还期限。偿还期限短的叫短期公债,偿还期限长的叫长期公债,介于长短之间的叫中期公债。但所谓短期、中期和长期,都只是一种相对的概念,世界上并没有绝对的划分标准。目前通行的划分标准如下。

偿还期限在1年之内的公债为短期公债。这种公债通常因政府预算在年度执行过程中发生收不抵支的现象而举借,其形式一般是由政府发行短期公债券(如国库券),或向银行临时借款。这种公债目前在世界各国公债总额占的比重较大。

偿还期限在1年以上至10年之内的公债为中期公债。发行中期公债是为了弥补整个预算年度的财政赤字。其形式主要是由政府发行附有息票的公债券,如美国联邦政府发行的财政部债据以及我国20世纪50年代发行的人民胜利折实公债、国家经济建设公债等。

偿还期限在10年或10年以上的公债为长期公债。这种公债通常是在国家遇有突然变故(如战争或经济危机)或重大的经济建设项目投资等,需有巨额的资金支付,而政府财政在数年之内又无力偿还的情况下发行的。它实际上包括两种形式:一种是有期的长期公债,即它的偿还期限虽在10年以上,但规定有具体的偿还时间,到期必须进行本息的偿付;另一种是无期的长期公债,也称永久公债或统一公债。这种公债在发行之时,不规定还本期限,平时仅按期支付利息。债券持有人有权按期取得利息,但无权要求清偿。政府则可视财政宽紧情况随时从市场上购回这种债券,但在法律上只有按期付息的责任。

四、按照举债形式划分

按照举债形式划分,公债可分为契约性借款和发行公债券。

政府契约性借款,是政府和债权人按照一定的程序和形式共同协商,签订协议或合同,形成债权债务关系。

公债券即政府债券,即向社会各单位、企业、个人的借债采用发行债券的形式,是政府以信用方式发行的债务凭证,包括国债券和地方政府债券。发行债券具有普遍性,应用范围广。

五、按照债务主体划分

按照债务主体划分,可分为国家公债和地方公债。

由中央政府发行的公债称为国家公债,也称国债。它是作为中央政府弥补财政收支差额的手段而发行的,其收入列入中央政府预算。因此,公债和国债的外延不同,将公债与国债混同或用国债代替公债都是不正确的,应当将两者严格区别开来。当然,在世界各国中,国债总是要占公债的绝大比重,是公债的主要组成部分。

由地方政府发行的公债称为地方公债,也称地方债。它是作为地方政府弥补财政收支差额的手段或财政收入的一种形式而发行的,其收入列入地方政府预算,收入由地方政府安排使用。如美国州和地方政府发行的市政建设债券,就属于地方公债。

六、公债的其他分类方法

除了上述五种分类方法之外,还可依据其他一些标准对公债进行分类。

第一,按照担保品有无划分,公债可分为担保公债和无担保公债。担保公债是政府指定以某种财产或特定国库收入,专作偿付公债本息之用的公债。如1927—1928年国民党政府三次发行的以山海关、津海关的关税附加为担保的"二五库券"都属于担保公债。无担保公债则是不指定任何担保品而以国家信用为偿还担保,且每年将应偿付本息列入预算,以财政收入偿付公债本息之用的公债。无担保债券是现代各国公债的主要形式。

第二,按照公债发行计量单位的不同划分,公债可分为实物公债和货币公债。实物公债,又称折实公债,是一种公债面值和物价指数挂钩的一种公债。当币值不稳时,发行此类公债,以保护债权人的利益不受损害。如我国中央人民政府于1950年发行的人民胜利折实公债。货币公债是以货币为本位而发行的公债。货币公债又可分为本币公债和外币公债。本币公债是以本国货币为本位币(计算标准)而发行的公债。这是现今各国国内公债的普遍形式。如我国1981年后连年发行的国库券就是以人民币为本位币。美国的联邦政府债券则是以美元为本位币。外币公债是以外国货币为本位币而发行的公债。发行外债既可以债权国的本位货币为计算标准,也可采用国际上某种具有代表性的国家货币为计算标准。在特殊情况下,内债的购买和还本付息,也采用外部或黄金价格作为计算公债的依据,但均按当时的金价或汇价折成本国货币办理。例如,国民党政府在1942年和1946年发行的"同盟胜利美金公债",就是以美元为计算单位的。而1949年发行的"黄金短期公债",则是以黄金价格为计算标准的。

第三,按照票面形态的不同划分,公债可分为无记名式公债、凭证式公债和记账式公债。无记名式公债是一种票面上不记载债权人姓名或单位名称的债券,通常以实物券形式出现,又称实物券或国库券。凭证式公债是指国家采取不印刷实物券,而用填制"国库券收款凭证"的方式发行的公债。记账式公债又称无纸化公债,它是指将投资者持有的公债登记于证券账户中,投资者仅取得收据或对账单以证实其所有权的一种公债。

第二节 可转让债券

上一节我们只是概括说明了公债的分类情况,下面我们从公债的最基本分类——可转让公债和不可转让公债入手,进行更为详细的分析。可转让公债通常按还本期限的长短分为三种:短期债券(以国库券为代表)、中长期债券和预付税款券。

一、国库券

国库券发行的目的主要是调剂政府财政收支过程中的季节性资金余缺。由于政府财政收入流入国库的速率和财政支出进行的速率存在着不同步的情况,即使从全年来说财政预算是平衡的,在个别月份财政部门也会出现收不抵支的现象。为弥补这种季节性的赤字,各国政府大都把发行期限在1年以内(短的仅为几个月)的国库券作为一种季节性的资金调剂手段。正是因为它的发行属于国库内部财政收支的正常调剂,不会影响整个预算年度的财政平衡,而只是解决暂时用款的困难,故被冠之以"国库券"之名。这里应顺便指出的是,我国 1981 年后连年发行的国库券,为期长达 10 年、5 年,短至 3 年已远远超出 1 年的界限,与严格意义上的"国库券"的差别很大。

国库券的承购者主要有三类。一是中央银行。中央银行负有调控经济中的货币供给量的责任,而调节货币供给量的一个重要手段就是以其拥有的国库券进行买卖来影响短期借贷的供给,因而成为国库券的最大承购者。二是商业银行。商业银行主要经营的是短期存放款业务,它的大部分负债需要随时支付,而且每周、每天变化很大。它如果不能应付这类资金外流,则意味着破产倒闭或至少信誉受到损害。这就要求商业银行在选择其投资构成中必须在取得收益和保持流动性之间求得平衡,即要求其投资对象必须能很方便地变成支付的手段(现金)。而国库券转手方便,期限短,还可随时将其向中央银行要求变现,适合商业银行要求较高流动性的特点,因而自然就成为它的重要投资对象。三是居民个人。这是因为国库券的面额多样、可大可小,特别适合于居民个人的各种闲散资金投资。

发行国库券会对经济产生三个方面的影响。从其流动性较高的特点看,国库券由于具有较高的流动性,其流动性程度在各类资产中仅次于货币,发行国库券也就相当于在一定程度上增发货币;从其与利息率的关系看,在市场资金供给量一定的条件下,大量发行国库券会使短期资金需求相对大于供给,而长期资金供给相对大于需求,造成长期利率相对降低,进而刺激投资和消费的增加;从其主要的承购者来看,国库券是商业银行的重要投资对象和中央银行调节货币供给量的主要工具,发行国库券可在很大程度上导致银行信用规模的扩大。所以,总的来说,国库券的发行对经济有扩张性影响。

二、中长期公债

中长期公债的发行是为了实现整个预算年度的财政收支平衡。无论发行中长期公债的初衷是筹集建设资金,还是调节经济,或是基于其他方面的考虑,都会表现为整个预算年度的财政赤字的弥补,其实质都是为了实现整个预算年度财政收支的平衡。

中长期公债的承购者主要是银行以外的金融机构。一是专门经办储蓄业务的储蓄银行。如美国的互助储蓄银行主要经营的是长期存放款业务,它的大部分负债期限较长,且一般只根据 30 天或 60 天的通知付款。而且,在一定时间内付款的规模和频率是较为稳定的,它通常可以确切地知道在什么时间要付款。所以它的投资对象选样不必要求较高的流动性,取得较高收益才是主要目标。而中长期公债恰能满足它的这种要求。二是保险公司。保险公司的业务一般是和顾客签订合同,根据合同要求客户在较长期中定期进行储蓄。而且保险公司对保单持有者的付款通常能够十分准确地预计,可事先知道下年度或下季度必须支付的保险金额。因此它在选择投资对象时对流动性的要求也不高,较高的盈利是其投资的主要目的。这样一来,中长期公债自然就成为其认购的重点;此外,一些靠养老金和年金生活的个人,以及拥有较多收入并未雨绸缪的单位或个人,也往往要在中长期公债上进行投资。

发行中长期公债的经济影响也可从三个方面来考察。从其流动性相对较低的特点看,发行中长期公债换取流动性最高的货币,等于在一定程度上减少了货币供应量。从其与利率的关系看,在市场资金供给量一定的条件下,大量发行中长期公债,会使长期资金的需求大于供给,而短期自己的供给相对大于需求,从而抬高长期利率。由于长期利率较短期利率对投资和消费需求的影响更为直接,因而将造成投资和消费的下降。从其认购主体来看,中长期公债的认购者主要是非银行的金融机构和个人投资者,它的发行一般不会扩张银行信用,同时由于短期公债发行的相对减少,也会在一定程度上收缩银行信用。所以,总的来说,中长期公债的发行对经济的影响一般是紧缩的。

三、预付税款券

预付税款券是一种临时的短期公债。发行这种债券的目的是吸收企业准备用于纳税而存储的资金。这是因为,各国政府的所得税大多是实行分级征收、年终汇算交清的办法。如美国联邦的所得税1年征收4次,一些规模较大的企业为了能及时纳税,须事先将税款准备好。但这部分资金如闲置不用,对企业是一种损失。从政府方面看,让企业的税款能够较均匀地流入国库,市政府在税收淡季也可收入一部分资金,到了纳税旺季,就可避免集中在一个时间缴税,以免过度收缩市场信用,对整个国民经济都是有益的。预付税款券就是为了避免这个问题而设计发行的。

预付税款券的承购对象一般多为一些大企业。企业可在税收淡季为存储纳税资金而事先购入这种债券,到期时,可用这种债券按票面面额抵付税款。

至于发行预付税款券的经济影响,由于它在期限较短、流动性较高等方面与国库券类似,因而对经济的影响和国库券某些方面有相似之处。只不过它的认购者主要是工商企业,一般不会扩张银行信用。

第三节 不可转让债券

不可转让债券不能在金融市场上自由买卖,它是各国政府公债的补充形式。不可转让公债按发行对象大致可分为两类:对居民个人发行的储蓄债券和对特定金融机构发行的专用债券。

一、对居民个人发行的储蓄债券

储蓄债券是专门用于吸收居民个人持有的流动储蓄金的债券。它是不可转让公债的最主要形式,在许多国家有着多年的历史。法国和意大利从19世纪即发行这种债券,英国从第一次世界大战开始发行这种债券,美国和加拿大则是从第二次世界大战开始发行这种债券。至今储蓄债券已在世界各国中普遍采用。

储蓄债券实际上是专为居民个人投资者,特别是小额储蓄者而设计的。它不在公开市场上发行,只在政府机关登记购买,而且一般只对居民个人出售,并限制其他投资者或单位购买。如在美国,明文规定禁止商业银行认购储蓄债券。在法国,则是禁止所有的金融机构认购储蓄债券。在卢森堡,储蓄债券更是只限于出售给个人。即使对非居民个人认购限制不十分严格的国家,也往往要通过规定持有这种债券的最高限额的办法,来阻止工商企业或其他机构在这种债券上投资。

储蓄债券的期限尽管各不统一,但一般均在几年或十几年以上。如在澳大利亚为7~8年,在美国为8~10年,在联邦德国为6~7年,在卢森堡虽为7年以上,最短的也在3年以上,1年左右期限的极为少见。不过,在期限上与政府债券有所不同的是,储蓄债券的持有者拥有相当广泛的期限选择权。也就是说,这种债券的持有者在遇有资金急需或投资预期发生变化时,可不受债券期限的限制,而提出向政府要求兑现(当然提前兑现要损失一定的利息)。这是因为,储蓄债券本身是不能转让的,而相对较高的流动性又是吸引居民家庭闲置资金的不可或缺的因素。在此情况下,若能通过允许持有者要求提前兑现的办法,来使储蓄债券具有一定程度的流动性,则无疑会投向储蓄债券。不过,这里应当指出的是,为了避免过多的债务回流,特别是在发行之后的较短时间内回流,各国对提前兑现这种债券要规定一定的限制条例。储蓄债券的发行,一方面可为政府筹措更多的财政资金;另一方面也可在宏观经济上有控制社会购买力过旺,抑制物价上涨之效。由于储蓄债券期限一般较长,所以发行储蓄债券对经济的影响类似于发行中长期债券,是紧缩的。

二、对特定金融机构发行的专用债券

各国政府专门向金融机构发行的不可转换债券,种类繁多,名称各异,有的叫国库券(澳大利亚),有的叫登记债券(芬兰),有的叫投资债券(西班牙)。为了简化起见,我们将这类不可转让债券统称为专用债券。

专用债券是专门用于从特定金融机构(主要由商业银行、保险公司和养老基金等)筹集财政基金的债券。它是不可转让债券的一种形式,也是许多国家公债收入的一个重要来源。在芬兰,政府以相当大的规模向养老基金和保险公司借债;在联邦德国,联邦政府向商业银行系统大规模筹资;在美国,联邦政府则是利用这种债券从联邦政府管理的几个信托基金账户筹集资金。

专用债券是专为从特定的金融机构融资而设计的,一般不向其他单位或个人发行。一般按照某种标准,强制摊派给某些特定的金融机构。如美国联邦政府是根据各个信托基金资产规模,向其摊派的。政府的摊派数额具有法定的效力,这些金融机构必须如数认购。这样,政府就能从这些金融机构稳定地筹集资金,同时还可以获得调剂货币供给量的政策效果。

专用债券的期限较之储蓄债券更长,最长期限达20年以上。如芬兰专用债券的期限为10~15年,联邦德国专用债券的期限为1~25年,荷兰专用债券的期限为6~25年,西班牙专用债券的期限为10年。这种债券通常也可在持有一定时间后,提前要求兑现。但对兑现前的必须持有期限规定较长,大大高于储蓄债券。如芬兰专用债券在持有几年时间才可要求兑现;荷兰专用债券要求提前兑现的,持有期限必须高达7~15年。所以发行专用债券对经济的影响类似于中长期债券,是紧缩性的影响。

应当说明的是,各国政府发行的不可转让公债的情况是非常复杂且差异很大的。即使按照上述的较宽分类(对居民个人发行的储蓄债券、相对特定金融机构发行的专用债券),也显得有些武断。每个国家的不可转让公债都有自己的特点。

第四节　公债的结构

由于政府发行的公债功能较多,出于不同的动机,政府发行的公债类型也有所不同,公债有不同的期限结构和品种结构。从期限结构来看,短期国库券主要是用于弥补赤字,中长期公债主要是为了筹资。不同类型的公债,其作用也存在较大的差异。

一、期限结构

公债按债期长短可分为短期公债、中期公债、长期公债和不定期公债。债务期限在1年以内的为短期公债;1~10年期的为中期公债;10年以上的为长期债券;不定期公债是指发行的时候并没有规定公债的期限,债务还本的期限根据国家财政状况来决定。债权人可按时取得利息,但不能要求还本,政府有权按财政状况随时收回债券。从理论上说,短期公债是弥补当年财政赤字的最好手段,中、长期公债特别是长期公债,对政府筹措建设资金来说更为有利。但由于长期公债存在着因通货膨胀而使债权人遭受损失的可能性,故在缺乏相关保障措施的条件下发行比较困难。总的来说,政府发行公债的时候,应尽可能做到长、中、短期公债的搭配,避免某一期限的债务过于集中。

美国联邦政府的公债分为上市公债和非上市公债。上市公债约占债务总量的3/4,债券持有者可随时到任何银行进行贴现,也可以在证券交易市场上进行买卖。从期限结构上看,上市公债有三种:短期国库券主要是为了弥补财政赤字;中、长期公债所筹措的资金主要是满足不同期限的建设对资金的需求;非上市公债是专门提供给各类不同的投资者,大多数为联邦政府信托基金所持有,也有一些特殊债券为州和地方政府所持有。非上市公债中有近1/3采用储蓄债券的形式(美国储蓄债券),为个人所持有,其目的在于吸引大众资金,降低大众的购买力,尤其是在通货膨胀时期可减轻通胀的压力。

自1979年开始发行公债至今,我国的外债期限结构比较合理。从内债来看,1981—1993年期间发行的基本上属于中期公债,即3年期和5年期的公债。1994年出现了1年期的短期公债,1995年又发行了6个月和1年的短期债券,1996年发行了300亿元的10年期和200亿元7年期的附息公债,另外,还发行了3个月的短期国库券。此后,1年以内的短期公债和3年以上的中、长期公债每年都有一定的发行量,1998年我国开始发行20年期以上的长期公债。目前,我国的公债期限结构趋于合理,但从不同期限的公债在公债总额中所占的比重来看,中期公债依然偏多,短期和长期公债偏低。尽管最近几年长期公债的数量在不断增加,但依然比中期公债少。从现实来看,长期公债可以增加发行量,时间也可以更长,关键是要处理好长期公债与通货膨胀之间的关系。

二、持有者结构

政府公债的持有者结构也很重要,因为它影响公债的流动性结构和公债在资本市场上的地位,对资本市场的运作同样产生较大的影响。在公债产生之初,债权人结构比较单一。而目前在西方国家,公债的债权人种类繁多,包括货币当局、商业银行、非银行金融机构、公共企业、私人公司、国外游资、个人等。据统计,1980年21个工业化国家的国内债务中,由中央银行和商业银行持有的比例分别为13.2%和17.8%,两者之和达31%。如美国商业银行资产总额中,对政府债务的投资比重达20%左右,这充分反映了当今西方国家公债与金融机构之间的密切关系。美国的大公司也是政府债务的持有者。据《幸福》杂志对276家大公司的调查,它们经常持有数百亿美元的政府债券,3个月和6个月的短期政府债券分别占持有量的72%和24%,其余为中长期的债券。

公司持有大量政府债券的主要原因在于公债的信誉高,几乎不存在风险;而且公债的流动性强,可以作为流动资金;可以用到期的公债换新发行的公债,而政府为了保证新债发行的成功,往往对旧债换新债给予一定的折扣;另外,公债也是一个投资、投机品种,可以带来较高的收益。

外国的游资也经常购买巨额的美国政府公债。主要原因是:美国公债的利率较高(一般比日本和欧洲国家的政府债券都高);美国政局较稳,有安全感;国际金融及经济地位相对较高,同时美国政府也采取了一系列鼓励外资认购公债的措施,如利息所得免税等。

我国公债的持有者结构以1991年为分水岭,前后区别较为明显。1991年以前,公债主要是由个人和企事业单位及政府机构持有;1991年以后,各类商业银行和非银行金融机构开始大量持有公债。1996年4月,中央银行首次开始进行公开市场操作,从此,公开市场业务开始成为中央银行实现货币政策目标的常规性工具。这样,中央银行也通过二级市场持有一部分公债。公债持有者结构的这一变化趋势,在一定程度上说明我国的公债市场正在向高效率、专业化方向发展。

三、利率结构

公债的利率结构是伴随着公债的券种结构及持有者结构的变化而进行调整的。20世纪80年代公债利率结构的显著特点是利率倒挂,即公债的时间越长,利率越低。其主要原因在于:在整个20世纪80年代,公债没有完成从行政附属品向金融商品的转化,公债的发行依靠行政摊派,利率完全由债务供给方决定,社会需求对此不发生影响。到了80年代后期,由于公债规模的扩大,再加上通货膨胀的影响,公债的发行难度开始加大,利率也就被迫提高,从而形成了一个失衡的公债利率结构。

公债的利率基本上在1996年达到了最高峰以后,随着宏观经济环境的变化,通货紧缩逐渐代替通货膨胀,各种投资品种(尤其是银行存款)利率都呈现逐步走低的态势,公债的利率从1997年开始逐步走低,直到目前,我国的中长期公债利率基本上维持在2%~3.6%。例如,2002年我国发行的第七期3年期的中期公债,招标利率上限为2.02%,当年发行的第五期30年期的长期公债招标利率的上限为3.6%,2003年发行的公债利率也大致与此相当。如2003年发行的第一期7年期的公债,票面利率为2.66%,第二期3年期的公债票面利率为2.63%。

进入20世纪90年代后,随着金融体制改革的逐步深化,金融市场体系得到了进一步的发展,尤其是债券市场的基础设施和管理手段有了很大的改善,这些都为公债利率结构的调整提供了前提条件。公债的利率结构逐渐趋于优化与合理,特别是1996年公债市场化程度的提高,市场机制对公债利率水平的确定发挥了很大的作用。这不仅有助于降低政府的筹资成本,也促进了证券市场的发展与完善。它说明公债已真正开始成为一种金融工具,其供给结构受市场作用的程度越来越大。

第五节 公债结构的设计原则

恰当地选择设计公债的结构,是政府公债管理的重要内容。一国的公债种类结构设计应遵循如下原则。

一、种类多样化原则

实现公债种类设计多样化的意义在于以下两点。

(一)种类多样化是顺利推销公债的前提条件

当今公债基本上是以自由买卖的方式发行的。买与不买或购买多少,都是由资金持有者决定,政府一般不能把债券强加于谁。由于资金持有者的收入档次不同,对投资的预期不同,以及持有资金的时间不同,其投资要求是多种多样的。只有根据不同的投资要求相应设计不同的公债种类,才能吸收和动员尽可能多的社会资金,也只有对不同的投资者发行不同条件、不同期限的多样化公债,才能保证将政府公债顺利地推销掉,并且用公债形式筹集起来的资金具有一定的稳定性。正由于此,当今世界各国的公债种类结构,可以说大都呈现出多样化的特点。

当然,这里所说的公债种类多样化,不仅仅是指公债的种类应按多种期限来设计,即期限种类多样化。它至少还应包括面额种类多样化(债券的面额设计可小至几元、几十元,大致上千、上万元);条件种类多样化(拉开流动性和收益率的档次,既采用流动性高但收益率低的公债,也采用流动性低但收益率高的公债);名称种类多样化(同时设计国库券、中期债券、长期债券、储蓄债券、专用债券等);付息方式种类多样化(同时采取按面额折扣发行和按年剪息票付息以及以奖代息等多种方式);等等。只有这样,才能适应社会资金结构多样化的状况和各类投资者的多种要求。

(二)种类多样化是政府执行不同时期公债管理政策的前提条件

不同期限、不同条件的公债发行,对经济造成的影响是不同的。如短期债券的发行对经济有扩张性影响,长期债券的发行则对经济有紧缩性影响。利用公债种类及其构成的变化来执行不同时期的经济政策,是各国政府对经济实行宏观调控,从而保证经济稳定发展的一条重要途径,而这也必须以公债种类的多样化特别是期限种类的多样化作为前提条件。

二、应时应性原则

既然公债有着不同的种类,不同种类的公债发行对经济的影响又有着重大差异,公债的种类结构显然也必须根据经济状况的需要加以设计,并随着经济形势的变化加以灵活调整。一般来说,当经济发展处于低潮或经济危机时期,政府应当力图增加对经济发展具有扩张性作用的短期债券的发行,而减少对经济发展具有紧缩性影响的长期债券的发行,从而提高短期债券在全部公债中的比重，缩短公债的期限结构，以求扩张消费和投资需求，刺激国民经济的发展；在经济发展处于高涨或通货膨胀时期，政府应当力图增加对经济发展具有紧缩性作用的长期债券的发行，而减少对经济发展具有扩张性影响的短期债券的发行，从而提高长期债券在全部公债中的比重，以延长公债的期限结构，以求压缩消费和投资需求，抑制国民经济的过旺发展势头。

三、债息成本最小化原则

举债固然必须支付利息，但借债者总是要谋求最大限度地缩小债息成本开支，公债的举借自然也不例外。由于公债利息开支的最终来源是税收，尽可能降低债息开支，对于避免增税，减轻政府财政负担显然有着重要意义。而公债结构的安排恰是实现债息成本最小化的一个有效途径。这就是，公债的结构要根据市场行情相机确定，在市场利率较高时期，多发行短期债券；在市场利率较低时期，多发行长期债券。预期利率看涨，则集中发行长期债券。预期利率看跌，集中发行短期债券。这样，通过公债的长短期结构在不同市场条件下的相应调整，即可使公债的整体利息率达到最低。

四、其他原则

（1）公债结构应当与财政支出结构相适应。应当根据政府需要资金的性质来决定公债发行期限的长短。如果政府是为了弥补财政赤字，公债发行应偏向中长期；如果是为了调剂由于季节性收支不平衡而造成的资金不足，则应发行短期公债；如果公债资金是用于公共项目的投资，则应根据项目建设周期和投资回收期确定公债的期限。当然，上述界定也并不是绝对的，短期公债的滚动发行也会产生一部分稳定的余额，可以用来满足政府的长期用资需要。

（2）公债结构要和社会资金的供给结构或一国公债投资者结构相适应。一般来说，在市场发展的初期，个人投资者占绝对优势。随着市场的发展，机构投资者的比重会逐渐增加，逐步成为公债市场投资的主角。其中，个人投资者比较偏向于中期公债，机构投资者主要偏向于长期公债，在设计公债期限结构时应充分考虑这一因素。

第五章 公债的发行、认购与偿付

第一节 公债的发行

公债的发行是指中央财政部门根据法律和国家预算的规定,在确定公债发行对象、发行数量、发行种类、发行方式、利率水平、期限结构的基础上,发行以国家为债务人的债券行为。公债发行是公债由政府售出或被投资人认购的过程,是公债运行的起点和基础环节。

一、公债的发行条件

(一) 发行价格

公债发行价格,是指政府债券出售的价格或购买价格。政府债券的发行价格不一定是票面值,可能低于票面值,也可能高于票面值。公债的面值包括面值的币种和面值的大小这两个基本内容。面值的币种主要取决于发行者的需要和筹资的地点,内债的币种是本币,外债的币种一般为公债发行地的币种。面值的大小受发行规模、发行对象以及印刷费用等因素的制约。中国曾发行过 1 元、5 元、10 元、20 元、50 元、100 元、500 元、1 000 元、5 000 元、10 000 元、100 000 元面值的公债。

1. 发行价格的计算

(1) 单利。

$$发行价格 = \frac{面值 + 面值 \times 票面年利率 \times 期限}{1 + 市场利率 \times 期限}$$

(2) 复利。贴现公债和附息公债有不同的计算方法。

① 贴现公债定价公式如下。

$$V = \frac{M}{(1+r)^n}$$

式中:V 为公债市场定价;M 为公债面值;r 为市场利率;n 为公债期限。

② 附息公债定价公式如下。

$$V = \sum_{n=1}^{m} I \left(\frac{1}{1+r}\right)^n + M \left(\frac{1}{1+r}\right)^n$$

式中:V 为公债市场定价,M 为公债面值,I 为每半年支付利息,r 为市场利率,n 为公债期限。

2. 发行价格的形式

受公债供求关系的影响,公债的发行价格围绕公债票面价值上下波动,有平价、折价、溢价和贴现四种形式。采取何种发行价格形式,除了公债期限这一既定的条件外,还取决于公债票面利率与市场利率的差异。另外,公债的发行方式也决定着发行价格形式。当采取价格竞争招标发行时,有可能是平价,也有可能是溢价或折价;当采取利率竞争招标时,则一般是平价发行。

(1) 平价发行。平价发行就是按公债券标明的票面金额出售,政府按票面金额取得收入,到期按票面金额还本。公债发行收入与偿还本金支出相等,有利于政府财政收入的计划管理和财政预算的顺利执行。平价发行的前提条件是:①市场利率与公债发行利率差异不大;②政府信誉良好,值得投资者信赖,相信未来偿还期一定能取得本金和利息。市场利率与公债发行利率大体一致,除非利率处在政府管制之下,否则,在市场条件下,两者会经常出现不一致的现象。因此,平价发行在发达的金融市场是不多见的。

(2) 折价发行。折价发行就是按公债券发行价格低于票面金额出售。政府按低于票面金额的折价取得收入,到期按票面金额还本。公债发行收入低于偿还本金支出,这对于国家财政不利,甚至还会影响市场利率的稳定。

采取折价发行的原因是由于公债票面利率低于市场利率,为弥补认购者因此而遭受的损失,以折价形式作为补偿;或者是由于发行任务较重,为了吸引、鼓励认购公债,以折价形式作为认购的额外收益,以保证公债的顺利发行。

(3) 溢价发行。溢价发行就是按公债券发行价格高于票面金额出售。政府按高于票面金额的溢价取得收入,到期按票面金额还本,公债发行收入高于偿还本金的支出。溢价发行比较有利于国家财政收入,但溢价发行偿还期长,利息支出有可能与收入相抵,不利于未来财政收入的计划管理和财政预算的顺利执行。另外,也有损于国家信用,不利于今后公债的发行。

溢价发行在正常情况下,是难以推行的。只有在公债票面利率高于市场利率,其所得足以补偿溢价发行的差价条件下,认购者认为有利可图,溢价发行才能顺利进行;或者在预期市场利率下降的情况下,为了减少国家财政偿还利息的支出,采取溢价发行,可以提前取得价差收入以缓解未来的高息负担。需要说明的是,折价发行或溢价发行必须有市场化的发行方式相配套,如果不引入竞争招标方式,吸引承销机构和投资者,而仅靠政府,是难以确定折价或溢价的合理范围的,也不利于形成比较合理的发行条件和发行成本。

(4) 贴现发行。贴现发行是按贴现利率计算出贴现利息,用票面金额扣除贴现利息后的公债发行方式。公债到期时,按票面金额兑付,不再计算利息。贴现发行虽然也是以低于票面金额的价格出售的,但它不等于折价发行。折价发行按票面金额兑取本金时还要取得利息,折价发行只是作为损失的补偿或者额外收益;贴现发行则只按票面金额兑付,发行时的"折价"即为政府提前所付利息。

3. 发行价格的影响因素

影响公债发行价格的因素很多,除了构成公债价格的公债面值和发行费用之外,还受市场供求关系、通货膨胀预期和非市场因素的影响。

(1) 供求关系。供求关系是影响公债发行价格的基本因素。公债发行市场的供给就是发行者为实现特定社会经济目标而制定的发行规模,公债发行市场的需求则表现为一定发行条件下投资主体愿意将其资金投资于新发公债的资金额。一般来说,公债供给是个既定量,它根据政府政策实施的需要加以确定,但有时也受市场因素的影响,如发行价格高导致发行困难时,公债供给就会相应减少;相反,则会增加。公债需求则是一个变量,它受诸多因素的影响,包括公债的发行规模、发行方式、发行利率、公债期限、偿还方式、市场利率、社会闲置资金的充裕度、货币供应量、其他投资市场的收益率、汇率、政府的税收等。公债供求关系随着发行条件的改变而改变。在公债的发行中,由于政府在市场主体中的特殊地位,它有时可以通过对需求因素施加影响,进而改变资金的供求关系。如通过增加货币供给来降低市场利率,在公债发行中加入有利于扩大公债需求的规则等。

(2) 通货膨胀预期。公债作为有价证券,其代表的价值以货币表示。在通货膨胀情况下,货币贬值,公债所代表的价值也随之下降。如果公债发行价格的确定刚好使公债收益率与通胀率持平,投资公债就只能保本;如果公债发行价格定得过高,使公债收益率低于通胀率,投资公债就要亏本。投资者投资公债是因为公债安全可靠,且能获得一定收益。当这些条件面临挑战,收益受到威胁时,则自然要避开公债而寻求其他投资渠道,从而使公债发行遇到困难。从理论上讲,公债发行价格的确定不应使公债收益率低于通胀率,其变化幅度取决于市场上其他投资渠道的收益率和对通货膨胀的预期。当公众预期通胀率处于上升时期时,公债的发行价格可以定得低一些,以弥补偿还时通货膨胀率持续上扬给投资者带来的资本和利息损失。反之,通胀率逐年下降时期,公债价格可适当调高。

(3) 非市场因素。非市场因素包括国家的信用状况、政局是否稳定、投资者的风险意识、经济周期等。如果国家的信用很好,政局稳定,公债的发行价格可以定高一些,投资者愿意投资公债。反之,公债的价格就不能定得过高,甚至还得定低一些,以吸引投资者。另外,投资者的风险意识对公债风险价格的制定也会产生一定影响。如目前的中国股市风险远比公债高,收益未必比投资公债高和稳定,但投资者仍然趋之若鹜,这一方面反映了中国股市不够成熟;另一方面投资者的风险意识比较淡漠,股市上高风险、高收益的"财富效应"也是原因之一。在这种情况下,公债的发行价格应当比投资者风险意识较强时定得低一些。

(二) 发行利率

发行利率即公债利息占公债票面金额的比率,是在公债发行时确定的收益率。公债发行利率对于公债发行者和投资者来说,有不同的作用。对于公债发行者,公债发行利率是其负担大小的表示,是计算公债偿还利息的依据,直接决定着公债的发行成本;而对公债投资者来说,公债发行利率则是其收益大小的表示。但是由于公债的溢价或折价发行,公债的发行利率与实际收益率会出现偏差。即使平价发行,在发行利率确定后,在流通偿还的过程中,由于二级市场供求等因素的影响,公债实际到期收益率随期限波动。最后公债到期时,其收益率才又回归到发行利率的水平。

1. 公债利率的构成要素

分析公债利率的构成要素是合理设计公债利率的基本前提。公债利率由基本利率、通货膨胀率、时差利率和基础利率等要素构成。

(1) 基本利率。基本利率是指在没通货膨胀的正常情况下的公债利率。按基本利率计算的利息收入是公债投资收益的根本保障。要使公债利率高于通胀率,设计合理的基本利率是十分必要的。一般来说,一定时期的基本利率总是呈现为一个区间,而不是一个固定的利率水平,其高低受资金供求的调节。发行者在设计公债利率时,可以根据市场资金供求状况给基本利率设计一个具体的值。基本利率设定以后,公债的实际利率将由通货膨胀率的高低决定。当通货膨胀率超过其预期水平时,实际利率低于基本利率,甚至为负或为零;如果通货膨胀率低于其预期水平,实际利率高于基本利率。

(2) 通货膨胀率。通货膨胀率是公债利率的重要组成部分,其性质属于公债的风险利率。任何国家的公债利率都随通胀率升降而变化。公债利率如果不含通胀率,那么公债的风险就会随着通货膨胀的加剧而增大,甚至失去投资价值。作为公债利率构成要素的通胀率不是当前的通胀率而是预期的通胀率,其预测方法必须科学,力求准确可靠,误差不能过大。通货膨胀率按公债偿还期的预期物价指数计算年率,单利公债用算术平均数,复利或分期付息的公债用几何平均数。

(3) 时差利率。时差利率是指不同偿还期限公债之间的利率差额,它体现偿还期限越长利率越高的原则。基本利率和预期通胀率组成公债的主体利率。时差利率则是公债的附加利率,它们共同组成公债的整体利率。时差利率一般适用于中长期公债。中长期公债属于资本市场的投资工具,其收益受通胀率和其他因素影响较大,故对期限较长的投资要求有较高的收益,必须用时差利率拉开收益的档次。时差利率根据不同的期限档次的公债来确定。中期公债可以按年设计时差利率;长期公债则应按期限的级距设计时差利率,如以5年为一个级距等。时差利率作为主体利率的附加利率,其值可以按绝对数设计,也可以按相对数设计。

$$时差利率=(基本利率+预期通货膨胀率)\times 时差定率$$

(4) 基础利率。基础利率是计算时差利率起点期限的公债利率。它不含时差利率,由基本利率和预期通货膨胀率构成,期限较长的公债则在其基础上增加时差利率。公债的基础利率可以按中期和长期公债分组。中期公债利率应以1年期公债的利率为基础利率,期限每延长1年就按定值或定率增加1个档次的时差利率。长期公债应以10年期的利率为基础利率。在设计长期公债的基础利率时,应注意其期限起点。因其起点期限较高,其基础利率中应包含中期公债时差利率的积数。

以上分析了公债利率的基本要素,根据各要素的要求,即可设计公债利率。公债利率的总公式及长期公债的利率公式如下:

$$公债利率=基本利率+预期通货膨胀率+时差利率$$
$$中期公债利率=基础利率+时差利率\times(偿还期-1)$$
$$长期公债利率=基础利率+时差利率\times(级距数-1)$$

2. 利率的表现形式

(1) 固定利率。固定利率的公债是指公债发行时预先确定好发行利率。在发行期后,无论市场利率发生什么变化,公债的票面利率都维持不变,将来只能按确定的利率水平向公债持有人支付利息。固定利率的公债,如果是在经济繁荣、市场利率较高的时期发行,那么当经济不景气而利率下降时,投资者仍可获得较高的利息;相反,固定利率的公债在经济萧条、市场利率较低时发行,那么当经济复苏、利率上升时,投资者只能获得按相对较低的票面利率来计算的利息收入。

(2) 浮动利率。浮动利率的公债是指公债的利率不固定,随市场利率的变动而变动。浮动利率的公债一方面可以避免当市场利率上升时公债持有者不能随之提高收益的情况;但另一方面,它也同时存在当利率下降时公债持有者投资收益也随之下降的情况。公债发行价格可能是平价和贴现,也可能是折价和溢价。由于发行价格不同,因此公债发行利率的衡量形式也不同。以平价发行的公债,其发行利率一般在票面上注明,或者在票面上标明有关利率浮动的规定;以贴现发行的公债,其发行利率为到期还本付息额(面值)减去发行价格的差额,再与发行价格比较的相对数,也就是投资者在发行市场上的投资收益率;以溢价或折价发行的公债,由于其票面利率相对于市场利率或其他投资收益率较高或较低,所以其发行利率一般是在确定公债票面利率的情况下,在价格竞争招标时所产生的一种衡量形式。

3. 影响利率的因素

(1) 金融市场利率水平。金融市场利率水平是确定公债发行利率的主要因素。在市场经济条件下,影响金融市场利率水平的因素主要有资金供求关系、经济周期、通货膨胀率、国家经济政策、海外利率水平和汇率水平。

(2) 公债周边市场利率。公债周边市场利率主要包括银行储蓄存款利率与股票市场的投资收益率。虽然公债利率成为基准利率是发展的方向,但无法改变目前银行利率是我国基准利率的现实。公债发行利率基本上是围绕银行利率上下波动的,政府在确定公债利率时,要以同期的银行利率为参考。

(3) 公债发行的制度。发行规模、发行技术、发行期限以及利率形式和付息方式都对投资者实际收益水平与政府财政筹资成本有着不同的影响。

(4) 其他因素。在一国经济非常时期或经济不发达的国家中,利率管制也是直接影响利率水平的重要因素。基本特征是由政府有关部门直接制定利率或利率变动的界限。由于管制利率具有高度的行政干预和法制约束力量,排斥各类经济因素对利率的直接影响,因此,尽管许多发达的市场经济国家也实行管制利率,但范围有限,一旦非常时期结束即解除管制。

二、公债的发行方式

公债的发行方式是指作为公债发行主体的中央财政代表国家和广大公债投资者之间推销与购买公债的方式。公债发行方式直接体现了公债是否符合公债商品属性的要求,决定了投资者以何种方式进行公债投资,也是公债市场现代化程度的标志。

(一) 公募

公募是指中央财政向不特定的社会公众公开发行公债。现代市场经济国家的公债大多采取公募发行方式。公募发行方式体现了开放性、市场性原则。体现了公债金融商品属性,通过众多投资者的市场选择,达到社会资金的合理流通和合理配置。形成一个较为合理的收益率水平,为公债良性循环创造了条件。

公募涉及社会各个方面,因此受到更多的限制,要求具备的条件也比较高。公募发行方式又分为直接公募发行和间接公募发行。①

1. 直接公募发行

直接公募发行是指作为公债发行主体的中央财政可以自己办理发行手续而无须金融中介机构介入,通过自身的发行网点向全体国民公开招募。其特点是:①发行期长、发行成本高,②发行效率低,③发行品种以储蓄债券为主。

直接向个人发行方式的市场化程度较低,在公债市场发达国家采用此种发行方式并不普遍,只是作为推销公债的一种辅助方式。当公债种类比较单一、政府发行公债的目的是筹集资金、认购者购买公债主要是把公债作为一种更为有力或更为安全的储蓄手段并对公债流通性要求不高时,直接公募发行才是发行公债的主要方式。

2. 间接公募发行

间接公募发行是指通过金融中介机构参与推销公债,其具体形式有代销、承购包销、公开招标和公开拍卖。

(1) 代销。代销方式是指中央财政利用代销者,如银行、证券公司等金融机构的网点,委托其代为向社会公众出售公债的方式。发行体按代销额的一定比例向代销者支付委托手续费;代销者按预定的发行条件,于约定的日期内代为推销。代销终止时,公债销出多少是多少,未销出余额全部退还给发行主体,代销者不承担任何风险与责任。

因此,代销方式的不足之处有以下几点。

① 不能保证按当时的供求状况形成合理的公债发行条件。

② 代销者积极性不高,推销效率难尽人意。

③ 因为有预约推销期的限制,发行期较长。

代销方式只有在公债很走俏、证券市场不发达、金融市场秩序不良、代销者缺乏承销能力的条件下才比较适用。

(2) 承购包销。承购也称固定收益出售方式,是发行人在公债市场上按预先确定的发行条件来推销公债。适用于可转让中长期公债的发行。采用这种方式,政府不易把握金融市场行情,难以保证发行任务的完成。因此,政府往往辅之以"销售担保"措施。具体而言,就是指由拥有一定规模和较高资信的金融中介机构组成一个契约团体,按一定的发行条件向中央财政直接承购包销公债,然后再通过各自的销售网点转售的方式。未能售出的余额均由承销者自行认购。承购包销方式的特点有以下几个。

第一,作为发行体的中央财政按照一定的公债发行条件与承销团签订承销合同,明确两者之间的权利和义务,目的是要求承销团向社会转售公债,承销团只是作为发行体与社会投资者之间的媒体而存在。

第二,发行体与承销团不是代理关系而是买卖关系,两者在确定发行条件方面具有平等关系。承销团承担推销的风险。

第三,承销团对市场熟悉,为分销公债,总是要求较低的价格和较高的利率。两者讨价还价也常能确定一个接近市场供求状况的价格或利率水平。因此,承购包销在一定程度上引入了市场调节机制。

---

① 赵远军,周侃.公债市场与投资[M].上海:上海立信会计出版社,1998:57.

承销团通常由一家主干事、若干家副主干事和几十家一般干事组成。主干事和一般干事之间有承销协议。主干事和一般干事之间的关系由承销协议确定。主干事可以承担无限责任，也可以承担有限责任。承销团的份额在金融体制比较稳定的情况下，可以采取固定份额的方法，这样承销团中各干事对自己应承担的份额心中有数，有利于资金的及早安排；反之，在发行方式和金融体制变动比较大的情况下，不宜采取固定份额的方法，只能采取相对灵活的变动份额的方法。

（3）公开招标。公开招标方式是指由中央政府提出含有公债发行条件和所需费用的标的，然后直接向大宗机构投资者发标，通过投标人的直接竞标来确定价格或利率水平的方式。发行体将投标人的报价，自高价向低价排列，或自低利率排到高利率；发行体从高价或从低利率起，直到满足所需的发行规模为止。公开招标使发行体和部分投资者直接见面，减少了中间环节，体现了发行条件由供求双方的供求关系确定的市场经济原则，使发行条件的确定基本市场化；同时，这种方式也有利于缩短发行期限，体现了发行市场高效率、低成本的原则。由于公开招标存在发行失败的可能性，从而有利于保证和提高中标者的发行质量。

公募招标方式之所以为大多数发达国家所采用，是因为它体现了高效率、低成本的原则。其基本特点是通过市场供求关系决定发行条件，这一发行条件是发行人和承销团都能接受认可的。我国从1996年开始在公债发行中引进了招标发行的方式，这也使我国公债的发行向市场化更推进一步。

① 公开招标的过程。公开招标的一般过程是投标、竞标、揭标、确定发行利率。招标从竞争标的物来看，由缴款期、价格与收益率招标三种形式；从确定中标的规则看，有单一价格（荷兰式）招标与多种价格（美国式）招标。

在美国式招标中，投标人在规定时向内递送投标表格，投标内容是秘密的（只有投标人和招标人知道），标书中包括他们愿意投标公债的数量及价格（或收益率）。招标人将投标结果按其价格（或者相应的收益率）高低排列，最有把握中标的是报价最高（收益率最低）的招标人，因而这种方式有时也称"第一价格招标"。竞标、募入结束后，招标人再根据所有投标机构不同中标标位上的中标额及中标收益率计算出该期公债的票面收益率。美国式招标产生的直接结果对一部分券商来说就是其承销价格超过面值。

② 公开招标的分类。公开招标方式根据所竞标的不同，可分为价格招标和利率招标[①]。

价格招标。价格招标是指公债的利率与票面价格之间的联系固定不变，投标者根据固定利率对未来金融市场利率变化的预期加以投标，投标价格可低于面值，也可高于面值的招标方式。招标人将投标结果按其价格高低排列确定中标者，依次配售，售完为止。若中标者的认购额超过了预定发行规模则按比例配售。价格招标可分为以下两种。

第一种，美国式招标。其招标规则规定，发行人按每家投标商各自中标价格来确定中标者及中标数量。招标后的结果一般是各个中标商有各自不同的认购价格，各个中标商的成本与收益率水平也不同。所以美国式招标也叫多种价格招标。最有把握中标的是报价最高的投标人。使用这种招标方式，成功的投标人总是吃亏。因为所有投标人都担心

---

① 肖宇.中国国债市场——发展、比较与前瞻[M].北京：社会科学文献出版社，1999：124.

投标失败,故报出高于自己预期的价格,报价越高,其损失就越大,使投标人失去投标的兴趣,最终导致投标人在标前交易,形成对市场的统一预期,从而垄断招标。

第二种,荷兰式招标。其招标规则规定,发行人在各投标商投标结束后,以最低中标价格作为全体中标商的最后中标价格,亦即全体中标商按该价格向发行人认购公债。所以,荷兰式招标也叫单一价格招标。最有把握中标的仍是报价最高的投标人,但是其认购价格可以按照接近市场的水平定价,潜在刺激投标人报高价,对发行体有利。同时,消除了操纵市场的可能性,削弱了少数投标人垄断市场的积极性。

关于两种方式的利弊不一,具体表现如下。在荷兰式招标中,如果市场对公债需求强烈,投标商为能多认购债券,往往会拉抬价格。因为就单个投标商而言,即使将价位报很高,也是最后与其他中标商同样按最低中标价格认购债券,而且还能满足自己多认购债券的需求。在所有中标商均出现这种心理的情况下,必然最低中标价格也较高,这对发行人来说有利于其节约发行成本。但是,在市场对公债需求不大时,投标商往往会将新发公债的价格压低、收益率抬高,这样就增加了发行人的发行成本,对发行人不利。因此,在市场需求不好时,不宜采用荷兰式招标。

美国式招标因各中标商的中标价格不同,因而最能体现各投标商的投标能力,投标商对每个价位上的中标概率、认购能力等会考虑得更周全,公平竞争性就较明显。但在美国式招标中如果没有限额规定,则容易出现垄断现象,公债收益率的确定往往取决于少数实力雄厚的机构。

利率招标。利率招标即发行体只确定发行规模和票面价格,发行利率由投资者投标确定的招标方式。发行体以投标者报出的最高利率作为公债券的发行利率,从报出的最低利率开始依次选定投资及其认购额,直至售完预定发行数额。如果中标者是以某一中标利率中标的,其认购数额超过了预定发行规模,则按比例配售。

利率招标对所有中标者都按统一的价格和利率,发行价格是根据中标者各发行价格进行加权平均的价格。上述招标方式,投标者若均有自己明确的标的,就称为竞争性投标;反之,有些投标者对市场生疏,不谙投标技术,只对一定受限制的认购数额投标,无明确标的,则被称为非竞争性投标。在招标结束后,非竞争性投标者首先以加权平均价格或加权平均利率购买,然后是竞争性投标者购买。

(4)公开拍卖。公开拍卖方式是指在拍卖市场上,按照例行的经营性拍卖方式和程序,由发行体或委托中央银行公开向投资者拍卖公债。目前,大多数发达国家的公债发行皆采用拍卖方式,通过该方式确定的公债发行政策,最趋近于市场价格及市场利率水平。公开拍卖根据叫卖顺序的不同,可分为公开叫卖升序排列和公开叫卖降序排列。

① 公开叫卖升序排列。公开叫卖升序排列是指拍卖人按照不断上升的价格顺序向一组投标人招标的一种拍卖方式。在拍卖公债的过程中,当报出第一价格时,全部有关投标者报出其所需要购买的数量,招标人公布全部的对这一价格的需求数量;然后不断提高价格,继续公布按照各个提高的价格的需求数量,直到全部需求小于招标数额为止。当达到这一点时,招标人可以确认前次价格是完成全部发行的最高价格。换言之,决定招标成功的是第二个最高价格。全部按照高于招标决定价格投标的投标人和一部分按招标决定价格的投标人获得成功。一部分没有达到招标决定价格的投标人可以按比例部分中标。

② 公开叫卖降序排列。公开叫卖降序排列是指拍卖人按照不断降低的价格顺序报价的一种拍卖方式。在拍卖公债时,最积极应价的投标人员易获得成功,但当拍卖继续进行时,以后的公债价格以逐渐降低的价格出售。所以,有经验的投标人并不用最高的价格购买公债,因为这样会使投标价格停留在高于市场水平的价格上。

公开拍卖公债的方式,能使投标人集中在同一拍卖所,信息交流畅通,投标人易于知道公债公认的价值,避免了成功投标人总是吃亏的不正常现象,使投标人竞价有积极性。如果一个投标人对公债价值的评价远远高于其他竞争对手,那么这种投标也会在价格远离公认价格的投标之前被中止。

(二) 私募

私募是指中央财政不公开发行公债,只是向与发行体有特定关系的少数投资者发行公债。这些少数投资者往往由政府直接指定,一般是资产雄厚的大金融机构、大企业。这种发行方式的优点是:无须通过中介机构,发行手续简便;没有发行费用,故债务的成本相对较低;直接向少数特定主体发行,故筹资迅速。私募发行的主要问题是发行面狭窄,如果采用这种方式大批量发行公债,显然是比较困难的。

一般情况下,由于政府每次公债发行额巨大,当公债在公募市场上出现过剩时,就会采用私募方式。或者,有时政府需要通过公债形式将某些特定主体的国民收入集中到国家财政手中,由国家按宏观经济运作的需要加以运作,这时,私募方式也是最为有效的。

按照应募者与政府之间的关系,私募又可以进一步分为银行承受法和特别发行法[①]。

1. 银行承受法

银行承受法,即政府发行的公债由银行全部承受,并只能由最初的购买者持有。简言之,此法只需要政府和银行之间协定条件即可。这种方法手续简便、费用少,国库收款集中,但是因为银行的资金直接与社会货币供给量有关,所以难免会对社会经济产生一定的影响。从承购条件来看,如果其承购价格合理,承购价格与公债面额之差较小,仅相当于采用公募法所需费用,那么由银行承受与公募法推销对政府所形成的发行费用负担基本相同,并且,前者还具有后者所不具有的优越性。

以银行承受法发行的公债,既可以由中央银行承受,也可以由专业银行(商业银行)承受。但是,对社会经济会产生不同影响。中央银行承受是指由中央银行依照协议条件,全额承受政府采用此法所发行的公债。这种方法手续简便、费用少,甚至无须推销费用,公债收入可以提早入库使用。但难免导致货币的非经济发行,容易引起或加剧通货膨胀。因此,中央银行承受公债往往有一定限制条件,如承受限额等。有的国家干脆不允许中央银行承受。专业银行承受指对政府发行的公债,按照一定的条件全部承受。这便于政府贯彻其财政政策和货币政策,并可以使其资金在一定时期内被束缚在公债上,进而在一定程度上起到了调节货币流通量的作用。此外,专业银行承受的公债构成其自身的资产,在专业银行资金短缺的情况下,它可以将债券抛售出去,也可在货币政策允许的限度内,向中央银行贴现或再贷款,以增加其资产,扩大其信贷投放规模。因此,与中央银行不同,专业银行可以作为政府公债的承受者,但不一定是公债券的最后持有者。

---

① 李俊生,李新华.公债管理[M].北京:中国财政经济出版社,2001:115-117.

2. 特别发行法

特别发行法是指政府向由政府管理的某些非银行金融机构直接发行的公债。其主要特点如下。首先,具有非公开性。即向政府内部(政府所管理的)非银行金融机构发行公债,是通过对政府内部账目往来的处理完成的。其次,是对政府部门暂时存款的利用。采用特别发行法发行公债,通常是当承购单位收入超过支出时,用结余部分购买政府的公债;当其收入少于支出出现收不抵支时,则向政府出售公债券以弥补其财政开支的不足。许多西方发达国家采用特别发行法向政府管理的非银行金融机构发行公债。在美国,特别发行的对象主要是由政府管理的几个信托基金组织,如联邦雇员退休基金、事业救济基金等。在日本,特别发行的对象主要是日本资金运用部资金。

三、公债的发行时间和发行中介机构

(一)公债发行时间

公债发行时间也是公债发行条件之一,它是指公债正式向社会销售的时间。有以下几种。

1. 定期模式

定期模式有具体的发行时间表,到期即售。它的优点是既能使政府事先安排计划,有利于公债顺利发行,又能使投资者形成较为准确的投资预期及承受公债的习惯性心理,因而成为美国、日本、法国和英国等国家推销国库券的主要模式。

2. 不定期模式

不定期模式是何时需要,何时发行;何时有利,何时发行。财政部门可灵活掌握发行时间,但投资者难以形成有准备的投资预期和承受的习惯性心理,不能保证公债的足额推销。因此,日本、英国、德国、意大利等均以此作为补充。

3. 常用模式

常用模式即随时在专门柜台上常日供应,适用于某些特定类型的公债。美国、加拿大、澳大利亚等国的储蓄债券以及英国的有奖公债就采用常用模式推销。

对于公募性质的公债,其发行时间一般要在发行前向社会公告。由于公债的发行量比较大,因此其发行时间不一定只是一天,而可能规定在一段时间,即确定一个发行期。从我国以往公债的发行期来看,20世纪80年代初期比较长,以后有所缩短,近年来则根据不同的公债品种而有不同的规定。如我国1981—1988年发行的国库券,是从每年的1月1日开始,并规定单位交款于当年6月30日结束,个人交款于当年9月30日结束。这样,发行期实际上长达9个月。1989年国库券是从当年3月10日开始发行,9月30日结束;1990年国库券是从当年6月10日开始发行,11月30日结束;1991年国库券是从当年4月1日开始发行,9月30日结束。这些年份公债的发行时间与以前相比,有所缩短。从1992年开始,我国公债在一年中的发行次数增加,发行期就更短一些。例如,1994年2年期国库券,从当年4月1日开始发行,5月31日结束。1994年3年期国库券,从4月1日开始发行,6月30日结束。近年来,我国主要发行记账式公债和凭证式公债,另外到1997年为止还发行过一些无记名公债,不同的公债有不同的发行方式,发行期的规定也往往不一样。例如,1997年第1号公债是记账式公债,由有关机构招标承销后利用证券交易所系统向社会公开销售,它的发行期最短,从当年1月22日开始发行,2月17日结束。1997年第2号公债是凭证式公债,主要通过银行系统向社会公开销售,属于一种储蓄性质的债券、发行数量也大,故发行期比较长,从当年3月1日始发行,10月20日结束,而且后来又追加发行量,发行期也相应再延长。1997年第3号公债是无记名公债,是借助各银行、财政部门的公债服务部以及公债一级自营商向社会公开销售,其发行期从当年5月1日开始,5月31日结束。公债发行时期过长,有一些不足之处:其一,效率低,较难适应市场变化的实际情况。公债的发行条件一般在公债发行前已经制定并公布,如果发行期长,则市场情况变化的可能性也大,这样,原定的公债发行条件就可能不符合市场情况变化后的要求。其二,不易满足政府使用资金的需要。发行期过长,政府不能确定公债认购者的缴款时间,这样,公债款入国库时间与政府使用资金时间就不容易配合。因此,合理确定公债发行时间是必要的。[1]

在国外,有些国家采用固定的发行时间表,有定期发行的,也有不定期发行的。例如,日本的长期公债每个月都发行,一年共12次;中期附息公债发行时间不固定,视情况需要随时发行,而中期贴现公债在奇数月份发行,一年6次;短期公债每周一、三、五发行。美国则每年有60次左右的公债拍卖活动;2年期公债每月20日前后发行,一年共12次;4年期公债每季度的第二个月底发行;3年期公债、7年期公债、10年期公债、25年期公债以及30年期公债在每季度的季中日发行,一年共4次;国库券每周发行。[2]

总之,西方发达国家公债发行的总趋势是发行时间相对固定。1995年之前,我国公债发行的时间结构有两个特征:一是发行时间比较集中。如20世纪80年代发行的许多国库券,发行时间一般是1月初至9月底。90年代初期公债品种虽然增加,但是发行时间还是比较集中,没有形成在一年内各季度月份之间的合理分布。二是每一品种公债发行的所费时间过长。

(二)公债发行中介结构

公债发行中介机构是指为了实现公债从发行者手中转移到投资者手中而依法或按规定承担有关公债发行事务性工作的机构。在现代公债发行市场上,由政府部门直接承办发行事宜是很少见的,绝大多数公债发行需要借助中介机构的帮助。中介机构在公债发行中的作用,至少可以表现在四个方面[3]:一是能够帮助发行者开辟筹资渠道,扩大资金来源;二是可以降低发行费用,减少筹资成本;三是可以缩短发行时间,提高发行效率;四是可以引导投资者的投资方向,促进资源合理配置。

公债发行中介机构视其不同的职能可以分为代理者、承销商、受托人等几种。代理者一般是中央银行。中央银行的职能之一是政府的银行,它表现在:代理财政金库业务、对政府给予信贷支持、保管国家的外汇和黄金储备、制定并且监督执行有关金融管理法规、代表政府与国外金融机构建立业务往来、代理发行政府债券等。所以,在不少国家,中央银行在公债发行中承担了许多工作。例如,组织承销商、根据财政部委托公布发行数额、

---

[1] 龚仰树.国债学[M].北京:中国财政经济出版社,2000:103-104.
[2] 袁东.中国国债市场与投资[M].北京:经济管理出版社,1994:111.
[3] 龚仰树.国债学[M].北京:中国财政经济出版社,2000:126.

承办招标事项、负责公债款项的收缴及清算等。承销商是按照国情发行者要求,办理公债承购和分销业务的机构,它们的职能便直接体现为公债发行者到投资者的转移。因此,公债发行者在准备公开募集公债时,首先要做的工作就是选择合格的承销商。一般来说,承销商是由商业银行、投资银行、证券公司、邮政系统、信托公司以及其他允许经营证券业务的金融机构等组成的。当然,不同国家对承销商的选择是不同的。在我国,公债一级自营商是承销公债的中坚力量。受托人则是泛指接受公债发行者委托,参与经办有关募集公债事务性工作的人,如负责印制公债券、提供发行合同的法律咨询等。应该说,在公债发行中介机构中,承销商扮演了十分重要的角色,没有它们的参与,大规模的公债发行是很难实现的。[①]

四、我国公债发行方式的演变

自从我国经济改革以来,公债发行从无到有,从小到大,从单一到多样,呈现出飞跃发展的态势。以改革开放以来公债发行方式的演变为主线,我国公债发行制度的演变可分为以下几个阶段:行政摊派、承购包销、柜台销售和招标发行,见表 5-1。

表 5-1 我国公债发行方式的演变

年 份	行政摊派	承购包销	柜台销售	招标
1981—1990	无记名			
1991		无记名		
1992		无记名		
1993	无记名	记账		
1994		无记名	凭证	
1995		无记名	凭证	记账
1996				记账、无记名
1997		无记名	凭证	记账
1998	记账		凭证	
1999		无记名	凭证	记账
2000		无记名	凭证	记账
2001			凭证	记账
2002			凭证	记账
2003			凭证	记账
2004			凭证	记账
2005			凭证	记账
2006			凭证	记账
2007			凭证	记账
2008			凭证	记账
2009			凭证	记账
2010			凭证	记账

---

① 龚仰树.国债学[M].北京:中国财政经济出版社,2000:126-127.

（一）1981—1990年以行政摊派为主

在1981—1990年期间，我国公债的发行主要是依靠行政摊派的形式进行的。这是一种在行政动员的基础上的计划分配和派购的发行方式。客观地讲，由于当时尚不存在市场经济的环境、居民储蓄资金有限且投资意识不强，以及每年公债发行规模较小，因此依靠行政力量发行公债对于集中一部分资金用于国家重点项目建设、保证公债发行指标任务的顺利完成有着一定的积极意义。但是这种发行方式与公债本身的金融商品属性和市场经济规律相背离，使公债发行成了一种政治任务和行政工作。其最直接的不良后果就是，为了与银行存款争夺有限的居民储蓄资金，政府不得不以较银行存款利率高的利率水平发行公债，加大了政府筹资的成本。尽管最终形成我国公债利率和银行存款利率倒挂的原因有很多，但在某种程度上正是由行政摊派的发行方式开了这种不正常现象的先河。

（二）1991—1994年以承购包销和柜台销售为主

从1991年开始，我国公债发行主要采取的承购包销和柜台销售为主方式。承购包销制是一种协议性的市场发行制度，至今仍有许多国家采用这种方式发行公债。承购包销制的国际通行做法是：首先由金融机构组成的承销团与发行主体协商发行条件；然后在达成一致的基础上，就承销人和发行主体的权利与义务签订承销协议；最后由承销团承购包销公债，再由承销团（中介机构）的柜台和银行的网点，以及邮政储蓄的柜台向个人销售。

但是，我国的承购包销发行方式并不是真正意义上的承购包销，而是做了一定的变通。最主要的一点就是公债的发行条件并不是由发行主体和承销团成员协商制定的，而是以行政方式由政府单方面决定。因此又称行政承销制、行政摊派制。

（三）1994年后以招标为主

我国的公债招标发行开始于1995年8月，在充分考虑了公债市场机制不健全和当时的市场需求状况之后，我国在公债发行工作中首先试行了以划款期为标的的招标形式。在这种招标方式下，所发公债的发行条件事先由发行人确定。发行人将各投标人所报划款期由短到长排序至募满发行额为止，并以此确定公债发行额最终的额度分配。1996年，公债招标制度在我国得到了全面推行，并取得了许多突破性进展。可流通的记账式公债以招标形式发行的比重不断加大，逐步采用价格、利率或收益率取代划款期作为招标标的，招标发行的市场化程度不断提高。应用信息技术改进招标手段，投标方式发生了根本改变。

自1999年至今，招标发行制度在我国公债发行中的地位逐步确立，记账式公债基本上全部采用招标方式发行。在不断摸索的过程中，有两种公债招标方式较为典型。一是"基数承购，区间投标，差额招标，余额分销"。在这种招标方式下，先在全部发行额中确定一定比例，由公债一级自营商承销，其余部分由各投标人在一个事先确定好的上下限范围内投标竞买；如果全部投标额小于发行额，则以中标人分销的形式完成发行任务。二是"自由投标，变动价位，二次加权，全额投标"。具体来说，这种招标方式就是不设作为义务的承销基数，取消事先规定的投标区间，投标变动价位向上的价位差大，向下的价位差小，将全部中标价格按照所报额度加权平均后，再在一次加权结果上下各浮动一定百分比作

第五章 公债的发行、认购与偿付

为二次加权区间,将此区间内的中标价格再次加权后作为最后全体投标人的实际中标价格。

应当说,通过招标发行方式我国初步实现了由市场来决定公债发行条件,使其能够比较准确地反映金融市场上的资金供求状况。此外,以招标方式发行公债也缩短了公债发行期,减少了发行成本,提高了发行效率。

第二节 公债的认购

公债是作为政府取得财政收入的一种形式而加入财政收支过程中,并通过财政收支过程对货币供给量发生影响。为了方便分析,我们先作出如下两点约定[①]:一是举借公债收入是政府财政收入的来源之一;二是政府财政支出的规模既定,并且与包括举债收入在内的财政收入在量上相平衡。

在上述约定的条件下,举借公债究竟会对货币供给产生什么样的影响,主要视公债的认购主体而定。前面曾说过,公债主要是向民间部门发行、由微观经济主体来认购的。但微观经济主体是一个统称,就性质来说,它可以分作企业和家庭两个部门,其中企业又可以进一步区分为银行企业部门和非银行企业部门。在银行企业部门项下的主要是商业银行,在非银行企业部门项下的自然是除商业银行之外的其他企业,如工商企业、非银行金融机构等。不过,就对货币供给所带来的影响来看,非银行企业部门和家庭部门认购公债的区别是不大的,因而不妨将它们统称为社会公众而放在一起来考察。这样,社会公众和商业银行便可以分别作为公债的认购主体。

除此之外,主要出于政策方面的考察,现实经济生活中,政府机构(除财政机关)和中央银行通常也要加入到公债认购者的行列中。尽管这两个部门作为公债认购主体的行为方式与微观经济主体有着显著的不同,但由此而带来的货币供给效应同样是不能忽略的。所以,我们在讨论了社会公众和商业银行认购公债的经济影响之后,还将转到政府机构和中央银行认购公债的影响上。

一、社会公众认购

根据前面的分析,社会公众认购公债实质上是一种储蓄行为,它用以认购公债的资金无非来源于两个方面:一是出自储蓄资金或原本用于投资支出的资金,二是出自消费资金或原本用于消费支出的资金。不论两种来源的各自比例如何,当社会公众认购公债时,意味着货币由商业银行账户向中央银行账户转移;而当财政机关将发行公债所得收入用于支出时,又意味着货币由中央银行账户向商业银行账户转移。而前者表现为货币供给的总量收缩,后者表现为货币供给总量的扩张。如果两者的变动规模相等,但方向相反,其结果除有可能引起市场利率的短时波动外,一般只会造成政府支出和民间支出的转换,而不会增加或减少经济中的货币供给量。

例如,假定社会公众通过开户商业银行以签发支票方式向财政机关认购公债1 000万

---

① 高培勇.国债运行机制研究[M].北京:商务印书馆,1995:118.

元(社会公众从商业银行提取存款并以现金形式认购公债与以签发支票的形式认购公债的经济影响没有实质区别,这里假定社会公众以一种形式认购公债),商业银行和中央银行账户将因此而发生如下变化。

(1) 商业银行为支付提款,一方面其账户负债方公众存款减少1 000万元,另一方面其账户资产方准备金也减少1 000万元。

(2) 社会公众将代表公债认购款的支票送交财政机关,财政机关又将其转送中央银行。中央银行对此作出两种反应:一方面在财政机关的财政金库存款账户上加记1 000万元,即中央银行负债方财政金库存款增加1 000万元;另一方面将财政机关交存的商业银行支票冲减商业银行在中央银行的存款,即中央银行账户负债方商业银行存款减少1 000万元。

如果这时商业银行拥有超额准备金,则社会公众的提款不会引起货币供给收缩。如果这时商业银行并无超额准备金,则社会公众的提款将使商业银行发生准备金不足,而只能通过收回部分贷款或变卖库存有价证券的办法,以资填补。这时,货币供给将因此而收缩并出现紧俏,市场利率随之上升。不过这种紧缩现象的出现只是一时性的,一旦进入第(3)步,紧缩的现象便会自动消解或缓和。

(3) 财政机关支用其新存款,签发支票将1 000万元分别拨付给居民家庭或工商企业等社会公众。社会公众又将财政机关所签支票交存各自开户商业银行。于是,商业银行一方面在其账户负债方加记公众存款1 000万元;另一方面将社会公众交存的中央银行支票寄送中央银行,待中央银行将支票冲减财政金库存款并转作商业银行存款后,又在其账户资产方加记准备金1 000万元。到这时,商业银行的公众存款额和存款准备金额又会恢复到原有的水平。也就是,与社会公众认购公债之前相比,商业银行存款准备金没有变动,公众存款总额也没有变动。前述的紧缩现象随之消除,市场利率回降至原有水平。

中央银行和商业银行的账户变化分别见表5-2和表5-3。

由此我们可以认为,社会公众作为公债的认购主体带给货币供给的影响,一般是中性的。

表5-2 中央银行账户变化(一)

资　　产	负　　债
	(2) 财政金库存款＋1 000万元
	(2) 商业银行存款－1 000万元
	(3) 财政金库存款－1 000万元
	(3) 商业银行存款＋1 000万元

表5-3 商业银行账户变化(一)

资　　产	负　　债
(1) 准备金－1 000万元	(1) 公众存款－1 000万元
(3) 准备金＋1 000万元	(3) 公众存款＋1 000万元

第五章　公债的发行、认购与偿付

二、商业银行认购

商业银行之所以要认购公债，一方面，是因为持有政府债券可以获得稳定的利息收入，在资金方面安全可靠，使它作为企业的一项有利的投资；另一方面，是因为政府债券的流动性较高。当第一线储备资产（现金）不足时，随时可通过出售一定数量的政府债券来换取现金，使它作为银行的一种可靠的第二线储备资产。在商业银行的资产方，主要项目有政府债券、贷款及在中央银行的存款（准备金）。当商业银行承购公债时，选择的办法有两个：一是收回已向社会发放的贷款，二是动用超额准备金。但商业银行认购公债对货币供给的影响如何，应当视其用以认购公债的资金是否来源于超额准备金而定[①]。

如果商业银行的超额准备金未全部用于其资产业务，它便可以用超额准备金来认购公债。当商业银行用超额准备金认购公债时，意味着货币由商业银行账户向中央银行账户转移；而当财政机关将发行公债所得货币支用出去时，又意味着货币由中央银行账户向商业银行账户转移。在这一过程中，由于用以认购公债的超额准备金是商业银行原未动用的准备金，所以前者不会带来货币供给的总量收缩，后者却仍表现为货币供给的总量扩张。两者相抵，其结果便是货币供给量以相当于商业银行认购公债额1倍的规模增加。这一点，同商业银行向工商企业和家庭发放贷款或从事证券投资的情形是类似的。

如果商业银行的超额准备金已经全部用于其资产业务，它便只能用收回贷款或投资的办法来筹措认购公债资金。当商业银行以收回贷款或投资所得货币来认购公债时，其对货币供给的影响便同社会公众认购公债无异了。这是因为，在这一过程中，同样意味着货币由商业银行账户到中央银行账户以及由中央银行账户再到商业银行账户的转移，并相应表现为货币的总量收缩和总量的扩张。特别是对商业银行本身来说，购进政府债券和向工商企业或家庭发放贷款或投资，都是其资产业务的构成内容。显而易见，在资产业务总规模不变的条件下，资产业务的具体构成项目的此增彼减并不会带来货币供给量的变动。

鉴于后一种情况所引起的商业银行和中央银行账户的调整同社会公众认购公债的情形基本无异，这里仅举前一种情况为例说明。假定商业银行动用超额准备金认购公债1000万元，商业银行和中央银行账户因此而发生的变化如下。

（1）商业银行签发支票1000万元交付政府机关，购入政府债券1000万元。这时，其账户资产方准备金减少了1000万元，持有政府债券增加1000万元。

（2）财政机关将商业银行支票送存中央银行，中央银行遂在财政机关的财政金库存款账户上加记1000万元。同时，在商业银行的存款账户上减记1000万元。即中央银行账户负债方财政金库存款增加1000万元，商业银行存款减少1000万元。

（3）财政机关将举借公债收入1000万元充作支出财源，以签发支票方式分别拨付给居民家庭和工商企业等社会公众。社会公众又将财政机关所签支票交存各自开户商业银行。商业银行遂在其账户负债方加记公众存款1000万元，同时将社会公众交存支票寄送中央银行，待中央银行将支票冲减财政金库存款并转作商业银行存款后，便在其账户资

[①] 高培勇.国债运行机制研究[M].北京：商务印书馆，1995：121.

产方加记准备金 1 000 万元。

中央银行和商业银行的账户变化分别见表 5-4 和表 5-5。

表 5-4 中央银行账户变化(二)

资　产	负　债
	(2) 财政金库存款＋1 000 万元
	(2) 商业银行存款－1 000 万元
	(3) 财政金库存款－1 000 万元
	(3) 商业银行存款＋1 000 万元

表 5-5 商业银行账户变化(二)

资　产	负　债
(1) 准备金－1 000 万元	
(1) 政府债券＋1 000 万元	
(3) 准备金＋1 000 万元	(3) 公众存款＋1 000 万元

经过以上三步变化,公众存款或说是国民经济中的存款货币净增了 1 000 万元。也就是说,有些社会公众比商业银行购进政府债券之前多出了 1 000 万元的钱,而又没有哪些社会公众的钱因此而减少。

考虑到上述前后两种情况可能会同时存在,我们可以适当地认为,商业银行作为公债认购主体对货币供给产生了扩张性影响。实际上,商业银行动用超额准备金购买公债是将其潜在的货币扩张能力做了现实的释放,换言之,如果不购买政府债券,这部分超额准备金也可以随时用来增加贷款。此外,若商业银行承购公债时既未能相应减少其对社会的贷款,也没有超额准备金可供支用,则需依靠中央银行的再贷款解决。这种情况下,也会扩大社会货币供给量。如果公债发行的政策是向商业银行强制摊派,很可能会造成这种情况。[①]

三、政府机构认购

这里的政府机构是指除了财政机关之外的政府机构。不过,与之前有所不同的是,政府机构出任公债的认购主体,一般既不是出于储蓄或投资的动机,也不是基于执行经济政策的考虑,而主要是为了充分利用政府部门内部的资金。具体来说,包括以下几点。

(1) 政府经费拨付的集中性和政府支出速率的均衡性,通常可使政府机构在经费支出过程中形成一笔暂时存留的资金,其中的大部分可通过投放于为期几个月的短期公债而调剂使用。

(2) 政府管理的各种社会保障基金(如西方发达国家),往往有自己独立的税款收入,且专款专用,有可能形成部分暂时盈余而调剂给财政机关。

(3) 地方各级政府掌握的财政资金和预算外资金也可能出现盈余而处于暂时闲置状

---

① 龚仰树.国内国债经济分析与政策选择[M].上海:上海财经大学出版社,1998:95.

态，完全可以将其中的一部分以认购公债的形式纳入政府财政(主要指中央财政)的收支过程。

但不管原因或目的怎样，前面已经说过，政府机构认购公债实际上仅是政府部门内部的资金转移，或说是政府各部门银行存款账户之间的资金余缺调剂。与这一过程相伴随的，基本上是货币在中央银行账户之间的流动。既然如此，它带给货币供给的影响不大，可以将其大致视为"中性"。

四、中央银行认购

中央银行认购公债，通常是出于下述两种原因。一是中央银行作为货币政策执行机关，要通过在公开市场上买卖政府债券来调节货币供给量和市场利息率(这也就是所谓公开市场业务)，因而需大量购入政府债券作为执行货币政策的基础；二是中央银行作为政府财政的支持者，在政府财政面临大量赤字的情况下，要通过认购一定数额的公债为政府财政提供资金援助(尤其在政府不能从其他方面找到足够的公债收入来源时更是如此)。

中央银行认购公债，既可以通过直接途径，从财政机关直接购入；也可以通过间接途径，从公开市场上买进。途径和方式不同，对货币供给的影响及其传导过程也略有不同。

先来看一下中央银行从财政机关直接购入政府债券的情况。

当中央银行从财政机关直接认购公债时，它是以在财政机关的财政金库存款账户上加记一笔相应数额的货币的方式来进行的，这就意味着相应数额的基础货币被"创造"出来了；当财政机关把这笔货币用作支出而拨付出去时，又意味着这笔货币由中央银行账户流入了商业银行账户。将前述的道理应用于此，具有高能作用的基础货币的创造并由中央银行账户向商业银行账户转移，所带来的肯定是货币供给的倍数扩张。

举例说明这一过程：假定中央银行以在财政机关的财政金库存款账户加记1000万元的方式直接从财政机关购入政府债券1000万元，中央银行和商业银行账户将因此而发生如下变化。

(1) 中央银行账户资产方持有政府债券增加1000万元，负债方财政金库存款增加1000万元。

(2) 财政机关支用其存款，签发支票将1000万元分别拨付给居民家庭或工商企业等社会公众。社会公众将财政机关所签支票送存其开户商业银行A。商业银行A一方面在其账户负债方加记公众存款1000万元，另一方面将社会公众交存的支票寄送中央银行。待中央银行将支票冲减财政金库存款并转作商业银行存款后，遂在其账户资产方加记准备金1000万元。

(3) 到这时，商业银行A已经拥有新增存款准备金和公众存款1000万元。假定法定存款准备金率为20%，那么，在经过整个商业银行系统的资产业务运用之后，新增存款准备金将会被倍数扩大为大约5000万元的存款货币[包括第(2)步所形成的1000万元公众存款]。

中央银行、商业银行和整个商业银行系统账户变化分别见表5-6、表5-7和表5-8。

表 5-6　中央银行账户变化（三）

资　产	负　债
(1) 政府债券＋1 000 万元	(1) 财政金库存款＋1 000 万元
	(2) 财政金库存款－1 000 万元
	(2) 商业银行存款＋1 000 万元

表 5-7　商业银行账户变化（三）

资　产	负　债
(2) 准备金＋1 000 元	(2) 公众存款＋1 000 元

表 5-8　整个商业银行系统账户变化（一）

资　产	负　债
(3) 准备金＋1 000 万元	(3) 公众存款＋5 000 万元
(3) 贷款和投资＋4 000 万元	

再来看中央银行从公开市场间接购入政府债券的情形。

当中央银行从公开市场上购入政府债券时，其可能的交易对象便是社会公众和商业银行。

如果中央银行从社会公众手中购入政府债券，它通常是以签发支票的方式进行的。当政府债券出售者将中央银行支票交存商业银行，并通过商业银行与中央银行的结算而相应形成商业银行持有的中央银行负债时，基础货币便被"创造"出来且由中央银行账户流入了商业银行账户。这时的结果，自然也是货币供给的倍数扩张。

仍可举例说明这一过程。假定中央银行以签发支票的方式从社会公众手中购入政府债券 1 000 万元。中央银行和商业银行账户因此而发生的变化如下。

(1) 中央银行账户资产方持有政府债券增加 1 000 万元，负债方签发支票增加 1 000 万元。

(2) 债券出售者将中央银行支票送存开户商业银行 A，商业银行 A 遂在其账户负债方加记公众存款 1 000 万元，同时将支票转送中央银行，待中央银行将所签支票转作商业银行存款后，又在其账户资产方加记准备金 1 000 万元。

(3) 在法定存款准备金比率为 20% 的条件下，商业银行 A 所持有的新增存款准备金 1 000 万元，在经过整个商业银行系统的资产业务运用之后，将会被倍数扩大为大约 5 000 万元的存款货币[包括第(2)步所形成的 1 000 万元的公众存款]。

中央银行、商业银行和整个商业银行系统账户变化分别见表 5-9、表 5-10 和表 5-11。

表 5-9　中央银行账户变化（四）

资　产	负　债
(1) 政府债券＋1 000 万元	(1) 签发支票＋1 000 万元
	(2) 签发支票－1 000 万元
	(2) 商业银行存款＋1 000 万元

第五章　公债的发行、认购与偿付

表 5-10　商业银行账户变化（四）

资　　产	负　　债
（2）准备金＋1 000 万元	（2）公众存款＋1 000 万元

表 5-11　整个商业银行系统账户变化（二）

资　　产	负　　债
（3）准备金＋1 000 万元 （3）贷款和投资＋4 000 万元	（3）公众存款＋5 000 万元

如果中央银行从商业银行手中购入政府债券，它通常是以在商业银行存款准备金账户上加记一笔相应数额的货币的方式来进行的。这时，相应数额的基础货币便被"创造"出来了。当商业银行据此在自己账户的资产方加记这笔相应数额的准备金时，被创造出来的基础货币便由中央银行账户流入了商业银行账户，并进入了倍数扩张的过程。只不过这时的公众存款未直接随中央银行认购公债而马上增加，它所带来的存款货币扩张倍数较中央银行从其他交易对象手中购入政府债券的情形小。①

请看如下例子。

假定中央银行以在商业银行存款准备金账户加记 1 000 万元的方式从商业银行 A 手中购入政府债券 1 000 万元。中央银行和商业银行账户因此而发生的变化如下。

（1）中央银行账户资产方持有政府债券增加 1 000 万元，负债方商业银行存款增加 1 000 万元。

（2）商业银行 A 将原持有政府债券交付中央银行的同时，在自己账户上进行相应结算。即其账户资产方持有政府债券减少 1 000 万元，准备金增加 1 000 万元。（请注意，这时在商业银行账户上的公众存款未同时发生变化，这是其所带来的存款货币扩张倍数较小的原因所在）

（3）商业银行 A 新增存款准备金 1 000 万元，在法定存款准备金比率为 20% 的条件下，经过整个商业银行系统的资产业务运用之后，可以使存款货币倍数扩大为大约 4 000 万元的规模。

中央银行、商业银行和整个商业银行系统账户变化分别见表 5-12、表 5-13 和表 5-14。

表 5-12　中央银行账户变化（五）

资　　产	负　　债
（1）政府债券＋1 000 万元	（1）商业银行存款＋1 000 万元

表 5-13　商业银行账户变化（五）

资　　产	负　　债
（2）政府债券－1 000 万元 （2）准备金＋1 000 万元	

---

① 高培勇.国债运行机制研究[M].北京：商务印书馆，1995：127.

表 5-14　整个商业银行系统账户变化（三）

资　　产	负　　债
（3）准备金＋1 000万元	（3）公众存款＋5 000万元
（3）贷款和投资＋4 000万元	

从以上分析可以得出一个重要的结论：只要中央银行认购公债，无论是通过直接途径还是间接途径，也不论是从财政机关购入还是从社会公众或商业银行手中购入，其共同的结果都是商业银行所持有的中央银行负债（存款准备金）相应增加，并由此带来的货币供给量的倍数扩张。上述公债发行的货币效应说明，在承购公债的主体中，中央银行直接承购公债最容易扩张社会货币供给量，为此，许多国家对中央银行直接购买政府债券有一定的限制条件。我国在 20 世纪 80 年代中期的有关条例中就有"中国人民银行不得直接购买政府债券"之条款[《中华人民共和国银行管理暂行条例》的第 30 条（1986 年 1 月 7 日国务院发布）]，《中华人民共和国中国人民银行法》则以法律形式规定："中国人民银行不得对政府财政透支，不得直接认购、包销公债和其他政府债券。"在其他国家，也有一些类似的规定。如日本财政法第五条规定，除了特殊情况外，中央银行不得直接购买公债。在过去的西德，根据联邦德国的联邦银行法，联邦银行只能作发行的中间人，不能直接购买联邦政府的债券，但联邦银行可以向联邦政府提供 60 亿马克以内的短期信贷。

在现实生活中，上述四个部门可能同时出任公债的认购主体，也可能非同时加入公债认购者的行列。这显然要取决于当时的经济形势。不过，尽管我们在理论上不容易断定来源于上述部门的资金在举借公债的收入总额中各自占据多大比例，但是，根据以上分析，说举借公债带给货币供给的影响，至少不是紧缩性的。在大多数情况下，则可能是扩张性的，应当不会有什么异议。这也就是说，只要公债作为财政收入的一种形式加入财政收支过程，财政收支过程便具有了扩张货币供给的效应。进一步来说，由于货币供给增加的过程就是社会总需求扩张的过程，所以，举借公债通过货币供给这一传导因素所带来的，也是社会总需求的扩张。[①]

第三节　公债的偿付

公债的偿付，也称公债的兑付，是政府根据约定偿还债务本金、支付债券利息的行为。政府发行公债，必须依据发行时的规定，如约还本付息，这对保证公债的长期运作具有重要意义。公债作为政府的信用形式，公债的偿付是最后一个环节。

一、公债的偿付制度

公债的偿还制度以政府是否具有选择还本付息方法的权力为标准，一般可分为强制偿还制度和自由偿还制度两类。强制偿还制度，是指关于公债的偿还日期、金额、场所、方法及其他各种偿还条件，都必须按照法律或契约规定执行，政府不得自由变更。自由偿还

---

① 高培勇.国债运行机制研究[M].北京：商务印书馆，1995：130.

制度,是指政府对公债的偿还不受法规或契约的约束,政府可以自由决定偿还日期、方法等。

公债的自由偿还和强制偿还有各种利弊。

(一)公债的强制偿还制度

1. 强制偿还的优点

(1)定期偿还公债,可以维持国家的信誉。

(2)因为有强制偿还的规定,可以使得政府在发行公债时,在发行条件上作出更有利于政府的规定,并且可以使公众对公债认购持有更为积极的态度。

(3)政府因为有这种强制偿还的规定,也可以避免公债的过多积累,使财政免于困境。

2. 强制偿还的缺点

(1)公债的偿还缺少灵活性。公债的偿还应当权衡国民经济的状况,选择最恰当的时机进行。在强制偿还制度下,国家失去偿还的自由选择权,而规定的偿还期却可能并不适合国民经济运行状况的需要。

(2)严格遵守公债偿还有关法规的结果,有时不免导致国家发行高息公债以偿还低息到期公债。

(二)公债的自由偿还制度

1. 自由偿还的优点

(1)政府有行动的自由,可以选择在财政有富余时进行公债的偿还,这样对政府较有利,对经济也有利。

(2)政府可以选择适合国民经济运行状况的时机进行偿付,既有利于国家宏观经济政策发挥效用,也有利于增进国家信用。

2. 自由偿还的缺点

由于公债的偿还是自由的,可凭政府的意志而进行,这样就很容易拖延偿付,以致国家债务累积起来,以后的公债更难偿还;财政还本利息的负担不断加重,还将对政府未来的公债举借造成不良的影响,使以后的公债发行条件对政府不利。公债自由偿付制度下,政府可以凭其权利自由废改,从而失去了一定的偿还政策,反不如强制偿还制度有一定的偿还方针政策可循,使政府的财政行为受到一定的限制,这对建立正常的财政经济秩序可能有利。

从理论上讲,如果一国政府已养成了严格遵守信用的习惯,则可以采用自由偿还制度,使国家财政有伸缩的自由。但如果一国财政有困难,公债常常未能按期偿付,政府当局又缺乏按期偿还债务的习惯,最好采用强制偿还制度,有一定的规矩,更容易规范政府行为。从各国实践看,当前许多国家尤其是发达国家,虽然实行的是自由性偿还制度,但同时也都从保护债权人利益的角度做了一些专门的规定。例如,在英国,无限期的金边债券曾经是该国政府最重要的筹资方式,后来也渐渐被有限期的金边债券所取代。

二、公债的偿付机构及其他

从我国公债的偿付程序来看,我国基本建立了比较完善的偿还体系,从偿还方式来看,我国的国债偿还方式包括到期一次性支付、分次支付、投资者选择支付、发行者选择兑付等方式。利息的支付方式包括到期一次支付、按年支付和每半年支付。我国还本基本采用借新换旧的方式,而且从 2000 年开始国债利息支付列入财政经常性预算。但我国的偿还方式基本上采用到期一次性支付为主,容易产生集中偿付压力过大,造成财政困难的问题。

(一) 总体机构

公债的偿付机构是受发行人的委托向持券人支付本息的机构,我国以往的偿付业务都是在银行办理,后来发展为多渠道办理。

1990 年以前,国库券的还本付息的主要业务在专业银行的柜台上进行,那时财政部决定"国库券的还本付息事宜,由中国人民银行和专业银行负责办理"。由于银行网点有限,一度出现了公众兑付难的情况。

从 1992 年开始,公债的二级市场开放了,财政部建立了公债服务部、证券公司开展了公债的还本付息业务。国家、各专业银行、商业银行、财政部的证券公司、信托投资公司、公债服务部等的柜台、邮电部门的网点、投资银行的公债兑付代办点,多渠道办理,现在凡是有全新柜台业务的办事处、分理处、营业所、储蓄所,以及城市信用社、信托证券部、邮政储蓄柜台等都办理公债支付业务。

(二) 公债的偿付期

公债一般有规定的到期日,它用来表示公债的期限已满。但是兑付公债往往不是仅限于这一天。因为,当公债发行规模较大时,大量的兑付工作要在一天内完成是非常困难的。另外,也不能保证公债持有者在这一天正好有空闲的时间前来办理兑付手续。所以,就与公债发行要规定一个发行期相适应,公债偿还也规定一个兑付期。不过,公债兑付期的时间一般长于发行期。从某种意义上理解,有些公债的兑付期也可以认为是无限的,因为它们在规定的兑付期以后,仍然允许兑付。

我国公债的偿付期,分为两种情况:集中偿付和常年偿付。

集中偿付如果是财政部门,通常为到期起 4 个月的时间;邮政、银行一般为到期起 2 个月时间,结算时间不超越财政年度。

常年偿付期通常为半年,发生的资金结算纳入下一年度结算管理。

(三) 兑付资金的结算

1. 偿付资金的拨付

偿付前,由财政部发文下达资金指标随后财政将款拨付给地方财政,地方财政收到资金款后,将兑付资金拨付到各地下一级财政部门主管债务的机构。

2. 兑付资金的结算

兑付期结束后,各省、自治区、直辖市的公债主管部门应在 50 天内将兑付资金转省级预算总会计,省以下结算按国家的兑付时间,各省自行决定,必须保证省级按上述时间结清账务。

财政部公债司根据各省总会计的账务结清报告下达当年公债付息决算,地方总会计根据财政部下达的决算冲转与中央财政结算科目。

三、公债的偿付方式

公债偿还时,虽然偿还的本金和利息都是固定的,但作为政府来讲,何时偿还、采用何种方式,是有选择余地的。公债偿还中的一个重要任务就是要慎重地选择本金的偿还方式,并对付息方式,包括付息次数、时间及方法等作出相应的安排。从总体上分析,公债偿还分为本金偿还方式和付息方式,本金偿还方式无外乎以下三种情况:一是到期偿还,二是提前偿还,三是延期偿还。但具体而言,因国家债券的种类不同,其偿还的方式也不尽相同。下面具体介绍还本付息方式,并对其优缺点进行比较。

(一) 到期一次偿还法

到期一次偿还法又称一次性还本付息法,即按照国家发行债券时约定的偿还期限,到期后一次偿还全部本息的一种偿还方法,也就是债券何时到期,何时一起偿还。例如,为期2年面额100元的债券,只有在2年期满时政府才对债券持有者一次偿还100元本金,而不是分几次或几期支付该项本金。

采用到期一次偿还法的优点是国家债券还本管理工作简单,易于操作,且不必为国家债券的还本付息频繁地筹集资金,同时也便于持券者计划安排资金投向。缺点是国家集中一次性偿还公债本息,有可能造成国家财政支出的急剧增加,给中央财政带来较大的压力。国家债券到期一次性偿还现金,增加了社会的资金运转量,容易引起资金市场的波动,不利于国家经济的发展及通货的稳定。在缺乏保值措施的条件下,中央政府支付给债券持有人的利息及其归还的本金,虽然货币数量未减,但由于几年的通货膨胀因素,使债券持有人所得利息收入的实际购买力下降,假如采用保值补贴措施,又会增加中央财政的支出。

(二) 抽签轮次偿还法

抽签轮次偿还法,是指在公债偿还期内,分年度确定一定的偿还比例,由国家对中央政府的债券还本采取定期专门抽签的方法,确定各次归还债券的号码,如约偿还,直到偿还期结束、全部公债中签偿清为止的一种方式。抽签分为一次性抽签和分次抽签两种。一次性抽签,是指对国家发行的某个时期债券,在它到期前的某个时间举行抽签仪式,集中把各个年度每次还本债券的号码全部抽出来,通过新闻媒介或其他方式将中签号码公布,通知债券持有者。例如,我国1981—1984年度所发行的国库券都是采取一次抽签方式偿还债券。在这四期国库券条例中,明确规定,国库券的还本付息,自发行后的第6年起,个人购买的一次性抽签,按发行额分5年5次偿还,每次偿还总额的20%。

分次抽签,是指对国家发行的某个时期的公债,按分批还本的次数定期抽签,以确定还本债券的号码,分几批还本就分几次抽签。我国1954—1958年发行的国家经济建设公债就是采取分次抽签法偿还的。

(三) 分期逐步偿还法

分期逐步偿还法,是指中央政府对一种债券规定几个还本期,每期还本一定比例,直至债券到期为止,本金全部偿还完毕。例如,5年期的国家债券分次在5年内偿还,每年偿还1/5。即票面额100元的国家债券持有人可以每隔一年从中央政府收回20元,到

5年期限结束收回全部本金100元。这种偿还方式可以分散公债对国库的压力,避免集中偿还可能给中央财政带来的困难,也可以迫使政府在发行公债时就对其偿还作出通盘规划,从而产生一种较强的债务约束。同时,分期逐步偿还法还可以满足投资者对不同流动性的需求。但分期逐步偿还法由于在公债发行之初就规定了偿还顺序及额度,是强制性偿还制度下的一种还本付息方法,因此缺乏灵活性。同时,由于公债偿还期限不同,收益率也会不同,从而人为造成债券市场价格的不稳定。

另外,由于这种偿还法手续繁杂、工作量大,对偿债业务的机构和债券持有者都不方便,所以这种方法较少采用。按次偿还法多用于地方公债,原因是地方政府的公债通常不能流通,美国各州及地方政府发行的公债就多采用这种偿还法。

(四) 提前偿还法

提前偿还法也称市场购销偿还法或买销法,是中央政府在市场上按照公债行市,适时购进公债,以此在该债券到期前逐步消偿,以致这种公债期满时,已全部或绝大部分被中央政府所持有。该种方法实际上是以间接方式进行还本付息的一种方法,有时也称间接偿还法。它主要适用于各种期限的上市公债,并以短期公债为主。而且一般以自由性偿还制度为前提。在自由性偿还制度下,政府可以相机从债券市场上选择合适的公债种类,以市场价格适量购入。

理解这一定义,需要注意以下三点。第一,这一方法实际上是提前偿还。因为如果政府是在公债到期日再在市场上买进公债券,就属于上述的直接偿还法,只不过是利用了债券流通市场偿债而已。第二,在购销偿还法情况下,公债持有者尽管也像直接偿还法那样得到货币资金(当发行货币公债时),但他所处的地位并不是要求政府兑付公债本金,而只是在债券流通市场作为出售公债券一方的投资者,实际上,他卖出公债券时并不一定清楚该公债买方是谁。对于政府来说,买入自己的公债当然也就使该笔债务消失了。第三,这一方法的适用对象是各种可流通公债。因为,不流通公债不存在市场上的交易行为,当然也就无法采用买入注销了。实践中,这种方法多数是以短期的上市公债为主。

(五) 市场购销偿还法

在市场经济发达国家,市场购销法是一种主要的公债偿还法。国家通过中央银行的公开市场业务在证券市场上陆续收购国家债券,当某种国家债券期满时,绝大部分已被政府所持有,国家债券的偿还只不过是政府内部的账目处理罢了。如果政府是自己在债券流通市场上买入公债券来清除债务,就有一个时机选择问题。时机把握得好,不仅可以减少政府支出,而且可以维持国家债券价格稳定,甚至还能促其上升。通常,有以下两个重要因素决定了这一时机。

(1) 选择在公债券的市场价格比较低迷的时候。因为这时一方面政府的购债成本可以比较低,另一方面又有利于流通市场与公债价格的稳定。历史上,英国在偿付公债时,主要是在该债券市场价格低于票面价值时采用购销偿还法。而日本采用此方法,仅以公债券市场价格低于票面价值时为限。对于政府以较低的价格收买公债,批评的意见认为:这种做法会损害公债持有者的利益。但赞成的意见认为:市场上的债券下跌只有政府才能购入,否则债权人将按同样价格把债券转让于他人。所以,当公债的市场价格下跌,政府在市场上大量购进时,可以制止其价格的进一步下跌,反而对公债持有者有利。

(2) 选择在政府的财政资金比较宽裕的时候。有时,虽然流通市场上公债价格低迷,但政府却并无多余资金可用来购买公债。所以,购销偿还法的使用条件还要看政府资金的情况。不过总的说来,这种方法使政府在清偿债务方面有了主动性。

这里需要说明的是,政府在市场上收购国家债券也要看时机,一般选择在市场价低于国家债券票面金额时。这样做的优点是给投资者提供了中途兑现的可能性,并对国家债券的价格起到了促进作用,有助于增强投资和对国家债券的信任和稳定感。同时,政府通过国家债券的收购达到调节社会金融的目的。其短处是政府需要为市场购销进行大量的工作,对从事市场购销的工作人员也有较高的素质要求,特别是具备相当的判断能力,因而不能全面推行。

(六) 以新替旧偿还法

以新替旧偿还法也称调换偿还法,即中央政府通过发行新债券来兑换到期的旧债券,以达到偿还公债的目的。换句话说,就是短期债券的持有者可用到期债券直接兑换相应数额的新发行债券,从而延长持有公债的时间。中央政府可用新发行的国家债券直接兑换相应数额的短期债券,从而偿还到期公债。如有1 000万元新债券向持有1 000万元旧公债者直接兑换,从而使到期公债的货币清偿成为新旧债券的调换延期。

1. 以新换旧的特点

以新换旧的特点有两点:其一,对于政府而言,它的债务数量并没有因此而减少,实际上只是债务期限又延长而已;其二,对于投资者而言,其债权人的地位未变。虽然旧的债务得到了偿还,但手中的货币资金没有增加,增加的只是新的债权。

2. 以旧换新的优点

采用这种偿还公债方法有明显的优点,从中央财政的角度来看,公债既可用一般预算资金偿还,又可通过发行新债券来偿还,增加了筹措还债基金的灵活性。从国家债券持有者的角度来看,只要其认为有利,便拥有继续持有国家债券的优先权(当然也往往允许到期兑现),会提高国家债券的吸引力,在新债券需求量较大的情况下更是如此。但也有不足的地方,这就是它使公债持有者不能如期收回本息,不利于维护国家债券的信誉。

3. 以旧换新的操作

在具体操作时,调换偿还法根据调换对象是否期满,有到期公债调换和未到期公债调换两种。前者是在公债期满时实施的,因此属于到期偿还;后者是在公债期满前实施的,性质上类似于期中偿还。另外,调换偿还法根据其实施的强制程度,有自愿调换和强制调换两种。在自愿调换的情况下,政府公布调换条件后,是否接受调换完全由公债持有者决定。所以,自愿调换可能不能实现全部债券都以旧换新的目的。但是从维护政府债信角度出发,大多数的调换偿还法是属于自愿调换,即政府一般会给予债权人自由选择是否继续接受公债的权利。在强制调换的情况下,政府规定公债持有者必须以其旧债券调换成新债券,这样债权人没有选择的权利。显然,这种做法必须依靠政府的政治权力来进行。

4. 以旧换新的实践

在我国的公债实践中,曾有过调换偿还法的实例。例如,20世纪90年代初期我国曾经发行过转换债,它们是将企事业单位、机关团体、部队等持有的当年到期的国库券转换为等额新债，其券面形式就直接以原来签发的债券收款单来代用。又如，1994年4月我国政府在发行2年期国库券时，采取了按自愿原则进行以旧换新的做法。并且为了鼓励债权人调换，财政部出台了两个优惠条件：一是规定持有到1994年7月期满的1991年国库券可以提前在4月兑取，但是其兑取本金必须换买成1994年2年期国库券。二是规定调换成新券的旧券按加一个百分点的利率计付利息，即调换偿还时，1991年国库券的利率水平从原来的10%提高到11%。如果投资者不愿调换，则其手中的1991年国库券仍按原规定在1994年7月偿付并按10%计付利息。

总的来说，一国政府选择怎样的偿债方法，取决于当时的客观经济环境和条件，同时还要看理财者的理财水平和运用是否得当。我国曾采用过抽签分步偿还法、提前偿还法、以新替旧偿还法等公债偿还方式，但最为主要的还是期满一次偿还法。

四、公债偿付的资金来源

国家大量发行债券，到期是要偿还的。国家债券是中央政府与社会成员之间的信用关系。尽管各国对国家债券的偿还方法不同，但公债的还本总会对国家财政形成一定的压力。同时，还本能否按约定期限进行，将直接影响到投资者的经济利益，也影响到公债在社会成员中的信誉。这就要求公债的偿还必须有较为稳定且充足的资金来源。目前，各国用于公债还本付息的资金来源一般包括税收收入、债务收入、偿债基金、财政结余、国有资产的投资收益和国有资产转让收入。此外，考虑到我国国有资产的庞大比重与我国的特殊情况，有学者指出应将国有资产转让收入也作为公债还本付息的资金来源。

（一）税收收入

一般来说，在一国的财政收入中税收收入相对稳定，因此以税收收入作为偿债的资金来源也比较稳定可靠。具体而言，税收收入作为偿还公债最基本的资金来源，主要有以下两个原因。

第一，税收收入是政府财政收入的主要来源。在财政发展史上，税收对于政府来说是最主要的一个收入来源，尤其是在现代，几乎所有国家税收占财政收入的比重都非常高。税收之所以能够在财政收入中占有绝对比重，是与其特点相联系的。第一个特点是税收来源的广泛性。税收征收以政府提供公共产品为依据，政府提供公共产品使社会成员分得利益，从而有权对所有分得利益的社会成员征税，这样使税收具有广泛的来源。第二个特点是税收的稳定性。因为税收来源广泛，不确定因素对税收影响较小。而且，税收受法律制度保护，强制征收，从而能保证其收入的实现。第三个特点是税收获得的持续性。虽然税收由社会成员直接缴纳，但最终来源是国民收入，只要社会再生产连续不断地进行，国民收入就会被源源不断地创造出来，从而使税收能持续地获得。

第二，从公债的使用来看，公债无非用来弥补政府财政赤字或是用于建设，弥补财政赤字的资金理应来源于税收。而如果为用于建设而发行债券，政府可以取得收入，则可用政府收入来偿还公债；但许多建设项目为基础性、公益性的，政府并不能直接取得收入，这部分公债的偿还则最终还是需要用税收来偿还的。

以税偿债，不会影响市场货币总量。尽管课税减少了纳税人的储蓄存款与手持现金，降低了纳税人的投资和消费需求能力，市场货币流通量减少；然而，将课税筹集的资金用来清偿国家债券,又会扩大市场货币流通量,增加对商品的需求。所以,在平衡预算下,以税偿债不会影响市场货币总量,也不会影响市场物价总水平。

此外,历史上还曾出现过一种比较有名的用税收偿还公债的设想,即重税偿还论。这是因为经常性预算收入在各年份之间是相对稳定的,而各年到期的公债本息额则变动较大。如果为了保证预算的稳定性,每年安排一定比例的预算资金用于偿清,这样,可能难以满足到期公债还本付息的需要。如果优先安排公债还本付息资金,又会破坏预算的稳定性,影响整个预算的安排和执行。为解决这一矛盾,重税偿还论主张用特别的、暂时课征的赋税作为公债还本付息的资金来源。因此,从理论上讲,采取"重税偿还法"可以在不动摇预算稳定性的基础上保证到期公债的偿还。但事实上,这种以暂时性税收解决偿债资金来源问题的方法加重了纳税人的负担,不仅不符合公平原则,而且不易被纳税人接受。因此,这种方法尽管在许多西方国家中都曾被提出过,但却几乎未被实际采纳。

(二) 债务收入

债务收入就是国家通过发行新的债券筹措偿还资金,即所谓的借新还旧。以债务收入作为公债还本付息的资金来源,实际上是延长了债务期限,推迟了偿债时间。这是大多数国家偿还公债的主要资金来源。由于当今世界上各国公债累积数额十分庞大,每年到期债务额已远非国家财政预算所能负担。为偿还这些债务,通过发行新的公债为到期债务筹措还债资金,已成为中央政府偿还到期债务的基本手段。如美国联邦政府的债务偿还就是如此。联邦预算既不安排债务还本付息支出项目,又常年保持巨额的赤字,这样发新债抵旧债是偿还到期债务的唯一途径。如在美国联邦财政 1981 年第四季度发行的 875 亿美元公债中有 50 亿美元就是用于偿还到期公债的。20 世纪 90 年代以来,我国也采用了这种方式。这主要与我国面临的经济形势密切相关。首先,财政入不敷出,政府的偿债能力减弱,对债务的需求却越来越大。其次,90 年代以来我国进入偿债高峰期,债务还本付息的压力逐年加大,反过来导致债务规模逐渐增大。最后,我国居民手中持有大量的闲置资金,这就使借新还旧的实行成为可能。

同时,从目前的情况来看,在我国运用借新债还旧债也是完全可行的。从理论上讲,公债实质上是储蓄的一种形式。而任何储蓄,从个体上看,有存有取;但从总体上看,则是只存不取。几乎所有银行储蓄存款余额都是逐月增加的,虽然每天有存有取,但一般情况下存款总是大于取款的。如果我们只看余额总量来进行每月、每年的比较,那就是"只存不取"。公债也同样如此,它可以越来越大、越来越多。从单项债务来看,它是有偿还期的;但是从债务总体讲,它实质上并不存在偿还期,可以用借新债还旧债的办法,无限期地延续下去。如此看来,将发行新公债作为我国偿还期债务的财政资金来源,不仅非常必要,而且也是完全可行的。它完全可以像银行储蓄存款余额那样越来越大,"只借不还"。只要政治经济稳定,不出现特大经济危机,借新债还旧债的做法是完全可以持续下去的。

但是,在利用此种方法筹措偿还公债资金来源时,需要注意以下问题:用于偿还旧公债而发行的新公债应限于到期公债的本金,而不应包括利息。如果到期公债的本金与利息全部采取发行新债的形式偿还(我国曾采用此种形式),则会造成公债规模呈现几何级数上涨的局面。因此,以新还旧时应该区分到期公债的本金与利息,利息从当期财政收入中进行偿还,而本金则可采用发行转换债务形式偿还。这样,才不会造成公债规模的过度膨胀。

（三）偿债基金

偿债基金是一种政府设立的专门用于偿还债务的资金。政府每年根据预算安排，从国库中拨出一部分资金，用以购买政府债券。如果买回的债券未到期，仍然计算利息，此项利息连同次年国库新拨出的资金一起再并入偿债基金之中，继续购买公债。这样可以通过复利积累，使债务不致对政府形成太大的压力，甚至可以提前偿清。在政府债券尚未还清之前，每年的预算拨款不能减少，以逐年减少债务。因此，偿债基金又称减债基金。

设立偿债基金为公债的偿还提供了稳定的资金来源，可以平衡各年度的偿债负担，使偿债有计划地进行。从短期来看，设立偿债基金会减少政府当期的可支配收入；但从长远看，公债发行和偿还连年滚动，偿债基金可以起到均衡各年偿债负担的作用。就债务管理角度而言，建立偿债基金后，可以把债务收入和支出从正常预算收支中独立出来，便于更好地对债务资金的使用效果进行管理和监督。

所谓的偿债基金制度，就是一国为了实施有效的债务调整，达到债务信用的确立和国家财政偿债能力的增强，而通过建立一种基金运行机制——基金的筹集、积累、管理和运用形成的特殊信用制度。从偿债基金的性质上看，它具有以下三方面的特点：首先，它不是单纯的资金积累，而是集资金的筹资、积累、管理和运用于一体的特殊信用制度；其次，建立偿债基金的目的就是偿债；最后，偿债基金并非能够承担全部偿债责任，还应有发行可转换债（以新债还旧债）及财政补贴措施等与之相配合。偿债基金的组织一般设在国家财政部，管理机构通常由国家指定的经营偿债基金的银行、证券公司、信托投资公司或新设的管理机构担任。其经营目的首先是要保障偿债基金的安全，保障基金价值稳定；其次是力求偿债基金有一定的投资收益。

（四）财政结余

财政结余是国家预算执行结果收入大于支出的余额，即预算盈余。以财政结余作为偿债资金的来源，就是用上年的财政结余来支付本年应偿还的公债本息。事实上，财政结余是一种潜在的偿债资金来源，现实可行性并不大。首先，从财政结余的使用方向上看，财政结余一般首先用于财政储备、弥补投资不足、兴办社会事业等。偿还公债并不是财政结余的优先使用方式。其次，财政结余作为偿债资金的来源，每年能够偿还公债本息的规模直接取决于财政是否结余和结余多少，财政结余多，则偿债规模大；财政结余少，则偿债规模小；若无结余，则无法偿债。然而，当今世界多数国家政府都存在财政赤字，很少出现财政结余的年份，而债务偿还规模却相对庞大。因此，以财政结余作为偿债资金来源，在许多国家已经没有多少现实意义。财政结余至多只能是公债偿还的一部分资金来源，而不能是全部的或主要的资金来源。

（五）国有资产的投资收益

国有资产的投资收益也可作为政府偿债资金的来源。这是因为，从资源配置效率的要求出发，应该是资源使用的受益者同时也是其成本的承担者。这样，如果政府举借公债投资于某一工程项目，而这一工程项目又能为政府获得直接的资金收入，那么，政府就应该把这种投资收益作为政府偿债资金的来源，用这种收入还债。如果政府举借公债向社会提供的是某种公共产品，它并不会给政府带来直接的资金收入，在此情况下，为了符合享受利益与承担成本的一致性原则,政府就可以向公共产品的利益享受者征税,以这部分税收收入作为偿债的资金来源。

(六) 国有资产转让收入

目前,考虑到我国国有资产的庞大比重与我国的特殊情况,有学者指出应将国有资产转让收入也作为公债偿还的资金来源。这主要基于以下思想:我国过去实行的是国家融资的融资体制,国家在计划经济时期,通过低工资、工农产品剪刀差等途径,把城乡居民应得的收入中可以用于长期储蓄的部分以国有企业盈利形式集中起来,形成国有资本,然后再用这些资本直接开办和经营国营企业。这些收入应属于全民所有。但事实上无论是全民还是其中的个人,都不能确切地知道自己向国家贡献了多少资本,也无法确定自己有权得到多少回报。与国家把居民收入转化为国有资本相对应,在人均国民收入水平很低的情况下,居民收入中可以被集中来转化为国有资本的部分实际上都是居民未消费的保障,是居民为住房、养老、医疗、子女教育等方面的开支所必需的资金。因此,国家在使用了居民部分收入的同时,也不得不承担起为居民提供这些服务或保障的义务。

改革开放以后,当这方面的改革逐步进行时,当过去的免费服务逐步需要收取费用时,国家不得不为居民提供相应补偿,这也是我国财政赤字逐渐扩大的一个重要原因。如上所述,既然国有资产中的相当大部分是居民做的贡献,而国家因此形成了财政赤字并且发行了债务,因此,利用一部分国有资产来偿还公债是必然的选择。特别是在我国公债日益扩大的今天,运用这种形式的偿债资源来偿还公债,对降低公债利息支出、平衡财政预算均有很现实的意义。

公债还本付息的资金除上述几种正常的来源外,还有一些非正常的来源,如发行纸币,这种方法手续简便、成本最低,但对社会的危害极大,一般只在经济发展的非正常时期采用。

第六章 公债的流通

公债的流通是指公债在市场上的买卖或交易。公债的流通市场是公债交易的场所。值得注意的是,这个"场所"是一个广义的概念。它不仅包括有形的交易所内的场地,还包括交易所外公债经营机构的场所,更包括通过各种电信设备完成债券交易的无形场所。通过这个市场,公债的发行者可以经常获得有关其发行债券价值的系统信息,有助于发行者评估他们从发行市场筹集来的资金的使用效率。另外一个便利之处是,它方便了资产的原始持有人在需要时变现资产。同时,对于公债的投资者而言,流通市场为他们希望交易的公债创造了流动性,并提供给他们有关资产的公平信息,降低了搜寻潜在的资产买主和卖主的成本。公债的流通市场通常也称二级市场。二级市场是相对于一级市场而言的。流通市场和发行市场的区别是流通市场体现的是投资人和中介人之间,或投资人之间的关系,而发行市场体现的是发行人和中介人或投资人之间的关系。

第一节 公债流通市场的分类及交易方式

一、公债的发行市场与流通市场的关系

公债的发行市场就是一级市场,由政府债务管理者(通常是财政部)向个人、机构发行债券。国家通过该市场筹措到所需要的资金,同时为个人和机构提供安全可靠且有较高收益的投资机会。流通市场也称二级市场,是转让买卖已发行政府债券的市场,其职能是使政府债券持有者在遇到急需资金时可以随时变现,并使政府债券的投资人有参与市场的机会。

政府债券发行市场和流通市场是整个政府债券市场的两个不同的组成部分,两者之间存在密不可分的关系。

(一)二级市场的发展为一级市场的形成创造了条件

公债发行是公债流通存在的前提或条件。因为,公债发行为公债流通提供了对象。实际上,只有已发行的公债才有可能在流通市场上交易转让。当然,并非所有的已发行公债都能进入流通,这将由政府的公债政策来决定。但总的来说,公债发行的规模、品种以及其他发行条件,将影响公债流通市场的转让情况。而且,公债流通可以促进公债发行的实现或完成。既然公债流通市场为已发行公债提供了一种转让变现的机会,这就保证了公债具有某种程度的流动性,而流动性又是债券生命力的基点。也就是说,如果没有流通,投资者购买公债后就失去了中途变现的可能,从而影响社会资金对公债的需求。所以,公债流通可以对公债发行起助推作用。

(二)二手公债的收益率为新发行公债条件的确定提供了依据

所谓二手公债的收益率,是指投资人在二级市场上买卖公债所得到的收益和其投资额的比率。新发行公债的条件如何确定,无论是按照银行存款利率,还是按照股票的分红率都是不合理的。最合理的方法是按照公债二手券的收益率来确定新发行公债的条件。例如,1992年我国公债出现了发行难的情况,新发行公债的利率和二手公债券的收益率倒挂是一个重要原因。

(三)新发行公债的条件影响公债二级市场的水平

如果新发行的公债利率高,二手券的收益率水平也会上升。如果发行不按照市场方式,二级市场的价格水平也将是扭曲的。例如,1990年前我国公债发行采取行政方式时,公债的二级市场就很不正常,当时黑市猖獗,二级市场价格大多低于面值,影响了投资人对市场的信心。

因此,发展政府债券市场不仅要发展一级市场,也要发展二级市场。在发展一级市场方面,要把具有行政分配性质的发行方式发展到通过在公债发行体和承销团之间通过协商确定发行条件的方式,并进而发展到公债发行体向一级自营商招标的方式。完全市场化的发行方式必然促进公债二级市场的发展。在二级市场的发展方面,主要是建立一级自营商,发展自营商间的经纪人,不断改进证券中介机构的经营环境和法律环境。同时要发展期货、期权和回购业务等派生工具。只要一级市场和二级市场都向市场化方向发展,公债的两个市场就会相互促进,相互推动,协调一致地发展起来。

二、公债流通市场的分类

公债流通市场的种类主要有两种:以集中交易形式运作的证券交易所和以分散交易形式存在的场外交易市场。发达国家的公债市场主要是一个场外交易市场,而且是一个日益国际化的市场,美国、日本、德国、法国等国的公债基本上是在场外交易的。

我国公债流通转让市场起步较晚。1988年以前,公债发行方式单一,全国基本上没有公债流通市场。直到1996年,公债发行更多地采用了招标方式,公债期限、品种增加,使得投资者有更多的选择余地,公债变现增强、信誉提高,从而推动了公债流通市场的较快发展。

我国目前的公债流通市场被人为地分割成了银行间债券市场和交易所债券市场。参与交易所公债市场交易的主要是非银行金融机构,包括证券公司、保险公司和一些养老基金等。商业银行过去一直参与交易所公债市场,并凭借其强大的资金实力成为市场资金的主要供给方和公债现券的主要投资人。1997年6月,中国人民银行下令所有的商业银行都退出交易所市场,并组建了银行间债券市场,市场主要参与者为国有商业银行、股份制商业银行、城市合作银行、保险公司和中央银行。

(一)证券交易所公债市场(场内交易市场)

我国存在上海证券交易所(以下简称上交所)公债市场和深圳证券交易所(以下简称深交所)公债市场两个场内市场,在交易所市场内,参与者包括除了商业银行和信用社以外的所有金融类、非金融类机构和城乡居民,有证券公司、保险公司、基金公司等。由于历史的原因,深圳证券交易所公债市场的规模比较小,我国交易所公债注册托管额和流通市场交易金额的90%以上都是在上交所完成的。就交易量来说,上交所的公债日交易量在10亿元以上,回购在20亿元以上,大额资金能够自由进出其间,公债的日均成交量相当于深交所的38倍左右。因此,上交所交易的公债的流动性较好,流动性风险较小。上交所开展现券买卖和回购业务,而深交所只有现券买卖业务。在沪、深证券交易所发行上市的记账式公债通过两交易所各自的登记结算公司办理债券的托管清算和结算。

交易所采取自动撮合、集合竞价的交易方式,不同于一对一询价、报价寻找交易对手的程序,免除了关于结算条件的谈判,靠指令就可以完成全部交易过程,效率很高,适合个人和中小投资者的零散交易。同时采用净价结算方式,为债券交易提供担保,投资者不必承担结算风险,也适用于小额交易。交易所公债市场与股票市场相联系,起着股市资金蓄水池和集散地的作用。由于我国目前的债券市场是从交易所公债市场发展起来的,它的运行过程较银行间公债市场更为被广大的投资者所熟悉。目前的交易所公债市场是积极的个人投资者购买公债的渠道,同时也是中小企业进行投资的一个重要方向。但是,银行间市场功能的逐步扩展和交易所市场的功能相重叠,交易所公债市场的地位渐渐有所弱化。

(二) 银行间债券市场(场外交易市场)

银行间债券市场和柜台交易市场统称为场外交易市场。

发达国家的债券交易大多在场外市场通过一对一询价完成,这是因为债券本身价格波动幅度小、投机性小,不通过连续竞价也可以形成比较公正的价格;大型金融机构资金实力雄厚、拥有大量公债,如果采用集中撮合竞价,则容易以巨量买卖指令影响债券价格;债券种类繁多,发行条件多样,交易所的技术难以承担。我国银行间债券市场的发展有力支持了公债的发行,它的高流动性以及在市场运行基础上确定的公债发行价格,保证了公债在一级市场的销售,对我国财政政策的实施发挥了重要作用,为央行的公开市场业务操作奠定了基础。银行间市场的交易系统是由全国银行同业拆借中心和中央公债登记结算有限责任公司两部分构成的,前者为前台部门,负责办理债券交易的清算,后者为后台部门,负责办理债权的托管和结算。从交易模式来看,银行间债券市场采用无形市场、个别询价、个别清算的场外交易方式。近年来,银行间债券市场得到了长足的发展,现券交易量步步跃升,债券回购业务发展迅速。随着金融机构进入银行间债券市场实行准入备案制,推出国有银行记账式公债柜台交易试点,允许多家商业银行代理非金融机构债券结算代理业务,全国银行间债券市场已经得到了社会各界的认知和管理层的高度关注。参与者以商业银行为主,辅以保险公司、信用社、证券公司、财务公司、基金,以及外资银行在华分行等各类金融机构,成员资产总额占全国金融机构的95%以上。

(三) 柜台交易市场

柜台交易市场发行方式最大的优点是为个人投资者认购公债提供了便利条件。但是,政府规定凭证式公债不能流通,可以提前兑付,这样就存在一个问题,就是凭证式公债提前兑付需有承销机构垫付资金,财政部只在公债到期时才将公债本息款项拨付给承销机构,因此提前兑付的风险一直由负责承销的部门承担。

三、公债流通市场的交易方式

公债是宏观经济调控的重要工具,也是中国投资者的主要金融投资品种。其交易方式主要包括以下几种。

(一)公债的现货交易

公债的现货交易是指公债买卖双方在成交一笔交易后,马上办理付款交割手续的交易方式。采用这种方式,卖者交出债券,买者付出价款,当场交割,钱券两清。它是证券交易中最古老的交易方式。现货交易的特点有:①成交与交割基本上同时进行;②实物交易,即卖方必须向买方转移债权;③现货交易是投资行为,它反映了购入者有进行长期投资的意愿,希望在未来的时间内取得较稳定的利息收益。

(二)公债的回购交易

公债的回购交易是指债券持有人在卖出一笔公债的同时与买方签订协议,承诺在约定期限后以约定的价格购回同笔公债的交易活动。公债回购有正回购和逆回购之分,正回购与逆回购是同一笔交易的两个方面。公债正回购是相对于债券持有人来说的,逆回购则是相对于资金持有人来说的。公债的回购还有封闭式回购和开放式回购之分,采用封闭式回购的债券在回购期间内不能被再次使用,而采用开放式回购的公债,在回购期内可以被再次交易使用。公债回购交易对公债流通市场的发展有着重要的推动作用。

(三)公债期货交易

公债期货交易是相对于公债现货交易而言的,其特点是买卖双方债券所有权的转让和货款的交割时间分割开来。双方签订交易合同后,不是立即付款和交付债券,只是到了约定的交割时间才进行买方付款,卖方交付债券。公债期货是公债现货交易发展到一定阶段的产物,它具有独特的功能:①显示和引导公债价格,②套期保值,③投机获利。

(四)公债期权交易

公债期权交易是指交易双方在订约时,同意在约定的时间内,既可以按约定的价格买进或是卖出指定的债券,也可以放弃买进或是卖出该种债券,即对买卖权利进行的交易。不过在达成交易时,买方向卖方支付一定的期权费,若买方放弃交易,则期权费用归卖者所得。在期权交易的要素中,最重要的是期权的买方和卖方、期权协定价格、期权费、期权有效期。公债期权的种类包括如下几个方面:一是按买卖期权的主体分为买方期权和卖方期权,二是按期权的内容分为看涨期权和看跌期权,三是按期权行使的时间分为美式期权和欧式期权,四是按期权交易条件是否统一分为标准化期权和场外交易期权。

(五)互换交易

互换交易又称掉价交易,是指政府为了降低筹资成本,减少利率风险,而与其他借款人互换未来应付利息的债务交易方式,利用国际贸易中的比较成本理论。互换交易方式的特点:一是双方首先通常要设定一个固定金额,这样在交易过程中就不涉及本金的交换,只按合同规定利率交换利息;二是并不进行实际的利息收付,而是以固定利率和浮动利率的净差额进行结算;三是公债利率互换的风险较低;四是由于政府通常在利率市场上占有绝对优势,在互换交易中无须向中介商交纳中介费。

第二节 公债的现货交易

公债现货交易是公债流通市场中的基础性交易,它属于公债流通的基本内容。

一、我国公债现货交易的发展

我国现货交易是公债流通市场的最基本内容。20世纪80年代初期,我国不允许公债流通,一部分持有者的提前变现需要就受到阻碍,于是,当时出现了比较猖獗的公债地下交易,或称黑色交易。至80年代中期,我国开始探索建立公债流通市场的尝试,这一尝试首先从贴现业务开始。

在1985年的国库券条例中,取消了以往的国库券不得流通的条款,而增加了"国库券可以在银行抵押贷款,个人购买的,可以在银行贴现,具体办法由中国人民银行制定"的规定。后来,这一内容在1986年和1987年的国库券条例中得到明确规定。根据这样的规定,中国人民银行制定并颁布了国库券贴现办法,规定持券人在国库券到期兑付前因特殊困难急需用款时,可以将手中的国库券转让给银行,由银行扣除未到期贴现利息,付给现金;并规定国库券必须有购券人至少保存2年方可办理贴现。国库券贴现业务时的公债在某种程度上可以流动,但当时规定的贴现率较高,致使实现的贴现并不多。但是不管怎样,它毕竟是我国公债流通的第一步。

1988年4月,我国在公债流通方面又有了实质性的进展。经国务院批准,沈阳等7个基础条件较好、有一定实践经验的金融体制改革试点城市同时开始组建公债交易的柜台市场。当时规定1985年和1986年向个人发行的国库券可以在办理国库券转让业务的金融中介机构进行交易,这些中介机构的交易形式有自营买卖和代理买卖。1988年的国库券条例,也首次出现了"国库券可以转让"的条款。经过短暂的试点,1988年6月又宣布了第二批开放国库券转让市场的试点城市名单,一共有54个。以后,公债交易的分布面越来越广。

1990年12月,上海证券交易所成立。上海证券交易所从开业起,就进行公债的现货交易。这种集中性的公债交易大大地促进了我国公债流通市场的发展。与此同时,我国还发展了几个集中性的场外交易市场,这些市场进一步推动了公债现货交易的扩展。至1992年起,公债券年交易额突破4位数,达到1 082.6亿元,占当年公债余额的比重为84.4%。1993年起,在公债现货交易的基础上,公债派生工具开始出现。其中,公债回购首先在证券中介机构和银行之间以及证券中介机构之间得到较多的运用,接着,公债期货开始在上海证券交易所进行试点;随之,有些证券公司采取组合凭证的办法推动公债投资。在20世纪90年代初期公债流通市场发展是相当快的,公债交易额更是迅速增长。

从目前的公债交易来看,品种主要是公债现货交易和公债回购交易;交易场所主要是集中性交易市场和分散的柜台交易。集中性交易市场包括上海证券交易所、深圳证券交易所、武汉证券交易中心、全国证券自动报价系统,等等。

二、公债现货交易的投资价值和经济效应

（一）公债现货投资价值的评价方法

一般来说，衡量公债投资价值的指标有三个，即收益性、流动性和安全性。收益性是微观投资主体进行债券投资的主要目标，它在三个指标中占有核心的地位。流动性是公债的变现能力。假如公债发行后可直接进入二级市场交易，其流动性就强；但若公债发行后不能进入二级市场交易，也不能提前兑现，就缺乏流动性。安全性是公债从发行到兑付期间利率变动风险的大小。分析公债的投资价值，必须同时分析上述三个指标，特别是重点研究公债的收益性指标。但中国自1981年发行公债以来，公债投资价值的研究一直很薄弱，即使已经有较多学者分析过公债收益率，研究的也相当不够。如迄今许多权威性政权报刊和重要著作所分析的公债收益率均是单利率。实际上，在分析各种金融资产投资收益率时，不同期限的单利率之间是难以直接进行比较的，应先将其换算成复利率后才能比较。已有研究者指出，目前中国单利率体系和国际上普遍使用的复利率体系在收益率的计算上有很大不同，影响了中国证券市场理论和证券交易理论的发展。不少证券研究者和投资者认为，如果客观地反映某一投资项目本身的真实报酬，就应当采用内部收益率或内涵报酬率（internal rate of return，IRR）。有的研究者从投资决策角度论证，投资者追求的目标应是使IRR尽可能高，而不能是贴现值，因为在指定的贴现率下贴现值最高时，IRR往往不是最高的。

IRR是目前世界银行评价投资项目时所运用的基本工具，也是技术经济学和管理会计学等学科中进行长期投资决策分析时常用的方法。它是指某一投资项目未来收益总现值恰好等于该投资项目原投资额现值的贴现率。正因如此，IRR也表述为一个投资项目的净现值（net present value，NPV）等于零时的报酬率。公债IRR法的优点：一是能够客观地揭示了公债本身所具有的收益率水平，从而成为分析公债获利程度的非常有效的手段；二是它可以在购买公债的任何时间点上进行计算，并正确地反映投资该公债的真实报酬。

（二）中国转型期不上市公债的投资价值与经济效应

1994年，中国推出了不上市交易的凭证式公债。凭证式公债的基本特点是方便、安全、收益稳定、变现灵活。同银行定期存款相比，凭证式公债有许多投资优势。

第一，IRR较高，灵活性和收益性较好的统一。凭证式公债在1997年10月以前，满半年以上档次的IRR均等于或高于相应期限的存款IRR。凭证式公债虽然不能上市流通交易，但可以提前兑现，而且提前取款时只要支付少量交易费用就可以按持有天数相应档次利率计息。银行存款自1996年5月1日起提前兑现则只能取得活期存款利息。1999年首期发行的凭证式公债还可以用于银行质押贷款，这有利于购买量较大的机构或个人投资者灵活进行货币、公债与其他金融品种的组合投资。

第二，基本上无风险。凭证式公债由于不能上市交易，其提前兑取的收益是稳定的，可以规避市场波动和利率变动的风险。在通货膨胀的条件下，按照中国以前的做法，凭证式公债到期兑取可与银行定期存款一样的保值。尤其重要的是，凭证式公债以国家作为

信用担保,信誉级别最高,一般不会出现违约风险,而存款则可能发生因银行经营不善而出现不能及时变现的风险,甚至可能发生因银行倒闭而不能全部收回本金的风险。

显然,凭证式公债的投资价值高于银行存款,其经济效应相当显著。其一,由于凭证式公债可以提前兑取,弥补了不上市公债灵活性差的缺陷,加上IRR较高,安全性能好,因而投资者踊跃购买,逐渐改变了20世纪80年代国库券行政性摊派发行在居民心中造成的不良形象。其二,凭证式公债发行丰富了公债品种,适应了投资者的需要,国家由此筹集到大量的社会闲散资金,补充了建设资金不足和平衡了财政收支。其三,凭证式公债满足了宏观经济政策的需要。在当前微观主体投资实业欲望低下及银行"惜贷"的情况下,凭证式公债发行的基础效应不是很突出,对扩大内需功能比较显著。而今后一旦有必要实行从紧和控制通货膨胀的政策,国家就可减少其发行以减少政府支出对总需求的扩张作用。

(三)中国转型期上市公债的投资价值与经济效应

中国1988年开始逐步允许无记名公债上市后,1994年后又推出了记账式公债上市。记账式公债是通过交易所电脑网络发行的公债品种,发行成本较低,不会发生债券遗失、被窃与伪造,是20世纪90年代中期以后中国的主要公债上市品种之一。在投资价值上,上市公债有以下特点:一是发行公债的IRR(内部收益率)既高于相应期限定期存款IRR,也高于不上市凭证式公债IRR;二是上市公债流通性好,风险与机遇并存。

中国公债上市以来最突出的风险和机遇是银行利率变动所引起的交易价格波动。1992年和1993年无记名公债都发生过因银行利率调高上市后跌破发行的情况。此时投资或若急需用钱,就只能以低于购买时的价格卖出,遭受买卖差价的亏损。但1996年5月至1998年12月银行连续六次降息,公债价格普遍上扬,这期间投资者若能正确预期银行利率变动和选好券种,用闲散资金及时购买,获利也菲薄。另一种较突出的风险和机遇是保值贴补率变动所引起的公债二级市场价格波动。从1994年年初到1995年年初的1年时间里,保值公债价格上涨高达40%以上。投资者若能合理预期银行利率变动和选好券种进行投资,就可以获得丰厚的收入。但若没有抓准投资机会,本金也可能遭受损失。此外,周边投资市场(主要是股票市场和商品期货市场)、宏观经济形势和政策变化等也会引起公债二级市场供求关系变化与价格波动,给投资者带来机遇和风险。

综上所述,中国上市公债的投资价值是比较高的,其经济效应比不上市公债更大。首先,它可以自由转让,这意味着从根本上扭转了20世纪80年代所形成的买公债即"活钱变死钱"的格局,使购买者真实感受到自己不仅仅是国家发行公债的筹资对象,同时也是公债市场的投资者,从而大大提高了购买公债的积极性。其次,公债上市流通促使公债发行市场的诞生。中国80年代都是单纯依靠行政手段发行公债的。自90年代二级市场逐步发展壮大起来后,公债发行市场化改革才具备了外部条件,从而使行政派购方式向承购包销、招标发行等越来越市场化的发行方式转变。最后,公债上市规模和公债利率的调整缓解了社会资金供求矛盾,为国民经济稳定发展和中央银行实施公开市场操作创造了条件。

三、关于我国公债现货交易的几个问题

在我国经济界关于公债现货交易的讨论中,有些问题是学者和实际工作者所共同关注的。

(一)公债流通的效益

效益是指在一定的耗费下实现最大的收益或为实现一定的目的而耗费最小。作为公债流通市场来说,其运动过程表现为公债的转让,公债的转让就整体而言并不存在直接的耗费与所得之比。因此,对公债流通效益的衡量就变得较为困难。

那么,如何考察公债流通效益呢?威斯特和惕尼克在1976年讨论证券市场效率时曾经提出:证券市场效率可以分成两类。一类是外在效率,另一类是内在效率。所谓外在效率,是指证券市场的资金分配效率,即市场上证券的价格是否能根据有关的信息作出及时、快速的反应,它反映了证券市场调节和分配资金的效率。所谓内在效率,是指证券市场的交易营运效率,即证券市场能否在最短时间和以最低的交易费用为交易者完成一笔交易,它反映了证券市场的组织功能和服务功能的效率。证券市场的效用就是在于通过对资金的分配来发挥社会经济资源的最大功能,就是证券市场所得的变现,而证券市场的耗用是这一市场所消费的人力、财力和物力。所以,在证券市场运作起来消费一定量资源的基础上,若能最大限度地实现资金优化分配的功能,也就可以认为是效益最好的,这一效益实际上也是一种宏观效益。另外,从微观角度来看,若证券市场买卖双方能在最短的时间内完成交易,并支付最低的交易费用,则表明这一笔交易符合所得与所费之比最大化原则,即符合效益定义。

将上述证券市场的效益定义引入公债流通中。实际上,公债流通本身就是证券市场的一个组成部分,它们是特殊与一般的关系。如果有关公债的信息能够在市场中充分地披露和均匀地分布,使每个投资者在同一时间内等质等量地得到;如果公债流通的价格能够自由地根据有关信息而变动,那么,公债流通的外在效益就较高。如果公债流通每笔交易能够在最短的时间内完成,如果公债流通每笔交易所需要的交易费用最少,那么,公债流通的内在效益就较高。反之,如果有关公债的信息没有充分地披露和均匀地分布,或者公债流通价格被人为地操纵和控制,或两者兼有,则公债流通的外在效益较低。同样,如果公债流通每笔交易花费时间太长,所需交易费用太高,则公债流通的内在效益就较低。

(二)场外交易和场内交易

从我国公债流通市场的发展过程来看,场外交易早于场内交易。但经过几年的发展,公债场内交易有了长足的进步,交易量越来越大,而场外交易则相反,有一种相对萎缩的现象。

实际上,作为一个完整的公债流通市场,场内交易和场外交易有着不同的特点与作用。场内交易运作规范,它由证券交易所制定交易规则并实施监督,同时通过先进的通信技术将有关的报价、交易及其他信息及时传递,再借助登记结算公司保证交割的准确,从而可以维持一个良好的市场秩序,保证公债交易的公开、公平和公正。但是从场外市场来说,它也有自己的功能。首先,场外市场在某些情况下可以便利大额交易者的需要,使其

能够一次性地全部成交,降低价格风险,并能节约交易费用。其次,场外市场为普通个人投资者随时随地地购买任何数额的公债提供了方便,它可以扩大公债投资者群体。

鉴于不同交易市场的特色,建立一个复合型的公债交易市场是未来发展的方向。这一市场是以证券交易所的交易为骨干,以场外集中性交易为补充,以场外分散的柜台市场为附属。证券交易所是有组织的市场,场所固定,参与者是具备一定条件的会员公司。因此,投资者通过会员公司的代理,在证券交易所进行交易,可以形成一个基准的公债交易价格。而且,将来一些技术性要求比较高的交易品种,如公债期货等,也适合在规范化的证券交易所交易。同时,由于证券交易所不可能设置过多,故在一些主要城市设立证券交易中心,使其成为各地集中性交易场所,作为公债集中交易的补充。此外,为满足小额投资者的需要,可在各地设置一些柜台交易。这样一个复合型公债交易市场在我国是有现实基础的,需要进一步完善的有以下几个方面。①建立全国统一的托管清算系统,在该系统内,明确各公债经营机构的自营账户和代理账户,使各中介机构的公债数量一目了然,并可切断某些中介机构盗用客户公债或卖空公债的渠道。②加强对证券交易和对公债交易的监管,尤其是对其中公债派生工具交易的监管,设计合理的交易规则,尽可能地降低交易费用。③规范场外集中性交易市场的运作,如加强对入场交易者的资格审查,严格券、款的清算制度,等等。④规范公债的柜台交易,如柜台交易中公债买卖差价应有既定的限制,它应该按照证券交易所形成的基准公债交易价格来制定。另外,柜台交易的布局应合理,要符合零散投资者的要求。

(三) 全价交易和净价交易

所谓公债的全价交易,是指以包含自然增长的利息的全价价格报价,并以全价价格结算交割的交易。所谓公债的净价交易,是指在交易中把债券的应计利息从实际价格中剔除,以不含有自然增长的利息的净价报价,但仍以全价价格结算交割的交易。

我国多年来的公债现货交易,基本上或主要是采用全价交易方式。在我国目前经济界对这一问题的讨论中,认为净价交易比全价交易具有一定的优势。主要适用于附息公债。

理由主要有以下两点。其一,实行净价交易使公债更能体现利率资产的性质,使其价格的波动真正反映出市场利率的情况。公债属于一种利率资产,它的价格主要是反映未来的市场利率走势。但是人们坚信,公债的信誉最高,政府几乎没有不按时、足额偿债的可能性,这样一来,未来市场利率变化将成为公债交易价格波动的唯一因素,公债的价格就应该是其票面利率与市场利率比较的结果,即

$$P = \frac{i}{I}A \tag{6.1}$$

式中:P 为公债交易价格,i 为公债票面利率,I 为市场利率,A 为公债面值。

于是,当市场利率高于公债票面利率时,公债交易价格应低于其面值;当市场利率低于公债票面利率时,公债交易价格应高于其面值。如果采用全价交易,其价格中的一部分是属于上次计息日到交易日的利息,它不是未来市场利率引起的收入流量,而是过去时间内累计的利息量,因此,全价交易价格不能真正反映未来市场利率对公债价格的影响作用。如果采用净价交易,因其不含过去累积下来的利息,其价格完全是未来市场利率的反

映。这也是推行净价交易的最主要理由。

其二,实行净价交易有利于改变附息公债在全价交易下的价格不连续走势,使公债价格走势图成为一条连续的曲线。

但是,以上理由并不能使我们确信净价交易比全价交易具有更多的好处。一方面,全价交易比净价交易更能反映未来市场的利率水平;另一方面,全价交易的跳跃式曲线,正反映了未来收入流量的变化,而净价交易价格,并不能反映投资者付出的实际投资额的大小。

(四)个人投资和公债投资基金

个人投资,是指个人直接在公债流通市场上买卖公债;而公债投资基金,则是指个人将自己的资金投资于某一基金,然后由基金运作,在公债流通市场上买卖公债。很多学者认为,投资基金在经济中有一定的积极作用。其一,增加机构投资者的市场份额,在一定程度上可以改善公债的发行效率。在我国目前的公债市场上,个人投资占较大的比重,从发展的角度来看,公债投资基金开展后,在发行市场上可以更多地参与政府债券的认购活动,弥补个人在这方面直接介入不足的情况,这样,有利于缩短公债发行时间,提高发行效率。其二,改善个人投资的不利因素。现代证券投资理论告诉我们,组合投资是优于单一结构投资的。作为个人来说,受资金限制,无法运用组合投资方法。另外,个人投资在人力、时间和精力上的花费,实质乃是人力资源的浪费。由专业人士操作的投资基金,可以弥补个人投资分析能力不足的缺陷。

由此看来,动员更多的个人资金形成公债投资基金是未来公债市场发展的一个主要内容。

第三节 公债回购交易

公债回购交易是指在卖出一种公债券时,附加一定的条件,于一定期间后,以预订的价格或收益率,由最初的出售者再将该公债券回购的交易,也可以做一个与上述程序相反的交易,可称反回购交易,或逆回购交易。从公债回购交易的过程来看,投资者作一笔回购交易,相当于做回购者在卖出公债的同时,与做反回购者进行一笔购买公债的远期交易,故有时称回购交易为现期交易。在公债流通市场上,公债回购交易属于一种派生性质的交易,它是在公债现货交易的基础上发展起来的。

一、我国公债回购交易的发展

20世纪90年代初,中国公债二级市场刚刚运行两年时间,公债发行困难和流动性差的问题就很突出。财政部为了活跃公债市场和顺利发行公债,有意识地推动公债回购交易这种方式。1991年9月,全国证券自动报价系统(STAQ系统)在全国率先正式办公债回购业务。随后,武汉市证券交易中心、上海证券交易所、深圳证券交易所、天津证券交易中心等也先后开办了公债回购业务。公债回购交易规模迅速扩大。按单边计算,1994年公债回购交易量已超过3 000亿元,1995年超过了4 000亿元。1996年上市公债规模和品种增加,中央银行开始在公债回购市场开展公开市场交易。全国公债回购规模急剧上升到16 000亿元,其中规模最大的是上海证券交易所的公债回购交易额高达12 439亿元以上,是公债现货交易额的2.5倍,比1995年公债回购交易额增达9.6倍。从而公债流动性大大增强,为规模日益增大的公债发行提供了极大的便利,也给投资者提供了新的盈利机会。

但是在公债回购交易初期,政府缺乏严格的监管,各种违规的交易行为也逐渐增加,其中最突出的就是抵押债券不足和债务拖欠。除了上海、深圳证券交易所以外,其他交易所和交易中心普遍实行了较低比例的债券抵押。扭曲了公债回购交易的债券交易性质,使公债回购交易演变成了买空卖空的投机行为,因此酿成了严重的债务链。政府部门对此做了整顿。1995年8月,中国人民银行、财政部、证监会联合发表通知,严格规范回购业务,严禁在证券回购中买空卖空,要求融资方必须有属于自己的100%的国库券或金融债券。1995年10月,三部门又联合下发《关于认真清偿证券回购到期债务的通知》,进一步强化整顿市场和清理债务等各项措施的落实。经过整顿,武汉市证券交易中心、天津证券交易中心、STAQ系统等回购业务终止。沪、深证券交易所的回购业务继续存在并得到了发展。

1997年6月,中国建立了银行间债券市场。1998年5月,为了配合扩张性财政政策的实施,中央银行开始在银行间债券市场恢复公开市场交易,并主要采取逆回购方式投放基础货币,回购规模急剧扩大。公债回购交易规模的扩大,既促进了中国公债券市场的发展,支持了中国巨额公债和股票的发行,也为广大资金富余的投资者和持券者提供了一条灵活的投资与融资的渠道,还为中央银行的公开市场业务操作提供了有利条件。

目前沪、深交易所公债回购市场与银行间债券回购市场相互独立,其中银行间债券回购交易只有中央银行、商业银行极少数非银行金融机构准入,而深圳证券交易的公债回购交易的规模很小。我们的分析主要以上海证券交易所的公债回购交易为例。

二、公债回购的投资价值与融资效应

公债回购是在公债现货基础上发展起来的投融资产品。从公债持有者角度来看,公债回购是为了筹措临时资金需要而将其所持有的公债作为抵押的融资行为;对资金所有者来说,公债回购则是一种谋取投资收益的投资行为。

(一)公债回购的投资价值

公债回购作为一种投资工具,其投资价值主要体现在低风险、高收益两方面。低风险是由公债作为"金边债券"的地位决定的。在中国20世纪90年代公债回购的运作过程中,公债回购的风险体现在以下两方面。①非足额公债抵押下的违约风险。假如公债的抵押低于公债回购交易额,客观上就会产生融资方的卖空行为;如果融资方到期不能归还所融入的资金,公债回购的投资者就得不到足额抵押公债的赔偿,将遭受严重的损失。②足额公债抵押下的市场风险。由于市场利率变动的不确定性,在融资方面因种种原因而无力按期购回公债的情况下,投资方就只能保留它所抵押的公债。假如此时市场利率上升,公债价格就会下跌,投资方所拥有的公债即市场价值也就随之下降。如果在这种情况下,即使融资方所抵押的公债是足额的,投资者仍然有市场风险。

足额公债抵押下市场风险的规避是一个需要进一步探索的问题。目前,中国沪、深公债回购交易市场上的这种风险还不是太大。因为1996年5月后,中国沪、深交易所公债回购市场已经不再按公债现券面值融资,而是统一按照公债利率和市场价格折算成一定比例的标准券,每个季度都进行调整和发布。随着利率逐步市场化和资本市场逐步开放,市场不确定性加大,利率风险也随着增大,这就更需要研究规避市场风险的问题。

有的研究者探索了投融资双方签订附属合约方式规避市场风险的途径。我们借鉴他们的方式,探索中国实行标准券回购条件下规避市场风险的方式。我们设想,投融资双方除了通过证券交易所签订正式公债回购合同外,再通过证券交易所签订一份附属公债回购合同,以防范市场风险。附属公债回购合同与正式公债回购合同的公债交易期限、品种、数量都相同,只是交易价格不同。即附属公债回购合同规定一个价格可能下降幅度的下限作为标准券,并且规定在交易初始日融资方可以先以附属公债回购合同中约定的标准券作抵押。在回购到期后,融资方按照回购利率只付利息后取回公债现券,同时获得投资方(融券方)所支付的附属公债回购合同标准券与正式公债回购合同标准券价格差额的利息。这种投融资双方通过交易所签订正式公债回购合同与附属公债回购合同的做法,既可以保住投资者的利益,又可以使融资者的损失降到最小,因而是规避公债回购市场风险的一种较好的方法。如果公债回购的风险基本得到了控制,公债回购收益就成了投资者选择公债回购产品的依据。

(二) 公债回购套利

公债回购套利形成的基础是公债回购交易和公债现货交易之间存在着密切的联系。从一个较长的时期看,公债现货在利率、通货膨胀以及其他各种引起资金供求变化的因素影响下所发生的价格变动,会在不同程度上向公债回购传递,从而引起公债回购价格也发生相应的变动。反之,公债回购价格因各种原因上涨(如股票一级市场增发新股引起的资金需求量增大等),也会影响公债现券价格。但由于公债回购的利率在回购期间内已经被锁定,因而现货价格已不影响回购期内的回购价格。在这种情况下,外界各种因素的变动就有可能使同一券种在现货市场和回购市场之间存在差异,如果其价差在支付交易成本之后还有剩余,就产生了套利的机会。

公债回购市场和现券市场的套利交易一般分为简单式套利交易与放大式套利交易。简单式套利交易通常是在价格较低的市场买入某种公债回购品种,然后在价格较高的市场将其卖出,以取得价差收益;或者以较低的成本融入资金,然后进行收益较高的投资以取得利差收益。一般情况下,简单式套利交易的风险和收益都比较小。放大式套利交易一般是通过某种形式的保证金机制,将投资者所拥有的自有资金在一定程度上加以放大,然后再如前所述简单式套利,从而取得放大了的价差收益或利差收益,当然也可能出现负收益,因此放大式套利交易也承担了放大的风险。

(三) 公债回购的融资效应

在我国转型经济中,公债回购的融资效应,主要体现在金融机构通过回购借入资金来沟通货币市场与资本市场之间的联系上。从一定意义上说,中国资本市场的发展得益于公债回购市场的发展。证券发行任务基本上是由证券金融机构来承担的,但是巨额的证券发行仅仅依靠证券金融机构的自有资本是无法支撑的。正是由于公债回购市场的发展,才使券商有条件借入巨额资金来承销、分销中长期公债和上市公司发行的股票与转配股票。由此也促进了证券一级市场的发展。同时,券商通过公债回购市场借入资金在证券二级市场上运作,也在相当程度上支持了二级市场的发展。

李扬根据 1996 年以前的资料表明,公债回购市场上的资金主要进入了股票市场和投资领域。但自从 1997 年 6 月商业银行撤出沪、深证券交易所后,股票市场上的证券公司等非银行金融机构就失去了通过公债回购获取资金的渠道;加上 1998 年以来国家财政基本上只是向银行等金融机构发行上市公债,沪、深证券交易所公债二级市场上的流通公债甚少,而且原来的流通公债一部分已经到期,未到期的又有一部分由商业银行持有,因而公债回购市场出现了萎缩,其融资效应降低。

公债回购市场对新股申购的融资效应还可以从回购利率与新股认购之间的联动性上反映出来。由于沪、深新股申购收益率高于 A 股二级市场与公债市场收益率,而且机会成本不高,因此,每到新股发行之日,便有大量资金涌入 A 股一级市场,市场资金紧缺,反映资金松紧的回购利率特别是短期利率往往居高不下。1998 年以来,沪、深证券交易所的公债回购市场虽然相对萎缩,但银行间债券市场的回购交易则逐渐发展起来。只是因为银行间债券回购缺乏非银行机构的参与,回购交易略显冷清。1999 年 8 月后,管理部门允许证券公司和基金管理公司有条件地进入银行间同业市场,从事购买债券、债券现券交易和债券回购业务。由于一些沪、深证券交易所会员机构获准进入银行间债券市场,他们利用银行间债券市场的回购交易融入短期资金,并将其投入股票市场进行新股申购和二级市场炒作,因而公债回购的融资效应进一步扩大。

然而,中国公债回购的融资机制并不健全。在市场经济发达国家,公债回购主要是金融、非金融公司用作头寸融资的手段。而在中国,公债回购在大多数上是券商用作公债承销、股票一级市场申购与二级市场炒作的融资手段。尽管这对于支持当前中国政府扩大内需和国企改革发挥了重要的作用,但不能作为中国公债回购交易的目标。此外,公债回购也是市场经济发达国家进行公开市场业务操作的重要金融工具。中央银行通过公债回购可以有效地控制货币供应,实现宏观调控。从 1996 年开始,中央银行已经进入银行间债券市场进行公开市场的操作,公债回购已真正在中央银行调整货币政策、支持商业银行流动性方面发挥了独特的功效。但由于公债回购市场被分割为沪、深证券交易市场和银行家债券市场,中央银行的公开市场业务操作与公债回购的融资业务仍然受到极大的限制。尤其在沪、深证券交易所市场,流通公债市值太小,更是限制了公债融资效应的发挥。

三、关于公债回购交易的几个问题

(一) 公债回购交易功能

我国经济学界对此存在两种意见。一种认为公债回购市场属于资本市场,而不属于货币市场范畴。这是因为:其一,公债回购属于有价证券交易,不是纯粹的短期资金拆借和银行信贷业务;其二,在发达国家的市场中,公债回购除了为中央银行执行公开市场操作的货币政策以外,另一个广泛的用途是为了金融机构和非金融机构实现调剂债券与资金头寸或者达到套期保值或套利的目的;其三,即使从期限上讲,公债回购的期限结构只能说明是在初始现货交易基础上公债远期交易的期限而已。另一种认为公债回购市场属于货币市场范畴。这是因为:其一,从期限上讲,公债回购期限是不超过 1 年的;其二,公债回购虽然采取了证券交易的形式,但它毕竟是以到期必须购回为前提条件的一种短期资金融通。

我们认为公债回购市场还是应划作货币市场。理由补充如下。从公债回购的功能看,一般在市场经济的国家中,对于金融机构来说,通过公债回购交易,他们可以最大限度地保持资产的流动性、收益性和安全性的统一,实现资产结构多元化和合理化。首先,公债回购交易是短期性质的,市场性极好,而且它是两次交易过程的统一,并且第二次交易的价格事先既已确定,从而可以避免将来公债价格波动对自己带来的不利,实现资产"三性"结合的要求。其次,对于各类非金融机构来说,它们可以在公债回购市场上进行短期投资,对自己的短期资金作最有效的安排。如果非金融机构持有公债,而又出现暂时资金不足,同时又不愿将手中的公债出售,便可通过回购方式将持有的公债出售给资金盈余者而获得暂时性融通资金;反之,资金盈余者则享有借出资金获取收益的机会。最后,对于中央银行来说,公债回购市场是进行公开市场操作的场所和贯彻货币政策的渠道。从这些内容来看,都是货币市场的作用。另外,据我国经济界一次组团对日本、德国、法国等西方国家证券回购市场的考察,在这些国家,尽管公债回购市场的参与者、回购期限、交易工具有一定差别,但都是把回购市场作为货币市场的一个重要组成部分来管理的。

(二)公债回购的期限和利率

如果公债回购作为货币市场的组成部分得到确认,那么其期限应该是短期的。涉及公债回购品种也是按照这一原则进行的。我们应该坚持两条:其一是强调公债回购期限的短期性,正如我国已规定的,最长期限不得超过1年;其二是回购者应有自己足值的公债券作保证,也就是说,回购者必须持有完全属于自己的公债。在这个原则下,证券机构将客户存放在自己这里的公债券进行回购就属于违规行为。为解决这一问题的途径,应该是建立一个合适的统一的公债登记托管系统,以便能够严格划清证券机构自营账户和客户账户。

在公债回购利率方面,就一般的原理来说,它应该低于银行间同业拆借市场利率。因为公债回购是融券与融资的双向流动,其中的风险较低,而银行同业拆借是一种纯粹的信用关系,没有公债券作保证,故风险相对较高,于是,风险低的利率应较低,风险高的利率应较高。不过,运用这一原理也应根据我国资金市场的实际情况,公债回购市场和银行同业拆借市场毕竟是两个不同的市场,至少它们的参与主体并不一样。这样,在我国资金市场还未充分发展,其中的各个子市场还有所分割的情况下,一定要求公债回购市场和银行同业拆借市场利率高度匹配就不一定是合适的。实际上,目前我国公债回购市场的利率在很大程度上受证券市场因素的影响,至少短期品种是如此,如在新股发行时,回购收益率往往较高。

(三)公债回购与公债抵押的区别

这一问题是属于公债回购法律关系方面的问题。在我国公债回购交易中,有些交易所或交易中心制定的交易规则中,曾允许反回购者对购进的公债券在回购期内营运,而有的交易规则不允许。从法律关系上看,公债回购交易时期初始交易和期满后反向交易的统一,两次交易均属于买卖行为。因此,一旦成交以后,交易双方即对各自获得的债券或资金拥有其所有权。从这一点来讲,反回购者对购进的公债券应该拥有营运权,否则,只允许回购者对融进的资金有营运权,而不允许反回购者对购进的债券有营运权,这是有失公允的。

在经济界,有人将公债回购与公债抵押贷款等同起来。实际上,尽管两者都以公债为载体,但本质上有所区别。公债回购交易时的交易标的发生所有权主体的改变,而公债抵押贷款中作为抵押品的公债不发生所有权的转移;公债回购交易是满足交易双方分别对融资、融券的要求,而公债抵押贷款仅满足资金需求者的要求。因此,在公债抵押贷款的情况下,资金接触者不得动用作为抵押品的公债是有道理的,而公债回购交易中也要求采用这样做法就显得不合理了。

第四节 公债的期货交易

公债期货交易是一种由公债现货交易派生出来的形式,是指通过有组织的交易场所,以预先确定的买卖价格,而与未来特定时间内进行钱款交割的交易方式。公债期货交易属于一种杠杆性交易,因为参加者只需付少量的保证金,便可买卖一个放大几十倍的公债期货合约,因此它的风险较大。

一、公债期货的产生和发展

公债期货(treasury futures)是以政府债券为标的物的期货合约,最初于20世纪70年代产生于美国,其产生不是偶然的事件,而是与美国当时所面临的国内、国际经济环境密切联系的。

就当时美国国内环境来说,20世纪70年代美国呈现双重荒唐的社会瘟疫——滞胀。一方面通货膨胀居高不下;另一方面经济发展出现停滞,甚至衰退。导致这一结果的原因主要有两个——凯恩斯主义政策及20世纪70年代的两次石油危机。滞胀使美国经济陷入两难境地。经济停滞与通货膨胀是互相克制的。如果为了抑制通货膨胀,实行紧缩的货币政策,把利率水平提得很高,会引起经济的进一步衰退;如果为了刺激经济增长降低利率水平,又会加剧通货膨胀,这一两难境地使利率波动十分频繁。

美国的利率波动幅度和范围不断扩大,到20世纪70年代末,美国的利率水平每个月都在改变。公债等债券是利率敏感性证券,其价格受市场利率的影响很大,利率的频繁波动使公债持有者面临很大的市场风险,市场上急需公债变现工具的出现,公债期货正是在这样的情况下应运而生的。1976年1月6日,芝加哥商业交易所(CME)国际货币市场(IMM)开办了90天短期公债期货交易。该期货品种一经推出,就获得极大反响,曾在20世纪70年代末主宰了短期利率期货市场。

公债期货的产生具有重要意义。第一,最直接的意义是为金融市场提供了一种非常重要的避险工具。实际上国际期货不仅能为公债避险,还能为其他收益率具有相关性的债券进行保值。第二,公债期货是一种利率期货,属于金融期货,其产生不仅使利率期货的发展上了一个新的台阶,也极大地推动了金融期货的发展,更是一种重要的金融创新。第三,公债期货是金融市场的必然产物,反过来也促进了金融市场的发展。这与公债期货的交易效率是密不可分的。

公债期货一经推出,便得到迅速发展,这主要反映在不同币种不同期限的公债的期货合约不断涌现。在美国公债期货交易的推动下,英、日、法、意、德等国也纷纷效仿,推出了以其本国公债为标的物的公债期货合约。如果说 20 世纪 70 年代导致公债期货产生的原因是美国经济滞胀以及布雷顿森林体系的崩溃,那么 80 年代后促进公债期货交易发展的主要动力在于金融业竞争的加剧、金融全球化和利率自由化。

第一,20 世纪 80 年代以后,金融业竞争加剧,为吸引客户、吸引资金,金融创新不断涌现。正如前面所说,客户需求的发展和变化,导致了公债期货品种的发展和变化,这都是竞争的结果。

第二,可以看出公债期货交易有国际化的趋势,这得益于金融全球化。金融全球化是指金融市场的发展超越国界和时区的限制,全球金融市场连成一片,可以全天 24 小时不断营运,这便利了公债期货的国际化交易,为公债期货的国际化交易体提供了可行性。另外,金融全球化包括债券市场的全球一体化,债券市场的国际化要求保值工具也国际化,所以公债期货市场发展也必须国际化,表现为有越来越多不同品种的公债期货出现和本国的公债期货可以在另一国交易。

第三,利率自由化是公债期货发展的内在原动力。20 世纪 80 年代以前美国的利率管制是很严格的,其中最著名的法案是 Q 条例。根据 Q 条例,美联储对银行等储蓄机构设置了利率上限,目的在于防止银行为吸收存款而进行恶性利率竞争。然而 70 年代美国两位数的通货膨胀使许多不受 Q 条例限制的货币市场工具,大大超过 Q 条例规定的利率上限,在这种情况下,大量资金流进货币市场,使银行业面临很大的竞争压力,金融业的激烈竞争决定了传统的利率管制必然解体。

1980 年 3 月美国国会通过了《存款机构放松管制法》,(Depository Institutions Deregulation and Monetary Control Acl 1980-OIOMCA)决定从 1980 年 3 月 31 日起分 6 年逐步取消各种存款利率上限的限制,1986 年 1 月 1 日,随着储蓄存款利率上限最终取消,这一改革如期完成。日本、英国、法国、德国等国也都在 20 世纪 80 年代初实行了利率自由化。

随着利率自由化的完成,金融产品的价格开始由市场决定,工商企业和银行等金融机构面临更多利率风险,利率风险是客观存在的。而公债期货归根结底是一种利率期货,又具有公债的高信用、足够的供给、众多的期限结构等特点,使公债期货成为一种很强的利率风险保值工具。正是因为利率自由化,市场对公债期货的需求很大,所以公债期货发展很快。

二、公债期货的定价机制

(一)公债期货价格

公债期货价格是将来某一时点上公债现货的未来预期价格,因此,公债期货价格与公债现货价格有密切的关系。首先,公债期货价格不能脱离它的理论价值,即公债的现值加上公债期货的持有成本及交易费用,其中公债的现值是决定公债期货价格的基础。其次,公债期货价格与公债现货价格都受到一些相同因素的影响,如利率、保值补贴率、汇率及中央银行的公开市场业务操作等,这些因素发生了变化,都会引起公债现货价格的波动,并引起公债期货价格的波动。

公债期货价格以现货价格为基础,反过来又会对现货价格起指导作用。因为形成公债期货价格的期货交易是一种有组织的、正规化的统一市场,它克服了公债现货市场交易分散及信息相对封闭的缺陷,能够比较真实和准确地反映未来现货价格的变动。因此,尽管公债期货价格与公债现货价格是两个市场上的价格,但有很强的联动性,并且两者在合约方面大体趋向一致。但是,中国20世纪90年代初期的公债期货市场却经常出现公债期货价格与公债现货价格严重背离的情况,公债期货定价缺乏科学的基础是一个严重的因素。

在规范的公债期货市场上,期货价格不可能大幅度地偏离其理论价值,特别是不可能大幅度地偏离其净值。我们提出公债净值的计量模型。在上面我们已经给出了详细的推导过程,这里不再详述。公债现值加上持有公债的成本及交易成本即构成公债期货价格的理论价值。在供求均衡的静态市场上,公债期货价格的理论价值相对稳定。在动态市场上,尽管市场上各种不确定因素会使公债内部收益率高于或低于市场内部收益率,从而使公债期货价格脱离其理论价值。但一般说来,公债期货价格不可能大幅度地偏离其理论价值,并且会在合约月份与现货价格趋向一致,否则表明市场存在过度投机,最终会影响公债期货避险功能及发现功能的实现。

期货合约的定价大致可分为两种:一是以持有成本为基础的可储存类期货合约的定价;二是以持有成本为基础的不可储存类期货合约的定价。本文所论及的公债期货属于可储存类的期货合约,它的定价关系由持有成本决定。

公债期货合约的持有成本主要包括两项内容。其一,现货市场的短期利率水平。短期利率在持有成本中可以认为是交易者在短期内对可储存金融工具持仓的机会成本,一般用实际的贷款利率表示。其二,持有金融工具的收益。它是指交易者持有公债时,按票面利率所取得的固定票息收入。

公债期货价格应等于现货价格加上净持仓成本,用公式表述如下:

$$F_t = S_t + C = S_t(1+r-y)(T-t) \tag{6.2}$$

式中:F_t为t时刻公债期货的价格,S_t为t时刻公债现货的价格,C为在$T-t$的时间段持有公债现货的净成本,r和y分别表示公债持有期间的市场利率和票面利率。

式(6.2)表明,一旦现货价格和期限一定,公债期货的价格就由短期利率和票面利率决定。一般来说,每种公债的票面利率都是固定不变的,那么公债期货价格就表现为短期利率这个唯一变量的函数。

(二)公债期货市场的价格形成机制

公债期货市场的价格形成机制,是指公债期货价格的形成过程和作用体系,它是一个不断运动、发展、变化的系统。公债期货市场供求和市场竞争是组成它的两个内在市场因素,经济体制和宏观经济环境构成作用于它的外在体系。因此,确切地说,公债期货价格形成机制是在相应的经济体制中、在一定的宏观经济环境下建立起来的,由公债期货市场竞争主体,以公债现券价值为基础,应用供求规律,通过公开竞价的方式,作用于交易客体——期货合约,形成公债期货价格的运行过程。

任何一种具体的价格机制,除了具有价格机制所共有的一般特征外,必须同时具有自己特殊的、不同于一般价格机制的特殊规定。剖析公债期货价格形成机制的要素以及作用体系,可以看出这些因素与环节如何相互联系、相互作用、相互制约,从而形成公债期货价格的运行过程。

公债期货价格形成机制的要素主要包括以下两个方面。

1. 内部构成要素

(1) 公债期货市场的基础——公债现货市场。公债现货市场的供求价格形成机制在很大程度上取决于公债现货市场的供求变化的影响。现货市场的供求关系对期货价格的形成的影响表现在以下几方面。其一,当公债现货市场供求紧张、变现为现券价格上涨时,对现期期货的需求就会较高(交割买方卖方增强),现期期货的价格就会相对远期期货上升,期差缩小,基差增大。当基差增大、期差缩小时,套期保值者就会抛出公债现货,以增加整个公债现货市场的供给。因此现货市场供求紧张状况得到缓解,公债现券价格下降。反之,当公债现货市场供求宽松时,现券价格就会下降,对现期期货的需求就会较小,现期期货的价格就会相对远期期货下降,期差增大,基差缩小。此时,公债期货的套期保值者都愿意持有公债现货以赚取额外受益,这样就会减少整个公债现货市场的供应,现券价格上升。总之,公债现货市场供求是公债期货价格变动的基础,二者存在高度的相关性。其二,实物交割对期货价格波动幅度的抑制。虽然,公债期货市场最后进行实物交割的只占现货供求很小的比重,但是只要存在实物交割的可能性,就能进一步加强公债现货市场和公债期货市场的联系,并保证期货市场与现货市场之间的流动性,从而也能保证期货价格与现货价格之间的基差随着交割时间的趋近而趋同。其三,在期货市场上,远期合约与近期合约之间,期货市场与现货市场之间的套利活动是期货价格的平衡机制,产生对基差最小值、期差最大值的限制,间接影响期货价格。

而现货市场供求关系对期货价格的影响程度取决于以下两方面。其一,在公债现货市场上存在可观的价格风险,这对于产权明晰、具备风险意识的市场参与者主体将会产生套期保值的动力。如果公债期货市场上长期缺少套期保值者,期货价格由投机者决定,则期货价格将会与现货价格脱节。其二,公债现货市场具有一套发达的、市场化的供求机制。这种现货市场供求机制表现为:一方面,在市场化利率基础上公债现货的供给和需求都由市场调节支配;另一方面,公债现货的供求从长期来看是宽松的,是一个有弹性的、对价格信号反应很敏感的发达系统,如果现货市场的供求机制不是一个有充分弹性的、对价格反应和敏锐的系统,那么作为同样是一种价格信号的期货价格,对现货市场的调节作用将丧失,就无法形成一个期货市场与现货市场联动的、开放的期货价格形成机制。

(2) 公债期货市场的交易对象——公债期货合约。公债期货交易实质上是在买卖公债期货合约。期货合约是买卖双方通过期货交易所签订的、由期货交易所担保履行的法律凭证。为确保期货合约的可靠性和可兑现性,以便于期货交易的顺利进行,期货合约都是标准化的。公债期货合约越标准,期货市场的流动性就越大,期货市场的价格形成就越有效。另外,期货价格能否真实地反映现货供求,也首先取决于期货合约在多大程度上代表了现货市场。如果代表程度越高,期货价格越能真实地反映现货供求,就越有利于期货市场的套期保值功能和价格发行功能的发挥。因此,要完善公债期货价格的形成机制,公债期货合约的设计也是一个不容忽视的环节。

（3）公债期货市场的竞争机制。由于公债期货交易是一种买卖期货合约的交易，期货交易最后很少进行实物交收结算，并且期货市场具有一套比较有效的自律机制，所以公债期货市场是一种近乎完全竞争的市场。一般来说，完全的、充分的竞争是价格形成机制正常运行的标志，因此期货价格形成机制更加市场化，更加有效。当然，如果公债期货市场上的各种规章制度不健全，或不能严格实施，如果期货市场上的套期保值者和投机者的比例不恰当等，都有可能使期货市场脱离完全竞争的状态，阻碍竞争机制的充分作用。

（4）公债期货市场的竞争主体。公债期货市场的参与主体可分为套期保值者和投机者。套期保值者主要是一些从事金融投资业务的个人和单位，他们为了规避公债期货价格中隐含的利率风险，保护自身利益而参与公债期货交易。投机者作为风险的承担者，套期保值者的对家，在保证满足套期保值者规避风险需求的同时，赚取了高额的收益。但是，期货市场竞争主体不等同于期货市场主体，虽然在总量上两者是一致的。期货市场的竞争主体是买方和卖方，需求方和供给方。其中，供给方是卖出保值者和卖出投机者，需求方是买入保值者和买入投机者，在期货交易中，套期保值者总以商品供给为出发点，为期货价格寻找一个均衡点；投机者总是以资金供求为出发点，为期货价格寻求一个均衡点，而期货价格是供给量等于需求量的均衡点。所以，保值者虽然以商品市场的供求为出发点，为期货价格寻找一个均衡点，但是必然会受到资金市场的影响；投机者虽然以资金市场的供求为出发点，为期货价格寻找一个均衡点，但是必然会受到商品市场的制约。期货市场主体就是在相互影响、相互作用、相互制约中完成交易行为的。因此，期货市场竞争主体的结构，即套期保值与投机者的力量对比关系，直接影响期货价格的运动状态。

2. 外部环境

影响公债期货价格形成机制的外部环境主要指的是宏观经济环境。宏观经济环境包括经济发展所处的大环境和政府的宏观经济政策。宏观经济环境对期货价格的影响比对现货价格的影响更直接、更强烈。宏观经济大环境主要包括经济增长率、通货膨胀率、利率水平、经济周期和社会稳定程度。政府的宏观经济政策，是指根据经济发展的需要制定的适合当前经济环境的财政、货币、信贷等政策。稳定的、持续的宏观经济政策有利于市场参与主体形成合理的预期，这种合理的预期将进一步指导交易者行为，从而产生合理的均衡价位；反之，不连续、不稳定的宏观经济政策，将会使得价位偏离均衡。此外，它决定政府对期货市场发展的政策取向，从而决定公债期货市场品种的设置、交易范围和交易规模。所以，当不可控的宏观经济环境这种外因通过内因起作用时，它实际上就成为影响期货价格形成的一个要素。

三、公债期货的投资避险和投机机理

公债期货的套期保值功能为公债现货投资规避风险提供了可能。公债期货发挥套期保值功能离不开投机者的参与，因此，研究公债期货投资避险问题，必须将公债期货的套期保值功能与投机机理进行全面的分析。

（一）公债期货交易的投资避险机理

市场利率波动是市场机制的作用形式之一。尽管公债是一种具有固定收益的"金边债券"，但其价格同样受到利率变动的影响。公债期货交易为公债现券投资者提供了一种

规避风险的机制。假如持有公债现券投资者预期利率上升（公债现券价格下跌），当又必须在将来卖出所持有的现券以维持对现金的需求时，则可以在公债期货市场做空头套期保值交易。其运作过程的简化分析见表6-1。反之，如果投资者在未来某个时候以一笔资金购买固定收益的公债券，但预期那时利率会下降（公债现券价格上升），他就可以做多头套期保值交易。其运作过程的简化分析见表6-2。

表6-1 空头套期保值

现 货 市 场	期 货 市 场
3月 持有100万元公债券，市场价格额为108万元	3月 按107元的市场价格计总值107万元卖出6月公债期货合约
6月 公债现券价格跌至103万元	6月 按102万元的市场价格计总值102万元买进6月公债期货合约
结果亏损了5万元	结果获利5万元

表6-2 多头套期保值

现 货 市 场	期 货 市 场
9月 总面值为100万元的公债现券价格为105万元	9月 买进12月公债券期货合约价格为103元，计总值为103万元
12月 买入公债现券，其价格已涨至110元，计总值为110万元	12月 卖出12月公债期货合约，价格为108元，计总值为108万元
结果多支出5万元	结果获利5万元

以上分析说明，公债投资者通过做空头套期保值或多头套期保值，就可以用期货市场的盈利来弥补现货市场的亏损；或者反之。这种效应的产生主要基于以下机理：影响公债期货价格的因素也影响公债现货价格，公债期货价格与公债现货价格的走势基本上一致，尤其在公债期货合约到期日临近之际，两种价格更是趋向合一。正因为公债期货价格与公债现货价格之间存在这种内在的联系，所以公债期货交易的存在和发展给现货价格带来了以下的发展机遇。其一，公债现货投资者有了期货价格做参考，可以了解未来现券价格的走势，在一定程度上避免了由于市场参与者的盲目性和短期行为所造成的现货价格过于波动的投资风险，从而有利于现货市场的稳定发展。其二，公债现货投资者有了期货市场转移价格风险，可以放心地进行公债现货的组合投资，从而有利于现货交易规模的扩大。

（二）公债期货交易的投机机理

公债期货市场上的套期保值者是风险避免者。假如公债投资者都是风险避免者，那么大量的市场价格风险就难以转移出去，公债期货市场也就难以存在和发展。投机者的进入解决了风险承担者的问题。公债投机者之所以愿意承担套期保值者所转移的风险，主要有以下三个原因。其一，公债期货交易机制灵活，投机者既可以先买后卖，也可以先卖后买，价格涨跌均有获利机会；而公债现货交易是严格禁止做空的。其二，公债期货交易可以以小博大，投机者只要缴纳少量的保证金就可以进行大规模的交易，现代市场经济中的高收益、高风险机制在公债期货市场上表现得淋漓尽致。投机者作为风险偏好者，总是愿意以高收益补偿他所承担的高风险。其三,期货市场信息比较充分,高明的投机者可以据此判断未来市场利率的走势。

然而,投机者与套期保值者具有不同的交易机制。投机者进入公债期货市场不是以公债现货为基础的,而是进行期货市场的交易。如果他预期公债价格将上升,就会买进期货合约;反之,他会卖出期货合约。他既面临着价差损失的风险,也有获得价差收益的机遇。而他所取得的收益正好是套期保值者的损失。因为套期保值者的风险和收益也是对称的。假如他预期未来公债价格下跌而做空头套期保值,就有两种可能:一是价格真的下跌,他就规避了风险;二是价格不跌反涨,他就丧失了公债价格上扬的收益。同样,他预期未来公债价格上涨而做多头套期保值,如果价格不涨反跌,他就只能以现货市场盈利来弥补期货市场亏损;而价格下跌收益反被投机者所获得。公债期货套期保值者与投机者并存是公债期货市场存在和发展的基础条件。

公债投机者风险利润的大小取决于他对未来公债价格走势的预测,而预期的准确程度并非仅仅取决于他的智慧和技能。霍尔布鲁克·沃金认为,交易商对期货价格的预期是由其掌握的信息量决定的。由于不同的交易商使用不同的信息,因而他们常常有不同的观点,这就形成了在期货市场上,在同一时间某人买进,而另一人卖出的现象,尽管他们有同样的智慧、同样坚定的判断、掌握同样多的不同信息。[①] 当然,在通常情况下,公债投机者都会遵循贱买贵卖的原则。当价格偏低时,他们都会买进期货合约;而在价格偏高时,他们又都会卖出合约。前者引起价格回升,后者引起价格下降。一般地说,这种投机活动会使市场价格趋于平稳,有利于现货市场的发展。

(三)公债期货投机与投资避险的选择

公债期货投资避险与投机的选择,一般取决于两个因素。一是投资者对未来公债期货价格的预期。如果投资者根据特定的信息相信未来期货价格上升,就会倾向于投机。二是投资者对期货投机的预期效用。风险避免者和风险偏好者的预期效用函数是不同的。风险避免者偏好期货投机的预期值而非偏好期货投机本身。风险偏好者则偏好期货投机而不偏好他的预期值。

第五节 公债交易程序与托管清算体系

在债券交易市场的运营中,登记托管体系是基础,交易和清算体系是两个基本环节。

一、公债交易程序

我国债券市场交易分为场内交易市场和场外交易市场,并形成了以场外交易市场为主、场内交易市场为辅,相互补充的市场体系。下面我们将简单介绍两种场所的交易程序。

(一)场内交易的程序

场内交易也叫交易所交易,具体是指在专门固定的证券交易所内进行债券买卖活动。

---

① Working, H. A Theory of Anticipatory Prices[J]. American Economic Review, 1958, 48 (2): 188-199.

证券交易所是市场的核心,在证券交易所内部,其交易程序都要经证券交易所立法规定,其具体步骤明确而严格。场内交易的特点主要有以下三个方面:一是具有集中固定的场所和交易时间,二是具有较为严密的组织、管理和监督的机制,三是通常采用公开竞价的方式进行交易。由于场内交易制度比较完善,相应地其交易程序也较为复杂。总的来看,公债交易可分为开户、委托、成交、清算和交割五个环节,交易所债券市场交易基本规则参见表6-3。

表 6-3 交易所债券市场交易基本规则

申购账户	深、沪证券账户或基金账户	申购代码	深市:*** 沪市:***
申购价格	挂牌认购价格为 100 元	申购单位	以"手"为单位(一手为 1 000 元面值),为一手或其整数倍
申购费用	无须交纳任何费用	交易规则	每周一至周五,每天上午 9:30—11:30,下午 1:00—3:00,法定公众假期除外
交易程序	国债的交易程序有五个步骤:开户、委托、成交、清算和交割、过户	价格最小变化档位	债券的申报价格最小变动单位为 0.01 元
交易方式	T+0,国债现货交易允许实行回转交易,即当天买进的债券当天可以卖出,当天卖出的债券当天可以买进	交易清算	债券结算按 T+1 方式进行

1. 开户

投资者在交易所买卖公债之前,必须选择一家经纪商并开立债券买卖账户。开户是一个投资者与经纪商之间相互选择的结果:一方面,投资者在开户之前应当对经纪商的商业信誉、服务质量以及业务范围等进行多方考察;另一方面,经纪商也会严格审查投资者的申请资料,一旦发现投资者的交易价格或信息披露与有关规定不符,即可拒绝其开户申请。

债券投资的账户种类有很多,如现金账户、保证金账户、联合账户、授权账户以及信托账户等,其中现金账户和保证金账户最为常见。现金账户是投资者利用现金买卖债券所开立的账户。开立这种账户的投资者必须在清算日或清算日之前交清全部价款或证券,而不能进行信用交易。保证金账户是指投资者采用信用交易方式所使用的账户,它适用于债券的买空、卖空等各种信用交易。开立这种账户,通常需要经过严格的审批程序,而且只有在足额缴纳保证金之后才可进行交易。

2. 委托

为便于管理,证券交易所一般不允许投资者直接进入交易大厅进行交易,而是委托具有会员资格的券商进行代理。在委托关系中,投资者将债券买卖的信息以指令的形式发送给开设账户的经纪商,然后由其根据收到的指令代理交易。

进行公债交易,委托的方式有很多种,根据委托内容和规则的不同,可以进行以下划分。

(1) 以公债交易的性质为标准划分,委托可分为买进委托和卖出委托。买进委托就是投资者委托证券公司买进某种债券,卖出委托就是投资者委托证券公司卖出某种证券。如果该公司违反买进委托而卖出债券,则视为违约,必须向投资者赔偿经济损失。

(2) 以公债交易的成交单位为标准划分,委托可分为整数委托和零数委托。整数委托是指委托交易的债券数量为一个交易单位或其整数倍的委托,零数委托是指委托交易的债券数量不是一个交易单位的委托。

(3) 以委托的有效期间为标准划分,委托可分为当日委托和多日委托。当日委托是指委托提出的当日收盘时即自动失效的委托,多日委托是指委托的有效期限超过1日的委托。多日委托的期限也有不同的规定,如1周委托、1月委托、开口式委托等。上海证券交易所规定,多日委托只限于5日有效,即从开始委托的当日起,到第5个交易日期满后失效。

(4) 以客户对价格是否有限制为标准划分,委托可分为市价委托和限价委托。在市价委托下,投资者只确定买卖债券的种类和数量,而不确定价格,经济上可以随行就市进行交易;而在限价委托下,投资者规定了债券买入的最高限价和卖出的最低限价,经纪商必须在授权价格的范围之内进行交易。

3. 成交

经纪人在接受投资人委托后,首先要反复了解市场行情,然后到交易大厅进行出价和再出价,尽可能以令客户满意的价格完成委托指令,这一过程即为债券的成交。

债券成交应当遵循价格优先、时间优先和委托优先的"三先"原则。价格优先指买价最高或卖价最低的债券优先成交;时间优先指在出价相同的情况下,由最先报价的一方成交;委托优先指经纪商代理委托的债券交易要先于其自营交易成交。

由于交易所中存在大量的买方和卖方,因而买方和卖方之间都通过竞争的方式来确定交易价格,这就是所谓的双边拍卖方式。双边拍卖的具体方式有以下三种。

(1) 口头报价。口头报价的程序是:在收到委托指令后,债券经纪商在场内的交易员首先要根据市场行情确定申报价格,然后聚集在交易大厅中的规定区域内口头唱价,众多交易员经过反复报价后根据"三先"原则成交。口头报价常伴随着手势,掌心向内表示买进,掌心向外表示卖出。

(2) 牌板报价。与口头报价不同的是,牌板报价需要一个撮合成交的中介人。中介人分别将需交易债券的名称、号码、要价、送交时间记录在牌板上,然后按照"三先"原则进行撮合,并将成交结果通知交易员。

(3) 电脑报价。电脑报价就是利用计算机终端进行债券报价,并撮合买卖双方成交。

4. 清算

在债券成交后,通常并不进行全部价款和债券的收付,而是由各经纪商通过特定的清算系统将相同券种的买卖数量相互抵消,只对抵消净额进行收付,这就是债券的清算。债权清算的意义在于简化交易程序,降低交易成本,提高交易效率。清算通常以一个交易日作为清算周期。在每个交易日结束后,清算机构首先要核对各经纪商买入和卖出的债券种类与数量,经核对无误后计算出各经纪商应收应付的价款和债券净额,然后据此编制清算交割表。

5. 交割

交割即是根据清算的结果进行债券的收付程序。

究其程序来说,首先要进行场内经纪商之间的交割,然后是经纪商与投资者之间的交割。根据交割日期的不同,场内交易有当日交割、例行交割、选择交割和远期交割四种。当日交割是指买卖双方在成交当天完成价款和债券收付的手续。例行交割是指买卖双方成交时并不规定交割日期,而是按照证券交易所的规定或惯例履行券款收付手续,如日本东京证券交易所规定在成交之后的第四个营业日交割,而美国纽约证券交易所则规定必须在成交日之后的次日即完成交割手续。选择交割是指由买卖双方自行选择交割日期的方式。远期交割是适用于远期交易方式下的债券交割方式,它是指证券买卖双方按签订的远期买卖合约上规定的日期进行交割的一种方式。

(二)场外交易的程序

与场内交易相比,场外交易既没有固定的交易地点或时间,也没有统一的交易秩序和交易章程,而是通过电话、电报、网络或柜台等方式随时进行交易,交易价格也由双方协商确定。正是由于场外交易规则灵活,手续简便,因而20世纪70年代以来获得了迅速的发展,目前美国、日本等许多国家的大部分债券都是在场外交易的。

根据券商所扮演的角色的不同,场外交易可分为自营交易和代理交易。自营交易是指券商自己作为交易商,即债券的买卖一方所进行的交易,在具体操作规程中,自营交易实行双向报价制度,其基本程序为:首先由债券自营商根据市场行情变化不断地挂牌公布债券的买卖价格,投资者或其他券商如果接受牌价买卖债券,挂牌券商不得拒绝;如果不能接受牌价,买卖双方还可进一步讨价还价。双向报价中的买价和卖价之间存在一定的价差,它构成了自营商的利润来源。由于自营业务简便、灵活,适用于大批量的债券交易,因而在许多发达债券市场上自营交易已成为最主要的债券交易方式,从事自营业务的券商也常常被称为市商。

场外市场的代理交易是指券商根据客户委托,代为买卖债券以赚取佣金的交易方式。场外的代理交易与场内的委托交易相似,但没有后者那样严格。券商接受代理后,即向市场询价,然后尽可能以对客户有利的价格成交。

二、公债托管清算体系

在公债交易市场上,债券的委托保管与清算交割是在一个系统之中进行的,这一系统构成了公债转让的技术基础,我们将称为公债的托管清算体系。托管清算体系是公债市场的核心,完善的公债托管清算体系是保证公债资产安全、降低公债交易结算风险的重要手段。

(一)公债托管清算体系的特点

近年来,随着信息网络技术的推广应用以及债券的无纸化趋势,各国的公债托管清算体系得到了空前的发展,其共同特点有以下四个方面。

1. 建立统一的公债托管清算体系

在当前证券交易市场相互融合、相互渗透的背景下,各国都在努力建立一个统一的公债托管清算体系。在美国,场内交易的公债都被委托给专门的存托公司(DTC)或各大证券交易所(主要是纽约证券交易所),每日收市后,存托公司和交易所将当天的成交指令传送到全美证券结算公司(NSCC)进行统一清算,清算结果出来后,再由存托公司和交易所通知客户办理交割过户手续。而在场外交易市场,美国的全部债券交易则是通过联邦储备银行的交换系统(Fedwire)办理托管手续的。Fedwire担当着政府债券簿记的职能,在其下直接开立以及托管账户的托管公司,而经纪人和存托公司可为其他存托公司、客户以及经纪人开立二级账户,以此类推,形成一个多层次的托管体系。

与美国相比,德国更是在全国建立了完全统一的公债交易托管体系。德国所有的国债交易,不论是在场内还是场外,都集中在德国中央证券托管公司(DKV)这一个网络内。德国实行的是二级托管体制,在DKV开立账户的是商业银行,然后再由这些商业银行为债券的个人投资者和机构投资者开立账户,办理托管清算。另外,日本也是在1980年就制定了《关于国债统一注册的告令》,实行由托管机构和证券公司代理客户向日本商业银行办理托管手续的债券托管制度。

除了各国内部的债券托管体系外,随着经济全球化和市场化一体化进程的推进,跨国债券托管体系也开始出现。例如,1970年在卢森堡成立的Cedel银行就是为国际证券市场提供证券和资金的托管、清算与交割服务的。Cedel银行实行的是一级托管体制,所有参与Cedel的银行证券业务的投资人都须直接在该银行开立债券托管账户。

2. 确保客户资产与托管机构资产的分离

证券托管的核心问题是确保客户资产的安全。从世界各国的经验来看,大都从以下两个方面着手。一是选择可靠的托管银行。客户资产应该选择资产规模大、内部管理好、抗风险能力强、倒闭可能性很小的托管银行,使客户的资产不会因处于第一线的证券代理商、经纪人倒闭而受到损失,也大大减少了证券经纪人代理客户资产的可能。二是将客户资产与托管机构资产严格分开。一旦托管银行因金融危机和市场风波而出现倒闭、合并、清盘等风险,不会危及客户资产。

中央托管机构是集中保管托管银行所托管的证券资产和所有金融机构自营证券资产的地方,是客户资产的最终托管地。为了确保客户所托管资产的安全,各国都用立法形式对托管机构的性质、行为以及如何确保所托管资产的安全进行了界定。

3. 钱券对付(DVP)是证券清算交割方式的目标

证券清算交割方式主要有两种:一种是纯券过户(FOP),另一种是钱券对付(DVP)。纯券过户是中央证券托管根据买卖双方的交割指令在买卖双方约定的交割日或市场统一规定的时间内只为卖券方办理债券的交割过户,而不考虑资产是否到账。因为卖券方一般在确定资金能立即到账或是已到账的情况下,才会发出付券指令。钱券对付是指买卖双方都把债券和资金存入中央证券托管机构的账户或与中央证券托管机构联网的清算银行账户,在双方约定或市场统一规定的交割日内,由中央证券托管机构同时为客户办理债券的交割过户和资金的转账手续,即券、款进行同步交收。由于DVP是"一手交钱,一手交货",加上中央证券托管机构同清算银行是联网操作,效率很高,因此被世界各国普遍采用。

4. 融券是提高清算效率的重要手段

为了提高证券清算的效率,世界各国在普遍推进短期融资的同时,还推行了融券业务。融券的做法:贷方(借出证券方)将证券贷给中央证券托管系统,再将证券贷给借方(借入证券方),中央证券托管系统替双方保密。中央证券托管系统预先与贷方和借方分别签订合同,其基本要素包括如果证券借方不能按时还券,则中央证券托管系统保证向贷方还券或还款;如果借方破产,则中央证券托管系统保证向贷方还券或还款;如果中央证券托管系统破产,则借方按协议有义务还券。

(二)中国公债的托管清算体系

中国的公债托管始于实物公债代保管业务,公债购买人出于安全性考虑,委托公债中介机构代替保管实物公债。随着公债交易市场的产生和发展,尤其是集中交易市场的出现,以交易的清算为目的的公债托管清算业务迅速建立和发展起来。因此,公债的托管清算是公债市场发展的需要,其中公债托管又是进行有效清算的前提条件。

1. 中国公债托管清算机构

中国公债托管清算机构主要有中央国债登记结算有限责任公司(以下简称中央结算公司)、上海证券交易所证券登记结算机构、深圳证券交易证券登记结算机构。

(1) 中央结算公司

中央结算公司成立于1996年,是在财政部和人民银行的直接支持下,在原来NET法人股交易市场的基础上改造形成的,其目的是建设全国统一的国债托管清算体系。目前,该公司的主要业务是配合中国人民银行进行公开市场操作业务,为商业银行办理记账式国债,专门用于人民银行进行公开市场操作业务。中国人民银行进行公开市场业务操作时,中央结算公司根据中国人民银行和商业银行下达结算指令,按100%的比例办理足额的债券过户。中央结算公司为每家商业银行设立了债券托管账户,用来反映商业银行实际持有的国债量。交易发生时,中央结算公司按各商业银行持有余额以足额方式进行逐笔结算。当债券卖出方所持有的国债余额小于其卖出的债券数量时,中央结算公司将拒绝为其办理过户手续。

(2) 上海证券交易所证券登记结算机构

上海证券交易所证券登记结算机构建立于1993年,登记结算模式是以上海中央结算登记公司为主体的集中式清算登记,市场交易的整体运行机制是全国买卖、集中交易、集中清算和统一登记。

(3) 深圳证券交易所证券登记结算机构

深圳证券交易所证券登记结算机构成立于1993年8月,其名称为深圳证券登记有限公司。经过不断的发展,深圳证券托管清算形成了全国买卖、集中交易、中央清算和分布登记的整体运行机制。

深圳证券交易所的国债托管全部采用托管,即投资者把国债托管在国债经营机构,而国债经营机构则以其自己的名义再托管在交易所的托管清算机构中。与国债二级托管相对应,深圳证券交易所采用二级清算制,即当交易发生后,交易所的证券托管清算机构与国债经营机构进行一级清算,国债经营机构再与投资者进行二级清算。

2. 公债交易的资金清算

无论是在上海证券交易所还是在深圳证券交易所进行交易,资金的清算都采用二级清算,即投资者在国债经营机构开立资金账户,国债经营机构在交易所登记结算机构设立资金结算账户。在交易发生时,交易所登记结算机构与国债经营机构进行一级清算,国债经营机构与投资者进行二级清算。

第六节 公债流通市场的功能

公债是财政弥补赤字的一种手段,同时也是中央银行实施公开市场操作的工具。公债的流通市场具有筹资功能、调节功能和示范功能,前者与财政政策有关,后者为货币政策操作提供基础条件,是财政政策与货币政策的协调点。

一、调节社会资金的运行

公债的调节功能是随着公债流通市场与经济社会环境的发展演变而发展和完善起来的,并且其重要性日渐增强。公债的调节功能主要是调节社会资金的运行。通过央行公开市场操作,调节货币流通。这是公债流通市场的一个重要功能,随着央行对货币流通调节方式的改变和调节力度的加强,调整整个社会中的货币供给量。在公债二级市场上公债承销机构和公债认购者以及公债持有者从事直接的交易,公债持有者和公债认购者从事间接交易,都是社会资金的再分配过程,最终使资金需要者和公债需要者得到满足,使社会资金的配置趋向合理。若政府通过中央银行直接参与公债交易活动,以一定的价格售出或收回公债,就可以发挥诱导资金流向和活跃证券交易市场的作用。公债是央行在公开市场上最重要的操作工具。在经济过热时,中央银行开展公开市场业务操作,回购公债,减少流通中的货币量,抑制过热;在经济紧缩时,中央银行发行公债,增加流通中的货币量,扩大内需,拉动经济增长。在不够活跃的公债市场里,央行吞吐基础货币,调节社会信用总量的能力就会受到限制,资产价格容易过度波动;而公债二级市场的壮大,有助于中央银行公开市场操作的开展,使中央银行的货币政策由直接控制为主逐步向以市场化为主的间接调控转变。中央银行通过吞吐公债,达到调节整个社会货币供给量的目的。

二、为投资者提供投资渠道

公债是市场不完全条件下储蓄转化为投资的渠道。当经济不景气时,虽然利率降低,但出于对资本未来收益减少的担忧,投资者会谨慎增加投资甚至减少投资。银行是连接储蓄和投资的重要机构,将储蓄转化为投资是银行的传统职能,但是,由于银行所面临的外部风险加大和投资渠道的多样化,银行出现了"惜贷"现象,在经济低迷时会有相当一部分储蓄资金沉淀在银行系统之内而没有转化为投资。而且,实体经济和虚拟经济有时是脱节的,当实体经济中需求不旺、投资下降时,虚拟经济可能正进行着投机的热潮;与实体经济中交易对象众多、信誉良莠不齐相比,虚拟经济中交易主体相对较少,且为金融机构,信誉较好。因此,即使在经济景气时,只要虚拟经济体内有足够的利润空间,信贷空间就会在一个封闭的市场内交易,形成信贷资金的"体内循环",而与实体经济脱节。

储蓄与投资的背离使政府介入金融市场成为经济增长的条件。公债具有财政金融双重职能,公债发行可以吸收信贷市场上剩余的储蓄资金,通过政府支出将剩余储蓄转化为投资,满足经济增长的需要。公债拓宽了居民的投资渠道。在一个活跃的市场中,社会资金可以很方便地流入流出,企业居民的富余资金可以投入债市获取收益,需要兑现时又能及时在市场中卖出债券,增加了投资渠道,丰富了居民的金融资产替代选择;包括公债市场在内的债券市场和股票市场相互配合产生不同类型的投资工具,为投资者提供了可供选择的收益——风险组合,投资者能根据外部环境的变化适时调整自己的投资策略。公债市场还是连接货币市场和资本市场的渠道。一些本来不易进行长期产权投资的短期资金,如企业暂时不用的闲置资金,也有可能参与到资本市场的投资中来。尽管一个企业的资金可能只在这个市场上停留两三个月,但新的短期投资者会形成新的接替关系,由此就可以实现全社会投资规模的扩大。这样,不仅为企业提供了投资渠道,获得了收益,也起到了扩大投资的作用。

三、对金融市场的示范作用

公债与公债市场是政府维护和促进金融市场流动性的主要手段。从金融市场的现实看,政府能够提供的具有较高流动性的交易工具就是以政府信用为保证的政府债券,包括公债和准公债。它对金融市场的示范作用主要表现在以下三个方面。

(一)降低市场参与者的风险

公债属于信誉高、流动性强并可减免所得税的零风险投资,在资本市场上一直是投资者理想的投资选择,也是银行等金融机构必备的流动性资产。规模庞大且交易活跃的回购市场和期货市场,是投资者进行套期保值规避风险的"天堂"。由于公债高度的安全性和流动性,是其他金融资产定价的基准和众多衍生金融资产(如回购、期货、期权等)的基础资产,同时也是交易者对冲风险的重要工具。投资者可以通过公债市场分散投资风险,避免出现投资组合不匹配,投资结构不合理,甚至风险集中的情况发生。如果没有发达的公债市场,投资者尤其是机构投资者单一地依赖股票市场,其政策性风险和市场风险都会很大。一个富于流动性的公债市场,在提高金融体系的效率、保持金融体系的稳定方面,具有重要的意义。

(二)提高金融市场的运行效率

首先,公债市场生成整个金融市场的基准价格,由于公债风险的特性,借助市场可以计算其他债券和衍生金融工具的价格,由此,公债是其他金融资产和衍生金融资产的定价基础。其次,公债市场利率的期限结构能够反映市场参与者对利率的长期变化预期和长期利率趋势,为货币政策的实施提供信息,使货币政策的意图能够有效地传导。

(三)提高经济金融体系的稳定性

一个富于流动性的公债市场有助于保持金融体系的稳定。当民间的金融机构和非金融机构能够通过资产转化的方式从金融市场上顺利融资时,资产价格不会有大的波动,金融市场至少不会出现结构性失衡,就可以减轻中央银行作为最终贷款人的压力,保证实体经济不受或少受金融系统风险的冲击。同时,也有利于商业银行资本结构的完善,有利于降低不良资产率,使其抗风险能力增大。公债是微观金融机构进行风险和流动性管理的重要工具,是机构投资者在其进行投资组合,减小资产风险的一种重要资产。

因此,在现代金融体系中,公债流通市场的功能体现在以下几方面:其一,在为政府筹集资金的同时,还为金融市场提供充足的流动性,满足金融机构和投资者个人的流动性需要;其二,降低投资者的融资或投资成本,为个人投资者、养老基金、保险机构等提供无风险或低风险的投资场所;其三,为资本市场固定收益证券和交易提供基准价格;其四,为货币政策的实施提供操作工具。

第七章 公债的管理

公债的管理作为一种宏观调控的手段，在实际操作过程中，要考虑到同其他宏观经济调控手段的协调配合问题。特别是同现代经济条件下政府宏观调控的两大杠杆，即财政政策和货币政策的协调配合，更是至关重要的。公债的管理不能直接使税收和财政支出的规模及相关流量发生变化，也不能直接使货币供给量发生变化，它所面对的是既定规模的公债，采取有助于实现宏观经济政策目标的管理活动。

第一节 公债管理概述

公债能否真正为政府筹集财政资金服务，并促进国民经济的协调发展，很大程度上取决于政府部门能否有效地管理公债。因为公债如若管理不当，不但不能发挥公债的积极作用，反而会酿成债务危机。所以当今世界各国都十分重视公债管理，并把它看作是整个国民经济管理的重要组成部分。

一、公债管理的含义

公债管理的内涵与外延，从广义上讲凡是与举借公债有关的经济活动都可列入公债管理的范围，即政府对公债的运行过程所进行的决策、组织、规划、指导、监督和调节等一系列经济活动的总称。但是仔细考虑一下，与公债有关的管理活动可以划分为三个层次：凡属于政府是否发行公债以及发行多少公债的抉择，可归入第一个层次。此时，公债主要是作为一种可供选择的财政收入形式而存在的，因而它更多地属于财政政策的范畴。凡属于中央银行为执行货币政策而进行的政府债券买卖活动，即所谓的公开市场业务，可归入第二个层次。此时，公债主要是作为中央银行公开市场业务的操作对象而存在的，因而它更多地属于货币政策的范畴。凡属于政府如何发行公债、向谁发行公债、发行什么类型和什么条件的公债的抉择以及同既发未偿公债有关的一系列具体的操作活动可归入第三个层次。相比之下，只有这个层次的经济活动才有相对独立意义的公债管理。

就狭义的公债管理而言，所谓公债管理，是指政府部门为达到举债的预期目标，对公债的发行和流通、公债资金的投入使用和偿还等活动而进行的一系列操作。早在20世纪90年代末，美国财政政策学家阿伯特也曾给公债管理下了一个最为综合的定义："公债管理的含义就是选择公债形式和确定不同类型所占的比例数量，选择债务期限结构和确定不同阶层持有者拥有的公债数量，作出到期公债的偿还或公债以旧换新的决策，确定公债发行的条件和价格，对不同公债持有者的待遇，有关到期公债和新发公债的政策及其在政府一般财政政策中的地位等。"①因此,公债管理的范围包括公债发行、流通、使用和偿还的全过程,并以结构调整为其主要内容。

二、公债管理的环节

公债管理的环节包括公债发行的管理、公债流通的管理、公债收入使用的管理和公债偿还的管理四个环节。

(一)公债发行的管理

公债发行,是指公债如何发行、用什么方式发行和通过什么渠道发行等管理问题,或者说解决的是一级市场的问题。在公债的发行环节上,公债管理主要侧重于公债规模的确定、公债结构的形成、发行程序的规定三个方面的内容。

1. 确定适度的发行规模

公债规模究竟以多大为宜,应视各个时期的具体情况而定。但不管客观条件如何变化,确定公债规模主要应考虑发行对象的应债能力和发行主体的偿债能力两个基本因素。只有在这两方面的能力都具备时,确定的规模才是适度的。因为应债能力不足,公债就无法顺利发行,而偿债能力不强,政府就会丧失继续发行公债的资格。所以,应债能力是发行公债的前提,而偿债能力是发行公债的保障。在最大限度的需要和最小限度的可能之间求得适度的数额,是公债管理的首要任务。在发达国家,发行公债的总额通常由立法机构审核批准,目的是借此限制政府任意扩大财政支出,减少赤字,避免陷入债务危机。

2. 形成合理的公债结构

公债的结构是否合理对于该国举债成功与否有着重要的影响。合理的公债结构应包括合理的持有者结构和合理的期限结构两种。

公债的持有者通常包括居民个人、企事业单位、政府机关、社会团体以及金融机构。各类持有者的资金来源和运用、经济行为准则、进行公债投资的目的都是不尽相同的,有的是为了资金的流动性,有的是为了投资的盈利性,有的则考虑了对资金的安全性。而公债被不同的经济主体所持有,对宏观经济的影响也是不一样的。正因如此,公债管理部门必须根据公债发行管理的目标,确定合理的持有者结构。

选择公债的期限时,影响决策的因素有三个。一是社会闲置资金的结构。倘若预测到社会长期闲置资金居多,则宜发行长期公债;反之,若社会上闲置的主要是短期资金,那么应发行短期公债。二是债务收入的使用方向。如果仅仅是临时调剂预算收支,应发行短期公债;若是为了弥补财政赤字,应视未来年度财政状况发行中长期公债;假使是用于重点工程项目,那么要根据投资回收期决定公债期限。三是看货币政策的要求。由于不同期限的公债流动性强弱差异很大,同时中央银行在不同时期对公债流动性的要求也不同。所以公债管理应视货币政策的要求在期限结构上进行权衡。

3. 制定规范的发行程序

公债发行程序上的管理,主要包括以下几点。

---

① Abbott,C.C. Management of the Federal Debt[J]. Bulletin of the Historiographical Institute,1946,24(1):97-108.

(1) 规定申请发行的手续。财政部或地方财政部门必须在发行公债前向公债管理部门提出申请,并提供包括申请报告、可行性报告、发行章程等在内的资料,经审查批准后方能正式发行。

(2) 规定发行方式。根据不同公债的性质和目的以及社会公众应债资金来源状况选定公债的发行方式。如是直接发行,必须确定是竞争性投标还是非竞争性投标。若为竞争性投标,公债管理部门就应配合发行主体预先确定利率或价格,并进行公开招标、公开开标。如是间接发行,则应督促财政部门与银行系统按照有关法规签订包销或代销合同。

(3) 审查公债代理发行机构。这主要考察代理发行机构在财务管理、人员素质、机构网点、信誉高低等方面能否保证顺利完成公债的代发业务。与此同时,还必须审核发行机构与代理发行机构之间是否有明确的职责和利益关系。

(4) 规定债券要素及印制送审制度。公债券上应标明债务、票面金额、发行利率、到期年限、偿还方式、发行日期、债务编号、发行机构印章及有关转让、挂失规定。在债券印刷前必须审定样稿并加印暗记,最后由指定的印制机构印制。

(二) 公债流通的管理

公债流通,是指公债发行后的流通、转让等管理问题,或者说是二级市场的问题。流通市场体现的是投资者之间或投资者与中介人之间的关系。发行市场和流通市场是相互促进、相互补充的关系。一个具有较高流动性和安全性的流通市场能够为新发公债发行条件的确定提供参照,而采用市场化的方式发行公债,又有利于提高流通市场的流动性。在流通环节上,公债管理主要应着眼于对进入流通市场资格的管理和对流通市场秩序的管理。

1. 对进入流通市场资格的管理

首先对证券交易所和证券公司柜台的管理。公债流通的场所一般指证券交易所内或证券公司柜台,所以,公债管理也就必须加强对公债流通市场本身的管理。证券交易所或证券公司欲从事公债的交易业务,必须先提出申请,经公债管理部门审查方可进行。审核的主要内容包括公债交易的规章制度、公开的文件资料、交易所或证券公司的财务状况等。其次由于在证券交易所内从事公债买卖业务的必须是具有会员资格的经纪人,因此还应对交易所会员资格进行严格审查,会员必须具有相当丰富的债券经营知识与经验,并能遵守交易行业的规则等。

2. 对流通市场秩序的管理

公债流通是双方自愿的,也是互利的。要维持买卖双方的平等地位和合法权益,就必须有一个良好的市场交易秩序,这就有赖于公债管理部门制定出有关规定。其中,对上市公债交易的管理主要有以下两方面。

(1) 规定允许交易的公债范围。政府发行的公债有上市公债与非上市公债之分,因而能够上市交易的公债,必须是向社会公众发行并注明可以转让和买卖的债券,禁止未经允许上市的公债券进入市场进行交易。

(2) 规定交易价格基准和原则。一是要从总体上规定公债交易价格水平,并对不同性质、特点的公债上市价格进行对比,再联系市场客观因素的变化预测公债行市的动态涨落趋势,为公债买卖双方提供出价和报价的参考依据。二是在买卖中,贯彻价格优先原则和时间优先原则,并防止少数人以少量债券故意哄抬价格,扰乱行市。

(三) 公债收入使用的管理

公债发行收入的使用,是公债管理中的一个重要环节,因为公债收入利用不当,就不利于国民经济的持续、稳定和快速发展,那么最终政府新发公债就很难顺利销售,无法建立真正的流通市场。同时,也影响公债到期的还本付息,这给购买公债者造成信用危机。对于任何一个国家而言,公债的使用是决定举债成功与否的关键所在,因而对公债收入使用的管理就显得非常重要。公债收入的使用管理主要是确定公债收入的使用方向和加强公债收入使用的财务管理两个方面。

1. 确定公债收入的使用方向

公债收入虽然也属财政资金,但它的取得是以偿还为条件的,这就要求公债管理部门督促有关部门合理安排公债收入的使用方向。一般说来,政府发行公债总是有特定目的的,如为了加快发展原材料、能源、交通等基础产业而发行,或为了弥补生产性重点建设投资不足而发行,等等,这就必须保证专款专用,不准在使用过程中改变债务收入的既定用途。如果确有必要改变用途,也必须经公债管理部门严格审查批准。特别是将公债收入由原定用于生产性的投资改为非生产性投资时,更应有足够的重视,因为这种使用方向的改变会增加财政偿还的负担。

2. 加强公债收入使用的财务管理

加强对公债收入使用的财务管理目的是充分发挥公债对国民经济的促进作用,提高公债收入使用的效率。加强财务管理主要应做好以下两项工作。

(1) 将公债收入与支出编成独立的预算,单独管理。这是保证公债收入使用方向的重要措施。若将公债收入与其他财政收入混在一起统一安排就可能引起既定用途的改变。这就较难进行经济效益的评估,也不利于协调财政支出的各项比例关系。所以,对公债收入实行单独管理、专项使用是十分必要的。

(2) 积极回收公债资金的投资收益。由于公债收入是有偿性的,因而公债资金的投入使用也应尽可能采取还本付息的贷款方式,这就要求公债管理部门按照国家规定的利率政策和收费标准及时做好投资收益的回收工作。公债资金的用途不同,投资收益的内容及其回收方式也就不同,生产性投资项目的收益包括利润和税收,回收主要依靠贷款的还本付息。而用于公共事业和基础设施的资金并不创造税利,其利益是间接的,因而只能采取一定的收费方式。

(四) 公债偿还的管理

公债偿还,是指公债用什么资金偿还,用什么方式偿还等管理问题。公债偿还是公债管理中的最后一个环节,同时也是很重要的环节。因为公债能否按时足额地予以偿还,对于新发公债能否顺利销售出去至关重要。在公债本息的清偿过程中,要着重考虑偿还资金来源的确定和公债调换政策的制定。

1. 偿还来源的确定

公债有多种偿还方式,不同的偿还方式给国家财政所带来的影响是不同的,因此,必须讲究偿还方式的选择。决定偿还方式选择的基础是偿还来源的确定。一般说来,如果一国连续几年发行公债,那么设置偿债基金就是一个必须予以优先考虑的办法,这是因为在累计发行公债的条件下,本息偿还几乎是每年都要发生的,只有用建立偿债基金的办法才能避免在某一时期内偿还负担过重。偿债基金这种瞻前顾后、均衡年度间债务支出的作用是其他资金来源所不具备的。当然,偿债基金应单独管理,保证不被挪用。

2. 公债调换政策的制定

公债管理部门应根据到期公债的数量、财政的偿债能力以及宏观经济环境进行判断分析,提出实行公债调换政策的建议。同时还应严格审核公债的调换计划,主要包括限定新公债的发行额、确定新旧公债的差幅、选择调换的具体方式、决定何时调换、制定有关调换工作的规章程序等。

三、公债管理的意义

我们知道,公债既是一个财政范畴,又是一个信用范畴,政府举债本身就是一种对国民收入进行直接再分配的活动。同时,公债的发行和流通、公债资金的使用和偿还对社会再生产过程的各个环节,对货币供求关系甚至对各经济主体的经济行为或多或少都会产生影响,尤其是在现代经济发达国家,公债已经成为政府进行宏观经济调控的一个重要手段。因此,任何一个国家,只要试图利用公债来发展经济,就必须对公债管理有足够的重视。具体来说,加强公债管理有以下两方面的意义。

(一)有助于更好地利用公债为国家财政筹集资金

公债收入作为国家的一笔财政资金,既可用于弥补财政赤字,又可用于国家重点经济建设。这种公债收入与税收收入在性质上是根本不同的,它是一种有偿性的收入。国家作为债务人,在既定的期限内,固然可以自由支配这笔资金,但是偿还期限一到,就必须向债权人履行还本付息的义务。公债收入的这种偿还性,决定了公债是比税收更具风险的一种筹资手段。因此,如不对公债进行必要的管理,便会增加国家财政的负担,甚至会使国民经济陷入债务危机的泥坑中。例如,一些拉美国家的政府大量举债,由于缺乏对公债的有效管理,导致滥发公债—财政赤字—通货膨胀的恶性循环,严重影响了国民经济的发展。与此相反,只要加强对公债有效的管理,就能达到举债的预期目的,如第二次世界大战后的日本,自经济由复兴时期进入高速增长时期以来,公债规模不断扩大,由于政府采取多种措施加强公债的有效管理,妥善解决了因推行低税政策而引起的财政收支矛盾,保证了公共事业投资的资金来源,从而使公债成为日本经济起飞的一个重要杠杆。

(二)有助于更好地发挥公债对国民经济的调节作用

公债不仅是一种筹资手段,它还是国家直接掌握的调节国民经济的重要杠杆。通过公债收益的高低、种类的变化、发行条件的变更等,能够直接或间接地影响投资与消费的规模和结构;通过发行规模和偿还数量的变化以及期限结构的调整等,能够调节市场货币流通量及其结构,促进社会总需求与总供给的总量平衡和结构协调。例如,在经济过热时期,延缓旧债偿还,发行长期公债,提高发行利率,降低发行价格,等等,以免增加货币供给量;在经济衰退时期,则加速旧债偿还,发行短期公债,降低发行利率,提高发行价格,等等,适当缓和通货紧缺状况。但是,与税收、信贷、价格等经济手段一样,公债如管理不当,就可能引起国民经济失衡,造成经济的不稳定。

第二节 公债管理的目标和原则

就影响来说,公债不仅具有财政效应,而且还具有金融效应,尤其在现代西方许多资本主义国家中,公债的金融效应与其财政效应堪称等量齐观。因此,从公债管理的角度来看,为了使公债活动更经济、更合理,活动效率更高,首先应当确定一些标准,以指导公债活动,并对公债活动进行检验与评价。这些标准集中体现在公债管理的目标上。人们对公债管理目标的选择并不是任意的,在对公债管理目标的选择与确定过程中,同时也包括对实现目标的途径、具体方法的思考。公债管理目标也受制于总体的财政管理目标、金融管理目标,具体包括直接目标和派生目标两种。

一、公债管理的直接目标

直接目标是针对公债管理本身而言的,是指公债管理工作更为安全、高效所确定的行为准则和评价标准。可概括为如下几个方面。

(一)维护公债市场的稳定

公债的发展史表明,凡举债成功的国家,大都存在一个稳定的政府债券市场。稳定的政府债券市场的存在,不仅意味着政府债券具有足够的流动性,而且可把社会上各种游资动员出来,加以吸收,确保公债的顺利发售;也意味着可通过避免政府债券价格的大起大落,提高政府债券的声誉,使公债拥有较为稳定的资金来源。正因如此,各国对维持政府债券市场的稳定都给予了充分重视,将其作为公债管理的一个重要目标。

所谓政府债券市场的稳定,一般说来有两个标志:一是政府债券可随时按市场价格发售出去,二是政府债券的价格无大起大落的现象。这一目标主要是通过两个方面的措施来实现的。

1. 按市场价格确定新发行债券的收益条件

政府当局要随时保持与政府债券市场的接触,或是直接参与政府债券的交易,或是同市场参与者(如商业银行、证券经纪商等)保持经常性联系,准确把握债券市场行情、社会资金持有状况及资金供求趋势。在此基础上,研究确定新发行债券的收益等方面的条件,使其与市场价格尽可能一致,以求避免因新债券发行而引起原发行政府债券价格的波动。

2. 官方对政府债券市场的直接干预

官方对政府债券市场的直接干预主要是通过各国中央银行的公开市场业务进行政府债券的买卖,来影响政府债券市场的供求,避免非所意愿的市场冲击,以使政府债券价格维持在较为稳定的水平上。例如,当政府债券价格大幅度下跌时,政府可通过中央银行大量买进政府债券,从而促使债券价格回升,而当政府债券价格出现急剧上涨时,政府又可通过中央银行大量抛售政府债券,从而促使债券价格回降。

(二)降低举债成本

所谓举债成本,一般理解为公债的利息费用开支,但实际上也包括为推销公债而支付给各类推销机构的佣金和手续费开支,甚至还包括与公债的运用和管理工作有关的人员的费用开支。由于举债成本开支的最终来源是税收,而税收的征收会引起社会收入的再分配,也由于举债成本特别是其中的利息开支目前已构成举债国财政预算的重要项目之一,为避免社会矛盾,减轻财政负担,尽可能地减少举债成本十分必要。各国为实现尽可能减少举债成本的政策目标,通常是选择两种策略。

1. 根据市场价格相应安排各种债券的构成

即使在公债发行规模一定的条件下,债券主管部门也拥有在债券发行的期限种类构成上的选择余地。因而有可能通过债券期限构成的巧妙安排,达到降低举债成本的目的。例如,在市场利率上升时期多发行短期债券,在市场利率下降时期多发行长期债券,预期利率上升时集中发行长期债券,预期利率下降时集中发行短期债券。这样一来,有可能使债券的整体利息率达到最低。

2. 尽量多采用公募拍卖方式发行债券

公募拍卖一般是由国家财政部门或中央银行直接负责组织,不需支付任何佣金和手续费。而其他发行方式则往往要通过各种中介机构经销,必须支付可观的佣金和手续费。尽量多采用前者可减少推销公债的佣金和手续费开支,从而达到降低举债成本的目的。但从尽可能扩大公债发行量和分配范围的角度看,有时显然也要以适当的佣金和手续费的代价,来换取推销机构和推销方式的广泛多样化。

(三)实现均衡的期限构成

所谓期限构成,指的是未偿公债额在时间期限上的分布情况。其重要性在于,它决定了未偿债务还本付息的时间选择。为了避免到期债务和与此相应的还本付息过多集中在某一特定年份或特定年份的某一时期,而造成财政负担的过分加重,也为了避免公债还本付息过分集中而造成货币供给量的急剧扩张,就需要在公债期限构成的安排上力争实现均衡化,从而使还本付息活动能以大致均匀的速率进行。

为实现公债在期限构成上的均衡化,各国政府在公债管理上通常需要做到以下几个方面。

1. 尽量按政府的现金状况安排债券的到期(还本)时间

这是因为各国政府的税收(特别是一些西方国家)具有较强的季节性,并不是以均衡的速度流入国库。如能将债券的到期日尽量安排在税收旺季,而避免在税收淡季进行还本付息,将有助于实现公债还本付息活动的均衡。

2. 按有规律的时间模式发行公债

按有规律的时间模式发行公债,即公债每次发行的时间间隔应力图有一定的规律性,而避免无规则的公债发行。公债发行时间上的规律性可以带来还本付息时间上的规律性。

3. 按实现均衡期限构成的目标要求设计债券的期限

这就是说,各种债券的期限构成,不仅要注意满足投资者的需要,还要考虑尽可能实行长、中、短期互相搭配。债券期限设计的均衡是还本付息活动均衡的前提条件。当然,在举债规模相当庞大的情况下,往往会迫使政府当局为确保发行任务完成而迎合投资者的需要,按其偏好和要求设计债券期限。这时该项目标无疑要因此而被置于次要位置,所以它实际上也属于补充性或从属性的目标。

（四）确保政府债券的顺利推销

将既定规模的公债顺利推销出去，是实现公债运用意图的前提条件。这就要求政府公债的管理应当把确保政府债券的顺利推销作为一项重要目标加以追求。具体来说，这一目标包括两方面的意义：一方面要保证将既定数额的债券全部推销掉，另一方面要保证举债成本尽可能降低。这两个方面紧密联系，缺一不可。单纯强调任何一个方面而忽视另一方面（如以增加举债成本的途径保证公债顺利推销）都不符合该项目标的要求，应尽可能使两者保持高度的一致。实现这一目标除了要使公债发行条件符合市场需求之外，基本上是在推销技巧上找出路。

1. 力求推销机构广泛多样化

力求推销机构广泛多样化，即同时或交替采用中央银行、商业银行、储蓄银行、财政部门、证券经纪商等一切可能有助于公债推销的机构推销政府债券，以求发挥其各自的特点和优势，在推销机构上为公债的顺利推销创造前提条件。

2. 多种推销方式兼收并蓄

多种推销方式兼收并蓄，即同时或交替采用固定收益出售方式、公募拍卖方式、连续经销方式、直接销售方式以及一切可能用来保证顺利推销的方式。尤为值得注意的是，有些国家（如英国）还往往将上述各种推销方式的特点加以综合，各取所长，结合运用，以求在推销方式的设计上为公债的顺利推销铺平道路。

二、公债管理的派生目标

公债管理也是政府主动调节经济的一种活动，除了针对具体操作层面的直接目标以外，还要具有针对宏观调控层面的派生目标。派生目标是指政府通过债券管理操作所要实现的宏观经济目标，它是公债管理目标不可或缺的组成部分。与政府社会福利最大化的宏观经济政策目标相吻合，公债管理的派生目标可以概括为资源合理配置、收入公平分配和经济稳定增长三个方面。

（一）资源合理配置

金融市场中存在的信息不对称、经济外部性、内幕交易、垄断等缺陷弱化了市场的自我调节机制，从而使得社会资源可能长期处于无效率或低效率配置状态。为此，政府可在不同部门之间进行公债的买入与卖出，调节资金在整个经济系统中的分布，以此促进社会资源的有效配置。如政府可对低效率产业发行长期定向债券，挤占其生产性资金的投入，同时，通过赎回高效率产业所持的债券来增加其生产性投入，引导社会资金的有效流动，最终促进产业结构的升级换代。

（二）收入公平分配

在大卫·李嘉图的等价定理中，一旦居民手中所持有的公债与其未来所需承担的税金不对称，居民的可支配收入就会发生变化。因此，政府可以通过调节公债的持有者结构，缩小收入差距，实现收入再分配。例如，因为储蓄债券具有只面向低收入的小额资金所有者发行、债券利率较高且不可流通转让等特点，因而政府通过债务管理增发这种债券，即可在一定程度上提高低收入阶层的收入水平，促进收入分配公平目标的实现。

（三）经济稳定增长

所谓公债促进经济稳定增长的战略目标，是指无论是公债发行的数量、结构、流通转让、使用与偿还或调整，都要通过或者以社会总需求带动产出增加，或者以直接经济投资带动产出增加，以保证国民经济适当的发展水平。公债的债务特征与金融市场的利率、流动性等经济指标之间存在着密切的关系，从而政府可通过公债管理影响金融市场走势，调节社会总需求，促使经济健康平稳运行。例如，当经济趋于高涨时，政府可以提高公债利率，以此控制社会总需求，抑制经济过热。反之，反是。

三、公债管理的原则

公债管理的原则是公债管理的基本方针，它取决于不同国家以及同一国家不同时期的客观经济条件。现代经济运行条件下，公债管理的中性原则（它不应对经济运行产生影响）已被废除，并且，公债管理被作为控制国民收入的财政政策工具和配合其他财政手段调节收入分配的工具。因此，现代公债管理的基本原则有：①政府债券必须是安全可靠的投资，到期必须立即偿还而且要随时能变现；②公债必须维持其货币价值，以避免通货膨胀或通货紧缩的影响；③公债应当尽可能广泛地为全体公众所拥有，以配合累进所得税制促进收入分配公平化；④联邦支出、课税和举债的预算控制应当作为国民收入持续增长的基本目标。

根据我国政治经济的实际情况，公债管理应该坚持以下原则。①坚持分级管理的原则，即坚持在宏观上集中管理和在微观上适当放权相结合的原则。分级管理是我国预算管理的基本原则，公债管理属于财政管理的重要内容。因此，公债管理和财政管理也应坚持分级管理的原则，公债分级管理和财政分级管理在内容上有所差别。财政分级管理主要是在财政部门内部，即中央财政和地方财政之间进行，公债分级管理不仅涉及财政部门，还要涉及与之相关的其他部门。②坚持平等互利，正确处理各方利益的原则。各公债活动主体参与公债活动是为了获得某种利益，这样在公债管理中就需要正确处理各方利益关系效益为核心。③坚持讲求经济效益原则。公债管理以经济效益为原则，非但取决于公债的偿还性，而且取决于社会资源的有限性。公债的偿还性，要求公债管理必须有效率，即公债效益必须大于公债成本，否则，债务负担的积累极易使政府陷入债务危机之中；社会资源的有限性，要求公债投资既考虑个体经济效率，又注意总体社会经济效率，使总社会经济效益与总社会成本之间的差额最大化。公债管理坚持效率原则，有助于整个社会财富的增加，更有利于确保公债的偿还。

第三节　公债管理的工具和手段

一、公债管理的工具

公债管理的工具主要包括四个方面：公债规模大小的确定、公债期限品种的设计、公债发行对象的选择和公债发行利率的调整。

（一）公债规模大小的确定

在一般情况下，公债规模越大，公债管理可操作对象的数量越大，公债管理的回旋余地就越大。可以说，公债管理的宏观调控能力与公债规模大小成正比关系。然而，公债毕竟是一种有偿性的财政形式，它的运用不仅可以改变社会总需求及其构成，而且还受到诸多客观经济因素的制约，如社会的应债能力、政府的偿债能力、国民经济的承受能力等。因此，公债规模大小的运用是有一定数量界限的。

（二）公债期限品种的设计

公债的期限不同，流动性就有很大的差异。按照偿还期限的划分，公债可分为长期公债、中期公债和短期公债三大类。其中短期公债的变现能力最强，有仅次于现金的凭证之称，在三类公债中流动性最强。长期公债的变现能力相对较弱，在三类公债中流动性最低，而中期公债的流动性居中。当国民经济面临通货紧缩形势、需要拉动经济增长时，政府可以扩大短期公债的发行量，从而扩大全社会的需求总量。反之，当面临通货膨胀形势、需要紧缩经济时，政府可以扩大长期公债的发行量，以此引起社会上货币流通量的减少。

（三）公债发行对象的选择

面对商业银行和中央银行在内的系统发行公债，通常会通过信贷规模的相应扩大而增加社会上的货币供应量；而面对非银行系统（包括居民个人、工商企业等）发行公债，一般只会引起资金使用权的转移，不会扩大货币供应量，甚至在某种程度上还会缩小市场货币供应量。因此，发行对象的选择也是一种对经济施加扩张性或紧缩性影响的公债管理工具。

（四）公债发行利率的调整

在现代市场经济条件下，由于中央政府的借贷信誉最高，因此，各种期限的公债利率是金融市场（货币市场或资本市场）上的基准利率，是一种最能体现政府宏观经济政策意图的代表性利率，它的高低通常可以对金融市场上的资金利率水平产生直接的影响，从而对消费需求和投资需求产生扩张性或紧缩性效应。当经济形势需要实行扩张性的经济政策时，可以相应调低公债发行利率，以引导整个金融市场利率水平随之下调，这有利于刺激消费与投资，提高社会总需求水平。所以，公债利率的高低是政府贯彻其宏观经济意图的一个重要的公债管理工具。

二、公债管理的手段

开展公债管理必须同时兼用经济手段、法律手段、行政手段和技术手段。

（一）经济手段管理

采用经济手段管理公债是指政府按照客观经济规律的要求，利用税收、价格、利率等经济杠杆，通过对各种经济活动的引导和调整，处理好债权和债务的关系。利用经济手段管理公债的方式是很多的，如通过利率的变动影响公债的发行价格，加速公债的推销；对公债利息免征利息所得税或实行一定的保值措施，也可引导人们对公债进行投资；若要控制或鼓励持有者贴现公债,可提高或降低贴现率;为提高公债收入的使用效果,可运用贷款方式安排资金的投向和投量,并辅以成本收益分析。

公债信用关系是建立在债权人和债务人双方自愿的基础上的,而社会公众认购公债的直接驱动力是一定时期之后在保本的基础上还能获得一笔收益。因此,运用经济手段管理公债应成为公债管理的主要方法。

(二)法律手段管理

运用法律手段管理公债是指国家通过立法程序对公债活动制定出具有普遍约束力的行为规范和准则。政府之所以要采取法律手段管理公债,是因为从构成债的法律关系来看,政府与法人或自然人之间产生了公债法律关系,而债券的合法流转又使公债法律关系发生变化,最后公债的偿还兑现导致公债法律关系归于消灭。所以,国内公债往往受到国家法律的保护,国外公债也受有关国际法律的制约。有关公债的法规制度大致包括三个方面的内容。一是公债法以及各类公债管理条例、暂行办法等,它们是公债的基本法规,是从事有关公债活动的基本准则。二是在基本法规的基础上制定的实施细则和特殊规定,这是对基本法规的进一步解释和说明。三是有关处理债权和债务纠纷的准则与条例。公债管理采用法律手段应包括建立健全公债法律、法规和严格贯彻执行公债法律、法规两个方面。

(三)行政手段管理

以行政手段管理公债是指政府按照行政系统、行政层次,直接发布和下达命令、指示,以制约和规范公债的借、用、还等活动。利用行政手段管理公债,是因为公债发行的主体是国家,举债的成败关系到国家的根本利益。所以政府在必要的时候可以凭借政治权力和行政权威对公债进行强制性的管理。当然,用行政手段对公债进行管理也必须建立在对客观规律的正确认识和运用的基础上,只有这样,才能保证良好的效果。运用行政手段管理公债的内容主要包括规定公债发行的最高限额、审批公债发行计划、确定公债的发行和偿还程序、颁布公债交易的原则和规定,从总体上限定公债收入的使用方向,等等。

(四)技术手段管理

运用技术手段管理公债是指政府在公债市场上通过建立一套发达的记账、结算、交易和托管系统,促进公债发行市场和流通市场的高效运行。

在不同程度上利用经济手段、法律手段、行政手段和技术手段来管理公债,这是国内外公债管理的共同点,但使用的手段在主次上有所不同。一些发达国家把重点放在运用经济手段、法律手段和技术手段进行管理上,行政手段仅仅作为辅助手段来加以利用。例如,利用税收优惠措施提高公债的竞争力,主要是对购买公债带来的利息收入予以减征或免征所得税,而银行存款和其他有价证券却没有这样的优惠条件。而目前我国公债管理基本上以行政手段为主,法律手段和经济手段运用不够,技术手段也有待进一步改进。

第四节　公债管理体制

一、公债管理体制的含义

公债管理体制是根据公债管理的目标和原则的要求划分公债各级管理机构之间的管理权限及责任、利益的一项根本制度。公债管理体制的核心体现在责、权、利的划分上。因为参与公债活动及公债管理的机构很多,它们往往要从不同的侧面和层次对公债进行管理,有的侧重宏观层次的管理,有的偏重微观层次的管理。这样,就有一个它们之间的关系相互协调和权限的划分问题,这也就构成了公债管理体制的核心问题。责、权、利的划分则是根据公债管理所要实现的目标和要遵循的原则来进行,也可以说公债管理体制建立的基本任务就是要根据公债管理原则的要求,来实现公债管理的目标。

公债管理体制所要解决的公债管理职责和权限的划分,主要包括横向划分和纵向划分两个方面。

所谓横向划分,指的是在财政部门与银行部门之间划分管理权限。这是因为公债管理虽然不同于财政管理,也不同于金融管理,但公债管理与财政管理和金融管理有着密切的联系,公债的发行与流通,公债资金的使用和偿还等活动都会在一定范围和一定程度上,直接或间接地影响财政金融管理措施的贯彻落实及其最终目标的实现。因此,有效的公债管理必须取得财政管理和金融管理的密切配合,也就是说,公债管理必须有财政部门和银行部门的参与管理。

所谓纵向划分,指的是在中央政府与地方政府之间划分公债的管理权限。中央政府与地方政府作为国家的组成部分,都有资格发行公债。虽然这两者由于发行主体不同,其收入的安排和本息的偿还也就各自负责。但这两者之间也存在着相互制约、相互影响的关系。中央政府公债与地方政府公债既不能由中央统一管理,也不能各自为政,这就需要在中央与地方之间划分管理权限。

二、几种类型的公债管理体制

（一）财政部门独自管理公债的体制

由财政部门独自管理公债的发行和赎回旧债等工作。如荷兰政府债券的发行与管理工作,全部由财政部负责。具体主管部门是财政部代理,该部门专门从事货币市场与资本市场业务,为政府筹集足够的资金,用于弥补财政赤字和偿还旧债。在每个预算年度中,财政部代理都要向财政部部长提出如何进行筹资的建议,并根据预算情况制定出发债规模和发行条件,由政府对外公布。荷兰在政府债券发行中,通常采用"荷兰拍卖"和"水龙头"两种发行方式,无论采用哪种方式,都由财政部代理从众多的投资者中选择承购者,直到完成发行任务为止。

荷兰银行(中央银行)在政府债券发行中所起的作用很有限,只是在期限和利率的确定上提出建议。当政府债券的承购者缺乏资金时,为其提供抵押贷款,以保证政府债券的顺利发行。

（二）财政、银行共同管理公债的体制

由财政、银行分工协作，互相配合，共同管理公债的体制。如日本大藏省（财政部）在编制国家预算时，根据财政收支平衡的需要，以及资金市场的承受能力，提出发行公债的数额，在议会通过国家预算时一并批准。获准后的公债发行，通常采用认购集团认购和公募招标两种发行方式。采用认购集团认购方式发行时由日本银行（中央银行）受政府委托，承担具体的发行事务性工作，代表政府与认购集团签定合同。合同签定后，对政府来说发行公债的任务已经完成。采用公募招标方式时，由日本银行向投标者公布发行条件，在招标期内，投资者把标书交给日本银行，日本银行综合各家投资者提出的买入条件，决定发行的具体条件。大藏大臣（财政部部长）听取日本银行意见后，决定招标程序，选择中标者。

（三）几个部门分工管理公债的体制

这些部门包括财政部、中央银行、公债管理局等政府职能机构，由它们分工负责公债的管理。如德国，财政部根据经济建设的需求和财政预算情况制订发债计划，公债管理局在财政部制订发债计划的基础上，具体管理公债发行的种类、期限、利率、发行范围等业务。通过研究公众的负债承受能力、人均负债额等，具体制定发债结构方面的政策，监督财政部不能任意发行公债，使全国举债规模控制在预算计划内。联邦银行作为德国的中央银行，参与公债发行、兑付的具体政策制定，负责公债业务的具体操作和实施，办理公债的抵押和再贴现业务。

一般来看，世界上大多数国家都实行财政主导型的公债管理体制，即主要由财政部门直接进行公债管理方案的设计和操作工作。近年来，随着各国公债管理市场化进程的加快，许多国家开始采取一种相对独立的公债管理体制，以更为高效地实现既定政策目标。

三、建立相对独立的公债管理体制的政策意义

随着现代经济的多元化、复杂化，政府的公债管理已渐渐脱离于财政管理或货币管理的范畴，而成为一项相对独立的宏观经济管理活动。与财政管理相比，公债管理的最大特点在于它不仅服务于宏观经济目标，还要着眼于债务风险、成本等具体操作目标，主要由财政部门负责公债管理工作可能使政府因追求短期经济目标而置债务风险和成本于不顾。另外，如果由中央银行承担货币管理和债务管理的双重职责，那么中央银行就可能不再愿意通过提高利率来控制通货膨胀，因为提高利率将不利于债务风险最小化。不仅如此，为了降低公债的实际价值，中央银行可能还会在公债到期之前通过降低市场利率或向社会注入流动性来制造通货膨胀，这显然为经济的稳定运行埋下了隐患。既然公债管理与财政管理、货币管理相区别，那么公债管理的负责机构也就不能完全听命于财政部或中央银行，否则就会引起政策目标之间的相互掣肘。正因为如此，许多西方国家都选择了相对独立的债务管理体制，通过设立与财政部和中央银行相对独立的债务管理机构——债务管理办公室来提高公债管理政策的效率。

具体来看，相对独立的债务管理体制的优越性一般有以下几点。

（一）向市场表明了政府进行规范化债务管理的决心，有利于政府债务的可持续性

在债务管理办公室相对独立的情况下，财政部等政府部门只能决定公债管理的长远规划和指导方针，而具体公债管理方案则完全由债务管理办公室根据客观经济情况确定，这样在相当程度上隔绝或减弱了政府短期政治利益对公债管理政策的影响。如果公众认为债务管理办公室不会因为追求短期政治利益而采取危险的举债策略，那么这不仅有利于降低公债的风险和成本，而且因公众预期所导致的时间性和不一致性问题的概率也会大大降低。

（二）促进了政府各项宏观经济政策的协调配合，有利于宏观经济稳定健康发展

在三大管理活动中，公债管理既是一项相对独立的经济调节活动，同时也是财政、货币管理的联结点。相对独立的公债管理体制充分考虑了公债管理在三大管理中的地位：一方面赋予了财政部和中央银行进行政府债务管理与政策决策的职能；另一方面又使债务管理办公室在一定程度上独立于其他政府部门，这种安排显然有利于经济的长期健康稳定发展。

（三）债务管理机构独特的内部运作机制，有利于公债的专业化和科学化管理

从技术上看，公债的风险成本管理与私债管理并无本质区别，因而，借鉴私债管理机构的运作机制会提高公债管理的效率。首先，债务管理办公室可以将现代风险管理技术运用于债务管理，以适应日益复杂变幻的金融市场；其次，债务管理办公室可以采用国有公司的管理体制，通过更为灵活的管理制度产生激励机制和竞争机制，提高运作效率；最后，财政部可根据客观情况赋予债务管理办公室以明确的工作目标，并以此作为业绩考核的标准，促使债务管理办公室提高管理水平。一般来看，债务管理办公室的工作目标就是公债管理的目标，特别是应确保政府可以连续、有效地进入金融市场，以及避免公债的偿还风险。它的日常工作就是对政府债务进行组合管理。为了提高效率，债务管理办公室常常要设法增加举债的透明度和可测性，如事先计划并公布政府的融资要求、未来借款的期限结构、年度内的公债拍卖日以及政府各部门之间的关系等。

四、我国公债管理体制改革的基本构想

自改革开放以来，我国一直实行的是以财政部为主，中国人民银行为辅的公债管理体制。具体而言，公债的期限、发行对象和利率等发行条件都是由财政部拟定后上报国务院批准，然后由财政部委托人民银行网点进行债券的柜台销售，并亲自组织债券的承购包销和招标拍卖活动。应该说，这种体制与我国目前正处于公债管理市场化过渡阶段的客观现实是基本适应的。但是，由于财政部承担实施财政政策职责，由它直接进行公债管理也暴露出不少弊端，如容易使公债管理成为政府短期政策的工具、公债管理的效率难以提高等。这一点随着今后市场经济进一步深入、公债的经济影响日益加大将会表现得更为明显。各国实践证明，要进行独立的公债管理活动，首先需要设立独立的公债管理机构，这

对我国公债管理体制的改革具有重要的指导意义。

我国在未来一个时期内应当设立相对独立的公债管理办公室,并以此为核心建立综合性的公债管理体制。这一体制具体可分为以下几个方面。

(一) 公债管理的主管机构

由于公债管理是指既定规模下的公债结构调整,而公债规模又是财政部根据财政收支情况拟定的,因而财政部作为公债管理的主管机构具有天然的优势。在这方面,财政部的职责主要有以下几点。①制定公债管理的中长期发展战略。公债战略是一个国家在较长时期内有关公债管理操作的总体规划,如未来几年公债期限、持有者结构的变化趋势、公债发行方式、偿还方式和改革思路等。②拟定有关公债管理的法律法规,界定财政部、公债管理办公室、人民银行等部门在公债管理的职责范围、相关机构及人员所遵守的职业道德等。③确定公债管理的目标。财政部应首先确定一段时期内我国公债管理目标的组成及侧重点,并以此为依据,确定基准组合标准,这一标准不仅包括期限、持有者、利率等诸多债务特征的多元体系,而且还包括在特殊情况下允许出现的偏差范围。④对公债管理办公室进行监督管理。财政部允许公债管理办公室实行较为灵活的内部管理制度,并依照所确定的政策目标对其业绩进行考核,促使其提高工作效率。

(二) 公债管理的实施机构

公债管理的实施机构是公债管理办公室,它与财政部保持相对独立的关系。一方面,办公室在形式上可设在财政部之下,并且应定期向财政部长汇报工作,重大决策要报财政部备案;另一方面,办公室与财政部之间的关系完全按照有关法律法规进行,其业务、人事、财务均不受财政部的领导,它设有专门的理事会,债务管理的重大决策依法由理事会作出。债务管理办公室的根本职责主要有以下几点。①承担国家每年的公债发行及偿付任务,确保政府债务的可持续性;②在既定的政策框架内确定公债结构的具体调整方案及其实现路径,并组织有关部门予以实施,最大限度地实现公债管理的目标;③负责偿债基金的筹建和管理,力求实现基金的保值增值;④收集与公债政策有关的市场信息,为财政部及自身决策提供必要依据;⑤加强内部管理,提高公债管理的效率,争取达到或超过业绩考核标准。

(三) 公债管理的配合机构

市场化的公债管理要以大量的金融机构作为交易对手,而金融机构参与公债交易的资格取决于金融监管部门的政策环境,这样公债管理的运作就离不开金融监管部门的参与和配合。我国金融监管部门主要包括银监会、证监会和保监会,它们分别对银行、证券和保险这三类金融机构实施监管,进而可决定银行资金、证券资金和保险资金配合公债管理的力度。金融监管部门与公债管理部门的配合主要体现在以下几个方面。①与公债管理办公室共同决定银行资金、证券资金和保险资金公债市场的准入限制。②与公债管理办公室共同审批金融机构公债一级自营商的资格,对一级自营商参与公债市场的权限进行界定。③与公债管理办公室共同组织公债的招标拍卖和承购包销,受办公室委托组织金融机构进行公债的柜台销售。④向财政部和公债管理办公室提出有关公债管理的建议等。

第八章 公债的经济效应

自公债出现以来，人们对公债的经济效应问题就一直没有停止过争论与探讨，公债对经济的影响，或者说公债是如何影响储蓄和资本形成、收入分配、汇率等经济变量的，其影响的路径和机制如何等问题一直是学者们热衷的问题。本章将从公债对财政收支、货币供给以及收入分配的影响，以及公债的"挤入效应"和"挤出效应"等方面展开研究。

第一节 公债对财政收支的影响

一国政府为了行使其职能，必须进行一定量的财政支出，也就必须拥有一定量的财政收入。当财政收入小于财政支出时，便会出现财政赤字。对于如何弥补财政赤字，理论界大体上有四种看法：一是动用财政历年结余，但这种方法直接受到过去财政是否有结余的限制；二是向中央银行透支，但这种方法往往会引起通货膨胀；三是增加税收，然而这种方法既受到立法机关的制约，存在时间上的滞后性，也往往遭到纳税人的强烈抵制；四是发行公债，当今世界上大多数国家都采用这种方法来弥补财政赤字。发行公债虽然也要获得立法机关的批准，但相对于改变税制来说，则要简单得多。公债与税收的主要区别之一在于有偿与无偿的差异，公债需要还本付息。下面将分别从财政收入和财政支出的角度来说明公债对财政的影响。

一、公债对财政收入的影响

从时间上看，公债对财政收入的影响不仅限于发行公债当年，还包括以后年度。本节将公债对财政收入的影响按时间划分为当年和今后年度两个时期分别讨论。

（一）公债对当年财政收入的影响

首先，假设政府的财政收入只有税收，M 为政府当年的财政收入，T 为当年的税收入，当财政收支相抵时，有

$$M = T \tag{8.1}$$

当出现财政赤字时，为了增加政府收入，采用发行公债的方法，设 R 为当年发行的公债收入，此时有

$$M = T + R \tag{8.2}$$

显然，公债作为政府当年财政收入的组成部分，形成了收入的增量，对其起到直接影响。其实，无论是公债产生之初，还是在当今世界，公债的财政作用最主要的是用来弥补财政收支缺口。当然，发行公债主要是利用社会上的闲置资金，将其使用权暂时转移到国

家手中。它对财政的直接负担是今后需要偿还,因此,举借公债要考虑到今后财政偿还债务的能力。

(二) 公债对今后年度财政收入的影响

因为当年的债务收入不能直接计入今后年度的财政收入中,故公债对今后年度的财政收入不存在直接影响,那么,公债对今后年度的财政收入是否产生了影响呢?这需要结合公债发行后经济运行的状况来分析。

一般来说,财政收入与经济水平的变化呈正相关。如果用国民收入水平代表经济发展水平,则当国民收入增加时,财政收入应随之增加;当国民收入减少时,财政收入也应随之减少。如果把公债考虑进来,则可以理解为:政府发行公债后,会引起国民收入发生变化,从而引起财政收入发生相应的增减。

设 N 为今后年度的财政收入,Y 为国民收入,且 $N, Y > 0$,N 可以表示成 Y 的函数形式,即

$$N = F(Y) \tag{8.3}$$

如同前面提到的,N 会随 Y 的增加而增加,即 $F'(Y) > 0$。

而国民收入也可以表示成公债的函数形式,设 R 为政府的公债收入,$a_1, a_2, a_3, \cdots$ 表示影响国民收入的其他因素,故

$$Y = H(R, a_1, a_2, a_3, \cdots) \tag{8.4}$$

发行公债对国民收入的影响不是单向的,它既可能促进今后年度的国民收入增加,也可能导致今后年度的国民收入减少。结合式(8.3)和式(8.4),可得

$$N = F[H(R, a_1, a_2, a_3, \cdots)] \tag{8.5}$$

式(8.5)表示今后年度的财政收入 N 与公债收入 R 之间的函数关系。通过对 R 求导,可得

$$N'(D) = F'(Y) \cdot H'(R) \tag{8.6}$$

已知 $F'(Y) > 0$,而 $H'(R)$ 可能大于 0,也可能小于 0。这说明,发行公债可能对今后年度财政收入有促进效应,也可能有抑制效应。

综上所述,若当年公债收入使用后能增加今后年度的国民收入,则会增加今后年度的财政收入;反之,若当年公债收入使用后减少了今后年度的国民收入,则会减少今后年度的财政收入。这两种情况都有可能出现,无法确定具体是何种情况,唯一可以确定的是,发行公债对今后年度财政收入起到间接影响。

二、公债对财政支出的影响

前面提到,发行公债在增加财政收入的同时,也增加了财政支出。从时间上看,公债对财政支出的影响同样不限于发行公债当年,还包括以后年度。下面将公债对财政支出的影响按时间划分为当年和今后年度两个时期分别讨论。

(一) 公债对当年财政支出的影响

公债对当年财政支出的影响可以分为直接影响和间接影响。

公债对当年财政支出的直接影响为由于发行公债,政府当年用于债务的还本付息支

出增加了,从而使当年的财政支出增加。公债是一种有偿债券,到期需要偿还。如果是短期的公债,需要在当年偿还,政府当年就要对其发行的公债还本付息,相比之前没有发行公债时期的财政支出,这部分利息支出是额外增加的。

公债对当年财政支出的间接影响为由于发行公债,政府当年的财政收入增加了,从而政府用于非债类的财政支出也会增加。政府举借公债,确实会对其支出有这种间接的扩张作用。例如,设政府的收入来源只有税收收入和发行公债,且政府当年的税收收入为100。当政府不发行公债时,会选择把当年的财政支出控制在100以内;而如果政府选择发行公债,增加财政收入20,即使将来需要对这笔债务还本付息,政府在选择财政支出时,更偏向于超出100,当年的财政支出增加,这显然是由发行公债引起的财政支出增加。

(二)公债对今后年度财政支出的影响

公债对当年财政支出产生的影响表现在两个方面,同样地,公债对今后年度财政支出产生的影响也可以从两个方面分析,即直接影响和间接影响。

公债对今后年度财政支出的直接影响为增加了今后年度的财政偿债支出。公债按偿还期限可分为短期公债和中、长期公债,而中、长期公债的偿还期限都在一年以上,即偿还期与发行期不在同一年度。因此,当年发行的中、长期公债,当年不需偿还,而在以后年度偿还,增加了以后年度用于偿债的财政支出。

公债对增加今后年度财政偿债支出数额的大小取决于三个因素,分别为公债发行额、公债利率以及公债偿还期。公债发行额越大,利率越高,今后年度财政还本付息支出越多;公债发行额越少,利率越低,今后年度财政还本付息支出越少。而公债偿还期越长,虽然每年分摊的财政还本付息支出越少,但今后年度用于还本付息财政的总支出越多;反之,公债偿还期越短,虽然每年分摊的财政还本付息支出越多,但今后年度用于还本付息的财政总支出越少。

公债对今后年度财政支出的间接影响为增加了财政在今后年度的非债类支出。这种影响的前提在于财政支出的许多项目具有单向刚性。现实生活中往往可以看到这样的现象,对于具体的政府职能部门来说,它们使用财政拨款行使相应的职能。在这一过程中,增加经费拨款一般不会受到资金使用者的阻碍,而减少经费拨款在没有相应减少工作任务的情况下,就会在职能部门中产生消极影响。所以,表现出来的通常是政府拨款的维持或不断增加。当然,其中的原因可能还有其他方面,如职能的扩大、成本的提高等,但是最后的结果总是呈现扩大财政支出容易、压缩财政支出困难的局面。由此,如果当年公债发行造成了当年财政支出中的非债务支出上升,那么这种扩大的支出规模在以后年度中还可能会继续,推动今后年度财政支出同样扩张。这就是公债对今后年度财政支出的间接影响。

分析公债对财政支出的影响,可以得到以下启示。第一,公债不仅会对财政收入产生影响,也会对财政支出产生影响,且会增加债息。第二,政府在举借公债时要注意公债对扩大财政支出的间接作用。财政支出很难压缩,过分依赖发行公债来增加财政支出,会给经济带来更大的破坏。

第二节 公债对货币供给的影响

公债不仅是财政政策的范畴,在现代货币经济领域,它也是金融或货币领域的一个范畴。现代经济运行中,西方发达国家的中央银行更是频繁地以公债作为载体来实施货币政策,把它作为货币政策实施的一个主要工具。因此,研究公债的经济效应,是不能忽视货币这个角度的。

一、货币供给量

自20世纪30年代金本位制崩溃以来,资本主义各国普遍实行的是管理纸币本位制。随着信用制度的进一步发展,除了现金货币外,各种信用工具如公债等金融工具纷纷出现,它们都有不同程度的流动性或货币性。

货币供给量有狭义和广义之分。理论界一般认为,货币应包括那些在商品和劳务买卖及债务支付中被作用交易媒介与支付手段而被普遍接受的物品。他们把货币定义为通货(流通中的现金)和活期存款(或支票存款)。这就是狭义的货币供给量M_1,即M_1=通货+所有金融机构的活期存款。

现代货币金融理论不满足于上述狭义的货币概念。他们认为货币是一种金融资产,强调货币的价值储藏手段职能,认为各种金融机构的定期存款、储蓄存款以及其他一些短期流动资产,是潜在的购买力,而且也很容易变成现金,具有不同程度的流动性。因而他们主张以流动性为标准,将其划分为更为广义的货币概念或层次,从而形成了广义的货币供应量指标M_2、M_3、M_4等。硬币、纸币和活期存款具有完全的流动性,因此,构成了货币的第一个层次M_1。储蓄和定期存款虽然具有一定的期限,但是如果放弃高于活期存款的利息,也可以从银行提前取款,且本身的价值不会发生变动,构成了M_2,在流动性上仅次于M_1。

下面我们来看看政府公债。任何政府公债持有者都可以把到期的政府公债换成现款,或者,把未到期的政府公债在公开市场上出售来换取现款,大的机构还可以进行公债回购来融通资金。尽管公债价格在金融市场上会发生变动,而且公债的收益率或未来价格走势也难以判断和预测,在变现过程中很可能伴随有一定的成本费用。但是,公债是一种具有一定程度的流动性的金融资产,公债持有者持有这种易于换成现款的金融资产,就能为其开支提供方便,它虽然不如货币那样具有完全的流动性,但作为货币近似物或准货币,也带有货币的许多特点,因而在某种程度上可以说是相当于货币的。因此,经济学家们往往将公债称为货币近似物或准货币。

综上所述,与商业票据、企业债券等其他金融资产相比,政府发行的公债是一种比较特殊的金融资产,是"准货币"。不言而喻,政府公债的发行及其规模会影响货币供应量的规模。

二、发行公债对货币供给的影响

政府通过公债来为其财政支出筹集资金,其公债的运行过程大致包括三个过程,即公债的发行过程、公债的支出过程以及公债的偿还过程。因此,考察公债对货币供应量的影响不能仅仅局限于公债的发行环节,还应该考虑公债资金的流通环节和公债的偿还环节对货币供应量的影响。

(一)公债发行的货币供给效应

公债体现了一种政府与社会投资主体参与的借贷关系,公债发行意味着这一借贷关系的成立。在这一借贷关系中,债务人固定为政府,它发行了公债券,得到了货币资金,形成了公债收入。债权人为公债券的承购者,它们得到了公债券,付出了货币资金,表现为公债承购款。公债的发行具有货币扩张效应并对经济产生重要影响。

1. 公债发行对货币供给量的效应

首先,随着我国收入分配体制改革,企业、居民收入大大增加,在购买公债的同时并没有减少其投资、消费,而且由于国有企业、国有商业银行的特殊地位,也并未因大量购买公债而受到流动性约束,而是通过层层"倒逼"方式迫使中央银行加大货币供给。其次,在人们收入提高后,大大增加了公债这种低风险高收益金融资产的需求;同时又由于转轨时期的不确定性因素增加,人们为住房、失业、养老和子女教育等进行更多的储蓄,从而使长期储蓄存款和公债之间还不是以替代关系而是以互补形式存在。因此,人们在增加公债持有的同时也增加了储蓄。

2. 公债发行对货币供给的层次结构效应

公债发行不但从规模大小方面影响货币供给以及社会需求总量,而且随着公债发行对象不同,还会对各层次货币供应量产生不同的影响,从而引起社会总需求结构变动。若公债由银行、企业或个人购买,将引起各层次货币发生不同的变化;若由不同行业的企业购买,则会使各层次货币分布到不同经济主体之间,从而对社会需求的总量和结构产生影响。因此,公债发行对象的选择取决于目标购买者的资金占有状况,也就是说在发行公债时政府应考虑社会资金或货币收入在各社会经济主体之间的分配格局及其变化对经济发展的效应,保证公债持有结构与社会资金分配格局相适应。

(1)商业银行购买公债

一般来说,商业银行用超额准备金购买公债,或靠中央银行的再贷款购买公债,会扩大相应层次的货币供给总量。当商业银行用超额准备购买公债,降低了商业银行所能控制的基础货币总量,但社会总的货币供给量 M_1 和 M_2 并未减少,而债券收入的运用却会扩张 M_1 和 M_2。并且公债作为二级储备也增强了商业银行的流动性,为其增加贷款投放创造了条件,这将进一步扩张货币供给总量。当商业银行用中央银行再贷款购买公债,这意味着中央银行为商业银行的公债购买融资,无疑会扩大货币供给量 M_1 和 M_2。

(2)个人购买公债

一般而言,个人购买公债不会改变社会的货币供应总量,但是当个人购买公债时,用现金还是储蓄购买公债会对不同层次的货币供应量产生不同的影响。如果个人用现金购买,M_1 减少,但公债资金全部用于支出时通常也会形成同等规模 M_1 的供给。若用储蓄购买,M_2 减少,全部公债资金用于投资和购买时形成 M_2,虽然 M_2 规模不变,但 M_1 的规模却相对增加了,从而流动性指标 M_1/M_2 上升。这意味着货币总额中用于交易的部分相对增加,对需求拉动具有正效应。

因此,当经济增长下滑、社会总需求不足时,公债发行对象可选择为个人,与此同时中央银行有必要引导商业银行调低储蓄存款利率,促进个人用储蓄存款购买公债。这样,在广义货币供应量不变的情况下,相对提高了狭义货币供应量的比例,从而增加了社会总需求。

(3) 不同行业的企业购买公债

一定时期内,企业生产经营过程中会积累大量的流动资金或固定资产折旧基金,众多企业的暂时性闲置资金会汇成一笔巨大的资金流,又由于同一行业的企业一般面临着相同的经济环境,因此这股资金流往往集中于某一个或几个特定的行业;或者由于某行业经济形势被看好而吸引了大量的投资,从而导致这些行业的需求陡升,甚至局部过热。如果公债由资金富余行业的企业购买并投向资金缺乏的行业时,就可使货币在各行业之间发生转移,引起社会需求结构的变化,从而使局部过热得到控制。

3. 公债发行对货币供给的时间效应

由于公债的发行规模不一和发行对象各异,货币供应量及社会需求的总量和结构都将受到不同的影响。而在公债发行规模确定后,公债发行时机的选择于一年中货币供应量的时间结构也至关重要,从而对社会总需求以及经济产生有利或有害的影响。也就是说,当预算不平衡出现赤字、公债的还本付息或财政收支出现时间上的非对称性时,需要政府发行公债。政府可采取按均匀时间段发行,或者集中在某些特定的时点发行,两者对政府取得公债收入而言并无不同,但在影响一年之中货币供给量变化的时间路径上存在很大差异。如果政府有意识地在经济萧条时多发行公债,或者在经济膨胀时少发行甚至不发行公债,以使公债发行的货币扩张效应弥补萧条时社会有效需求的不足,或者繁荣时不再发行公债以减小社会需求的膨胀。因此,为了加强公债对经济的有利调节作用,减少不利影响,要求政府在发行公债时不但要考虑公债收入的筹措,还应综合考虑经济形势的需要,与货币政策进行配合,调节社会总供求,避免加剧经济的波动。封闭经济中,经济萧条的情况下,政府发行公债可促进储蓄向投资的转化(由 M_2 转化成 M_1)扩大社会有效需求,发行的公债还可满足商业银行等金融机构、企业、居民对公债资产的需求,形成 M_2。进一步考虑对外经济部门的影响,若国内出现通货紧缩,本币升值,促进进口而阻碍出口,进口需求的增加降低了国内总有效需求,且外汇需求加大。央行为此降低利率,但会引致外国资本流出,从而形成本币贬值压力,央行于是又不得不抛出外汇、回笼基础货币,以维持汇率的稳定,这将进一步加剧通货紧缩。解决的办法有:若中央政府适时发行一部分外债,以所得外汇收入弥补经常项目、资本项目逆差,改善外汇市场上外汇的不足,就能在不减少本国货币投放量的同时缓解本国货币贬值压力;同时还发行一定数量的内债,将会通过前述途径扩大社会货币总供给量,增加社会总需求,从而内外均衡得以实现。当然,如果公债市场规模足够大,中央银行也可以通过公开市场业务买卖公债来实现对外汇储备的"对冲"操作,而不一定通过发行内债的方式进行。

经济通货膨胀时,公债发行对货币供应量的影响与上述情形正好相反。政府应尽量避免在经济过热时发行公债,因为发行公债会促使社会货币供应量增大,加剧社会总需求膨胀的程度,从而抵消紧缩型货币政策的影响。这实际上是一种"双紧型"的政策组合,在现实中更多的是社会供求总量失衡和结构失衡并存的情形,这就需要财政政策和货币政策不同程度的松紧搭配,以实现对宏观经济的调控。

由以上可知,在经济繁荣与萧条时大量发行公债对货币供应量、从而对经济的影响是截然不同的,同时与有规律地发行公债相比,前者将引起货币供应量的更大波动,作为政府来说,应该充分利用公债发行时机不同所产生不一样的货币供给效应,来实现对经济的宏观调控。

(二) 公债流通的货币供给效应

公债按照流通与否分为可转让公债与不可转让公债。其中,可转让公债可以在金融市场上自由流通买卖,故对社会的货币供给产生一定的直接影响。为了讨论公债流通对货币供给量的影响,本节从公债流通的交易双方入手,分不同经济主体进行阐明。前面在探讨公债的发行、认购与偿付时,将非政府的经济主体划分为中央银行、商业银行和非银行部门,这里将继续运用这种分类。将公债的流通划分为两种情况。一种是公债在同类经济主体之间的转让,如商业银行与商业银行之间、非银行部门与非银行部门之间的转让,中央银行只有一家,不存在同类经济主体之间的转让;另一种是公债在不同类经济主体之间的转让,如中央银行与商业银行之间、商业银行与非银行部门之间以及中央银行与非银行部门之间转让。下面将详细分析这些转让活动的货币效应。

1. 公债在同类经济主体之间转让的货币效应

公债在同类经济主体之间的转让有两种情况,即公债在商业银行之间和非银行部门之间的转让。

第一种情况为公债在商业银行之间的转让。1997年6月,中国人民银行下令所有的商业银行退出交易所市场,并组建了银行间债券市场,该市场的主要参与者为商业银行,符合第一种情况。其中,购入公债券的商业银行的资金来源主要有两种:一是收回贷款,二是利用超额准备金。如果购买公债券的资金来源于收回贷款,这会使得社会上的货币供给量减少,因为原来接受贷款的企业在商业银行的存款减少了;而转出公债券的商业银行收到货币基金,可以继续对外发放贷款,使得社会上的货币供给量增加。综合以上,社会供给量基本不会变动。如果购买公债券的商业银行的资金来源于利用超额准备金,则初始时,并不会引起货币供给量的减少,只是承购方的商业银行资产方的有关项目需要进行调整。但对于公债券的转出方而言,资产方项目的变化正好相反,政府债券减少而准备金增加,增加的准备金使其可以增加对企业等的贷款,结果是扩大了社会上的货币供给量。这一过程可以理解为,承购公债券的商业银行原来的超额准备金通过政府证券交易而由转出公债券的商业银行最终投放出来,达到了扩张货币供给量的效果。

第二种情况为公债在非银行部门之间的转让。这是一种常见的公债交易情况,在我国证券交易所的公债市场上,大量的参与者属于非银行部门,如个人、工商企业、非金融机构等。因为它们进行公债交易的货币效应是相同的,这里统一分析。当公债在非银行部门之间转让时,承购方因购买公债而失去了相应的货币量,出售方因售出公债而得到了相应的货币量,这里只是货币量在不同非银行部门之间的移动,并没有对货币供给量产生扩张或收缩的影响。当然,如果承购方失去的货币量与出售方得到的货币量不同,则会引起商业银行超额准备金的变化,而这种变化有可能带来后续的货币供给量的扩大或缩小。

2. 公债在不同类经济主体之间转让的货币效应

公债在不同类经济主体之间的转让有三种情况,即公债在中央银行与商业银行之间、中央银行与非银行部门之间以及商业银行与非银行部门之间的转让。

第一种情况为公债在中央银行与商业银行之间的转让。中央银行参与公债交易,属于中央银行的公开市场业务。在西方发达国家,以政府债券为对象的公开市场业务,是中央银行控制货币供给量的三大政策工具之一。在我国,中央银行的公开市场业务也于20世纪90年代中期开始试运作。目前,我国中央银行在银行间债券市场上进行公债买卖时,其交易对象很多是商业银行。如果公债是在中央银行与商业银行之间的交易,要区分两种不同的交易方向:一是中央银行的公债转让给商业银行,二是商业银行的公债转让给中央银行。先分析中央银行的公债转让给商业银行。商业银行从中央银行购得公债,对商业银行本身来说,一方面表现为其资产方的政府债券增加,另一方面表现为其资产方的贷款减少或者准备金减少。贷款减少意味着货币收缩,准备金减少意味着潜在的扩张货币能力消失;而在中央银行账上,只表现为资产方的政府债券减少和负债方的银行存款减少。所以,总体而言,中央银行向商业银行抛售公债,是一种紧缩银根的政策。再分析商业银行的公债转让给中央银行。中央银行向商业银行购入公债,中央银行资产方的政府债券就会增加,负债方的商业银行存款也会增加。同时,在商业银行账上,资产方的政府债券减少,准备金增加。商业银行增加的超额准备金,可以随时被投放出去,扩大社会货币供应量。因此,中央银行从商业银行购入公债,是一种放松银根的政策。

第二种情况为公债在中央银行与非银行部门之间的转让。中央银行在进行公开市场业务操作时,其交易对手不一定都是商业银行,有时也可能与非银行部门进行公债买卖。例如,在我国1993年12月31日印发的《中华人们共和国国债一级自营商管理办法(试行)》中,就规定公债一级自营商享有的权利之一是"优先取得直接与中国人民银行进行公债公开市场操作的资格"。所以,中央银行与非银行部门进行公债交易的可能性也是存在的。如果公债买卖是在中央银行与非银行部门之间进行,分析其货币效应时也要区分两种不同的交易方向:一是中央银行的公债转让给非银行部门,二是非银行部门的公债转让给中央银行。当中央银行的公债转让给非银行部门时,非银行部门的货币购买力减少,在商业银行账上,将表现为负债方的社会存款减少,以及资产方的准备金减少,这里假定非银行部门通过提取存款来购入公债。同时,在中央银行账上,将表现为负债方的商业银行存款减少,以及资产方的政府债券减少。所以,中央银行向非银行部门销售公债,将起到紧缩银根的作用。反过来,当非银行部门的公债转让给中央银行时,情况与上面分析的正好相反。非银行部门因出售了公债券而增加了货币购买力,即在商业银行的账上表现为负债方的社会存款增加,资产方的准备金相应增加。同时,在中央银行账上,也将表现为负债方的商业银行存款增加,资产方的政府债券相应增加。因此,中央银行向非银行部门购入公债,将起到放松银根的作用。

第三种情况为公债在商业银行与非银行部门之间的转让。在我国证券市场上,商业银行有过参与公债交易的经历,这种交易可能一方是商业银行而另一方是非银行部门。另外,现阶段我国个人购买的凭证式公债也可能在到期兑付前向商业银行贴现。如果公债是在商业银行与非银行部门之间的交易,那么依据交易主体在公债买卖中所处的地位,仍然要区别两种不同的交易方向分析：一是商业银行的公债转让给非银行部门，二是非银行部门的公债转让给商业银行。前者，非银行部门从商业银行购得公债，将使其在商业银行的存款减少，而商业银行则表现为持有的政府债券减少。表面上看，社会存款量此时减少了，但是存款减少后将使商业银行出现超额准备金，如果超额准备金一旦投放贷款，存款数量就又将恢复原来水平。所以，商业银行向非银行部门转让公债的结果，是在减少其政府债券的同时，准备金相应增加或者是贷款增加，故实际是其资产项目的调换。后者，仍然与前面分析的方法相同，要区分商业银行的购债资金来源。如果商业银行是压缩贷款采购债券，则会引起社会存款的减少，但同时，非银行部门因出售了公债而使其存款增加，所以对货币供给的收缩效应和扩张效应可以抵消。如果商业银行是用超额准备金来购买债券，则非银行部门出售公债而增加的存款，将表明货币供给量已经扩大，其实质是超额准备金投放了出来。

（三）公债偿还的货币供给效应

公债到期之时，政府需要还债。政府偿债资金来源从形式上看有预算结余、偿债基金、举借新债、投资收益和课征税款五种。不过从分析货币效应的角度来归纳，由于预算结余和偿债基金一般也是由税收收入转化而来的，投资收益还债的货币效应又类同税收，所以这里主要分析两个方面：一是以税偿债，二是借新债还旧债。选择这两种不同的偿债资金来源，对社会货币供给量的影响也不一样。同时，分析偿还公债的货币效应，还要考虑不同的公债持有者，我们仍然将它们分成三类：中央银行、商业银行和非银行部门。

1. 以税偿债的货币效应

政府征税，纳税人在商业银行的存款就会减少，因此，社会上的货币数量减少。同时，这一过程的另一面是，政府在中央银行的财政存款将增加。所以，纳税人资金作为税款流向政府的影响，实际是社会存款货币变为中央银行的基础货币，故有一种收缩的效应。政府有了税款后，分别向三类公债持有者偿付。首先，假定政府在中央银行的财政存款将减少。这一社会存款的扩张过程正好与上面征税的收缩过程相反，总体来说，这种偿债将不影响社会货币供给量，或者说呈中性。其次，假定政府用这笔税款偿还商业银行持有的公债，则在中央银行账上，仍表现为负债方的财政存款减少和商业银行存款增加，而在商业银行账上，表现为资产方的准备金增加和政府公债减少。若到此为止，则货币供应量因前期的政府征税而减少了，但商业银行在政府偿债后，增加了准备金，这是一笔随时可以用来扩大货币供给量的资金，一旦运用，就会抵消征税的收缩效应。最后，假定政府用这笔税款偿还中央银行持有的公债，结果将表现为中央银行账户财政存款和政府债券的等量减少，没有扩张货币。考虑到前期征税的货币收缩，因此，从总体上来说，这种情况是减少了货币供给量。

2. 借新债还旧债的货币效应

政府将举借新债的收入向旧债的持有者偿还是公债偿还的一种方式，在这里先不考虑政府用发行公债收入的扩张效应。如果政府举借新债和偿还旧债的对象一致，如用向非银行部门借得新债的收入来偿还非银行部门持有的旧债，或用向商业银行借得新债的收入来偿还商业银行持有的旧债，抑或用向中央银行借得新债的收入来偿还中央银行持有的旧债，均等于是将这些经济主体手中的公债直接调换了，或者说是旧债券的期限又延长了,所以对社会货币供给量不发生影响。现在要考察的情况有以下三种。

(1) 新债的发行对象是非银行部门,偿还的旧债是商业银行持有或中央银行持有。如果新债由非银行部门认购,则它们在商业银行的存款减少。再假定政府偿还商业银行持有的债券,商业银行得到政府偿债款后,准备金又增加。一旦准备金动用投放贷款,又将增加货币供给量,所以这种情况从总体上看,对货币供给量呈现中性。假定政府此时偿还中央银行持有的公债,则不存在向社会投放贷款而扩张货币的过程,所以总体上是减少了货币供给量。

(2) 新债的发行对象是商业银行,偿还的旧债是非银行部门持有或中央银行持有。如果新债由商业银行认购,则或者其贷款减少收缩货币,或者其超额准备金减少。假定此时政府偿还非银行部门持有的债券,则它们在商业银行的存款将增加。从总体上看,对货币供给的影响是中性的或者是潜在的投放能力得到现实释放。假定此时政府偿还中央银行持有的债券,则只有商业银行认购新债时的收缩货币效应或超额准备金减少效应。

(3) 新债的发行对象是中央银行,偿还的旧债是非银行部门持有或商业银行持有。如果新债由中央银行认购,则在中央银行的资产方与负债方各加记等量金额,但社会货币供给量还未受影响。假定此时政府偿还非银行部门持有的公债,非银行部门在商业银行的存款就将增加,货币供给量扩大。假定此时政府偿还商业银行持有的公债,则商业银行的政府债券减少,准备金增加。增加的准备金将是一笔随时可以扩张货币供给量的资金来源。

第三节 公债对收入分配的影响

收入分配也是政府的职能之一。公债作为政府的一种收入工具,尽管其运作是有偿的,但是在收入分配方面也能起到一定的调节作用。

公债运行简单地划分,可以区分为发行过程、流通过程和偿还过程。从静态来看,在这三个过程或者三个时点,公债运行将有可能改变社会不同阶层的收入状况。

一、公债发行对社会成员收入的影响

公债发行是资金由公债承购者流向政府的过程,单纯考虑这一过程,可以看到,对于公债承购者而言,其收入总数并没有减少,但是现实可以用于消费或者其他方面的资金减少了;对于政府而言,其负债增加,同时现实可以运用的资金增加了。再结合政府行为的另一个方面来分析。政府取得公债款项后,正常情况下总是要用于支出的。现在假定,这笔支出全部用于转移支付。那么,对于接受政府转移支付的人来说,其个人收入将会增加。因此,如果把公债政策与转移支付政策结合起来考察,实际将会改变社会成员的收入状况。如果政府的收入分配目标是要缩小贫富差距,那么,在公债发行政策上采取的办法可能是向高收入者举债,并将这部分资金补贴给低收入者。

但是,这样的政策在实践中运用,仍然存在一些困难。第一,认购公债是自愿的。如果高收入阶层不愿承购公债,或者承购的数量达不到政府为改善社会公平所需要的量,则这一政策就无法实施或者效果会打折扣。所以,实践中常用的是累进税收加转移支付,而不是公债加转移支付。第二,更重要的一点是,上述分析只停留在发行阶段一个时点上,

而公债是要偿还的。如果再考虑这一后续过程,则这种政策所导致的在偿还阶段时点上的影响,反而可能会不利于低收入阶层收入状况的改善。这一点后面再作分析。

二、公债流通对社会成员收入的影响

在公债发行阶段或者偿还阶段,资金流动都会涉及政府,即或者是资金由承购者流向政府,或者是资金从政府流向公债持有者。在公债流通阶段,情况不同,资金流动不涉及政府,除非政府直接参与公债流通交易。因此,公债流通对社会成员收入的影响,就在于社会成员参与公债流通而发生的收入转移。

假设有甲和乙两人,甲转让给乙一张到期一次还本付息公债券,面值100元,最后付息30元。再假设政府偿还债务的资金来源是税收。那么,如果该公债交易价格是在面值与本息和之间,如120元,则收入分割的实质是未来纳税人的一部分收入(20元)转移给了甲,一部分收入(10元)转移给了乙;如果该公债交易价格低于面值,如90元,则乙的收入增量(40元)一部分来自甲(10元),一部分来自纳税人(30元);如果该公债交易价格高于本息和,如135元,则甲的收入增量(35元)一部分来自乙(5元),一部分来自纳税人(30元)。

总的来说,公债流通会影响社会成员的收入状况,影响的程度决定于他们参与公债交易的盈亏情况。有的时候,这种盈亏额可能是巨大的。如在一些具有杠杆性质的公债交易中,如公债期货,一次只需付少量保证金就可以买卖大量公债,所以,我们不能低估公债流通对人们收入状况的影响。

三、公债偿还对社会成员收入的影响

公债偿还是资金由政府流向公债持有者的过程。政府为了支付公债本息,就必须增加税收。如果这部分偿债资金全部来自增加的所得税,那么,我们可以按如下方式分析公债偿还对社会成员收入的影响。

设社会成员分为低收入阶层和高收入阶层。一般来说,低收入阶层的消费比重大,投资比重小;高收入阶层正好相反,消费比重小,投资比重大。从而,高收入阶层持有的公债一般也比低收入阶层多;同时,根据所得税的特性,一般来说,高收入阶层的实际税率高,低收入阶层的实际税率低。在这些前提下,可以作如下推理:纳税数量和公债持有数量都是累进的,即它们都随社会成员收入的增加而增加。由于公债偿还将使公债持有者受益,公债持有数量越多,受益的份额也就越大。于是,以税偿债对社会成员收入分配的影响,将取决于纳税数量和公债持有数量的累进程度。

如用横轴代表不同阶层的社会成员,并设原点到 R 之间为低收入阶层,R 的右边为高收入阶层;纵轴代表纳税数量和公债持有数量。在图 8-1 的情况下,由于纳税数量的累进程度(图中的 T 线)和公债持有数量的累进程度(图中的 D 线)相同,社会各阶层的收入状态不发生改变。在图 8-2 的情况下,高收入阶层的纳税额小于其

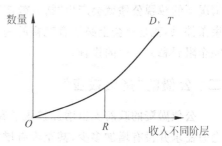

图 8-1 不同收入阶层纳税额和公债偿债额关系(1)

得到的公债偿债额,而低收入阶层的纳税额大于其得到的公债偿债额,这样,政府以税偿债对收入分配的影响,是导致收入从低收入阶层流向高收入阶层。在图 8-3 的情况下,高收入阶层的纳税额大于其得到的公债偿债额,低收入阶层的纳税额则小于其得到的公债偿债额,所以,政府以税偿债对收入分配的影响与上面情况正好相反,导致收入从高收入阶层流向低收入阶层。

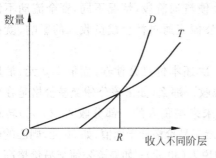 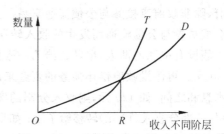

图 8-2　不同收入阶层纳税额和公债
　　　　偿债额关系(2)

图 8-3　不同收入阶层纳税额和公债
　　　　偿债额关系(3)

第四节　公债的"挤入效应"和"挤出效应"

一、公债的"挤入效应"

公债的"挤入效应"是指政府发行公债会诱使全社会私人进行投资,从而全社会的私人投资增加和社会总资本增加。

公债的"挤入效应"一般有两种情况。第一种情况是当公债融资的政府支出形成了公共资本,且公共资本与私人资本具有互补性,能提高私人资本的边际效率和私人投资的预期收益率,诱使私人企业增加投资。如果公债融资的政府支出用于技术乘数和关联度都比较高的公共资本品,如基础设施能带动技术升级的高、精、尖的军工产品就会产生更为直接、更大效果的"挤入效应",往往能带动一系列的相关投资。第二种情况是政府发行减税公债,且减税公债的目的是降低企业所得税和企业固定投资税负,而不是个人所得税和消费税,企业用于投资的资金来源相对增加,企业投资的预期回报率也相应提高,在这种情况下的减税公债就会产生"挤入效应"。无论是哪种情况的"挤入效应"都会有一定的约束条件,那就是社会上必须有充裕的闲置资金以满足政府的债务融资,且利率不会上升到完全阻碍私人企业的投资。

二、公债的"挤出效应"

公债融资的政府支出增加扩张了有效需求导致私人投资下降,其结果是总支出和社会总需求并没有增加多少,甚至没有增加,即公债融资的政府支出的增加把一定量甚至全部的私人投资都挤掉了。这种经济现象,经济学家称为公债的"挤出效应"。

公债的"挤出效应"并非必然发生,与公债的"挤入效应"一样,"挤出效应"的发生同样需要一定的条件。用 IS-LM 模型对"挤出效应"的解释是：公债融资的政府支出的增加导致 IS_0 曲线上移 IS_1，在 LM 曲线不变的情况下导致利率由 r_0 上升到 r_1，而利率的上升将导致投资减少（图 8-4），从而出现部分"挤出效应"。

如果这个时候利率被固定在一个水平上，LM 曲线为水平的直线。此时，公债融资的政府支出增加会引起 IS_0 曲线右移到 IS_1，其政府支出的乘数效果将全部发挥而不会出现"挤出效应"（图 8-5）。

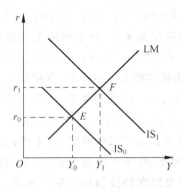

图 8-4　IS-LM 模型下的公债"挤出效应"分析(1)

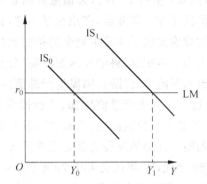

图 8-5　IS-LM 模型下的公债"挤出效应"分析(2)

当货币需求对利息率的变动毫无弹性时（此时 LM 曲线是一条垂线），公债融资的政府支出增加的结果将全部挤出而没有任何乘数效应（图 8-6）。由于此时流动性需求的任何增加都将导致利息率的急剧上升，公债融资的政府支出增加出现流动性需求的增加会导致利息率的上升，将使私人投资需求减少，从而使乘数减少甚至使乘数为零。在这种情况下的政府支出"挤出效应"最大。

因此，总收入水平的最后结果以及"挤出效应"如何，取决于公债融资的政府支出的增加程度、货币需求对利息率的弹性和投资需求的利息率弹性的综合结果。

公债的"挤出效应"也可以用 AS-AD 曲线从另一个角度进行解释。当经济处于充分就业状态时，公债融资的财政支出增加将导致物价水平上升，总产出水平不会上升。

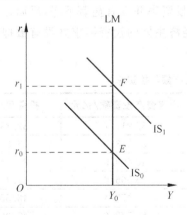

图 8-6　IS-LM 模型下的公债"挤出效应"分析(3)

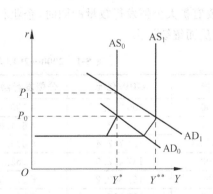

图 8-7　AD-AS 模型下的公债"挤出效应"分析

第八章　公债的经济效应

当经济处于非充分就业状态时,生产能力闲置、总需求不足,则不容易发生公债的"挤出效应"。因为在需求不足时,需求水平的提高可以启动闲置的生产能力,从而提高总体产出水平。

但上面的分析是从静态均衡得出的结论,因为经济运行是出于动态过程中的,不断从非均衡走向均衡,又从均衡走向非均衡的螺旋上升过程中。从短期来看,当经济处于充分就业点(图 8-7 中的 Y^*)时,公债融资的政府支出增加会使总需求曲线由 AD_0 移到 AD_1,由于经济处于充分就业点,产出水平不变,仍为 Y^*,物价水平却由 P_0 上升到 P_1,因此,公债融资的政府支出增加发生完全的挤出效应。如果从长期来看,且公债融资的政府支出被用于人力资本积累、科学技术的提高、公共物质资本等"公共资本品"方面,会引起充分就业产出水平的提高(潜在国民生产总值的提高),表现在图 8-7 中是 Y^* 在横轴上向右移到 Y^{**},这时国民生产总值增加,物价回落到从前的水平。从长期来看,如果公债资金使用得当,不会发生公债的"挤出效应",甚至有利于经济的长期发展。从现实生活中我们也能感觉到整个社会的发展史就是潜在产出不断提高的经济时,20 世纪 70 年代的潜在产出大于 60 年代,80 年代又大于 70 年代,90 年代又大于 80 年代。有人认为,美国在里根主政的 80 年代实行大规模的财政赤字政策,奠定了美国在科技领域的霸主地位,才会有克林顿主政的新经济增长时代。

三、中国公债对投资的"挤出效应"分析

改革开放以来,我国政府举债规模越来越大,从 1981 年的 49 亿元增加到 2015 年的 212 85.06 亿元,年举债规模增长了 434 倍(此处公债发行额特指国债发行额)。政府年度举债规模的增长是和改革开放以来不断增长的赤字规模密切相关的。一方面,每一财政年度预算赤字的存在和增长直接决定债务规模的增加;另一方面赤字连年,使得到期债务的偿还,更多地采取借新债还旧债的方式来完成,因此,又使得下一财政年度举债规模呈螺旋上升。

我国 20 世纪 80 年代以来公债发行规模的不断膨胀,对我国非政府部门投资和全社会的投资规模是否带来了挤出效应?可从表 8-1 的数据中发现并不存在明显的公债"挤出效应",随着政府发行公债的数量增加,全社会的投资率并没有显著下降,反而在上升。因此,政府扩大公债发行数量的同时,企业和其他经济主体的投资需求并没有被抑制,投资规模反而继续扩张。

表 8-1 2000—2015 年公债发行额与投资率

年份	GDP/亿元	公债发行额/亿元	固定资产投资额/亿元	投资率/%
2000	100 280.1	4 180.10	32 917.7	32.83
2001	110 863.1	4 604.00	37 213.5	33.57
2002	121 717.4	5 679.00	43 499.9	35.74
2003	137 422.0	6 153.53	55 566.6	40.44
2004	161 840.2	6 879.34	70 477.4	43.55
2005	187 318.9	6 922.87	88 773.6	47.39

续表

年份	GDP/亿元	公债发行额/亿元	固定资产投资额/亿元	投资率/%
2006	219 438.5	8 883.00	109 998.2	50.13
2007	270 232.3	23 139.00	137 323.9	50.82
2008	319 515.5	8 549.00	172 828.4	54.09
2009	349 081.4	16 280.66	224 598.8	64.34
2010	413 030.3	17 849.94	278 121.9	67.34
2011	489 300.6	15 609.80	311 485.1	63.66
2012	540 367.4	14 527.23	374 694.7	69.34
2013	595 244.4	16 949.00	446 294.1	74.98
2014	643 974.0	17 876.57	512 020.7	79.51
2015	689 052.1	21 285.06	561 999.8	81.56

资料来源：《中国统计年鉴》(2016)。

虽然公债规模的增长速度很快，但政府用于投资的规模却在萎缩（表8-2），政府投资比重从2000年的6.4%下降到2015年的5.3%，这期间并没有随着公债发行规模的扩大不断地增加投资支出，而非政府投资的比重却有上升趋势。其中2008—2009年，由于出现了严重的经济危机，非政府投资减少，政府才加大了投资的力度。这种情况出现不是因为公债融资的政府投资增加而挤出了非政府投资，导致非政府投资占比下降，而恰恰是非政府投资的主动减少迫使政府增加投资。因此，公债大规模发行并没有对非政府投资产生排挤。

表8-2　2000—2015年投资总额及投资主体占比的变化

年 份	政府投资		非政府投资额	
	投资额/亿元	占比/%	投资额/亿元	占比/%
2000	2 109.5	6.4	30 808.2	93.6
2001	2 546.4	6.7	34 667.1	93.3
2002	3 161.0	7.0	40 338.9	93.0
2003	2 687.8	4.6	52 878.8	95.4
2004	3 254.9	4.4	67 222.5	95.6
2005	4 154.3	4.4	84 619.3	95.6
2006	4 672.0	3.9	105 326.2	96.1
2007	5 857.1	3.9	131 466.8	96.1
2008	7 954.8	4.3	164 873.6	95.7
2009	12 685.7	5.1	211 913.1	94.9
2010	13 012.7	4.7	265 109.2	95.3
2011	14 843.3	4.3	296 641.8	95.7
2012	18 958.5	4.6	355 736.2	95.4
2013	22 305.3	4.5	423 988.8	95.5
2014	26 745.4	4.9	485 275.3	95.1
2015	30 924.3	5.3	531 075.5	94.7

资料来源：根据《中国统计年鉴》(2016)计算。

对公债大规模发行并没有对非政府投资产生排挤这一现象的解释需回到公债的"挤出效应"的产生条件中去。

(一) 利率非市场化

虽然,政府当局放开了同业拆借等利率,实现了同业拆借利率的市场化,但是参加同业拆借的几乎都是大的金融机构,对企业投资有重要和直接影响的贷款利率还受到管制。因此,目前在中国,公债大规模发行→利率上升→投资减少的传导机制被割断,利率抑制投资的机制被"信贷配给"所取代。由于银行体系执行了宽松的货币政策,在1996年以前各商业银行大量发放贷款以满足非政府投资的需求。因此,非政府投资不会出现因利息率上升或因无法取得流动性而出现投资下降。

(二) 非政府部门投资的利率弹性小

我国自1980年以来多次调整存贷款利率,从这几次利率调整来看,投资的利息率弹性相当微弱,非政府部分的投资行为受利率的影响不大。这是因为我国的国有企业正处于新旧体制转换时期,新的现代企业制度尚未完善,旧的经营模式没有打破,企业经营效益的提高不是企业经营者唯一追求的目标。因此,投资与经营效益之间不能形成良性循环。对于经营效益好的企业经营者来说,希望通过扩大投资的方式进一步提高效益,甚至投资规模扩张的大小已变成各级政府考察经营者政绩如何的重要指标之一。在此情形下,利率水平的高低并不能左右经营者投资的选择。利率水平的提高只会增大投资成本,进而提高商品价格。对于那些已无偿还能力的企业来说,由于不存在破产机制,企业对于投资需求依然旺盛,往往是贷款规模增加,而经济效益下降。利率水平的提高非但不会起到抑制投资的作用,反而会使亏损加重。目前我国四大国有商业银行中存在的大量不良资产就是例证。它至少说明非政府投资的弹性比较低。在目前通货膨胀的局面下,银行的贷款规模减少,不是因为非政府部门投资对利率弹性变得敏感的缘故,而是因为政府为了治理银行不良资产、防范金融风险而制定了诸多的制度约束,造成银行的"惜贷"局面。一旦政府废除这些制度约束,即使利率上升,非政府部门的贷款需求会再度旺盛,非政府投资也随之高涨。

(三) 国内储蓄资金供给非常充裕

20世纪80年代以来,由于分配体制的改革,我国城乡储蓄增长很快。居民储蓄规模由2000年的64 332.4亿元增加到2015年的552 073.5亿元(表8-3)。

表8-3 2000—2015年我国个人存款金额　　　　　　　　　　亿元

年份	2000	2001	2002	2003	2004	2005	2006	2007
储蓄存款	64 332.4	73 762.4	86 910.7	103 617.2	119 555.4	141 051.0	161 587.3	172 534.2
年份	2008	2009	2010	2011	2012	2013	2014	2015
储蓄存款	217 885.4	260 752.7	303 302.5	352 797.5	411 362.6	467 031.1	508 878.1	552 073.5

资料来源:《中国统计年鉴》(2016)。

这不仅为公债的发行提供了大量的资金来源,同时也为满足企业的投资需求提供了外部资金保证。由于有大量的闲置资金和储蓄资金,公债规模的连年扩张并没有产生"挤出效应"。

所以,随着我国公债发行及其规模的扩张,对于非政府投资并未产生"挤出效应",反而在非政府投资规模不断扩大的同时,政府支出也在膨胀。

(四)外资的流入为国内投资提供了大量资金

从表8-4中可以看出,我国的经济建设中对外资的引进是比较大的。从2000—2015年逐步上升,为满足国内的投资需求提供了大量资金。

表8-4　2000—2015年我国利用外资情况

年份	我国实际利用外资/亿美元	美元对人民币汇率	我国实际利用外资/亿元
2000	593.56	8.2784	4 913.727
2001	496.72	8.2770	4 111.351
2002	550.11	8.2770	4 553.260
2003	561.40	8.2770	4 646.708
2004	640.72	8.2768	5 303.111
2005	638.05	8.1917	5 226.714
2006	670.76	7.9718	5 347.165
2007	783.39	7.6040	5 956.898
2008	952.53	6.9451	6 615.416
2009	918.04	6.8310	6 271.131
2010	1 088.21	6.7695	7 366.638
2011	1 177.0	6.4588	7 602.008
2012	1 132.9	6.3125	7 151.431
2013	1 187.2	6.1932	7 352.567
2014	1 197.1	6.1428	7 353.546
2015	1 262.7	6.2284	7 864.601

资料来源:《中国统计年鉴》(2016)。

第九章 公债的风险

只要发行公债,就会有公债风险,任何公债都有风险,只是风险的大小有所不同。公债风险是潜在的公债危机,公债危机是现实的公债风险。公债风险不一定就必须成为公债危机,前者只是后者的潜在可能性,只要处理得当,公债风险就不会酿成公债危机。因此,有必要建立公债风险防范系统,适度控制公债发行规模扩张速度,减少公债发行成本,提高公债使用效率,增强还债能力,防范潜在的公共财政运行风险。中国公债的持续运行在拉动投资、促进经济快速增长中发挥了重要作用。然而,在公债运行中存在着发行规模结构不当、公债使用效益低下、公债流通困难等问题,最终导致财政偿还风险增加,这将给国民经济稳定运行带来巨大的负面影响。

第一节 公债风险概述与分类

一、公债风险的概述

(一)公债风险的内涵

风险的含义有很多,国内外关于风险有不同的学说,归纳起来,主要有以下几种:一是美国经济学家弗兰克·奈特界定的风险是"可测定的不确定性";二是著名的风险问题专家威雷特所认为的"风险是关于不愿发生的事件发生的不确定之客观体现";三是企业风险在进行生产经验过程中,由于不确定性因素和经营失误的影响,而使企业遭受损失或损害的可能性;四是在一定环境和期限内风险是客观存在的,能导致费用、损失和损害的产生等观点。[1] 要具体理解风险的概念,需要联系几个其他的概念。首先,风险与不确定性,一般情况下,不确定性是不可观测的,但是风险是可以测度的可确定性,因此风险是以客观的统计概率形式存在的随机事件,是可测度的不确定性。其次,风险与危险和损失,风险与危险都是无法事先预料到的,但是相比于危险,风险更为中性,危险往往带来更为严重的结果,风险代表一种可能性,并不完全等于损失,合理地规避风险可能带来的是收益。最后,风险与预期,风险既源于客观因素,也源于与主观预期的偏差,从这点理解,风险是客观结果与主观预期的偏差和偏离,正因为存在这种偏差,所以经济主体会选择趋利避害。

基于上述对风险的认识,可以对公债风险进行定义:第一,公债风险是指政府举债及其偿还所导致的、可以测度的不确定性;第二,公债风险是指政府举债及其偿还所导致的损失、损害及其各种不良后果的可能性;第三,公债风险是指公债实际运行结果与公债政

---

[1] 史明霞.国债风险控制体系研究[M].北京:经济科学出版社,2007:5.

策主体预期之间发生的偏差。总结起来就是,公债风险是在不确定性因素影响之下,公债运行的实际效果与公债政策主体的主观预期之间发生偏差,并对财政经济造成损失或者损害的可能性。研究公债风险有十分重要的意义。首先,从财政角度上说,公债是政府弥补财政赤字的主要工具,在完善的公债风险管理制度下,公债将成为具有增值能力的财政资产,这将扩大国民收入和国民储蓄,提高财政的支付能力,降低财政偿债负担。其次,从金融角度上说,公债是中央银行公开市场业务操作的重要工具,公债利率能够指导确立金融市场基础利率。研究把握公债的数量、种类和期限结构设计,不仅能降低公债的筹资成本,而且有利于稳定国家的利率政策,维护金融稳定,降低金融风险。因为公债有财政和货币的双重属性,因而其风险表现为财政风险和货币风险两个层面,需加以必要的监控和防范。

(二)公债风险与公债危机

一直以来,关于公债风险与公债危机的研究都在不断深入,人们发现公债风险与公债危机有着密不可分的关系。关于公债危机的研究已经超过20年,科勒等关于公债危机的观点比较有代表性。在科勒看来,当政府不能采取稳健性的财政原则进行举债和消费时,过高的政府债务使公众逐渐降低对政府偿债的信心,这将导致政府再融资的成本大大提升,降低财政政策的操作空间,严重时政府将无法进行财政债务融资,最后政府违约导致债务危机爆发。而对于公债投资者来说,预见到政府有债务违约企图或可能,在政府进行再一次融资时,必然会提高新债收益率或利息率作为风险的补偿,极端情况下,在政府提高收益率的时候,也没有潜在的投资者,这必然引发公债危机。表面上因为政府债务过大出现了债务违约现象,本质上政府在这个过程中已经丧失了债务信用,当一国政府失去债务信用时,必然会导致经济危机。因此公债危机被界定为政府因缺乏偿还能力,无法如期偿还已经到期的债务和本息,使公债作废,从而直接影响到本国及相关地区的金融状况,进而造成一国经济的萧条。如拉美的一些国家,由于债务过大,国家无力偿还,而宣布政府破产,最终使得公债作废。对于公债危机的发生,是对债务风险的预期变成了债务违约的事实,其后果是相当严重的,并危害一国政府的信用。

公债危机与公债风险有着密切的关系,没有公债风险也就没有公债危机,政府负债必然存在公债风险,公债风险是否转化为现实的公债危机在于公债到期能否偿还。当公债规模达到一定程度,而政府没有足够的财力来支付到期的债务时,政府便会以增发新公债的形式来弥补因偿还到期公债而形成的财政赤字。随着公债规模的不断扩大,而政府的偿债能力没有明显增加的情况下,公债的风险势必增加。这样那些风险偏好弱的投资者就会减少对公债的持有量,从而导致政府无法筹集到足够的公债资金来偿还到期公债,进而使政府的信用恶化,公债作废,形成公债危机。因此,公债风险和公债危机与公债的规模和政府的偿还能力密切相关。

具体分析公债风险与公债危机的区别,有以下几点。第一,二者性质不同,公债风险的性质是政府举债后出现的不良后果或违约损失的不确定性;而公债危机的性质是一种债务违约产生的政府信用发生危机。第二,表现形式不同,即公债风险是隐蔽性较强的不确定性,伴随着政府举债的各个过程;而公债危机是一种显性的现实结果,已经产生了破坏性的结果。第三,影响程度不同,公债风险对财政和政府债务的影响较小;而公债危机一旦发生对财政和整个经济的影响都是相当大的,并影响政府的信用,这种危害是持久的。由此可以看出公债风险与公债危机存在着相互依存的关系,即公债风险中蕴含着公债危机,一旦发生冲击,公债风险很容易显现成公债危机。

二、公债风险的分类

由于存在不同的标准,可以对公债风险进行不同的分类,主要有以下四种分类方式。

(一)根据风险产生原因的不同分类

1. 公债违约风险

公债违约风险即公债信用风险,由于各种主客观原因,政府不能按期偿还到期债务。公债有到期还本付息的性质,如果由于各种原因使得政府不得按期还本付息,进而导致政府信用降低。而政府信用的高低会对金融预期和投资者信心产生重要的影响,一旦公债违约或者出现公债危机,其结果不仅会对经济造成巨大的影响,而且严重到会危及国家信用,造成社会动荡,甚至会导致政权更替,对国家的影响不可估计。这种风险可以从静态和动态两个角度进行阐释:从静态角度来看,公债的信用风险表现为政府在某个财政年度不能用正常的财政收入按期偿还公债本息的可能性;从动态角度来看,公债的信用风险表现为随着公债的不断积累,负担率会越来越高,政府会有越来越大的财政压力,进而影响公债政策的可持续性以及经济发展的可持续性。从静态角度来看,关注的是公债风险对短期的影响,而动态角度关注的是长期的经济效应,也是考察经济长期的可持续性,静态角度下的公债风险积累到一定程度必然会导致动态角度的公债风险。

2. 公债流动性风险

公债流动性风险是指由于公债的期限结构不合理、公债筹资与财政收支结构不匹配以及市场因素不发达等原因,造成公债流动性下降,从而引起各种不确定性。公债是一种安全性、流动性、收益性高度结合的金融资产,是各类金融机构进行资产流动性管理的工具。其流动性风险主要表现为两种形式:一是由于公债期限结构上的不合理,导致资金安排与财政收支现金流不匹配,难以保证最佳的成本满足财政支出的需要;二是鉴于金融市场深度和广度上的限制,以及投资者的投资理念和手段上的不成熟,导致公债流通体制不顺畅,从而为财政资金的合理配置带来诸多不利。

3. 公债市场风险

公债市场风险是指由于利率以及金融市场供求等因素冲击,对公债到期偿付实际负担所造成的不良后果或不利影响。金融市场的种种波动都会导致公债偿还实际数额、公债价格和收益率发生变化,对公债管理造成不利影响。通常情况下,这种不确定性是由金融市场上的利率变动所造成的。对于国债资产而言,其本质是一种利率敏感性资产。例如,国债的价值就是发行者按照合同规定从现在至债券到期日所支付的款项的现值。它取决于当前的市场利率和现金流量的风险水平,在其他条件不变的情况下,国债的票面利率越低,国债价格越低。市场利率或收益率越高,国债价格越低。显然,市场利率的变动必然引起国债价格的变动,从而给国债持有者带来风险。

（二）根据公债有无法律依据分类

1. 显性公债风险

显性公债风险是指由政府显性债务所形成的债务风险,是建立在某一法律或者合同基础上的政府负债,债务到期时,政府具有清偿债务的法定义务。一般而言,显性债务主要具有以下几个特点：第一,债券和债务关系明晰,并以合同和契约形式确定；第二,债务负担可以准确加以预见和预期；第三,显性债务是一种既定事实下的历史债务或客观债务。

2. 隐性公债风险

隐性公债风险是指政府隐性债务（如政府所作出的具有法律效率的支付承诺等）所形成的公债风险。隐性债务是指政府的一种道义上的债务,这种负债不是建立在法律或合同基础上的。没有反应在政府预算账面或未被公开的债务,因缺少监管而形成相对隐蔽的公债风险。隐性债务主要有以下几个特点：第一,债权债务关系并不明晰；第二,债务负担往往难以被估算和测定；第三,在会计上,隐性负债并不构成法律关系上的债务,而对政府来说,却是真实存在的债务。

（三）根据风险不确定性程度分类

1. 直接公债风险

按照不确定性程度,政府负债分为直接负债和或有负债。而相对应的是根据风险表现形式不同,可以分为直接公债风险和或有公债风险。直接公债风险是指政府直接举借的债务并需履行法定偿还义务所形成的公债风险。直接风险相对于或有风险更容易预测和防范。

2. 或有公债风险

或有公债风险（也被称为间接公债风险）,是指由政府或有债务所形成的公债风险,往往具有很大的不确定性。需要注意的是,或有公债风险与隐性公债风险这两个概念既相互联系,又相互区别。大部分或有公债风险本身具有强烈的隐性特征,即为隐性公债风险,但隐性公债风险包含一部分或有公债风险,也包含其他未公开披露但被广泛认知的公债风险。

（四）根据公债运行层次分类

1. 宏观公债风险

宏观公债风险是指由于公债管理及其相关政策的不当对国民经济的整体运行造成不确定的影响,主要是从宏观角度来进行分析的。具体来看,宏观公债风险的主要表现有：公债的货币化引发通货膨胀效应,公债的发行对市场利率的影响,公债发行对私人投资的影响,公债对资本流动以及经济形势的影响,等等。

2. 微观公债风险

微观公债风险主要是指公债的发行、流通、使用、偿还等公债运行各个环节的不确定性对财政收支,以及财政偿债成本所造成的影响。公债发行的直接目标是将公债发行出去,保证政府举债筹资成功,以使公债政策得以顺利实施,从债务发行管理角度看,要尽可能地降低成本,包括发行价格和发行费用。公债流通的直接目标是使公债的流通性好,这样既有利于方便社会资金的融通、增加投资者的机会,又有利于提高政府的筹资能力以及财政的宏观调控能力。公债使用的直接目标是提高公债资金的使用效率,提高政府的信用,同时也是提高政府的偿还能力。公债偿还的直接目的是按期偿还,这样才能保证公债的可持续性,提高政府信用。因此,公债不能顺利发行、筹资成本高、公债的流通性不好、公债资金使用效率低下、公债不能按期偿还都是公债各个环节构成执行系统的风险。

第二节 公债风险矩阵

一、公债的风险矩阵

随着凯恩斯主义的宏观经济政策特别是赤字财政政策的兴起,政府债务和财政风险问题在许多国家经济中逐渐显现出来,但这一问题并未被学术界重视和关注,直到 20 世纪末,东南亚爆发经济危机,更多的国家开始关注财政风险这个概念。1998 年以来,世界银行专家哈纳·波拉科瓦(Hana Polackova)提出了风险矩阵,引入了"隐性负债"和"或有负债",并对其做了界定和区分。运用公债风险矩阵对政府债务风险进行鉴别和分类研究,是一种重要且实用的公债风险研究理论与方法,也是评估政府债务有用的工具,被各国普遍运用。从表 9-1 中可以看出,这里的政府债务是广义的,与会计学意义上债务含义有所区别。可以这样理解,凡是政府应当承担的支出责任,均可视为政府的债务。在风险矩阵中,政府负债按照不同标准分为四种类型:显性负债、隐性负债、直接负债以及或有负债,形成表 9-1 的风险矩阵。

表 9-1 政府负债的风险矩阵

政府债务	直接负债 (在任何情况下都存在的负债)	或有负债 (只在特定事件发生时才产生的负债)
显性负债: 法律或合同所确定的政府负债	(1) 国外和国内主权借款(中央政府的合同贷款和其发行的有价证券); (2) 由预算法律规定的支出; (3) 受长期法律约束的预算支出(公务员工资和公务员养老金)	(1) 政府对非主权借款和地方政府、公共部门和私营部门实体(如开发银行)债务的担保; (2) 对不同类型贷款(诸如抵押贷款、对学习农业的学生的贷款和小型企业贷款)的保护性政府担保性; (3) 对贸易与汇率、国外主权政府借款、私人投资的政府担保; (4) 有关存款、私营养老金基金最低收益、农作物、水灾、战争风险的政府保险体系

续表

政府债务	直接负债 （在任何情况下都存在的负债）	或有负债 （只在特定事件发生时才产生的负债）
隐性负债： 主要反映公众期望和利益集团压力的政府道义上的债务	(1) 公共投资项目的未来经常性费用； (2) 如果法律未做规定的未来公共养老金（而不是公务员的养老金）； (3) 法律未做规定的社会保障计划； (4) 法律未做规定的未来医疗保健筹资	(1) 地方政府和公共或私营实体的非担保债务与其他负债的违约； (2) 对私营化实体负债的清理 银行倒闭（处于政府保险的范围之外）； (3) 非担保养老金基金、就业基金、社会保障基金（对小投资者的社会保护）的投资失败； (4) 中央银行不能履行其职责（外汇合约、保卫币值、国际收支稳定）； (5) 私人资本流向改变之后而采取的紧急救援行动； (6) 环境灾害后果的清理、救灾、军事筹资等

资料来源：Polackova, H. Contingent Government Liabilities: A Hidden Risk for Fiscal Stability. World Bank Policy Research Working Paper, 1998.

二、四种债务类型的特点

从不同的角度来看，政府债务可以分为四项：直接显性债务、直接隐性债务、或有显性债务和或有隐性债务。前面两项是指已经成为政府财政事实上的债务事项，不论是法律明确了的，还是没有明确的，政府财政都必须承担其责任。后面两项是指债务事项已经产生，尽管具体数量还不能确定，但将来可能成为政府的债务事项。具体每种债务的特点如下。

1. 直接显性债务

直接显性债务是基本确定的，而且有明确法律规定，包括通过的预算法案、其他政策和法律。具体包括：国家发行的国内和国外的各种债务，即最典型的债务；预算支出，预算执行过程就是履行承诺和偿还债务的过程，如欠发工资而形成的债务；粮食收购和流通中的亏损挂账及乡镇政府债务；公务员的养老金形成政府的长期债券；等等。

2. 直接隐性债务

直接隐性债务不是由合同或者法律规定的，而是由中长期公共支出政策预先确定的责任所形成的债务，是中长期的支出责任。这种债务是政府没有明确承诺，但是人们预期政府最终会承担的债务。产生这类债务的可能性很大，即确定性程度很高，但具体规模却很难监测。例如，政府提出了建立社会保障制度的政策目标，社会保障基金一旦出现支付缺口，虽然没有法律上的规定，但政府很难不给予补贴，这些直接构成了政府的隐性负债。

3. 或有显性债务

或有显性债务是由政府规定的当某特定事件发生时必定由政府承担的债务。它并不反应在年度政府预算中，主要包括其他公共部门债务，如政策性金融债券、国债投资项目的配套资金,还有比较典型的政府给企业、下级政府提供的各种担保。这些往往处于政策的需要。

4. 或有隐性债务

或有隐性债务通常是指没有正式确认的、在某一事件发生后才发生的债务,是迫于公众和道义的压力而接受的任务,主要包括国有银行的不良资产、国有企业未弥补亏损以及对农村合作资金的援助。或有隐性债务具有不确定性,很难进行预测、确认和监管。当经济体制不完善、监管体制不健全、市场信息披露极不充分的情况下,或有隐性债务的规模往往很大,政府面临巨大的财政压力,也面临着巨大的风险。

(三) 公债风险的影响因素

总的来说,一国的债务风险承受能力可以分为财政举债能力和国民经济应债能力两个方面：财政举债能力是政府财政能够承受的债务规模,国民经济应债能力是指一个国家的经济总量所能承受的债务规模。具体来说,公债风险的影响因素有以下几个方面。

1. 政府的财政支出

公债产生之初,主要是用于弥补财政赤字和筹措战争经费。随着公债制度的完善,在现代经济条件下,举债资金更多地被用于政府调控经济和筹集建设资金形成公共产品等。大规模公债的存在还是中央银行进行公开市场操作的必要条件。政府通过公债的发行和运转体系来完成调控经济的预期目标。因此,政府的财政政策方向和举债意愿将会在很大程度上影响到政府债务的风险。当一国实行扩张性的财政政策时,就会使财政赤字增大,必然要大规模地举债,政府的债务风险会比紧缩性财政政策时要大。

2. 政府的偿债能力

公债是以信用方式取得资金,需要还本付息和到期偿还。政府不能一直借新还旧。如果政府举债不考虑偿债能力,不顾后果盲目举债,就会使公债发行规模和公债余额不断扩大,财政支出中用于还本付息的支出不断上升,加大公债风险,随着风险不断累积容易引发债务危机,对国民经济的发展造成危害。所以,财政偿债能力是影响公债风险的重要因素。

3. 货币政策和金融市场状况

债务是财政政策和货币政策结合的产物,因此公债风险状况不仅仅会受到财政政策的影响,还会受到货币政策的影响。当政府需要启动经济,对经济施加刺激时,扩大短期债券的发行,提高短期债券在全部政府债券中的比重,以此引起社会的流动性增加,容易造成公债风险。中央银行公开市场业务操作,要求公债具有相当的规模,能够为货币供应量的吞吐提供足够的空间。同时,要求有发育完善的金融市场,使市场中的经济主体按照央行的政策目标进行反应。金融市场越完善,公债风险面临的危害越小。

4. 公债运行和管理水平

政府的债务管理水平会极大地影响债务风险水平。降低公债发行费用、完善公债的种类结构和利率期限结构、提高公债资金的使用效益等,都会降低公债风险。反之,如果公债运行体系不完善、政府的债务管理水平低,就需要用更大的公债发行规模才能换取到同样的经济效益,政府就将面临更大的风险。

第三节 隐性债务和或有债务

一、隐性债务和或有债务概述

按照上一节的划分,政府债务可分为直接债务和或有债务两大类。不论政府的直接债务还是或有债务又都可以划分为显性债务和隐性债务。对于隐性债务和或有债务的区别是,隐性债务是基于政府的职能、义务所必然发生的。前文提到的养老保险欠账主要是隐性债务。在一定的社会养老保险体系下,只要参加了这个体系,任何人都有到期从该体系得到养老金的权利。医疗保险也是这样。隐性债务的主要特征是,它并不直接表现为政府现在的债务。从个人角度看,它是政府在未来约定时间需要给付一定资金量的远期债务。或有债务包含显性的或有债务和隐性的或有债务。政府明确进行的担保行为构成显性的或有债务,而政府隐性的担保或者出于其职能、义务而可能发生的债务构成隐性的或有债务。前者如政府为企业借用外债提供的明确担保,后者如当金融风险发生时政府不得不为金融机构提供的支出。或有债务的最大特点是,它可能在一定条件下转化为政府必须承担的债务,但当这些条件不具备或发生变化时,就不会转化为政府直接的债务负担。

隐性债务和或有债务出现与否,相对于直接显性债务而言,取决于特定事件的发生与否,发生的概率,外生于政府的政策(如自然灾害),内生于政府的政策和其他各种因素(如政府的担保和决策失误),虽说可能要国家财政来承担,但究竟是否最终会承担以及最终要承担多少是事先无法清楚知道的。特别是或有隐性负债,尽管不受法律约束,但由于公众的期望和政治压力以及政府的道义责任,可能要求政府出面承担部分或全部,因而可能构成财政的一个很大的风险源。正因为不确定性程度大,隐蔽性较强,也就越容易累积,一旦转化成确定性负债,往往是无法预料的,对财政的持续性产生无法估计的破坏性,甚至造成财政危机。因此,分析财政风险应该重点研究隐性负债和或有负债。本节重点分析隐性和或有债务产生的原因、分类、效用以及和国债政策持续性的关系。

(一)隐性债务和或有债务产生的原因

隐性债务和或有债务产生的原因相对比较复杂,其一,从主观因素来说,不少政治家有一种过度积累财政隐性风险的倾向,即政治家们所持的"财政机会主义"态度而会积累隐性债务和或有债务规模。政治家们往往会在当前预算和长期财政预算之间作出选择,为了保持预算平衡,当面临着新的预算标准以及一些利益集团提出的资金援助时,财政机会主义就会出现。这种形式有时避免预算约束,把成本留给后代。例如,政府通过财政贷款的方式予以援助。其二,从客观因素来说,经济和政治体制的设计、突发的自然灾害以及缺乏市场规则的约束,都会使政府和财政的隐性债务和或有负债加重,导致财政危机和财政状况恶化。

(二)隐性债务和或有债务的分类

1. 政府对各类特殊贷款的担保

政府的财政担保是指以政府名义在借贷、发行债务中的担保。担保是一种潜在的、可能的债务。当债务人不能履行偿还义务时,国家财政将承担全部责任。担保贷款的种类有很多,通常体现出政府的政策性鼓励和扶持方向。例如,对进出口信贷的担保、对农业及高新产业投资的担保等。被担保的贷款人不仅包括各类公共部门、国有企业,也包括私人部门。

2. 金融机构发生危机产生的或有债务

银行体系出现呆坏账等不良资产会引发金融机构的危机,对金融体系的良性发展造成不利的影响,一旦规模持续增大,突破合理的限度,就将会使金融体系发生震荡并且影响到一国经济的发展。因此,政府在金融机构发生危机时进行援助,尤其在发展中国家,这种现象更加普遍,但同时政府也加剧了财政风险,成了政府的或有债务。

3. 政府投资失误和经营失败形成的债务

政府投资和经营主要指政府投资各类公益性产业、关系国计民生的特殊、战略性行业以及部分盈利性企业。尽管这类国有企业是有限责任制,但是由于特殊的国情,政府承担了更多的责任。这就导致这类企业的经营风险影响到政府,政府在这其中充当着重要的角色。一旦企业发生危机,财政会负担相应的支出,这就造成了财政的债务。

4. 各类公共基金的支付缺口

公共基金包括政府保障基金、教育基金、其他的财政补贴基金。其中,养老金的缺口是一个最常见的直接隐性负债。随着世界范围内的人口老龄化加剧,社会保障的巨大压力是各国普遍关注的问题。在解决养老金问题上,政府要承担责任。其他类型的公共基金,政府也要承担相应的责任,这对于政府来说是一项债务。

5. 地方政府的隐性和或有债务

地方政府对其辖域内居民生活和经济发展提供重要的基本公共服务,如教育、卫生、治安和基础设施等。当前,地方政府在发展地方经济时,往往通过发行地方政府债券来增强地方投资能力,实现地方财政与中央投资项目的同步配套,以扩大内需、刺激消费。隐性债务的成因,主要是分税制的制度设计赋予地方政府的事权与财权不匹配。因为对地方官员政绩考核的一个重要指标是GDP,所以地方政府在承担提供地方公共物品责任的同时,又承担了很多经济建设的责任。然而,地方政府却没有相应独立的财权,行使事权存在资金缺口,没有合理的融资渠道,从而不得不另觅途径。同时,由于监管不到位,地方政府的借债行为得不到有效约束,致使地方政府以隐性方式负债。应当看到,地方政府通过举债对地方经济的发展起到了巨大的作用,但由此也造成了债务风险。地方政府的信用行为、支出行为、投资行为同样构成中央政府的或有负债。另外,允许地方发行公债的国家,这类或有债务风险更加严重。

6. 其他原因造成的隐性和或有债务

政府为了稳定经济,有时要承担一部分特殊支出。例如,救灾和环境保护等偶然因素带来的支出。这类债务的不确定性很高,无法预期,但政府又必须承担。另外,从政府的财政职能上看,政府还需要承担币值稳定和国际收支平衡的责任,这可能造成政府要负担更多的债务。

(三) 隐性债务和或有债务的效用

(1) 隐性债务和或有债务直接影响国家的财政与经济状况。隐性负债和或有负债的变动方向与规模对经济中的许多变量都有直接或间接的影响。当债务质量较好时,隐性负债和或有负债对经济运行的影响较小。但是,一旦规模较大,超过一定的限度,就会危及一国的财政和经济状况。因为隐性债务和或有债务一般都在预算外,没有进行有效的监督,尤其在研究一国债务时,容易忽视隐性债务和或有债务带来的风险。因此会继续加大隐性债务和或有债务的规模,财政支出会大幅度增加。这样就打破了财政收支之间的平衡,影响利率与经济增长之间的比例关系,进而影响一系列的经济变量,导致财政状况发生危机,影响经济的平衡运行。

(2)隐性债务和或有债务制约了财政对国民经济的宏观调控能力。在合理的国债规模既定的情况下,或有债务和直接债务有此消彼长的关系,或有债务规模的增大,造成财政的巨大负担,会制约财政对国民经济的宏观调控能力。虽然政府直接债务和或有债务构成不同的债务负担,也并非所有的隐性债务和或有债务都会转化为显性债务。这取决于债务本身的性质和规模。因此将隐性债务和或有债务控制在一定限度内,能够很好地监督,就可以避免财政风险的发生。

(3)隐性债务和或有债务具有风险放大效应与时间效应。或有负债具有不确定性较强的特点,结果只能由未来发生的事项来决定,具有时效性。隐性债务和或有债务在经济稳定时期,其风险程度和危害性往往比较隐蔽,具有时间滞后的特点,在当下并不是很明显。但是,隐性债务和或有债务始终代表资金的潜在需求,这会诱发居民和企业对税收增加或通货膨胀的风险预期。当经济不平稳受到冲击时,隐性债务和或有债务就会随之显现出来,导致政府这些债务向直接债务转化,这种财政风险会影响到国民经济的各个方面。因此,从宏观角度看,预防隐性债务和或有债务风险具有重要的意义。

(四)隐性债务、或有债务风险和国债政策的可持续性

事实上,任何国家都不同程度地存在隐性债务和或有债务问题。经济和政治体制、自然灾害、市场主体的道德风险等,都可能导致政府隐性债务和或有债务的发生,并可能进一步恶化财政状况。因此,政府的隐性债务和或有债务是影响财政状况、财政政策以及国债政策的一个十分重要的因素。相比之下,显性的直接债务更加令人关注。因为在严格的市场经济中,政府应当有十分明确的活动边界,通过规范的规则确定政府的职能。显性的直接债务是政府到期必须履约的债务,如果不能履约,就可能导致社会公众对政府信心的下降,并将产生更大的经济和社会成本问题。正因为如此,世界上任何国家都对显性直接债务进行比较严格的管理。显性直接债务的规模和变动状况也受到社会公众特别是投资者的关心,并成为衡量政府财政状况的重要标志。

如果进行静态考察,可以发现,政府的隐性债务、或有债务以及政府直接的显性债务都构成了政府的债务负担。在总债务规模合理的情况下,隐性债务、或有债务的规模越大,显性的直接债务的空间就越小。这成为制约国债政策的一个重要因素。正是由于这个原因,在确定国债规模和国债政策时,必须考虑隐性债务和或有债务的状况。当一个国家政府不存在隐性债务和或有债务时,它所承担的国债的数量相对可以更大一些。相反,它所能够承担的国债数量就小一些。这说明,政府隐性债务和或有债务的多少在一定程度上制约了国债政策的空间。如果动态地进行考察,令人关注的是,隐性债务和或有债务可能向显性的直接债务转化,从而形成对国债市场和国债政策的冲击。从我国的情况看,

外债中有一部分就可能转化为政府的直接负担,需要政府通过发行国债来解决。但更大的问题是银行不良资产和社会保障中的隐性债务和或有债务。银行不良资产中存在一定规模的呆坏账,通过银行资本难以补偿,最终就只能通过发行国债来解决。社会保障方面存在大量的资金缺口,当不能通过其他方法解决时,也只能通过发行国债来解决。这在其他国家也是如此。匈牙利在20世纪90年代初解决银行不良资产,智利在20世纪80年代建立新的社会保障制度,都是通过发行国债来筹集资金来源,以显性的直接的债务形式取代了隐性债务和或有债务的形式。在这种情况下,隐性债务和或有债务向现实债务的转化成为决定国债政策的重要因素。满足这个方面发行国债的需要,从总体平衡的角度看,就需要压缩其他方面发行国债的需要。如果不能这样,就可能导致短期内国债规模的迅速扩大,突破可持续性的国债政策的限制。

导致国债政策难以持续并形成风险的主要原因是债务规模的持续扩大,最终导致债务的增长速度超过经济的增长速度,并可能打破债务增长率、债务利率以及经济增长率之间的协调关系,使政府陷入难以偿还债务的困境。在一般情况下,隐性债务和或有债务的数量是比较稳定的,其性质也是比较稳定的,对国债市场和国债政策的影响也比较容易评估。但当出现特殊情况时,特别是出现金融风险、外债风险时,隐性债务和或有债务的数量会迅速增加,而且可能快速地向直接的显性债务转化,同时产生连带效应,波及其他金融市场,使国债市场面临巨大压力,导致国债利率上升,价格下降,国债政策被迫进行调整。另外,政府隐性债务和或有债务的存在会导致企业与个人产生税收增加或出现财政风险的预期,最终影响宏观经济的发展。而往往在这个时候,国债政策不能完全解决问题,只能通过政府提出更多的允诺或采取行政措施,结果将导致更多的隐性债务和或有债务的产生。因此,大量的隐性债务和或有债务,特别是当这些隐性债务和或有债务向直接显性债务转化时,将从国债增长、利率提高、经济增长下降等多个角度产生影响,并可能积累成风险。研究化解和消除隐性债务和或有债务风险,是保持国债政策可持续性的重要方面。对我国而言尤其如此。

二、我国隐性债务和或有债务现状

由于发行主体不同,公债可分为中央政府发行的即国债以及地方政府发行的地方债。根据财政部下发的《2009年政府性债务报表》和相关文献,表9-2与表9-3列出了中央政府和地方政府的债务矩阵。

表9-2 我国中央政府的债务矩阵

债务	直接负债	或有负债
显性负债	国债 政府主权外债 借款	政府担保的外债 政府担保的国内债务(公共部门发行的债券、国债投资配套资金) 政策性银行和担保公司的不良资产 资产管理公司的不良资产 国有粮棉流通企业的亏损挂账

续表

债务	直接负债	或有负债
隐性负债	政府的社会保障计划 公共项目未来支出 国债投资项目基金缺口	国有银行不良资产 为深化国有银行改革而需要继续支出的成本,如对国有银行改制的注资等 国有企业未弥补的亏损 政府未担保的外债(金融机构、国内企业) 对地方政府财政危机的救助

资料来源:财政部下发的《2009年政府性债务报表》。

表9-3 我国地方政府的债务矩阵

债务	直接负债	或有负债
显性负债	国债转贷资金 从中央借的专项借款 向国内金融组织、单位和个人的借贷 各项拖欠(拖欠工资和高退休费、拖欠工程款、拖欠上级财政周转金)	政府担保的外债 政府担保的国内债务 国债转贷配套资金 政府部门金融机构的不良资产 社会保障资金收支缺口 粮食企业经营性亏损挂账
隐性负债	地方公共项目未来支出(教育支出欠账、改善基础设施的欠账) 政府的社会保障计划 地方财政承担的粮食企业亏损补贴挂账	为国有企业改革所支付的一些相关成本 未根据国家有关规定提供担保或允诺承担偿还责任的债务 政策性投资公司的呆坏账 政府直接干预下形成的国有企业、国有政策性投资机构债务 地方金融机构的不良资产及支付缺口 对下级政府财政危机的救助

资料来源:樊丽明,等.中国地方政府债务管理研究[M].北京:经济科学出版社,2006:47.

根据有关方面的统计分析和调查,可以对我国政府债务的总体情况作出粗略的归纳。

1. 直接显性债务

从中央政府的债务矩阵中可以看出,主要是国债、政府的主权外债以及借款这三项。

2. 直接隐性债务

直接隐性债务主要是社会保障资金缺口所形成的债务。我国的社会保险包括养老保险、医疗保险、失业保险和生育保险等内容,其中对财政影响最大的是养老保险,这也是其他国家面临的共同现象。养老保险欠账是指根据养老保险制度向被保险人允诺的获得养老保险金的数额扣除养老保险基金积累额的差额。产生差额的原因与养老保险制度的设计存在密切的联系。我国当前实行的是现收现付的养老保险体制,现在仍处于制度建立的过程当中。一方面,在职职工和企业缴纳的养老保险金被明确记入职工的个人账户;另一方面,这些保险基金已经用于支付已退休人员的养老保险金,这就在应支付的全部义务与现有的保险基金之间存在一个资金缺口。世界银行1997年对我国养老保险欠账曾经进行过估算,结果表明我国社会养老保险欠账占GDP的比重约为46%。2000年世界银行专家在新的养老保险体制下进行重新估算,认为隐性养老保险债务相当于 GDP 的 70% 左右。我国有关学者的测算结果比这个水平还要高一些。2013—2015 年,国家财政对社会保险基金的财政补贴增长率分别达到 17.53%、14.58%、15.34%,其中 2015 年预算确定的财政补贴达到 9 741.75 亿元,占当年社会基金支出的 1/4,占全国财政收入的 7%,已成了刚性增长。除了养老保险之外,医疗保险、失业保险也存在相当规模的隐性债务和或有债务,但与养老保险相比其规模不大。

3. 或有显性债务

从我国目前的情况来看,中央政府公共部门和非公共部门举借国外与国内债务提供的担保,是最基本的或有显性负债。

(1) 我国统计的国家外债大致可以分为主权外债、金融机构外债、国内企业(包括租赁公司)外债以及外商投资企业外债。我国理论界一般所说的政府外债是指由财政直接借入并承担偿还义务的外债,即统借统还外债,实际上只构成主权外债的一部分,并作为直接显性债务加以考虑。实际上政府主权外债包括各级政府和部门借入的外债,是比我国一般所说的政府外债更宽的概念。此外,由于国有企业的外债一般都隐含着政府的担保行为,有时把主权外债加上国有企业的外债统称为公共部门外债,以便从更宽的口径反映政府的债务负担。金融机构外债在一定程度上也能转化为政府的债务负担,所以公共部门外债加上金融机构外债的口径比较准确地反映了外债产生的对财政的债务影响。

(2) 公共部门发行的债券和国债投资配套资金。1996 年年底,我国非公债债券余额为 3 018.27 亿元,其中近 80% 属于政策性金融债券,从 1999 年的情况来看,国家开发银行债务余额(当年 9 月)为 4 889 亿元,铁路部门债务为 1 000 亿元左右。这些债务因为隐含了政府的担保,基本上也是公共部门的负债。对于公债投资项目的配套资金来说,当实施积极财政政策时,这部分支出会增多,如我国政府在 1998—2002 年发行长期建设公债,主要用于社会基础设施建设和贴息贷款,因此由于配套资金而形成了不小数字的或有债务。

(3) 政策性银行和担保公司的不良资产。由于金融系统在经济结构中的特殊性,金融机构特别是国有金融机构的不良资产常常构成一个国家最主要的隐性债务和或有债务。当金融系统出现不稳定性时,不论是否国有金融机构,都依赖于政府的支持,最终转化为整个社会的负担。在我国,金融机构不良资产以及金融机构破产可能导致的政府的显性或有债务主要包括两个部分:一是政策性银行不良资产,二是其他各种金融机构不良资产或破产可能导致的财政成本。

4. 或有隐性债务

(1) 国有银行的不良资产。我国金融机构的国有性质决定了不良资产有其特殊性和复杂性。作为债权人的国有银行和作为债务人的国有企业,债权债务双方都是国有的。国有商业银行的高不良资产率,与国企的高负债率以及国企下岗失业人员增高是三位一体的,从而形成了庞大规模的国有商业银行的不良资产。

(2) 为进一步深化国有银行改革付出的成本。一部分包括对国有银行系统中部分呆坏账的核销,另一部分包括国有银行资本金,如增加资本金而发行的特殊的国债。上述财政义务,究竟给财政带来多大的负担,分摊到何时,都要根据改革进程和宏观经济形势而定,是不确定的,因此是或有负债。而我国尚未以法律的形式予以规定,因此是隐性的。

（3）国有企业未弥补亏损。由于部分国有企业经济效益下滑,致使由政府担保的债券及各种贷款的偿还出现严重问题,由政府隐性或有债务转化为直接显性债务的概率急剧上升。一直以来,由于我国国有企业的特殊性质,国家企业严重依赖于政府的财政。1985—2005年,国家财政用于国企亏损的补贴达到了6 550.66亿元。加入WTO(世界贸易组织)之后,尽管中国政府根据规定,取消了多数国企表面上的经营性亏损补贴,但通过隐性办法,向政府申请财政补贴,其中争议最大的当属两大石油巨头中石油和中石化。根据两大公司年报,中石化2006—2008年分别获得50亿元、123亿元、503亿元财政补贴;中石油2008年获得157亿元财政补贴,2010年获得财政补贴15.99亿元。2016年中石油非经常性损益一栏显示,计入2016年的政府补助金额为57.79亿元,中石化2016年获得的政府补助为39.87亿元。

纵观国际市场,我国国有企业面对的竞争对手是实力雄厚、产权清晰、管理完善、经验丰富的跨国公司,如果不进行深层次的改革,及早解决国有企业亏损补贴问题,国有企业在面对国际上的强力竞争时注定是要以失败而收场的,最终结果将造成国有资产的大量亏损和流失。因此,要正确处理好国有企业和政府的关系,有进有退,更有效地配置资源。

（4）地方政府财政危机的救助。当地方政府无力支付债务以及无法履行其他债务时,地方政府出现严重的财政缺口,中央政府出于稳定以及公平的目的,加大中央对地方的转移支付,有时会免除地方政府债务,缓解地方财政压力,这对于中央政府来说,是隐性或有债务。

对于地方政府的隐性债务和或有债务,需要根据地方债务风险矩阵来分析。

地方政府的风险矩阵是借鉴债务风险矩阵并且参考了财政部制定的地方债务统计归类。这些债务有地方政府直接举借的债务,也有地方政府行为引致的债务,还有地方政府承担的社会性债务,而这些非地方政府直接举借的债务就是地方政府的隐性和或有债务。对于地方政府债务,后面的章节会做具体的分析。

三、我国政府隐性负债和或有负债产生的原因与防范

（一）隐性负债和或有负债产生的原因

1. 财政体制因素

我国1994年实行分税制改革,对中央、地方的事权、财权进行了划分,建立了分税制财政体制,但是由于改革并不彻底,导致中央和地方的财权与事权不匹配,地方债务不断扩张。具体原因有以下几方面。一是政府与市场的关系没有完全理顺,政府职能范围界定不清,许多本应通过市场解决的事务政府仍然参与其中,表现在财政上就是支出范围的"缺位"与"越位"并存,加重了财政支出负担,降低了财政资源的配置效率,在财力不足的情况下,又增加了政府的债务负担。二是中央政府与地方政府之间的事权范围划分不清,事权与财权不对称的矛盾始终没有得到妥善解决。现行分税制改革总的指导思想是财

权、财力上收,事权、责任下放。在划分中央与地方的财权财力方面较多地保证了中央财政的利益。随着财权和主要税种的上收,中央财政收入占全国财政收入的比重有了较大幅度的提高。而事权、责任的下放,使地方政府在财力相对减少的同时却强化了支出责任。由于责权利不统一,导致地方财政普遍财力不足,收支矛盾尖锐。同时,由于事权职责不明晰,中央出政策,地方出钱的现象时有发生,这在一定程度上干扰了地方财政的正常运行,加重了地方财政的负担,由此产生了一些政府或有负债。三是《中华人民共和国预算法》(以下简称《预算法》)明确规定地方财政不准发行公债,这使得地方政府的融资渠道非常狭窄。在地方财力有限的情况下,地方政府不得不千方百计从不同渠道筹集资金。如通过组建政府性公司进行融资、利用政府担保为企业贷款、向国际金融机构争取贷款、向中央争取国债转贷、利用地方政府信用融资等。这些渠道的融资本身就具有极高的风险,如果使用不当,监管不力,一旦投资项目失败,地方财政就必须承担最终清偿责任,形成地方财政的或有负债。

2. 经济发展因素

政府存在大量隐性负债和或有债务,是因为中国经济发展迅速,加速的工业化进程和城市化进程需要巨大的资金,这意味着中国各级政府还必须承担大量的经济建设任务,在培育市场、发展经济和社会各项事业、建立社会保障体系、维护社会稳定等方面,各级政府都承担着很大的责任。我国正处于工业化和城市化的第二阶段。① 工业化过程是资本、知识、技术积累和产业升级的过程,这些必然伴随着大量的资本。此外,随着城市化进程的加深,城市人口的大量增加,城市的基础设施建设也需要大量资本投入。我国政府的公共基础设施依赖着政府财政投资,需要政府的投资来引导竞争性领域投资的高增长。对于地方政府来说,这必然造成巨大的财政压力。"十一五"期间,城市基础设施投资占 GDP 的 2.6%,"十二五"期间城市基础设施建设投资达 16 亿元,未来在基础设施投入方面还会继续增加,对于各级政府来说,面对如此大的财政缺口,在正常筹资渠道不畅、财力严重不足的情况下,为了履行其职能,也只能通过一些高风险渠道进行投资和融资活动,由此不可避免地形成政府的直接债务和或有负债。

3. 债务管理体制

政府或有负债的产生虽然有其客观必然性,但政府债务管理上的缺位和漏洞以及风险意识淡薄、风险责任不清也是造成政府或有负债大量产生的重要原因。首先,政府缺乏风险意识,对借债和担保缺乏科学的论证,而对偿债方式和何时偿还缺少合理的规划,对由于借债和提供担保而引发的直接特别是或有的风险更是没有进行估计与预防。这种状况必然会造成财政运行中的高风险。其次,财政缺乏一种灵敏的、有效的反映和控制债务风险的预算约束机制。我国目前采用的传统预算管理模式存在着三个方面的严重缺陷:一是时间跨度过短,往往一年预算,预算一年。这种年度预算并不能全面完整地反映政府在较长时间内的财政活动,也无法分析由政府发放贷款或提供担保而引发的后续风险。二是这种传统的预算由于是以收付制为会计核算基础的,只记录现金流量,不能反映政府

---

① 城市发展的三阶段理论来源于美国地理学家诺瑟姆,他将城市化进程分为三个阶段:城市化初级阶段、城市化加速阶段和城市化稳定阶段。根据国家统计局数据,2016 年我国城市化率为 57.35%,为城市化水平的第二阶段。

负债或资产的增加,更不能反映由政府财政担保和承诺而可能引发的未来成本。三是没有一套对财政风险进行确认、量化、评估、报告和信息披露制度,很难提前鉴别和有效防范财政运行中的各种风险。最后,政府债务管理体制存在问题。一是管理机构不健全,目前还没有一个对所有政府债务进行统一管理的部门。二是管理权限分散,多头举债,分散使用,且责、权、利不统一。作为统揽政府收支的财政部门,只负责国债和政府外债的管理,对其他部门的政府性债务特别是或有债务的规模、结构和风险不能进行有效的监管与控制,而这些部门一旦出现债务危机,财政就要承担责任,严重影响政府的财政运行机制。

4. 金融管理体制因素

首先是金融产权关系不明晰,在处理政府与国有银行、国有银行与国有企业之间的关系上仍然没有完全市场化,表现为国有银行尚没有取得独立的市场主体地位,其资本运营仍受到来自政府的过多干预。其次是银行本身的信贷约束软化,风险意识淡薄,内控机制不健全,资金运作不规范,由此导致大量的不良资产和政府或有负债。最后是在国家农村金融机构不断萎缩的情况下,对地方政府的违规融资行为以及农村自发形成的金融性组织缺乏必要的监管,由此也形成了大量的政府隐性或有负债。

（二）隐性负债和或有负债风险的防范

直接显性债务和隐性或有债务,共同构成政府的债务总负担。从实践来看,相比而言,各国政府更加关注直接显性债务,而往往忽视隐性和或有债务,国内外无不如此。因为直接显性债务,主要是公债,并且遵循严格的法律程序行事,即通过国家预算加以安排,受立法机关的审批和监督,具有明确的刚性、透明性和法治性特征,对到期的直接显性债务,政府必须履行其还本付息的义务,否则政府威信将受损,甚至威信扫地。而隐性和或有债务在多数情况下是由国家预算之外的一些非确定因素引发的,而且在法律上政府只承担担保或道义的责任,但往往它会现实地转化为显性债务并最终要由政府来承担,而且一旦积累到一定程度就可能成为债务风险和财政危机爆发的导火线。

不言而喻,在债务规模既定的条件下,因为直接显性债务与隐性和或有债务之间呈此消彼的关系,隐性和或有债务规模越大,直接显性债务的空间就会受到隐性和或有债务的倒逼的约束。隐性和或有债务转化的概率或转化的比例,取决于隐性和或有债务的规模与管理,而且隐性和或有债务具有隐蔽性强、风险源多、涉及面广、潜伏期长、不易察觉等特点,加之隐性和或有债务不在预算中反映,人们缺乏隐性和或有债务的概念,如果缺乏规范管理和有效的监督机制,一旦泛滥则会对财政的稳定构成巨大的冲击,束缚国家宏观调控的空间,甚至可能产生巨大的灾害和后患。所以,无论是确定短期的财政政策,还是制定中长期的财政发展战略目标,都要充分认识隐性和或有债务的状况及其对宏观经济运行的影响,而且必须千方百计加以化解和控制。

我国具备防范并逐步缓解和化解隐性和或有债务的有利条件。尽管我国的债务风险已经达到相当程度,但应当看到,我国也存在防范并逐步缓解和化解债务风险的许多有利因素。其一,我国经济稳定快速增长,社会安定,政府威信高,这是克服债务风险的根本保障。其二,从动态来看,我国经济增长率一直保持稳定增长,不仅可以承担较高的债务增长率,而且抗拒债务风险的能力也很强。其三,2015年我国有50多万亿元的居民存款余额,说明居民具有强劲的应债能力,为我国防范和化解隐性与或有债务风险提供了充足的财力保障。其四,我国的隐性和或有债务带有明显的过渡性特征,是体制转轨过程中难以避免的现象和财政所必须担负的制度性成本。随着时间的推移、市场经济体制的最终建立和综合国力的进一步提高,现在看来庞大的政府综合债务水平,也在逐年消化。而实施积极财政政策,虽然增大了政府显性债务,但却为逐步消化隐性和或有债务提供了物质保证。总之,只有重视和防范隐性与或有负债问题,在发展中解决隐性和或有债务风险才是理性的决策。

第四节 公债风险化解

一、转变政府职能,调整财政支出范围

(一)按照市场要求转变政府职能

与市场经济体制相适应的公共财政运行机制能否真正建立起来,关键在于政府与市场关系的合理界定以及政府职能的及时调整和转变。而从某种意义上讲,或有负债之所以大量产生也与政府职能转变滞后、政府越位与缺位有着直接的关系。因此,进一步理顺政府与市场的关系,转变政府职能,规范政府经济行为,是防范和化解政府不良或有负债的基础。为此,首先应明确市场经济条件下政府的职责。对地方政府而言,在其辖区范围内,哪些事情是必须由政府来办的,哪些应该交给市场来办。这个问题不解决,政府行为必然会越位或缺位。在地方政府的或有负债中,有相当部分如政府违规担保就是由此引起的。其次就是政府应该怎么做的问题。在大力发展社会主义市场经济的今天,许多政府性事务,如城乡基础设施建设等,完全可以采取市场化运作方式来解决,而不需要政府大包大揽。可见,在界定政府与市场的边界、处理政府与市场的关系上,应该毫不动摇地坚持市场在资源配置中的基础作用。凡是市场能够办好的事情政府就要坚决退出来,政府应集中精力解决那些市场办不了、市场不愿办和市场办不好的事情,将弥补市场失灵,提供公共产品,满足公共需要作为政府公共活动的范围,政府的责任重在提供法治,维护市场公共秩序,提供公共产品和基础设施并实施监督。

(二)按照公共财政要求调整政府支出范围

在市场经济条件下,政府财政模式必须向公共财政转化,财政行为应充分体现公共性特征,财政资源的配置应主要用于公共领域,着力于进行微观指导和宏观调控。如果不进行这种战略性转变,稀缺财政资源仍配置于竞争性微观主体,政府作为出资人,就难以摆脱企业对政府的过度依赖,政府也就不得不充当最终债务承担者的角色而长期处于被动地位。因此,按照公共财政的基本要求对财政支出范围进行战略性调整是防止和减少或有负债产生的制度基础。作为市场经济发展初期的公共财政,其支出范围应主要用于公共安全、公共秩序、公共服务、公共工程等领域。同时特别需要强调的是,政府作为特殊的市场主体和公众利益的代表,其运作经费来自公众和纳税人,其行为也必须对公众和纳税人负责,承担受托责任。因此,对政府而言,无论是其提供公共产品还是进行基础设施建设,其财政财务活动都必须引入市场的理念,严格考虑商业性要求,进行成本核算和绩效评价,讲究成本和收益,进行投入产出分析,严格考核政府各项活动的效益和效率。同时,

要通过科学规范的制度安排和实施机制,提高财政透明度,加强对政府财政活动的审计、控制和责任追究,尽可能地防范、规避和化解财政运行中的各种风险,保持财政的可持续发展。

二、深化体制改革,在制度上防范风险

(一)深化财政体制改革

将债务风险防范放到财政体制改革的大局中考虑,从根本上解决债务风险防范的各种体制性障碍。财政体制越完善、信息越充分、风险防范就会越有效。首先,完善财政制度,根据市场运行的特征、社会需求合理确定财政支出的规模、结构,进而根据财政支出规模确定相应财政收入规模,建立相应的政府收入制度。例如,在公共财政制度下,社会公众自己决定提供什么公共产品和劳务,提供多大规模的公共产品和劳务并决定公共产品与劳务成本的分担方式。这就保证了财政收支规模与经济发展水平相适应,保证政府提供的公共服务水平与财力规模相适应,以化解债务风险。其次,建立规范化、法治化的税收管理体制,以法律的强制性规范中央和地方以及政府与企业间的分配关系,逐步提高国家财政收入在其中的比重。在现代市场经济条件下,债务收入是国家财政收入的重要组成部分,问题是,公债是需要还本付息的,这种刚性需求要求公债的发行规模要充分考虑到财政的承受能力。通过进一步优化税制结构,加强税收征管,利用完善、规范的税收收入增长机制来增加财政收入,充分发挥收税在筹集财政收入中的主渠道作用。通过税制的完善,规范收入分配秩序,促进经济健康发展,从而带动税收收入的良性增长。加强预算外资金管理,积极稳妥地推进"费改税",逐步将预算外和体制外收入纳入预算管理,将具有税收性质的基金和收费纳入税收管理。

(二)加快地方投融资体制建设

加强地方投融资体制建设首先要求规范政府融资行为,在职能定位明确、职权约束完善的前提下,赋予资信等级高的地方政府拥有发债权,允许地方政府公开发行地方建设债券,使政府合理的负债显性化、合法化、透明化。政府债券的发行也要借鉴上市股份公司的市场化运作方式,由权威性社会中介机构进行资信评级和论证,出具具有法律效力的评估报告并相应承担连带责任。其次要求改革政府的投融资决策机制,打破部门既得利益的障碍,把以部门所有制基础上的个别决策变为以市场为基础的公共决策,提高政府决策的公开性和透明度,改善政府资源配置效率。最后是对用公债或政府担保进行建设的基础设施项目实行项目责任人终身负责制,增强风险意识,切实明确有关当事人的经济责任和法律责任,提高债务使用效率,减少不良或有负债的产生。

(三)加快国有企业改革

国有企业是政府或有负债和隐性财政风险的重要来源。加快国有企业改革,建立与市场经济相适应的产权明晰、权责分明、政企分开、管理科学的现代企业制度,强化风险约束,既是国有企业应对国内国际竞争的需要,也是消除地方政府或有负债的根本举措。因此,首先应对国有企业进行战略性结构调整,压缩规模,提高市场开放程度,打破行政垄

断,积极鼓励和促进竞争。其次要根据国有企业提供产品的不同性质进行分类改革,对提供公共产品和公共服务的国有企业实行国有对提供私人产品的国有大型企业实行股份制改造,按市场规则和国际惯例运作对一般中小企业实行市场化改造,一般企业鼓励发展民营化,科技型中小企业实行市场经营,政府要大力扶持。最后要进一步完善企业法人治理结构,切实加强企业的内部管理,依靠法律和规章制度来规范与约束企业经营行为,以降低国有企业不良资产和经营亏损对财政造成的压力与负担。

三、加强政府管理,建立债务预警机制

(一)披露政府债务信息

"进行财政分析的机构只有将视野拓展到政府预算和债务之外,将或有的和隐含的负债考虑在内时,财政风险才变得明显。政府将直接的和隐性的财政风险透明化的动机主要是与国际公认的财政指标的定义的衡量、公众了解情况的质量、外部监管以及对于隐藏相关资料和使政府承担过多的财政风险进行处罚情况有关"(Hana Polackova)。从国际经验来看,我国与其他国家相比信息披露制度存在着的巨大差距,建立一套规范的信息披露制度是增强政府预测能力的有效措施。但提高财政透明度只能是一个循序渐进的过程,但重要的在于政府应当充分意识到逐步提高财政透明度不仅是一种财政负责的态度,更是一项防患财政风险、控制财政成本的重要制度建设。信息披露主要有三种形式。一是下级政府对上级政府的披露。要求下级政府提供其债务的各种情况,包括债务的具体项目、种类、期限以及数额。二是政府对立法机关的披露,尤其是地方政府,政府部门在每年召开的全国人民代表大会之际,要将政府债务作为财政报告向全国人民代表大会提交。三是向公众进行信息披露,有利于接受公众和市场的监督,这样投资者和信用评估机构可以在投资与信用评级时考虑政府的债务情况。建立我国债务信息披露制度必须包括这三种形式,将政府的债务运行在阳光下。

(二)建立债务风险预警机制

建立债务风险预警机制首先要求完善预警指标体系和风险监测数据库,各级政府可以根据自己的实际情况设计更适合本地区的指标,进行定期检测,并建立完善检测数据记录,分别形成监测数据库,通过风险预测模型预测未来特定时期的风险大小。其次要求从可操作性、系统性、权威性入手,建立高效制衡的风险管理组织机构,健全风险内控制度与管理信息系统建设。实现控制标准与业务处理控制的一体化,从源头上减少管理偏差,重视信息的时效性,能够按照控制系统的需求识别使用者的信息需求,并将信息及时传递给政府管理者。最后应对防范政策性系统风险,做好宏观政策的前瞻性和及时性研究,预见重大经济政策变动方向,使应对措施有更加充裕的反应时间。

(三)成立专门的债务管理机构

建立一个综合的债务管理机构,负责对政府债务进行统一归口管理,履行、协调各项债务政策,制定统一的债务管理制度。综合统计、监控政府本级和下级政府的债务风险管理,杜绝目前政府债务多头管理、各自为政,债务规模、债务资金使用及偿债能力不清的状

况。需要建立决策机构,负责政策审议,包括研究审议发展战略,风险控制目标和原则。还要对结果进行评价,对执行情况中的问题进行审议和复议,对风险管理的有效性和科学性进行评价并反馈给相关部门。建立执行机构对风险总量控制,对全部债务进行调整,按债务等级建立债务风险档案,确定政府责任。建立第三方监督机构,由风险管理决策机构授权,独立于政府之外,包括银行、会计师事务所或者审计机构。

第十章 地方政府公债

地方政府公债是地方政府根据本地区的经济发展和资金需求状况,以承担还本付息责任为前提,向社会筹集资金的债务凭证。在我国,通过发行地方政府公债,不仅能够有效地规范地方政府融资渠道,而且能够降低地方政府的财政风险。因此,对于我国来说,不仅应该把发行地方政府公债作为应对金融危机的一项积极财政政策,而且应该构建发行地方政府公债的长效机制,为我国经济建设融资。

第一节 地方公债概述

一、地方公债概念的界定

地方政府公债(以下统称地方公债)是指有财政收入的地方政府及地方公共机构发行的债券,是地方政府根据信用原则、以承担还本付息责任为前提而筹集资金的债务凭证。它是作为地方政府筹措财政收入的一种形式而发行的,其收入列入地方政府预算,由地方政府安排调度。地方政府债券是地方政府根据本地区经济发展和资金需求状况,以承担还本付息责任为前提,向社会筹集资金的债务凭证。筹集的资金一般用于弥补地方财政资金的不足,或者地方兴建大型项目。

一些国家有财政收入的地方政府及地方公共机构也发行债券,它们发行的债券称为地方政府债券。地方政府债券一般用于交通、通信、住宅、教育、医院和污水处理系统等地方性公共设施的建设。地方政府债券一般也是以当地政府的税收能力作为还本付息的担保。另外,地方政府债券是地方政府根据信用原则、以承担还本付息责任为前提而筹集资金的债务凭证,是指有财政收入的地方政府及地方公共机构发行的债券。同中央政府发行的国债一样,地方政府债券一般也是以当地政府的税收能力作为还本付息的担保。

二、发行地方公债的理论依据

(一)公共产品理论

公共产品有纯公共产品与混合公共产品之分,纯公共产品必须同时具有三个特征:效用的不可分割性、消费的非竞争性和受益的非排他性。典型的纯公共产品是国防。但是大多数公共产品都只具有有限的非竞争性或有限的非排他性,介于纯公共产品和私人产品之间,因而只能称作混合公共产品。如教育、政府兴建的公园、拥挤的公路等都属于混合公共产品。从理论上而言,对纯公共产品的供给政府财政应全额负担,不能依靠市场机制的解决。而对于混合性公共产品的供给,则应该采取政府和市场共同分担的原则。因此,无论纯公共产品的供给还是混合公共产品的供给政府都有责任承担。

分清了公共产品与私人产品的边界,公共产品供应边界的第二个层次就是如何在中央政府和地方政府之间界定公共产品的供应边界。从资源配置角度看,其确定原则是公共产品的受益原则。它的中心含义是"受益者付费",具体包括三重含义:①人际受益原则,由受益的个人分担地方性公共产品的成本;②辖区受益原则,由受益的辖区分担地方性公共产品的成本;③时期受益原则,由受益的不同时期分担地方公共产品的成本。在上述三重含义中,人际受益原则是最基本的含义,辖区受益原则与时期受益原则归根结底也是人际受益原则。

从政府部门对公共产品的支出方面来分析。政府部门的支出可分为经常性支出和资本性支出,经常性支出直接形成当年的社会消费利益,所以这些支出直接形成当年公共物品的成本。而资本性支出所产生的利益同时在今后的若干年内发挥作用,因此,它们的成本应该在今后的收益年份中进行分摊。在由税费提供的公共产品中,受益者和成本负担者是一致的;而由举债获得的债务资金提供公共产品则把公共产品的受益与成本负担分割为两个不同的时期,使受益者和成本负担者有可能变得不一致,因为现在的社会成员免费享用了公共产品所带来的效益,而未来的社会成员则要承担以往公共产品的供给成本。因此,政府部门的经常性支出应由税费等财政资金承担,如果以举债收入来承担当年的经常性支出,意味着让现在的人无偿享受公共产品的利益,而让以后的人来承担偿还债务的责任。这种情况下,公共产品的受益与成本承担者不同,举债筹资会使公共产品的提供规模超过有效率的提供水平,难以使公共产品的提供达到有效配置的目标。而对于政府的资本性支出则不应以筹集税费等财政资金作为唯一的渠道,通过举债筹资将成本分摊到以后的各个受益期,将有助于社会选择比较符合效率要求的公共产品提供水平。因为如果当年用税费等财政资金来承担全部资本性支出,就意味着让现在的人承担公共产品的全部成本,而让以后的人免费享受它所产生的效益,从资源配置的角度看,这会使公共产品的提供规模低于有效的水平。

所以,政府部门的经常性支出由税费等财政资金支持,而资本性支出中的一部分由债务资金支持是符合效率要求的。由于政府对部分纯公共物品的支出和对部分混合公共物品的支出都属于资本性支出,因此政府对一部分公共物品的支出,可以用举债筹集的债务资金来支持。

(二)财政分权理论

从层次上看,由于公共产品的收益广度和范围不同,因而它有全国性和区域性公共产品之分。受益范围局限于某一个特定区域内的公共产品,就属于区域性公共产品(也称地方性公共产品),如果受益范围是跨区域的,则就是全国性公共产品。从理论上说,中央政府也可以提供区域性公共产品。然而不同地区之间的居民对一定的区域性公共产品的偏好程度通常是不同的,因而需求量也是不同的,地方政府在了解本地居民的偏好方面处于较佳地位,这会有助于地方政府更好地执行地方性经济政策和提供地域性公共产品。相比之下,中央政府几乎无法将来自某一地区的税收与该地区的利益切实结合起来,因此很容易造成某一地区居民的公共产品偏好与实际受益之间的差异,甚至有可能大相径庭。正是区域性公共产品的存在,才使财政分权成为必然。

地方政府提供区域性公共产品的模式与一般性的公共产品理论基本一致(如前所

述)。但在人口及生产要素存在流动性的情况下,地方政府提供公共产品将受到制约。根据提布特模型,如果每个地方政府分别提供不同的公共产品,那么对居民来说,哪个地方提供的公共产品最适合于他的需求偏好,他就会选择去哪个地方居住。通过这种"以足投票",居民表明了对某种公共产品的消费偏好,从而刺激着地方政府努力提供适合于本地居民偏好的公共产品。由于存在着居民的"以足投票",地方政府难以通过税收对流动性要素征税,从而削弱了地方资源的可征税性和地方政府的征税能力,较低层次的地方政府更是如此,这其实也是低层次地方政府以财产税作为征税依据的一个重要原因。同样,在地方政府提供地方公共产品时,如果通过税收筹资,不但违背了"受益原则",而且由于受益与负担成本的分离,现在的居民承担了以后居民的成本,会使居民通过地区间的流动表达不满,结果并不能有效地提供公共产品。而通过举债支出则可以有效地避免这种副作用的出现,这就是财政分权下的地方公债理论。

按照财政分权的要求,中央和地方各级财政之间应相对独立,各级政府都有相对独立的事权和支出范围,并有与其事权相适应的财权,这里所说的财权不仅应包括税权,也应包括举债权。因此,从财政分权理论的角度来说,地方政府应该通过发行地方公债的形式筹集资金,为本地区提供地方性公共物品。地方政府通过发行债券筹集资金,提供地方性公共物品,与中央政府通过发行国债筹集资金来提供地方性公共物品相比,更能实现公共资源的优化配置,提高公共资源的配置效率,并使地方政府债券的还款来源得到了保障。

三、地方公债的功能

1. 优化地方资源配置,发挥调控地方经济的杠杆作用

作为地方政府调控经济的重要杠杆,地方公债在优化地方资源配置方面有着积极作用。从地方公债的认购者来看,如果由居民认购,则会减少居民储蓄,相应地也就会减少以居民储蓄为资金来源的一般生产经营投资;如果由一般生产经营单位认购,则直接减少用于一般生产经营的投资;同样,如果地方公债由银行认购,也会减少银行投向一般生产领域的贷款。由此可见,不论地方公债的认购者是单位还是居民,都会使一般生产经营投资减少,而政府又会将地方公债收入用于提供地方性公共物品,通过这一过程,地方公债使资源在一般生产经营部门和基础产业部门间进行配置。而且地方政府通过发行公债也使社会资金集中到政府手中,由政府支配,这样地方公债又会在公私部门资源配置中发挥作用。同时,在社会资金可以自由流动的情况下,地方政府不论向本地还是外地发债都会使资金在地区之间流动,使资源在地区间配置。

2. 地方公债是地方经济建设的重要支持

一般情况下,发行建设性公债不会引起财政风险。因为如果政府发行的公债是为了增加基础设施等公共资本的投资与积累,就会与私人资本的投资产生互补作用,将提高私人资本的效率,并促进国民经济的增长。政府所要建设的基础设施包括交通运输、环境保护城市绿化、医疗卫生保健、科学研究和教育、水电煤气等公共事业,属于投资大、成本回收周期长的市场失灵的公共产品,私人部门一般没有足够的资本与时间去运作。公共产品的完善可以改善地区投资环境、提高人民生活水平、对地方经济建设起到了积极的作用。在政府解决了公共产品的建设问题之后,私人资本就可以按市场所需投资于可行性高的项目上,私人投资的领域和成果有利于改善地区软环境,提高资金使用效率,从而更好地发展地方经济。

3. 地方公债可以弥补地方财政赤字

地方财政赤字有三种解决方法:一是增加税率,二是加强税收征管,三是举债。如果增加税率,会对经济发展产生不良作用,税收征管的加强是一个较为长期的工作,发行地方公债能在短时间以合理合法的方式筹集到政府所需资金。一般来说,地方公债所筹集到的资金主要应用于投资性支出,地方公债可以用于弥补的是地方财政经常性支出项目。这是因为在一个财政年度内,财政收入和财政支出在时间上并不一致,在财政支出已经发生而相应的财政收入还没有实现的情况下,可以用发行地方公债来弥补临时性的财政赤字,这种用途的地方公债可以在短期内偿还,只要管理得当不会产生偿还风险。所以地方公债有利于平衡财政收支,促进地方经济健康稳定增长。

4. 地方公债缓解了国家财政债务的运作压力

随着证券市场的健全,我国的国债在货币市场上发挥着越来越重要的作用,并且对以公开市场业务为代表的货币政策工具的实施产生了深远的影响。国债在弥补财政赤字、筹集建设资金、调节经济方面起到了不可或缺的作用。发行地方公债可以缓解国债运行压力。地方公债的某些制度可以参考我国国债的发行、偿还、投向、监管方面建立起的一套完整的体系和制度,再根据地方具体情况做以调整。在分税制财政体制下,地方财政具有一定的独立财政的管理自制能力。地方政府有能力根据地方实际情况决定发行地方债券与否以及发行的具体数额。中央政府在这时的作用主要表现在监管方面,即审查地方政府进行地方公债的发行论证与评估。

第二节 我国地方公债的发展

一、我国发行地方公债的历史背景

从中华人民共和国成立到改革开放以前的传统计划经济时期,我国的地方政府在各个方面都受到中央政府强有力的控制,自主权很小。这就决定了当时地方政府的债务规模不是很大。但这一时期,地方政府债务仍以各种各样的形式存在。如发行地方公债、向中央财政借款、中央政府向外国政府借款转贷地方等。

在第一个五年计划时期,为了扩大建设资金的来源,我国从1954年开始发行"经济建设公债",到1958年停止发行国内公债。在此期间,我国共发行过两种地方公债。

第一种是1950年前东北人民政府发行的"东北生产建设折实公债",目的是筹措生产建设资金,用于东北地区的生产投资。与中华人民共和国成立初期的国债发行一样,此次公债的发行也是以实物作为衡量的标准。原计划发行3 054万分,实际完成3 629万分,超额完成了计划的18.7%。假如按当年推销公债时每"分"实际平均折现率计算,折合人民币计划发行额为3 542.64万元,实际发行额为4 204.6万元。这次地方公债的发行对象为东北地区职工、农民、工商界和市民及其他,各阶层分配的认购指标和实际完成数不一,实际认购量以工商界所占比重最大,农民所占比重最小。1950年东北生产建设折实公债,分 5 年作 5 次偿还,公债利率为年息 5 厘,每年付息一次(表 10-1)。

表 10-1　东北生产建设折实公债的发行情况

发行对象	计划发行/万元	实际发行		超额完成/%
		金额/万元	比重/%	
职工	353.5	487.8	11.6	38.0
农民	425.0	290.0	6.9	−31.8
工商界	2 410.0	2 968.5	70.6	23.2
市民及其他	354.0	458.3	10.9	29.5
合计	3 542.6	4 204.6	100.0	18.7

资料来源:夏锦良.公债经济学[M].北京:中国财政经济出版社,1991.

第二种是 20 世纪 50 年代末,中共中央发布了《关于发行地方公债的决定》,决定从 1959 年起开始停止发行国家经济建设国债,但还是允许各省、市、自治区、直辖市在确定有必要的时候发行地方经济建设公债。部分地区根据 1958 年 6 月国家颁布的《中华人民共和国地方经济建设公债条例》,结合本地区实际情况发行地方经济建设公债。当时,我国正处于"大跃进"时期。为便于筹集工农业大跃进所需要的资金,促进人民节约储蓄,有利于鼓足干劲、力争上游、多快好省地建设社会主义,1958 年 6 月 5 日全国人民代表大会常务委员会第 97 次会议,通过并以中华人民共和国主席令公布了《中华人民共和国地方经济建设公债条例》(以下简称《条例》),允许各省、自治区、直辖市在有必要的时候发行地方经济建设公债。自从《条例》公布之后,全国部分省、自治区、直辖市(如江西省、东北地区等)根据本地实际,不同程度地发行了地方经济建设公债。

此后,由于历史的和认识上的种种原因,我国在相当长一段时期内对公债持完全否定的态度。在整个政府债务都遭到否定的背景下,地方政府自然也就没有再发行过公债。中苏关系恶化之前,我国也曾向苏联和东欧国家贷款,其中 1953—1959 年,苏联给我国的贷款总额为 51.62 亿元,这中间有一部分就转贷给了地方。

总的来看,20 世纪 50 年代的地方政府债务基本上都是直接形式的债务。应该说,包括地方公债在内的国内公债的发行和向国外借款,或是集中了国内部分的闲置资金,或是引进外资增大了我国的建设资金,对于加快经济建设步伐,尤其是促进第一个五年计划的胜利完成,无疑都起到了积极的作用。

改革开放以后,1994 年,我国开始实行分税制改革,并确立了"一级政府,一级事权"的分权制财政体系,明确了中央和地方政府各自在财政收入方面的比例与范围。在各项税收中,收入来源稳定、充足的税种,都被纳入中央固定收入或中央与地方共享收入,而收入来源不稳定的中小税种都留给了地方政府。有着有限税收收入的地方政府却要履行本地基础设施建设、保障社会福利等多项职能。然而,我国 1995 年起实施的《预算法》规定:"地方各级预算按量入为出,收支平衡的原则编制,不列赤字。除法律和国务院另有规定外,地方政府不得发行地方政府债券。"面对地方财政上的巨大资金缺口和法律对地方政府举债的明文禁止,我国的准市政债券应运而生。准市政债券实际上包括中央政府转贷给地方的国债和其他机构代理地方政府发行的债券,为城市基础设施建设筹集资金。准市政债券是我国特有的现象,我国很多城市为缓解市政建设的资金压力,都曾有发行准市政债券的经历(表10-2)。

表10-2　改革开放后我国准市政债券的发展状况

1996	上海城建投资开发总公司发行上海浦东建设债券
1997	广州地铁建设总公司发行广州地铁建设债券
1998	济南市自来水总公司发行1.5亿元供水建设债券
1999.02	上海城市建设投资开发总公司为上海地铁二号线的建设发债5亿元
1999.07—09	长沙环线建设开发有限公司为长沙市二环线工程建设发债1.8亿元
1999.11—12	上海久事公司、上海城市建设投资开发公司为城市基础设施建设分别发债6亿元和8亿元
2002	重庆城市建设投资公司为建设轻轨工程项目、北部新区基础设施等项目发债15亿元
2002.07	上海爱建信托投资有限公司为上海外环隧道项目资金信托计划发债5.5亿元
2003.03	北京市国有资产经营有限责任公司发行首期20亿元奥运工程企业债券
2008	连云港发债10亿元用于围海造地

从广义的角度,我国的准市政债券可分为以下几种。

1. 国债转贷给地方政府

中央政府发行国债再转贷给地方,用于地方项目建设。我国采用由中央财政发行国债,再转贷给地方用于地方的建设项目的做法,有利于降低发债成本,充分调动地方政府在扩大需求中的积极性。在目前不允许地方政府直接借债的政策环境下,中央政府国债转贷成为当前地方政府有效的融资渠道和资金来源。

2. 公司债券型市政债券

公司债券型市政债券的特点是由地方政府担保,通过下属的专业投资公司、城建公司发行公司债券。我国准市政债券中的大部分都采用此种形式。发行市政债券的公司都是由地方政府出资成立的国有独资企业、由政府授权进行基础设施建设的投资主体。

3. 资金信托型市政债券

资金信托型市政债券的特点是由信托公司来帮助地方政府进行市政项目融资。信托资金在安全性与收益性方面也得到了地方政府的支持。我国首次将信托基金引进市政建设领域是上海的外环线隧道建设项目。外环隧道工程静态总投资数额17.34亿元,这项工程耗资巨大,工程期长,是上海外环工程的一个重要组成部分。上海市相关建设方利用信托投资招标的方式,吸取社会的闲散资金,为该工程融资,最后由爱建信托中标。爱建信托是信托资金的受托人,对上海外环隧道建设发展有限公司进行增资,并售让其债权,凭借其持有的债权,获得上海外环隧道建设发展有限公司的分红,从而向受益人支付信托收益。爱建信托计划的顺利推行,为上海外环线隧道的建设及时筹集了资金。

二、我国地方公债发展的现状

为了应对国际金融危机,扩大内需,保持经济平稳较快发展,我国实施积极的财政政策和适度宽松的货币政策。为进一步配合积极的财政政策,增强地方安排配套资金和扩大政府投资的能力,通过发行地方政府债券,规范地方政府融资渠道,降低地方政府的财政风险。

2008年下半年席卷全球的金融危机给我国中央和地方财政带来了巨大的压力,而该金融危机给地方财政收入的负面影响也是逐步显现。2008年11月,为了应对此次全球金融危机,国务院公布的总额为4万亿元的经济刺激计划,为了配合此次计划,各地政府开始纷纷跟进。但是,与此同时,各地的财政收支矛盾也开始加剧,地方发债在技术上和机制上尚不成熟。地方政府债务规模在2008年依据审计署的比例核算,规模约为8万亿元。

2009年地方政府债券是经国务院批准同意,以省、自治区、直辖市和计划单列市政府为发行与偿还主体,由财政部代理发行并代办还本付息和支付发行费的可流通记账式债券。债券期限为3年,利息按年支付,利率通过市场化招标确定。我国在财政部代理发行的2009年地方公债采取场内挂牌和场外签订分销合同的方式分销,分销对象为在中国证券登记结算有限责任公司开立股票和基金账户及在中央国债登记结算有限责任公司开立债券账户的各类投资者。通过各交易场所分销部分,由承销机构根据市场情况自定价格。发行结束后在各交易场所以现券买卖和回购的方式上市交易。

2009年3月,由财政部代理发行2 000亿元地方债券,列入省级预算管理。这是我国首次在全国范围内发行地方公债。地方公债是在解决"4万亿元"经济刺激计划中的地方配套资金问题的背景下而推出的,在第十一届全国人民代表大会第二次会议上通过,由财政部代理地方政府发行并偿还,总金额为2 000亿元,期限均为3年。地方公债的发行为缓解地方财政压力,增加政府公共支出,建设重点工程项目,促进国内经济增长起到了重要的作用。2009年的总额为2 000亿元地方公债经过5个多月的招标发行后,已全部发行完毕。具体情况见表10-3。

表10-3 2009年财政部共发行的地方债

地区	票面利率/%	发行额/亿元	地区	票面利率/%	发行额/亿元
新疆(一期)	1.61	30	吉林(二期)	2.36	25
新疆(二期)	1.79	25	青岛	1.82	11
安徽(一期)	1.60	40	湖北(一期)	1.82	50
安徽(二期)	1.72	37	湖北(二期)	1.71	31
河南(一期)	1.63	50	青海	1.82	29
河南(二期)	1.67	38	河北(一期)	1.80	40
四川(一期)	1.65	90	河北(二期)	2.24	20
四川(二期)	1.71	90	内蒙古(一期)	1.80	30
重庆	1.70	58	内蒙古(二期)	2.36	27
辽宁(一期)	1.75	30	陕西(一期)	1.80	36
辽宁(二期)	1.79	26	陕西(二期)	2.24	27
天津	1.78	30	黑龙江(一期)	1.77	30
山东(一期)	1.80	30	黑龙江(二期)	2.36	30
山东(二期)	1.79	29	云南	1.77	84
江苏	1.82	84	浙江(一期)	1.77	40
吉林(一期)	1.82	30	浙江(二期)	2.24	27

续表

地区	票面利率/%	发行额/亿元	地区	票面利率/%	发行额/亿元
大连	1.71	10	江西	1.72	62
上海(一期)	1.67	40	贵州	1.72	64
上海(二期)	2.24	36	广东	1.75	85
北京	1.67	56	厦门	1.75	8
广西(一期)	1.67	35	海南	1.75	29
广西(二期)	2.36	30	甘肃	1.76	65
湖南	1.70	82	山西	1.76	53
宁夏	1.70	30	宁波	1.79	15
福建	1.70	26	深圳	1.79	24

2009年8月31日，财政部代理发行了吉林等四省区共计112亿元的3年期地方债。此次发行的地方债在招标时获得了202亿元的投标总量，认购倍数达到了1.80倍。最终中标利率为2.36%，相比7月7日发行的辽宁省政府债券(二期)，中标利率高出了0.57个百分点，成为地方债发行以来利率最高的一期。对于此次发行利率创新高，业内人士认为，在地方债发行暂停的一个多月里，债市出现了较为明显的调整，作为地方债定价参考的3年期国债收益率水平也出现了明显的上升，涨幅在50个基点左右，发行利率上行57个基点在情理之中。

从2009年地方公债的发行和交易情况来看，地方公债的流动性较差。银行间债券市场交易情况表明，大部分地方债只在上市首日的成交量比较大，而其他交易日则鲜有成交。在交易所市场，地方债更是遭遇冷落，绝大多数已上市地方债在上市几个月仍然无成交。据统计，2009年上半年已上市的近30只地方债相继跌破发行价，二级市场交易量更是基本为零。某些地方债的利率曾超过1年期定期存款。在地方债发行之初，单笔地方债发行规模往往较小，利率也不得超过国债利率，机构投资者对债券的兴趣非常有限。

2011年10月20日，酝酿多年的地方政府"自行发债"终于迈出了新步伐。当日财政部公布，经国务院批准，2011年上海市、浙江省、广东省、深圳市开展地方政府自行发债试点。广东省2011年的地方政府债券额度为69亿元，上海市、浙江省和深圳市分别为71亿元、67亿元和22亿元，四省市合计229亿元。与此前财政部代理发行不同的是，这四个省市将自行组建债券承销团，具体发债定价机制也由试点省市自定，而不是由财政部面向国债承销团，采取统一代理的方式分期打包发行。

2012年是我国地方公债发行拐点到来的一年。2012年全国财政收入累计达到11.7万亿元，比2011年增加1.33万亿元，增长12.8%。全年财政支出12.57万亿元，增长15.1%。收入与支出增幅相比于2011年的24.8%和21.2%，均有明显下滑。

2014年5月21日，经国务院批准，2014年上海、浙江、广东、深圳等10省市试点地方政府债券自发自还。这意味着地方债发行朝着市场化路径迈出了实质性步伐。需要注意的是，给予地方政府发债的自主权，必须在"控风险"层面建立制度约束。国务院公布的《关于2014年深化经济体制改革重点任务的意见》指出，"要规范政府举债融资制度对地方政府债务实行限额控制,分类纳入预算管理。"应该说,将地方债纳入预算管理,是多年以来控制地方债风险最为关键的举措。此外,地方政府的举债融资制度也就失去了权责对应边界。

第三节 我国地方公债的风险管理

伴随着 2008 年全球金融危机的爆发,我国经济乃至社会发展都在很大程度上受到该次金融危机的影响。同时该次金融危机也给我国中央和地方财政带来了巨大的压力,给地方财政收入的负面影响也是逐步显现。但是,由于各地的财政收支矛盾也开始随之加剧和地方发债在技术上与机制上尚不成熟等原因,我国地方政府债务也存在着很多风险。

一、我国地方政府债务风险具体分析

风险是指经济损失发生的可能性。地方政府债务风险是指在各种不确定因素的综合作用下,地方政府由于未能及时偿还债务,从而对经济乃至社会造成一定程度的影响进而引起相关各方面损失的可能性。

目前,我国《预算法》仍明确规定,地方政府对内对外都不得举借债务。但是,这并不意味着地方政府不存在债务。在现实生活中,地方政府各职能部门自觉或是不自觉地、公开或是隐蔽地以地方政府"多元化融资"等名义举借了大量的债务。地方债务的风险来源于不确定性,既存在于地方政府可利用资源的不确定,又存在于地方政府所承担债务的不确定,且这种不确定来自未来,这与债务逾期不同。债务逾期是地方政府无法按期还本付息的确定性事件,而债务风险是政府资源不足,无法或部分还本付息所造成的社会危害,因而债务逾期不一定导致债务风险,债务风险是债务逾期的进一步发展。地方政府按期还本付息并不意味着零风险,按期还本付息是确定性事件,本身没有风险,但风险可能存在于财政资金的结构、偿债资金的来源、地方政府的债务类型中。地方政府债务风险表现如下。

1. 隐性债务风险

2017 年下半年以来,从中央到地方掀起了地方政府隐性债务的治理行动,对新增隐性债务的遏制拖累了基建投资,对存量隐性债务的处理则关系到融资平台债务的安全。

对于地方政府债务,在 2014 年之前的提法是"政府性债务",如 2012 年全国金融工作会议提出"防范化解地方政府性债务风险";2013 年中央经济工作会议提出,"把地方政府性债务分门别类纳入全口径预算管理,严格把握政府举债程序。明确责任落实,省区市政府要对本地区地方政府性债务负责任"。地方政府性债务包括直接债务和或有债务,前者指的是地方政府负有偿还责任的债务,后者包括地方政府负有担保责任的债务和可能承担一定救助责任的债务。2014 年之前,按照 1994 年颁布的《预算法》,地方政府不得举债(法律和国务院另有规定除外),而地方政府又有较重的基建投资压力,于是通过地方政府融资平台举债,也有部分省份通过财政部自发自还或自行发行地方债。当时地方债务体系处于尚未建立的时期,政府性债务便是这一特定历阶段的产物,这些债务跟地方政府

有关,但又不都是地方政府债务。2015年起,新《预算法》正式实施,部分政府性债务通过债务甄别纳入预算管理,地方政府债券成为地方政府举债的唯一合法途径,"政府性债务"也逐渐淡出历史舞台,"地方政府债券"取而代之,如2015年的中央经济工作会议提到,"完善全口径政府债务管理,改进地方政府债券发行办法"。第一次提到"地方政府隐性债务"是在2017年7月24日召开的政治局会议上,会议指出,"要积极稳妥化解累积的地方政府债务风险,有效规范地方政府举债融资,坚决遏制隐性债务增量"。而在此前10天召开的全国金融工作会议指出,"各级地方党委和政府要树立正确政绩观,严控地方政府债务增量,终身问责,倒查责任"。政治局会议是对金融工作会议严控地方政府债务增量这一精神的落实。2015—2017年,融资平台仍靠地方政府信用支持进行融资,一些不规范的政府购买、PPP等融资的偿还仍要依靠财政资金,这些债务不是地方政府合规债务,但无疑会增大政府支出压力,"隐性债务"的提法应运而生。

2017年年底政府负债率的官方数据为36.2%。财政部部长肖捷在十三届全国人大一次会议于2018年3月7日召开的记者会中提道:截至2017年年末,我国政府债务余额为29.95万亿元,其中中央财政国债余额13.48万亿元,地方政府债务余额16.47万亿元。我国政府负债率也就是用债务余额除以GDP所得出的比例是36.2%。这个比例比2016年的36.7%有所下降。但是在纳入地方政府隐性债务后,2017年年底的政府负债率高达72.3%。具体来看,2017年年底纳入地方政府隐性债务后的政府债务余额约为60.6万亿元。其中,2017年年底地方政府隐性债务的余额约为30.6万亿元,2017年年底的地方政府显性债务余额约为16.5万亿元,同期国债余额约为13.5万亿元。此外,国家统计局公布的我国2017年GDP为82.71万亿元,由此可得纳入地方政府隐性债务后的政府负债率高达72.3%,高于国际60%的标准值(通常以《马斯特里赫特条约》规定的负债率60%作为政府债务风险控制标准参考值)。另外,在2013年全国政府性债务审计结果公告中披露:"2007年以来,各年度全国政府负有担保责任的债务和可能承担一定救助责任的债务当年偿还本金中,由财政资金实际偿还的比率最高分别为19.13%和14.64%。"若估计隐性债务中由财政资金偿还的比率为19.13%,这样折算的2017年年底地方政府债务余额约为5.9万亿元,即政府债务总额约为35.9万亿元,政府负债率约为43.3%,低于国际警戒线。但总体来看,考虑地方政府隐性债务后,政府负债率有了明显的提升。[①]

2. 结构风险

我国地方政府债务从债务人的形成上看,既涵盖了各种由地方政府肩负的转贷债务,也涵盖了地方政府直接借款所产生的债务。从地方政府肩负的责任上看,既涵盖了经由政府肩负救助职责的其他相关债务,也涵盖政府承担的担保、偿还责任的债务。地方政府债务从借款的缘由上看,有向上级政府、金融机构、私人和其他机构的借款。到2012年12月,约72.73%的债务资金源于银行贷款、12.07%的债务资金源于发行债券。从债务呈现形式上看,既涵盖了欠款行为造成的债务,也涵盖了由于借款而形成的债务。从债务形成是否具有规范性上看,既涵盖法律允许且管理规范的债务,如国债转贷,也涵盖经由

---

① 姜超.地方政府隐性债务规模有多大?[M].华尔街见闻,2018-07-31.

变通方法的非规范性债务。比方说 6 个省会城市和 7 个省会城市在 2011—2012 年经由售后回租、融资租赁、发行理财产品及信托贷款的方法融资,总计 1 089.6 亿元;经由垫资施工和 BT(建设—移交)的方法建设项目的 1 个省会城市和 12 个省会城市形成的 1 070.17 亿元的债务。这些融资的方法存在很大的风险隐患,它的监管并不容易且筹资的成本很高。经济落后地区债务风险较大,债务风险在一定程度上受经济发展水平的影响。经济发达地区因其经济基础好且发展速度快,所以就算它的债务绝对数额大,也能够在一定程度上得以控制,所以风险相对较小。而经济落后地区债务风险比经济发达地区大,因为它的经济基础相对薄弱,所以在债务上的控制力也相对比较弱。

3. 效率风险

地方政府债务的效率风险一方面是指由于债务资金的使用效率不高,可能使偿债资金不能从债务资金的投资项目中有效获得的风险;另一方面是指由于债务资金的管理效率不高,即由于债务资金的管理水平不佳所可能形成的不利于债务资金有效使用的风险。

因为有偿性是债务资金的特性,所以它需要在时间期限到的时候还本付息。从投资者角度看,偿债资金主要源于投资项目收益。对于基础设施、交通、农业、能源等,投资在这些项目从长期的方向上看是能够使经济的发展得到好处的,并可以对当地的环境进行改善。明显的直接效益及社会效益从短期的方向上看在这些项目中很难提供,比方说高速公路在建设期及运营初期时候的收费无法满足偿债本息的需求,要偿还之前的债务只能经由举借新债的方法,若加之经营管理出现问题等因素,则到期债务的本息很难依赖这些项目得到偿还。

我国在 2010 年年底,为偿付高速公路项目债务所举借的新债达到了原本债务总数的 53.46%。10 个省的高速公路债务在 2012 年年底相对于 2010 年有所增加,其增长率达到了 38.86%。8 个省在高速公路项目债务偿还上借新还旧金额达 558.72 亿元。另外,部分政府债务资金投向竞争性加工项目,这些项目有着共同的不确定性,它无法及时保证偿债资金的提供。我国在 2010 年年底尚未支出的债务共计 1.12 万亿元。由此可见盲目举债且未做规划是这些地区政府的通病。依照审计署 2013 年的审计公告,政府本级债务在 36 个地方中投向交通运输、市政建设、农林水利建设、教科文卫、环境保护、保障性住房、生态建设和土地收储的有 94.12%。与 2010 年相较增长最多的是对交通建设债务的支出,金额为 3 286.48 亿元,增长率达到了 30.38%;而增长率达到最大高达 142.48%的是对于保障性住房的债务支出,上涨金额为 719.65 亿元。另外,共计 376.17 亿元的债务资金没有按照合同约定去使用,而是在偿还旧债、其他项目建设或者项目资本金上使用。其中有 69.85 亿元没有依照约定的用途使用。2010 年举借的债务 2.73 万亿元直到 2012 年 12 月,依旧长期闲置以至于不能实现任何效益。

就债务的管理效率而言,一种高效的债务管理制度不仅可以促进债务资金的有效使用,最大限度地发挥债务资金的效益,而且由于任何举债都要面临偿债风险,所以在举债前通盘考虑项目效益、偿还能力和地方财政的承受能力,以确保适度举债是地方政府债务管理的重要目标之一。但是在我国,目前以水平极差来描述地方政府的债务管理水平显然并不为过,因为到目前为止,还没有哪一个地方政府部门能够说清楚本级地方政府到底有多少债务,融资总量都难以把握,也就奢谈对债务的有效管理了。

二、我国地方政府债务风险的成因分析

1. 中央与地方财权事权不匹配

为了使中央政府能够更好地对地方政府进行掌控，切实履行自身的职能，我国于1994年开始分税制财政体制改革，将中央政府和地方政府的权力进行详细的划分，并以此作为体制改革的基本框架。但在后期的实践过程中逐渐发现，这样的框架构建并不是十分的全面、完善，尤其表现在对事情处理权力上的逐层减弱以及财权的层层上涨现象上，也就致使地方政府的财力和事权无法匹配。加之，自给能力在我国地方政府之中较弱。由表10-4和图10-1与图10-2可以明显地看出我国地方财政收入低于地方财政支出且两者之间的差距越来越大，我国地方财政收入占全国财政收入的比重远远低于地方财政支出的比重占全国财政支出的比重。

表10-4 全国财政支出与财政收入情况

年份	全国公共财政收入/亿元	全国公共财政支出/亿元	地方公共财政收入/亿元	地方公共财政支出/亿元	地方财政收入占全国财政收入比重/%	地方财政支出占全国财政支出比重/%
1993	4 348.95	4 642.30	3 391.44	3 330.24	77.98	71.74
1994	5 218.10	5 792.62	2 311.6	4 038.19	44.30	69.71
1995	6 242.20	6 823.72	2 985.58	4 828.33	47.83	70.76
1996	7 407.99	7 937.55	3 746.92	5 786.28	50.58	72.90
1997	8 651.14	9 233.56	4 424.22	6 701.06	51.14	72.57
1998	9 875.95	10 798.18	4 983.95	7 672.58	50.47	71.05
1999	11 444.08	13 187.67	5 594.87	9 035.34	48.89	68.51
2000	13 395.23	15 886.50	6 406.06	10 366.65	47.82	65.25
2001	16 386.04	18 902.58	7 803.30	13 134.56	47.62	69.49
2002	18 903.64	22 053.15	8 515.00	15 281.45	45.04	69.29
2003	21 715.25	24 649.95	9 849.98	17 229.85	45.36	69.90
2004	26 396.47	28 486.89	11 893.37	20 592.81	45.06	72.29
2005	31 649.29	33 930.28	15 100.76	25 154.31	47.71	74.14
2006	38 760.2	40 422.73	18 303.58	30 431.33	47.22	75.28
2007	51 321.78	49 781.35	23 572.62	38 339.29	45.93	77.02
2008	61 330.35	62 592.66	28 649.79	49 248.49	46.71	78.68
2009	68 518.3	76 299.93	32 602.59	61 044.14	47.58	80.01
2010	83 101.51	89 874.16	40 613.04	73 884.43	48.87	82.21
2011	103 874.43	109 247.79	52 547.11	92 733.68	50.59	84.88
2012	117 253.52	125 952.97	61 078.29	107 188.34	52.09	85.10
2013	129 209.64	140 212.10	69 011.16	119 740.34	53.41	85.40
2014	140 370.03	151 785.56	75 876.58	129 215.49	54.05	85.13
2015	152 269.23	175 877.77	83 002.04	150 335.62	54.51	85.48

资料来源：由中经网数据库整理。

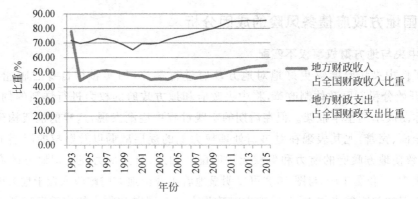

图 10-1　我国地方财政收入与支出占全国财政收支比重折线图

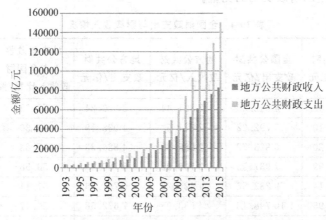

图 10-2　我国地方财政收入与支出柱状图

由此看出地方政府的财政支出无法在地方政府的财力中得到满足,财政缺口也越来越大。因此,政府收入资金排除举债等体制外的方法筹集而来的资金,已经无法满足地方政府的财政支出,从而加重了债务在地方政府中的存在。

从税收收入来源上看,中国真正属于地方税的税种只有房产税、契税和营业税。2011年中国财政部、国家税务总局下发了《营业税改征增值税试点方案》,并在之后逐渐扩大试点范围,在 2015 年前后实现全覆盖,从营业税纯地方税种转变为中央地方共享税,这进一步降低了地方政府的税收收入。从有关研究显示看来,地方政府用 45% 的财力资源担负着 75% 的支出,存在着严重的财权与事权不对等的问题。2017 年,中国人均 GDP 超过8 000 美元,如果此后几年人均 GDP 和收入维持 2017 年增速,则大约在 2022 年,中国将进入高收入国家行列。同时,地方政府也面对着城镇化、经济转型的关键时期,若不能较好地处理中央与地方的关系,将会使地方政府陷入困境,进一步倒逼地方债务规模的加大。

2. 地方政府恶性竞争大量举债

由于中国改革开放初期,以沿海城市为重点,允许一部分地方先富起来,使得中国各地方的发展水平存在一定差异,因而财政能力也存在一定差异,为解决各地方发展不均衡的问题,各地大量举债,地方政府扮演了市场中企业的角色,与企业一样,各地政府为本地区更快更好地发展,开始彼此竞争获取资源,这种恶性的政府竞争,加剧了政府投融资中的粗犷式发展,降低了地方政府的项目质量。

中国官员的考核指标长期以来以地方经济的发展为依据,这使得地方官员盲目崇拜GDP,忽略政府债务规模等指标,有时甚至不顾项目成本,大搞面子工程,不断申请专项资金,而自身并不具备相应条件,缺乏相关资金,使得各地不断涌现烂尾工程。由于中国官员的非连续性,在现任与下任的政府官员并无充分交集,往往出现上届政府产生的债务,而由下届政府承担还本付息的责任,故产生了某些政府官员恶性竞争、积极升迁、不计后果的行为,逐步演化为地方政府债务的恶性循环。

我国长期以来实行预算软约束,预算管理的透明度和完整性都存在一定问题,这使得地方政府对经济发展缺乏长远规划,只注重短期的经济利益,对GDP盲目崇拜,大胆建立大量地方融资平台、发行大量城投债,不计成本的粗犷式发展,使地方债总量不仅规模庞大,而且质量参差不齐。地方债市场不仅不规范,而且还存在着较大的隐性风险、结构问题,债务评级能力无法与债务规模水平同步发展,若一旦出现危机,将会使中国经济、政府公信力遭受重大损失。

3. 地方政府债务管理机制缺陷

现阶段地方政府债务管理制度的缺陷主要表现为以下几个方面。首先是债务管理体制分散,难以进行有效的债务风险量化管理。目前地方政府除了对转贷性的债务实施了较为统一的管理以外,其他大量的债务融资分散于众多的职能部门及其所属的企事业单位,游离于中央政府和地方人大的监督管理之外,致使债务融资总量难以把握。资金管理分散,无法集中使用本身就隐含了债务资金使用效益下降的可能性。其次是缺少统一和有效的债务监督管理机构。目前,我国地方政府的债务管理机制并不完整,且规范、科学和统一的管理机制没有形成。地方政府的财政部门很少监管其他种类的债务,仅仅对少数源自中央的专项贷款和转贷资金进行管理。地方政府债务由于其债务管理机构的不统一,其口径的统计也难以统一,致使本区域范围内真实的债务规模很难被地方政府所掌握。地方政府繁多的债务类型和分散的债务管理模式,增加了中央和地方政府对其债务有效控制的难度,妨碍了其对债务可能存在风险的及时发现,从而提高了引发地方政府债务危机的可能性。地方政府存在债务管理能力有限、偿还意识薄弱等问题,也会成为地方政府产生巨大债务风险的原因。最后是行政和债务主体多元分散,职责不清。自改革开放以来,我国逐步以中央、省或自治区、市、县、乡镇五级和直辖市实行的中央、市、区县、乡镇四级的政府行政层级制度,取代了最初中央、省或自治区、县市的三级制度。仅地方政府行政层级就要分三级或四级,因此行政层级设置过多。政府的低效运行和繁重的行政人员负担会受到地方政府行政级次过多的影响,并且对筹集地方政府财政的收入不利。我国1994年施行的分税制财政体制改革对财政支出范围,根据地方和中央政府事权的不同进行了划分。这次税收制度的改革仅仅是将地方和中央政府的财力事权进行了明确划分,但对建立地方政府完整的税制体制并没有过多提及。

第四节　美国、日本地方公债的发展及借鉴

一、美国地方公债

美国是一个联邦制国家,政权由联邦政府、州政府和地方政府三级政府组成。与这种

政权结构相适应,美国实行三级财政体制,即联邦财政、州财政和地方财政。在美国,联邦政府可以通过发行债券的方式筹集资金,州政府和地方政府也有权发行各自的政府债券,筹措各自所需的资金。由州政府和地方政府发行的债券,称为市政债券。美国是世界上市政债券规模最大的国家,是州和地方政府最重要的融资工具,占州和地方政府负债的比重在50%以上。

1. 美国市政债券发展历史和规模

市政债券是指一国的地方政府或者其他合格的发行者向债权人承诺偿还本金并按时支付利息的债权债务凭证。美国市政债券市场是在19世纪20年代作为基础建设的融资中介发展起来的。从1812年美国纽约市首次发行市政债券以来,美国市政债券已经有200多年的历史,美国市政债券规模基本呈现增长趋势,成为美国债券市场重要品种之一。

从历史上看,美国州和地方政府的债务规模是起伏不定的,但都与州地的基本建设有关。这是市政债券和联邦政府公债的重要区别所在。联邦政府举债通常与其奉行的经济政策有关,举债收入可用于弥补政府各项支出,而州地政府举债则与经济政策无关,筹措的款项一般只能用于"资本工程"。

从发行主体看,美国市政债的发行主体广泛,主要为地方政府及其相关实体,包括州政府、城市、乡镇、学区、住房中心、公共医疗、机场、港口等。目前,全美共有5万余个市政债券发行主体,绝大多数是发债规模较小的主体。而发债规模较大的主体多为较大的地方政府及其授权机构,如加利福尼亚州政府,洛杉矶运输局,长岛公用电力局,纽约、新泽西港务局等。

从每年的发行规模来看,2003—2014年,美国市政债券发行量每年在3 000亿美元到5 000亿美元。其中,2014年,美国发行市政债券3 320.84亿美元,占美国全部债券品种发行总量的5.65%。

从存续规模看,1980年美国存量市政债券规模为3 994.40亿美元;1987年存量首次突破万亿,达到1.01万亿美元。截至2014年年底,美国市政债券余额为3.63万亿美元,占美国各类存续总量的9.46%,与美国GDP总量的比例为21%。

从美国各类债券品种存续量占比看,截至2014年9月底,美国市政债券、国债、抵押类债券、公司债、联邦代理机构债券、货币市场类债券和资产支持债券占比分别为9.46%、32.16%、22.68%、20.14%、5.17%、6.99%和3.42%。仅次于国债、抵押类债券和公司债,是美国第四大债券品种。①

2. 美国市政债券类型及期限结构

美国市政债券通常分为三类:一般责任债券(general obligation bonds GOs)、收益债券(revenue bonds RB)和其他类市政债券。其中,以收益债券为主,一般责任债券为辅,2003—2014年收益债券占比一直维持在60%~70%,一般责任债券维持在25%~40%,其他类市政债券维持在1%左右。一般责任债券主要由发债主体的税收收入及其他全部收入来支撑,类似中国地方政府目前发行的一般债券;收益债券主要以对应项目的收益

---

① 宋伟健,霍志辉.2014年美国市政债券市场发展及对中国地方债的借鉴意义[N].中债资信,2015-06-29.

来支撑,如收费公路、港口、机场等,与目前我国地方政府发行的专项债券有一定相似之处,同时与我国目前推行的由城投企业等发行的城投债、项目收益票据、项目收益债券等具有相似之处。一般责任债券在市政债券发展早期占据主导地位,但后来被收益债券逐渐取代。与一般责任债券相比,发行收益债券所受的限制较少,而且更能体现"谁使用、谁付费"的原则。

从发行期限看,美国市政债券发行期限很长。美国市政债券以长期债券为主,典型的有 10 年、20 年和 30 年。2008 年以前,市政债券年均发行期限在 20 年左右,金融危机后有所缩短。截至 2014 年年底,美国市政债券平均到期期限为 16 年,详见表 10-5。较长时间的到期期限有利于匹配项目全生命周期,缓解其流动性压力。

表 10-5 近年来美国市政债券平均期限结构

时间 期限 结构/年	2005 年	2006 年	2007 年	2008 年	2009 年	2010 年	2011 年	2012 年	2013 年	2014 年
	18.70	19.60	21.20	19.60	16.70	16.20	15.50	15.60	16.20	16.00

3. 美国市政债券主要投资者及募集资金用途

从美国市政债券的投资者结构看,其投资者结构主要包括:个人、保险公司、银行、基金等实体,其中个人和基金是主要的两大类投资者,截至 2014 年 9 月底,两者占比分别为 42.90%、28.14%。美国市政债券的突出特点是风险很低,同时收益比国债高,还可以享受税收优惠(联邦政府对个人投资者的市政债券利息所得税免征),使得个人投资者占比较大。加之基金是美国市政债券的第二大持有者,但其实基金背后的主要投资者也主要为个人,这进一步加大了个人持有美国市政债券的比重。

从募集资金用途角度区分,美国市政债券可以分为再融资部分和新融资部分,再融资部门主要用于借新还旧,新融资部分主要用于建设新的项目。近年来,两类债券发行规模发行占比在 50% 左右波动,2014 年,再融资部分和新融资部分占比分别为 43.04% 和 56.96%。目前,市政债券是美国州与地方政府建设项目资金的最主要来源,大约占地方政府资本支出的 80% 左右。从与我国的比较看,类似于我国目前推行的地方政府置换债券和新增债券。从项目的具体用途看,美国市政债券筹集资金的用途主要为建设国家基础设施,州政府和地方政府发行市政债券用于公用领域工程、提供现金流保障或其他用途,还有的用途就是引导非政府私人投资项目。从具体分类看,主要包括一般用途(不规定投向)、教育、交通运输、公共事业、公共设施、住房等几类。其中,一般用途、教育占比较高。

4. 美国市政债券的信息披露

美国市政债券市场形成了以信息披露为核心,包括信用评级、债券保险、风险处理在内的成熟运行体系,还形成了由自律组织和相关部门共同组成的多层次市场监管体系。

由于美国是联邦制国家,且市政债券的地域性强,在全国范围内建立行政监管体系的方式未必能取得好的监管效果。美国在联邦层面上没有市政债监管当局。美国市政债券市场,主要是由美国市政债券规则制定委员会(MSRB)和美国金融业监管局(FINRA)等自律组织以制定自律规则、强化经纪交易商(Broker Dealer)队伍等方式实施自律管理。

美国市政债券规则制定委员会是依据美国国会于1975年6月4日通过《证券法修正案》增加的15B条款而专门设立。美国市政债券规则制定委员会主要监管州和地方政府债券的交易商,而不是直接监管州和地方政府债券发行人新发行的州和地方政府债券的发行和兑付工作。1975年的美国证券法修正案创建了美国州和地方政府债券市场的三方监管框架:证券交易委员会(SEC)经纪人——自营商的监管、州和地方政府债券法规制定委员会(MSRB)的监管和反欺诈条款。

MSRB是SEC的下属的自律性机构,根据证券交易法,国会根据SEC批准的MSRB的规则,授予MSRB对州和地方政府债券交易商主要的规则制定权力。作为自律性组织,MSRB的资金来自州和地方政府债券交易商所缴纳的税额和费用,而非公共基金,并且新的董事会成员是通过现有MSRB选举出来的,而非国会指派。

MRSB由15个成员组成,包括5个证券公司代表、5个银行交易商代表和5个普通民众代表,且这个5个代表中至少有一个代表发行人、一个代表投资者。会员任期3年,并且任期相互交错,每年会选举出来5个新的会员。由6名MSRB会员和3个非会员组成的9人提名委员会负责为MSRB的新会员选举提名人选。MSRB法令负责监管州和地方政府债券交易商,州和地方政府债券交易商包括经纪人、自营商和拥有影响州和地方政府债券交易的特定部门的银行。MSRB负责采取法令来防范欺诈和操纵行为,推动公平、公正交易原则和保护投资者及公众利益。依据交易法,违反MSRB法令的行为被清楚的界定为违反联邦法律,但是MSRB却没有执行或检查的权力。MSRB制定法令并且通过MSRB颁布的解释性文字和注释对其法令对其法令有很大的解释权,包括一般情况和特定情形。但是,其中针对证券公司的法令是由NASD(美国证券交易商协会)来执行,针对银行交易商的法令是由货币监理办公室、联邦储备委员会、联邦保险公司来执行,针对州和地方政府债券交易商法令则由SEC来执行。

信息披露方面,1981年,美国的证券交易委员会(SEC)首次正式确定了市政债券的信息披露制度,此后信息披露越来越规范和严格。1989年市政债券披露法规被批准,适用对象为100万或以上的新发行的市政债券。另外,各州宪法或法律大多设定地方政府一般责任债券的举债上限,对负债率、债务率或资产负债率有着专门的规定,从规模上控制市政债券的发行。同时,一些行业自律组织制定了很多指导信息披露的规范性文件,如美国政府财务官员协会和全国市政分析师协会制定了有关自愿披露的规则。这些规则事实上已成为发行市政债券信息披露所应遵守的准则。

5. 美国市政债券的信用评级情况

美国市政债在发行过程中的风险识别主要通过信用评级实现,为投资者提供可靠的信息,降低投资者的投资风险。在美国有穆迪、标普、惠誉三家主要评级公司对联邦政府、州、地方政府等市政债发行机构进行评级。市政债的信用评级在识别市政债信用风险方面起到了重要作用,是形成债券利率的主要依据,为投资者提供决策依据,有利于形成合理的政府债务规模。下面以美国评级公司标普(Standard and Poors)对美国市政债的评级为例,研究美国市政债券评级情况。

从美国评级公司标普对美国市政债的评级分布来看,截至2014年9月底,评级主体共11 403家,评级结果呈现标准正态分布,级别中枢为AA-A,其中AA占比为39.85%,

A占比为47.37%。不同债券品种所表现出来的信用级别呈现一定差异,其中,医疗、高等教育和交通三个行业信用等级在BBB及以下的占比明显高于其他行业。

标普公司定期对市政债进行评级跟踪,对财政状况和经营状况表现较好的债券给予升级,对财政状况或经营状况表现较差的债券给予降级处理,已引起对市政债风险程度变化的关注。从每年标普对美国市政债的上调和下调级别情况来看,2008—2012年受次贷危机对全美经济产生的不利影响,2008—2012年标普对市政债的级别进行了频繁调整,通过对市政债级别的调整来揭示其风险变化情况,给投资者以客观准确的投资信息。2014年第三季度,标普对市政债上调级别的有738只,下调级别有339只,违约有3只,如表10-6所示。

表10-6　2014年第三季度标普对美国市政债上调和下调级别情况　　　　家

部门	升级	降级	违约
税收担保债	459	88	0
拨款支持债	237	221	0
公共事业债	28	7	3
医疗债	9	14	0
教育债	4	9	0
交通债	1	0	0
住房债	31	8	0
总计	738	339	3

历史上,美国市政债券的违约率要远低于公司债券。根据穆迪的1970—2011年公司债券评级和市政债券评级违约率对比数据,美国市政债券的违约率要比评公司债券违约率低很多。而且,研究显示,历史上最终未完全兑付的美国市政债券占美国存续市政债券和违约市政债券的比重很低。在考虑税收的影响后,美国市政债券的收益不仅显著高于相同期限的国债,也略高于相同评级和期限的企业债,如表10-7所示。

表10-7　穆迪公司1970—2011年市政债券和公司债券累计违约概率表　　　　%

类型	年限	1年	2年	3年	4年	5年	6年	7年	8年	9年	10年
市政债券	投资级	0.00	1.00	0.02	2.00	0.03	0.04	0.05	0.06	0.07	0.08
	投机级	1.33	2.47	3.49	4.45	5.35	6.08	6.71	7.19	7.59	7.94
	全部	0.01	0.03	0.04	0.05	0.07	0.08	0.09	0.10	0.12	0.13
公司债券	投资级	0.09	0.26	0.49	0.74	1.02	1.32	1.61	1.92	2.26	2.61
	投机级	4.56	9.35	13.89	17.87	21.34	24.35	26.99	29.37	31.60	33.69
	全部	1.61	3.27	4.82	6.14	7.26	8.22	9.04	9.79	10.50	11.17

数据来源:穆迪公司。

美国市政债券在两个方面发挥着重要作用。

(1)大大促进了州地基本建设的发展,州地政府发行公债筹集资金主要是用来进行私人资本无力或不愿兴办的基本建设,如修建公路、码头、港口等各项工业基础设施,建设学校、社会福利和其他公用设施等。工业基础设施的建设,一方面使私人资本能集中资金发展生产力,另一方面也为私人资本提供廉价的服务。这实际上是以政府投资为私人投资开辟道路,从而为刺激私人投资,发展生产力提供了有利的条件。学校、社会福利和其他公用设施的建设,可提供良好的教育条件,改善与人民生活密切相关的建设和生活环境,这同样是经济发展的必要条件。

(2)市政债券是州地政府财政的有效补充。州地的基本建设靠发行公债筹集资金,既不会造成州地税收在特定年份的突然增加,也为基本建设提供了可靠的资金来源。更为重要的是,州地政府的举债收入由于大多是用于能带来收益的基本建设工程,收益本身就可偿还一部分债务,特别是目前市政债券的大部分是以基本建设工程的收益担保,工程收益和债务还本付息直接挂钩,在相当程度上可实现公债基金本身的良性循环。

二、日本地方公债

日本地方公债是指地方公共团体因财政资金来源不足而借入的债务,包括地方各级政府都道府县和市町村的举债。日本地方债的发行早在明治初年就已开始,到"二战"后逐渐形成了一套比较完备的地方债制度。地方债在日本战后地方财政中始终占有一席之地,特别是20世纪60年代后期,日本经济增长速度减慢,70年代又受"石油危机"的冲击,日本此时一方面经济萧条导致财政收入严重不足,而另一方面财政支出刚性不断强化,要求增加支出刺激经济复苏,日本财政收支缺口进一步扩大。在此背景下,日本地方政府采取增加发行地方公债的办法。日本证券交易商协会的统计数据显示,1998年日本地方公债的发行期数仅为69期,发行规模为1.72万亿日元。随着时间的推移,日本地方公债的发行期数和规模均呈现稳步上升的局面,2010年发行数量达到历史最高点426期,规模高达7.61万亿日元;2011—2012年,发行情况有所回落,但仍高于2008年以前的水平。总体来看,经历了1998年至2012年的发展,日本地方公债的发展态势良好,发行规模的年复合增长率达到10.27%。[①]

由于日本债券市场主要以国债为主,因此,地方公债占债券总规模的比重远远低于美国。但是近几年随着日本地方公债的快速发展,该比重已有所上升。就发行市场而言,2012年日本地方公债的发行规模占债券总发行规模的比重为3.34%,日本地方公债发行规模占国债发行规模的比重为3.93%。发行地方债券已成为维系日本地方财政,扩大地方财源的重要手段,地方债成为国家经济部门借入债券的重要支柱。

1. 日本地方公债的发行方式和种类

日本地方公债主要有两种发行方式,即借款和发行债券。借款时需向债权人提交借款证书,一般又称证书借款。发行债券具体又有三种形式。一是募集,即首先公布地方公债的发行条件,让投资者们提交认购申请书竞价,按价格高低顺序让申请者交纳现金后发行债券。根据募集对象的多少和是否公开投标又可分为公募和私募。二是销售,即首先公布发行条件和销售期间,在规定期间内提交申请书者,按先后顺序销售债券。三是支付

---

① 李慧杰,刘琦敏. 日本地方债:渐变唯不允许地方政府破产未变[N]. 企业债券,2015-04-28.

债券,即地方政府对债权人发行约定在以后支付现金的一种债券。

日本地方公债以证书借款方式为主。日本地方债可分为普通会计债、公营企业债、准公营企业债和特别事业债等,大体上可以分为地方公用事业建设债券和地方经济建设债券两大类。地方公用事业建设债券是由日本地方政府直接发行的债券,这类债券收入的投资效果主要是形成一定的社会效益,而不会带来直接的经济效益。这类债券的资金来源主要是地方税收和预算外资金、财政补贴等其他财政收入。它主要用于地方道路建设和地区开发、义务教育设施建设、公营住宅建设、购置公共用地及其他公用事业。地方经济建设债券是指特定用于一些能够产生经济效益的基本建设工程的债券,也称收入债券,即用特定的基本建设工程收益作担保,靠其收益偿还本金和支付利息。这类债券一般实行专款专用,不能作其他工程的资金。日本地方经济建设公债的使用相对集中,主要用于自来水和交通设施建设等方面。

2. 日本地方公债的使用范围

日本《地方公债法》明确限定和规定了地方公债的用途。该法在规定"地方政府的财政支出必须以地方公债以外的收入为财源"的基础上,规定"某些支出可以以地方公债作为财源"。"某些支出"原则上是建设性支出。从实际情况看,地方公债资金一般用于以下各项事业:①交通、煤气和水道等公营企业所需经费;②对地方公营企业提供的资本金和贷款;③灾害紧急事业费、灾害后的生产恢复事业费和灾害救济事业费;④既发债的调期;⑤所有地方普通税的税率都高于标准税率的地方政府从事的文教、卫生、消防及其他公共设施建设。此外,在特殊情况下,以特别立法的形式可发行上述目的以外的地方公债。

3. 日本地方公债的管理

日本地方公债除建设公债的原则要求外,中央政府还对地方公债的发行进行严格的管理。主要体现在两个方面。一是对地方公债发行实行计划管理。第二次世界大战以后日本中央政府每年都编制地方公债计划,其主要内容包括地方公债发行总额、各种用途、各种发行方式的发债额。二是对各地方政府发行地方公债实行协议审批制度。各地方政府要发行公债必须向自治省上报计划,经自治大臣批准后方可发债。自治大臣审批时,要与大藏大臣协议,听取大藏大臣的意见,所以称为协议审批制度。

地方公债计划与协议审批制度相互配合,构成了日本严密的地方公债管理制度。首先,通过地方公债计划,对每一年度地方公债的总规模及各种债券的发行额度进行管理,既防止地方公债的膨胀,又可指导地方公债资金的用途,对于协调地方政府与中央政府的步调,实施社会政策有着重要意义。其次,通过协议审批制度,具体落实各个地方政府的发行额,不仅可防止地方公债发行突破中央计划,而且通过协议审批过程,强化了中央与地方财政的联系和中央对地方财政的指导。

总之,日本通过建立地方公债制度,一方面充实了地方财源,加快了地方经济和公益事业发展,在提高公共服务水平上,满足人民生活需求方面发挥了重要作用;另一方面通过法律制约和中央政府的严格管理,在防止地方公债膨胀和加强中央对地方财政的指导方面也发挥着重要作用。

三、美国与日本地方公债制度对我国的启示

1. 地方政府举债可以加快地方经济与公益事业的发展

美、日两国地方政府举债的历史表明,如果举债的资金不是用于弥补预算赤字,而是用于弥补那些初始资金需要量较大的资本性建设项目,将会加快地方经济与公益事业的发展。因为当债务资金用于私人资本无力或不愿兴办的基本建设,如修建公路、港口、码头等各项工业基础设施时,一方面使私人资本能集中资金发展生产力;另一方面也为私人资本提供廉价的服务,这实际上是利用政府投资为私人投资开辟道路,从而为刺激私人投资,发展生产力提供了有利的条件。而当债务资金用于建设学校、社会福利和其他公用基础设施的建设时,无疑将会创造更为良好的教育条件,改善与人民生活密切相关的生活环境,而这些同样是经济发展的必要条件。

2. 合理设计地方公债

地方公债一般可分为一般债券和收入债券。一般债券的收入可用于各种基本建设,而收入债券一般是以特定的基本建设工程的收益为担保,专款专用。一般债券和收入债券是两类不同用途与不同效果的债券。中国现阶段发行收入债券的条件相对比较成熟,收入债券不直接构成地方政府的债券,其偿还相对有保证,发行的制度障碍和约束也比较小,地方公债的发行应以收入债券为主。发债资金应投向交通、通信、能源和公共设施等基础行业,应选择那些对地方经济发展最急需、最有带动作用的工程项目进行投资。对于一些外部效应比较大,收益不足以完全偿还债务本息的项目,还是应该适当发行一定规模的一般债券,以政府的税收来保证这类债券偿债资金的来源。

3. 选择行政管理与法律约束的监管方式

从各国地方公债监管实践来看,许多国家往往是几种监管方式结合使用,但基本上都以其中的某一种方式为主。由于不同国家具体的情况各不相同,不同国家对地方政府公债的主要监管方式也各不相同,采用市场约束对地方政府债务进行监管的一般是经济发展水平比较高、市场体系(尤其是金融市场)也比较完善的国家。采用合作监管方式的是中央政府有较强的财政管理能力并且有着严格财经纪律的国家。运用行政手段对地方政府公债进行监管的国家主要是一些单一制国家(如日本),另外一种是以法律形式确定下来的既定规则来对地方政府债务进行监管的国家(如美国)。具体到我国实际,应结合美国和日本地方公债的监督管理模式,建立在法律约束基础上的由中央政府监管的地方公债模式,即地方公债的批准权仅限于中央政府,具体事务由地方政府负责。

第十一章 中外公债的比较

第一节 发达国家公债的概况

一、美国公债概况

(一) 美国公债的演变

美国伴随着债务而诞生,美国的公债是美国联邦政府所发行的债券,起源于建国初期大陆会议决定发行的战争公债。1776年7月4日,英属13个殖民地代表召开大陆会议,宣布成立美利坚合众国,这时美国联邦政府尚未成立。为了筹集战争经费,大陆会议决定采取三项措施,即发行货币、向各州摊派现金和实物以及举债。由此开始了美国公债发行历史。

美国早期所发行公债的主要目的是筹措战争经费。在中华人民共和国成立后的175年间,美国的财政开支规模一直得到严格控制,但1923—1933年爆发的震撼整个资本主义世界的大危机彻底改变了这一格局。凯恩斯学说风靡一时,政府采用发行公债来弥补财政赤字,以弥补有效需求的不足。尽管这样带来了美国20世纪五六十年代的繁荣和增长,但也使美国公债规模不断扩大。美国在60年代财政结余的年度有两年,其余年份均为赤字,到1972年美国公债总额达4 320亿美元。70年代美国财政赤字日益严重,1980年用于弥补赤字而发行的公债总额达9 140亿美元。里根总统入主白宫后,积极推行里根经济学以取代凯恩斯主义,主要是通过减税和扩大财政支出来刺激经济增长。里根经济学在80年代使美国经济摆脱了滞胀的阴影,但也使美国财政赤字大幅度上升。布什总统上台后,继续忠实地执行里根总统的经济政策。1981年美国公债突破1万亿美元大关,1986年达20 280亿美元。

1989—1993年老布什总统任期内,第一次海湾战争,经济下滑致政府收入降低,共计形成1.5万亿美元的债务;1993—2001年克林顿总统任期内,尽管后3年(1998—2001)财政收支有所盈余,债务规模略有下降,但仍就形成了1.4万亿美元的债务;2001—2009年小布什总统任期内,减税、伊拉克战争和阿富汗战争,2001年经济下滑及始于2007年的金融危机,共计形成6.1万亿美元的债务;2009—2011年奥巴马总统任期内,经济刺激计划支出、减税,以及2007—2009年经济衰退造成的政府收入下降和失业救济金增加,共计形成2.4万亿美元的债务。从1940年至2011年的71年中,美国出现过三个时期的债务高峰期(以债务总额占GDP的百分比超过60%计),第一个高峰期是1943—1958年,其中1945—1947年的债务占GDP的百分比都超过了100%,分别为117.5%、121.7%和109.6%。第二个高峰期是1991—1999年,这期间最高的两年是1995年和1996年,分别是67.2%和67.3%。第三个高峰期是2003—2011年,这期间最高的三年分别是2009—

2011年,分别是83.4%、94.3%和100%。这三个高峰期正好对应着第二次世界大战、美国发动的伊拉克战争和阿富汗战争、美国的"次贷"危机引发的全球金融危机。截至2016年2季度,美国债券市场存量规模达到40.7万亿美元,是美国GDP的225%。在过去20年中,美国债券的年平均发行量达到5.18万亿美元,近年来的发行量也保持在6万亿美元以上。

美国的公债不仅仅是个金融问题,从政治学的角度上说,巨额债务支撑起了不断扩张的国家能力,使国家力量有条件渗入各个角落,也支撑起了越来越庞大的联邦政府机构。发行公债对刺激经济增长有一定作用,但过快过量的负债,不管债务人是政府还是私人,都是不可持续的,进而危及经济秩序和增长,破坏国家信用基础,加重民众的负担,最终会造成经济社会的恶性循环。美国200多年的经济史表明,当经济情况有所恶化的时候,美国会借债。美国通过建立复杂的金融体系,熟练运用包括发行公债的财政与金融策略以实现国家目的。

(二)美国公债种类

美国是联邦制国家,即总体原则和自治原则并存。联邦政府与地方政府的关系可以概括为"一国多制""国内有国"。在与其自身相关的事务上地方政府是自主的,地方政府根据各州的法律建立。地方政府在法律上和财政上的独立性受到州政府的一定程度的限制。所以,种类多样化是美国公债的突出特征,它不仅是美国顺利发行巨额公债的前提条件,也为美国联邦政府执行债务管理政策提供了可能。本部分将从国债和地方债两个角度介绍美国公债种类。

1. 美国的国债

美国国债市场经过200余年的发展,市场制度已经成熟,体系结构比较完整,运作效率很高,在美国经济中发挥着不可替代的作用。按其流通性,可分为可流通国债和不可流通国债两大类。

可流通国债包括短期、中期、长期的名义国债和中期、长期的通货膨胀指数联系型国债(TIIS)。短期国债是指剩余期限小于或等于1年的国债,通常按债券面值的一定比例折价发行;中期国债是指剩余期限大于1年并且小于或等于10年的国债,每半年支付固定金额的利息;长期国债是指剩余期限大于10年的国债,每半年支付固定金额的利息;通货膨胀指数联系型国债的本金和利息都根据消费者价格指数(CPI)进行相应的调整,美国财政部是从1997年1月开始发行中期和长期的通货膨胀指数联系型国债的。美国的可流通国债以中期国债为主,这主要是由于中期国债的流动性最高,市场需求最为旺盛。短期国债可以满足机构投资者进行资产流动性管理的需要,也为美联储进行公开市场操作提供了有利条件。长期债券则可以使政府还本付息的压力减轻,避免大量债务同时到期的问题,同时也满足了一些投资者对长期投资工具的需求。

不可流通国债的种类较多,主要有三种。第一种是政府账户系列(GAS),主要由非预算性(off-budget)政府机构持有,如社会保险信托基金(social security trust fund),根据法律只能将全部资金和累计盈余投资于不可流通国债。第二种是州和地方政府系列(SLGS)。1969年联邦立法禁止州和地方政府部门投资于高收益债券,强迫这些政府部门将多余的资金投资于特定种类的不可流通国债SLGS。根据有关法律,SLGS的利率由财政部和每个投资者单独商定,并且要比同类可流通国债低至少5个基点。第三种是储蓄债券(savingbond),是为小投资者设计的一种储蓄工具,小面额发行,在购买后可以随时赎回。有一些储蓄债券是通货膨胀指数联系型的,为接受高等教育进行的储蓄债券投资还可以享受特殊的免税待遇。除了以上三种不可流通国债,财政部还发行国内系列债券、国外系列债券、农村电力局(REA)系列债券等多种不可流通国债,但其所占比例均较小。

2. 地方公债

(1) 美国地方政府的短期债务

美国地方政府短期债务是以1年之内为期限的短期债券。州政府和地方政府发行的短期债券按照其用途可分为预付收入券、预付税款券、城市改造工程债券等。一是预付收入券、预付税款券。这两种债券都是为了弥补州政府和地方政府财政收支不同步而产生的差额所产生的,因为州政府和地方政府的某些税收收入一般是集中在两个时期内,支出在财政年度内是以较为均衡的速度进行的,所以,计时当年的州政府和地方政府的预算是平衡的,但是在个别月份也偶尔会出现一些赤字。所以,州政府和地方政府把发行预付收入券与预付税款券作为弥补财政年度内季节性资金短缺的一种方法。这些债券的到期日即为各种重要税收的缴纳期,债券持有人到期就可以用这类债券来抵付税收。二是城市改造工程债券。这是城市改造机构为城市改造而筹集的短期资金所发行的短期债券,这类债券一般由州政府和地方政府作为担保。

(2) 美国地方政府的长期债务

州政府和地方政府发行的公共债券很大一部分是1年以上的长期债券,比较有代表性的有10年、20年甚至30年,从历史来看,长期债券占美国地方政府债务的九成以上。政府公共债券一般是与特定的基本建设项目挂钩,期限往往是根据用款项目的期限来确定的,基本建设的周期一般比较长,用款需要较长的时间,也就只有长期债券才能适应基本建设的需要。

美国地方政府长期债务也有两种,为一般性契约公债和收入公债。一般性契约公债是向贷款人所保证兑现的所有约定并且以发行政府的信用作为担保的公债。这就说明发行债券的政府将各方面的资金来用于支付利息向投资者偿还本金。政府可能会使用来源于税收和消费的收入偿还债务,如果目前的收入来源不能达到这个目的,政府将会提高收费率和税率来保证可以筹集到必要的资金。如果有其他原因导致政府不能或不愿意筹集足够的资金来支付利息或债券持有者的本金,那么政府就是违约,这种情况下政府便处于破产的境地,债务持有者可以上诉法庭来获得政府或是其代理机构的资产。一般性契约公债以政府税收和其他财政收入作为担保,作为其还本付息的资金来源。发行一般性契约公债所筹集到的款项可以用于各种社会基本建设,不受项目的限制。

收入公债是一种仅以某种来源的收入为对投资者还本付息担保的公债,如果从某种来源筹集的收入不足以还本付息,那么公债持有者将会遭受到损失,所以,从投资者的角度看,收入公债可以由地方政府用于支持被允许的私人投资。例如,当地政府可以出售收入公债并且用其收入作为对低收入家庭提供的住房抵押贷款。这种情况下,公债本金和利息是通过个人住房所有者的住房抵押支付或通过出售被抵押的财产得以偿还的,因此,这种公债的安全性依赖于房屋拥有者以及住房市场的经济状况。如果太多的个人不能进行抵押支付或是住房价格下跌,那可能就没有足够的收益来偿还公债本息,在根本上这类私人活动收入公债的安全性依赖于受补贴的公司或私人的经营能否成功。收入债券是以特定的基本建设工程收益担保,依靠其收入偿还本金并支付利息的,与此同时,收入债券也是为了建设一些特定的工程,特别是一些可以创造盈利的工程而发放的专款专用,不可以挪用于其他的工程项目。而且收入债券还被用于为私人企业提供的发展生产而必需的基础建设。

二、英国公债概况

(一)英国公债的演变

现代公债最早产生于英国。17世纪,英国王室和政府就向资产阶级筹借期限较短、利率较高的贷款。1665年,查理一世采用了新的借款方式,即向债权人发行了一种"偿债券",以取代现金,可以转让,可以当作存款与付款,为伦敦银行所接受,在一定时期领取包括自然增长利息在内的一定数目的现金。1671年,由于债信恐慌,所有持券人都要求政府将债券兑换成现金,政府财政困难而无力应付,只好宣布停止支付,并下令将那些不应由未来固定岁入偿还的偿债券一概冻结,这项"财政部停兑"行动影响到大约价值130万英镑的偿债券,1677年才在冻结本金的同时支付6%的利息。1635年查理二世去世后,利息支付也就停止了,直到1705年才得到承认。

1693年,英国政府首次采用了长期借款原则,由议会担保筹集长期贷款,次年又发行新的长期贷款,将认购者组成一个被称为英格兰银行的股份公司,原定债额迅速完成,并筹集到更多的资金,新银行还允许将债务兑换成现金和允许财政部发行该银行本票用以清偿债务。1694年,英格兰银行成立后,当时证券交易所上市的有价证券主要是公债和外国公债。18世纪初,英国发行了大量的长期债券,其开支的30%以上来自借款。1720年,英国由于"南海泡沫事件",使政府债信受到损害,直到18世纪30年代才得以恢复。进入19世纪20年代,英国国内债规模已是7.8亿英镑,每年的负担近3 000万英镑,占其公共支出的一半以上。

进入20世纪,英国国家债务又有新的发展。经过第一次世界大战,英国从债权国沦为债务国,为了弥补巨额的外贸逆差,不得不变卖10亿英镑的国外投资,还欠下美国9亿英镑的债务,此时公债总额已净增70亿英镑。第二次世界大战后至20世纪70年代末,英国政府执行凯恩斯主义与社会民主主义合流的经济政策,实行"需求管理"和"福利国家",导致了财政赤字经常化,使英国公债激增。从1953—1982年,公债额下降的年份只有1957年、1969年和1970年。自1974年后,每年的公债净增额都在数十亿英镑以上。1975年5月撒切尔夫人上台后,鉴于凯恩斯主义失灵的状况,保守党政府转而推行货币主义政策,力图限制政府支出,缩减财政赤字,降低公营部门借款需求。然而,由于经济形势的恶化,从1981年起又不得不稍稍放宽对政府支出的限制,出现了1979—1982年英国公债继续上升的结果,到1984年3月,公债又再上升到1 431亿英镑。但撒切尔夫人的经济政策执行8年后,取得了较好效果,并在财政上也出现了1987—1988年度的30亿英镑的盈余。

英国国家统计局报告显示,截至2016年年底,英国公共债务总额约为1.73万亿英镑(1英镑约合1.26美元),相当于该国国内生产总值(GDP)的89.3%。公共债务又称政府债务总额,是一国政府对国内债权人和国外债权人的所有债务。2015年年底,英国公共债务总额比2015年年底增加654亿英镑,公共债务占GDP比重继续超过欧盟规定的60%上限。2009年年底,英国公共债务占GDP比重首次超标,达到64.5%。2016年英国政府财政赤字比2015年减少242亿英镑至572亿英镑,相当于GDP的3%。按照欧盟规定,成员国财政赤字不应超过GDP的3%。这是2007年以来英国财政赤字率首次达标。

另外,英国在地方政府债务的管理上独具特色。20世纪70年代以前,英国的城市基础设施主要采取政府投资运营的模式,政府的财政负担很重,导致城市基础设施建设资金严重短缺。1979年后,撒切尔夫人领导下的英国政府开始推行以市场化为基本取向的城市基础设施投融资体制改革。市场化改革不仅极大地缓解了英国政府的财政压力,而且提高了城市基础设施投资经营的效率,使得英国成为欧洲地区基础设施成本最为低廉、服务最为完善的国家之一。英国在地方政府债务管理上的这些改革举措,对于我国地方政府债务改革有很好的借鉴意义。

(二)英国公债的种类

英国公债也分为国债和地方债。英国的国债主要包括国库券和金边债券,一般来说,国债通常被称为金边国债,发行方式一般采用公开拍卖及非公开发行两种。公开拍卖是由英格兰银行公告发行条件和拍卖底价,国债交易商依照规定参与投标;非公开发行是由英格兰银行发行部购入全部所发行的国债,这些保存在英格兰银行投资组合中的债券,视金融市场需要,随时通过与国债交易商交易投入二级市场。1982年以前金边国债多采用拍卖发行且发行时间固定,1982年以后发行时间和发行方式由英格兰银行和财政部视市场情况而定。英国中央政府债务占GDP比例自2001年以来稳步上升,这也为国债期货市场的交易提供了充足的流动性。

1. 国库券

英国是利用发行国库券筹措短期财源以利国库调度最早的国家,很多国家都加以效仿。英国国库券有如下几个特点。

第一,它是英国财政部的本票,即发票人与付款人都是英国政府。第二,它是英国政府的短期负债。第三,它是一种特殊的融通票据。国库券是财政部为融通短期财政需要而发行的,并不提供担保品,而是以国家信用为偿债的保证,在性质上完全民于融通票据。第四,它是不载明利息的债券。普通债券均标明利息及附有息票;国库券上既不标明利息,也不附息票。其性质类似大面额钞票,但不是见票即付而是在将来某一日期付款,因此,它以扣除方法发行,其发行价格与满期价值两者之间的差额为政府利息负担。第五,它可以在市场中转售。以标售方法发行的国库券,持有人随时可以在市场中转售。国库券的票面上留有记载债权人姓名的空白位置,如没填入持券人的姓名,债券可以转售,券款可以付给持票人。由于国库券具有无可置疑的安全保证,因此,可以持票人票据的形式流通,任何有券款准备出借的人都会毫不迟疑地买入国库券。

2. 金边债券

金边债券是指英国除国库券以外可在证券交易所买卖的所有政府公债,即在伦敦证券交易所公开上市且其价格稳定的优良债券的总称。由于这种债券带有黄色的金边,代表着国家信誉和最小的风险,所以被认为是最稳定的债券。金边债券按期限可分为有期公债和永久公债。有期公债又分为 5 年内的短期公债,5~15 年的中期公债以及 15 年以上的长期公债。有期公债多是普通债券,有固定的利息和期限,附有息票,半年付息一次。有期公债虽有一定的偿还期,但在期满前,政府有权随时偿还。永久公债,政府有权在一定期限后随时偿还,持有者无权请求偿还,只能按所定的条件领取一定的利息,政府视情况选择偿还日期。

此外,英国还有一些其他类别的公债,如可变利率公债、分期付款债券和可转期债券等。一是可变利率债券的票面利率不固定,随短期市场利率浮动而调整。这种债券每半年支付一次利息,利率按前 6 个月短期金边债券的平均利率来确定。二是分期付款债券是英格兰银行协助财政部从 1977 年开始发行的。由英格兰银行派去的政府经纪人为这种债券规定一个认购期限,投资人可在认购期开始支付部分价款来购买债券,待认购期结束时再行结账,补足未交的那部分价款。三是可转期债券于 1973 年开始发行。票面到期日为 1980 年,票面利率接近于发行时的市场利率。

三、日本公债概况

(一)日本公债的演变

1. 泡沫经济崩溃之前

日本最早的公债是 1870 年在伦敦发行的"九分利息英币公债",后又于 1872 年发行国内公债。以后,为了发展经济,振兴产业和为筹备第一、第二次世界大战的军费,又多次发行公债。第二次世界大战后,日本政府以健全财政为原则,实行预算平衡政策,用法律规定,国家的岁出原则上应以公债和借款以外的岁入为财源,如有特殊情况需要发行公债必须经国会批准。此外,还禁止日本银行认购,必须由市场自行消化。因此,第二次世界大战后到 1965 年,日本基本上未发行过大额公债。但这个时期以后,日本公债发行又进入了新的发展阶段。

1960 年池田内阁制定了"国民收入倍增计划",计划规定国民收入年平均增长速度为 7.2%,实际达到 10.9%。经济的高速增长,引起了民间投资和公共投资的比例失调,政府投资无法满足基础设施建设的发展需求。同时,1965 年日本经济陷入严重危机,税收减少,财政多次出现赤字,迫于这两个方面的压力,不得不在当年第一季度发行 2 000 亿日元的赤字公债,并于该财政年度正式编制公债发行计划。1967 年经济稍有好转,日本就开始建立减债制度。因此,在 1969 年之前,日本公债规模一直不大,1969 年其财政支出对公债的依赖程度仅为 6%。

受第一次石油危机的冲击,日本通货膨胀居高不下,且经济增长回升乏力,日本政府先采取财政货币双紧政策,企图解决通货膨胀,但结果是经济增长不断下滑。由于国内外需求不足,企业生产滑坡,财政收入锐减。为了刺激经济复苏,日本政府积极推行"赤字财政政策",政府财政赤字不断扩大,从而导致了日本公债的进一步膨胀。由于财政收入对公债的依存度越来越高,如 1979 年一度高达 34.7%,使日本财政体制愈加僵硬,财政政策在国民经济中的调节作用日趋下降,对以后的经济稳定增长产生了严重的消极作用。

由于实行赤字公债发行,对经济产生的负作用不断暴露,大平正芳内阁积极主张削减公债发行,并制定了在 1984 年停止发行赤字公债、同时减少发行建设公债的目标。但由于 1982 年第二次石油危机,使该计划流产。当年公债依存度仍高达 29.7%,公债负担率上升至 35.3%。面对如此严重的财政困难局面,1983 年上任伊始的铃木首相发表了财政紧急状态宣言,政府部门不断努力削减支出,政府投资也不再继续扩大,目的是缩小财政赤字,停止发行赤字公债,降低公债依存度。经过不断努力,终于在 1990 年实现了停止发行赤字公债的目标。尽管如此,目前日本的财政状况仍然非常严峻。尤其是从 1985 年起,随着 1975—1984 年发行的公债陆续到期,日本又进入了公债大量偿还的时代。

2. 泡沫经济破裂之后

泡沫经济破裂之后,日本政府采取一系列宽松的财政及货币政策以求刺激经济。从 1991 年 7 月至 1995 年 4 月日本政府连续 8 次降息,基准利率从 6% 一直降至 1%。并且,当泡沫经济破裂之后日本当局及财务省认为通货紧缩是暂时的经济下滑导致,日本经济的根本问题为消费需求的下降,为了抵消国内需求的下降,政府实行了一系列以减税及扩大公共投资为中心的财政刺激政策来增加内需。到 1997 年金融危机爆发之前,日本政府实行 6 次经济对策,但这些大规模的经济对策不但没有能够刺激国内需求反而使得日本政府开始入不敷出。因此,泡沫经济破裂后日本政府大量发行国债,国债发行额从 1990 年的 26 万亿日元增至 1996 年的 48.3 万亿日元。从债务总量来看,日本普通国债余额在从 1990 年的 166.3 万亿日元增至 1996 年的 244.7 万亿日元,同时,日本一般政府公共债务从 1990 年的 311.7 万亿日元增至 1996 年的 523.7 万亿日元,首次超过当年 GDP 总值。

3. 亚洲金融危机的冲击

1997 年的亚洲金融危机又使日本财政问题进一步恶化,国家及地方财政赤字率从 1997 年的 2.9% 升至 1999 年的 5.9%,日本政府唯有继续举债。1997 年日本国债发行额为 49.9 万亿日元,1998 年迅速增至 76.4 万亿日元,2001 年日本国债年度发行额突破 100 万亿日元,且自 2001 年之后日本政府每年发行超过 130 万亿日元的国债。随着国债发行额的激增,日本的公债累积速度更快。1997 年日本一般政府债务总额为 570 万亿日元,占当年 GDP 总额的 109.1%,到 2001 年这一值已超过 150%,达到 153.6%,债务总额达到 776.7 万亿日元。

4. "次贷危机"与东日本大地震

2007 年 8 月美国次贷危机全面爆发,给全球金融市场造成巨大冲击,日本经济再受打击。2009 年 4 月 10 日,内阁府宣布实行经济危机对策,此次经济对策国费支出 15.4 万亿日元,事业费规模达 56.8 万亿日元。经济危机的连续冲击使政府支出空前,2009 年国债发行额达 151.8 万亿日元,而政府债务总额更是超过 GDP 两倍之多,达到 210.25%。

2011 年日本东北部发生 9.0 级强震。为了进行救灾以及灾后的重建工作,2011 年 10 月 7 日内阁府发布 2011 年度第 3 次补充预算,决定为东日本大地震拨款 11 万亿日元。除削减年度支出外,政府决定发行复兴债保证资金来源。2011年发行10.7万亿日元复兴债,2012年发行10.3万亿日元,2013年发行9.4万亿日元,2014年发行11.4万亿日元。东日本大地震的爆发对日本债务问题无疑是雪上加霜,本来就已债台高筑的日本政府债务负担更加沉重。

世界权威金融分析机构标准普尔公司发布数据报告,2016年,日本的债务水平相当于其GDP的254%,为全球最高。不断增长的日本公共债务给日本的未来经济发展前景投下了巨大的阴影。为了度过偿债高峰,日本政府不得不发行大量的短期转换公债,以偿还到期旧债,甚至一度实行强制转换,引起认购机构不满。公债的赤字发行对以后经济发展所产生的后遗症,由此可见一斑。

(二)日本公债的种类

日本公债从广义到狭义可以分为多种类型,为国家建设各自发挥作用,日本公债基本分类如图11-1所示。日本财政分为一般会计及18个特别会计(2013年4月1日至今)进行分项管理和运营,其收取与支付全部由日本银行执行。大致上国家为了满足年度支出的需要而筹集年度收入,收入中除了税收收入等一般政府收入外,不足的部分政府会发行国债并借入资金。在进行日常国库资金调动的同时,由于国库日常收支时间不一致,存在偏差,可能会出现一时的资金不足或者资金剩余。若出现一时的资金不足,国家就会发行政府短期证券,保证年度预算支出的顺利执行。下文将对日本公债做具体说明。

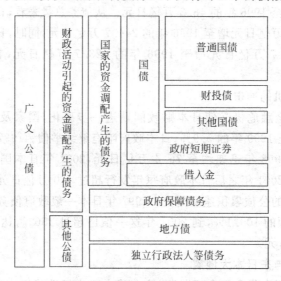

图11-1 日本公债基本分类

资料来源:日本财务省.债务管理报告2013——国家债务管理及公共债务现状.

国债即国家发行的债券,大致分为普通国债和财政投融资特别会计国债(财投债),通常所说的国债指普通国债。在普通国债中,又可分为建设国债、特例国债、年金特例国债、复兴债以及借换债,其中建设国债、特例国债及年金特例国债的发行记入一般会计,它们的发行收入作为一般会计年度收入的一部分。复兴债记入东日本大地震特别会计,借换债记入国债整理基金特别会计,它们的发行收入各自记入特别会计年度收入的一部分。普通国债在日本公债中占绝大部分,是日本公债最主要的组成部分。财政投融资特别会计国债(财投债)是为使财政融资资金有充分资金来源而发行的,其发行收入记入财政投融资特别会计收入的一部分。但是,财投债的偿还资金来源由贷给独立行政法人后回收的财政融投资资金提供,这一点和由将来的税收收入作为偿还资金来源的建设国债及特例国债不同,因此通常将普通国债和财投债区分开来表示。政府短期证券,是为了国库短期的资金周转以及特别会计的一时资金不足而发行的。关于借入金,有为了调整一时资金不足的一时借入金和为了填补财源不足的借入金(狭义)两种。

国债、政府短期证券以及借入金统称由国家资金调配产生的债务。政府保证债务是政府为了对于担任国家行政机关的一部分,进行高度公共性业务的独立行政法人,在预算限定的范围内,为了使其资金周转更加容易给予保证而发行的债务。它同国债、政府短期证券及借入金统称伴随财政活动的资金调配产生的债务。此外还有地方债和独立行政法人等债务,这些债务加起来构成日本政府的公共债务。

四、法国公债概况

(一)法国公债的演变

法国是公债早期发展的国家之一。17世纪,法国经历了对外战争和内战,财政入不敷出,政府被迫谋取短期贷款。为了偿还债务便大量增税,从而导致债信大降,1648年11月,政府宣布延期偿还所有债务,冻结一切未偿公债,并将利率由15%降至6%,直到法国国王路易十四进行财政改革,政府强迫转变部分债务、统一部分债务和偿还部分债务,将旧年金的应付利息和提存的偿债基金总数从5 200万利弗尔减至4 800万利弗尔。1671年,又发行了一种利率为7%的年金,可以按面值随时兑换现金,年息定期支付。1672年,荷法战争爆发后,法国并未因此而增加税收,却是靠公债来弥补其战争经费开支的。

1715年,法国公债已达30亿利弗尔,而财政赤字也达25亿利弗尔,国王每年岁入仅8 000万利弗尔,此时的法国再次陷入不能偿债的地步。于是,采取了强硬措施:一是强行将债款的利率降至4%;二是强行将流动债务统一起来,这种方法还可以将以提前抵押出去的偿还债务收入收回;三是取消一部分可疑的或高利贷性质的债务,采用此方法勾销了全部债务的1/5;四是1718年,政府宣布约翰•劳的银行为皇家银行,并以银行纸币大量清偿公债,1719—1720年,投入流通的纸币超过10亿利弗尔;五是用国家垄断机构——西印度公司的股票来换政府债券。1720年12月,政府成立了一个财政调查委员会,以清理皇家银行、清理西印度公司及其债券,并将所有的信用债券与银行券集中起来强行兑换。1720年年底,市场流通的债券价值为40亿利弗尔。委员会只承认16.4亿利弗尔,将这些债券换成了政府的公债券,年息为2%~2.5%,每年只需支付4 700万利弗尔、法国公债由此得以控制。

直到第二次世界大战后,法国政府一直实行赤字财政政策,在20世纪50到80年代,累计赤字超过4 000亿法郎,此间的公债总量是急剧增加的。在法国公债中,内债占主要部分,1950年占69.74%,70年代以后内债的比例一直保持在90%以上,1975年以后这一比例增至95%以上。1988年年末,公债发行余额为20 000亿法郎。1988年以后,在国家政府的敦促下,资金市场不断国际化、现代化,各短、中、长期公债的发行得以确立,市场债券的流通性增强,使以前的市场集中性逐渐向以门市市场为中心转移,期货市场也得到完善。

1990年10月,以欧洲货币市场计价的法国公债期货在法国国际期货交易所上市。根据国家统计和经济研究局数据,2016年法国公债增长500亿欧元,达到21 472亿欧元,占国内生产总值的96%,比2015年上涨0.4%。2016年法国财政赤字率为3.4%,较前两年略有下降,但仍未达到年初设定的3.3%的目标。得益于市镇和大区政府削减开支、收紧投资,法国地方财政在2015年实现平衡的基础上,到2016年年底略有结余30亿欧元,但中央财政赤字仍有741亿欧元。

(二)法国公债的种类

法国的内债是由政府在金融市场上向信贷机构筹款,以向法国银行预借款来筹集的,主要的种类如下。

法国公债的到期期限一般为3个月到30年,根据到期期限的长短将公债分为短期公债(BTMS)和长期公债(OATS)。

BTMS包括贴现票据(BTFS)和附息票据(BTANS)两种,发行量占整个公债发行量的大多数。其中贴现票据的到期期限为13周、26周和52周。附息票据到期期限有2年期和5年期的。OATS是法国政府发行的期限超过5年、附有息票的公债。它最早出现在1985年5月。它们都是不可提前赎回的债券,并且息票利率可以固定,也可以浮动。

浮动利率的债券根据基准利率的不同又可分为:长期债券收益率为基准利率的浮动利率公债(又称TME指数公债)和以短期公债收益率为基准利率的浮动利率公债(包括TRB指数公债和TMB指数公债)。TRB指数是指每季度发行的13周公债的拍卖收益率的加权平均,TRB指数公债到期期限相对较短,并且每季度支付一次利息。TMB指数是把每月发行的13周公债的拍卖收益率加权平均,把最近12个月的TMB指数平均,就是TMB指数公债的利率,利息支付为一年一次。

第二节 中外公债发行方式的比较

一、公债市场的构成

公债市场是证券市场的重要组成部分,它是政府债券以及人们对既发债券进行转让、买卖和交易的场所。从世界各国的情况来看,公债市场通常由发行市场(一级市场)和流通市场(二级市场)组成。公债一级市场和二级市场是紧密联系,相互依存的。一级市场是二级市场的基础和前提,只有具备了一定规模和质量的发行市场,二级市场的交易才有可能进行。同时,二级市场又能促进一级市场的发展,二级市场为一级市场所发行的债券提供了变现的场所,从而增强了投资者的投资热情,有利于新债券的发行。一个高效率、低成本的公债市场还包括以下几个方面。

1. 利率水平通过市场供求调节

市场资金的多少是相对的,利率可以调节资金的供求。利率在市场中表现为债券的价格。利率高时,债券价格低;反之,利率低时,债券价格高。所谓高效率、低成本的筹集资金方式就是能够按照准确计算的供求关系而确定利率条件的方式。

2. 以机构为承销或投标的主体直接向个人发行

由于环节多,发行时间长,发行成本高,因此不宜作为发行的主体方式。很多国家只在发行储蓄债券时使用这种方式。大多数国家主要是向银行和其他中介机构发行,个人主要在二级市场上购买公债。

3. 机构投资人的参与

机构投资人具有资金稳定、投资期限长等特点,最适合购买公债。由机构投资人直接投资公债,可以降低成本,延长公债的期限。

4. 外国投资人的参与

在发达市场经济的国家,外国投资人持有的公债达到全部发行公债的15%以上。外国投资人的参与有利于形成一个合理的公债持有人结构,以增加公债市场的稳定性。

二、发达国家公债的发行方式

西方发达国家的国债发行现在主要是采取拍卖方式,但还包括承购包销、私募定向(如日本的中长期和超长期国债)、随买方式,并且各国都有相关规定,政府在特殊时期有利用行政手段发行公债的权力(如英国的强制性公债)。世界上一般发达国家发行公债的模式中比较典型的分为以下几种模式,在下文中分别进行介绍。

1. 美国、意大利模式

美国和意大利属于公募招标方式与直接发售相结合的方式,以公募招标为主,或为其典型方式(图11-2)。其中,不可流通公债直接由财政部出售给个人投资人,只有可流通公债通过自营商进行销售。

2. 德国、日本、加拿大模式

德国、日本、加拿大模式是承购包销和公募招标相结合的方式,以承购包销为主(图11-3)。

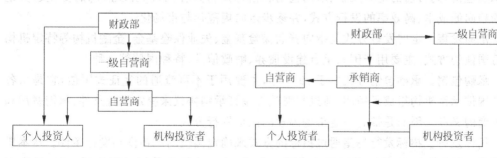

图11-2 美国、意大利模式　　　　图11-3 德国、日本、加拿大模式

3. 英国模式

英国模式采取"随买"、公募招标以及直接发售相结合的方式,并且以"随买"为其最主

要特征(图 11-4)。

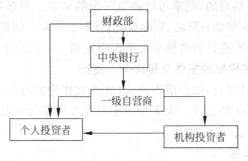

图 11-4 英国模式

但是由于各国政府债券的历史发展和具体条件不同,采取的不同发行技术的组合也有所不同。这些典型的模式说明,尽管世界各国的情况有很大不同,但是政府债券的发行市场有很多共同的规律。因此,在发展我国的政府债券市场时,既要考虑本国的特定历史条件,也要基本走世界上大多数国家所走过的道路。

从世界各国的发行方式可以看出以下几点。一是各国的公债发行方式是历史形成的,体现了各国自己的特点,因而没有完全一致的固定模式。二是发行方式不是单一的,而是以一种方式为主,同时辅以其他形式。这主要是为适应金融市场多样化筹资的需要和投资方向多样化发展的需要。三是公募招标方式成为主要的和逐渐占主导地位的方式。例如,日本辛迪加集团承销方式中逐渐增加招标的份额。这是因为公募招标方式能够最有效地确定由市场供求决定的利率水平。这些特点告诉我们,在发展我国政府债券市场时,我们既要走世界上大多数国家已经走过和正在走的道路,逐步向招标方式发展,同时,也不要局限于某一种模式,还要考虑我国公债市场发展的特定环境。

三、中国公债的发行方式

1. 国债的发行方式

改革开放以来,我国国债发行方式经历了从 20 世纪 80 年代的行政分配,90 年代初的承购包销,到目前的定向发售、承购包销和招标发行并存的发展过程,总的变化趋势是不断趋向低成本、高效率的发行方式,并逐步走向规范化与市场化。

定向发售。定向发售方式是指向养老保险基金、失业保险基金、金融机构等特定机构发行国债的方式,主要用于国家重点建设债券、财政债券、特种国债等品种。

承购包销。承购包销方式始于 1991 年,主要用于不可流通的凭证式国债,它是由各地的国债承销机构组成承销团,通过与财政部签订承销协议来决定发行条件、承销费用和承销商的义务。因而是带有一定市场因素的国债发行方式。

招标发行。招标发行是指通过招标的方式来确定国债的承销商和发行条件。从本质上来看,2003 年以前,我国采用荷兰式招标方式,荷兰式招标是指标的为利率时,最高中标利率为当期公债的票面利率;标的为利差时,最高中标利差为当期公债的基本利差;标的为价格时,最低中标价格为当期公债的承销价格。

荷兰式招标方式可以避免联手形成垄断来操纵市场,从而获得暴利的情况,有利于一级市场和二级市场价格的统一,减少中介机构进行投机的可能性,能够增加需求,使招标结果有利于发行人。但在实际运用中,该方法使大承销商通过压低竞标利率以扩大中标份额。而基本承销额的规定使其他中小承销商共同承担利率风险,2002年第3、10、13期记账式公债的发行中就出现了这种情况。

基于以上考虑,财政部在2003年部分公债的发行中试行美国式的招标方式。美国式招标是指标的为利率时,全场加权平均中标利率为当期公债的票面利率,各中标机构依各自及全场加权平均中标利率折算承销价格;标的为价格时,各中标机构按各自加权平均中标价格承销当期公债。它对投标人的投标技术要求较高,是投标人在信息不对称的情况下进行的博弈,报价越高则损失越大,该方法有利于形成符合市场要求的发行利率,即有利于形成市场化的债券发行价格发现机制。但在该方式下,主要投标人之间可能因为共同的利益而联合起来,垄断发行市场,形成有利于他们的垄断价格。

当前,我国记账式国债发行采用荷兰式、美国式、混合式招标方式,招标标的为利率、利差、价格或数量。其中记账式国债中贴现债为美国式招标,招标标的为价格;1~10年的附息国债为混合式招标,招标标的为利率;部分10年以上超长债为荷兰式招标,招标标的为利率。混合式招标是指标的为利率时,全场加权平均中标利率为当期国债票面利率,低于或等于票面利率的标位,按面值承销;高于票面利率一定数量以内的标位,按各中标标位的利率与票面利率折算的价格承销;高于票面利率一定数量以上的标位,全部落标。标的为价格时,全场加权平均中标价格为当期国债发行价格,高于或等于发行价格的标位,按发行价格承销;低于发行价格一定数量以内的标位,按各中标标位的价格承销;低于发行价格一定数量以上的标位,全部落标。背离全场加权平均投标利率或价格一定数量的标位为无效投标,全部落标,不参与全场加权平均中标利率或价格的计算。

2. 地方债的发行方式

2008年美国金融危机愈演愈烈,并且严重影响到了中国经济,为稳增长,中央政府在11月紧急出台了4万亿元规模经济刺激计划,各地政府也纷纷出台自己的经济刺激计划,各地计划投资总规模高达10余万亿元,远远高于当时中国的年财政收入总额。中央可以通过发行国债筹集部分资金,但对于地方政府而言,由于受制于1994年《预算法》中地方政府不得举借债务的规定,地方政府不能通过发行地方债的方式募集投资资金,于是中央采取了代地方政府发行地方债的方式解决这一问题。

为规范中央代发地方债活动,国务院、财政部相继出台了《2009年地方政府债券预算管理办法》《2009年地方政府债券资金项目安排管理办法》等文件,明确了地方债发行的一系列要求。一是限额管理。中央实行年度发行额限额管理,具体发行数量需根据各地方政府实际承受债务能力以及配套中央项目所需资金的需要而定。二是发行利率。中央代发地方债由财政部按照记账式国债发行方式,通过市场化招标方式确定发行利率,所代发各地方债券均按相同的利率发行。三是发行期限。2009年中央首次代发的地方债期限都为3年,2010—2013年代发地方债券期限则为3年和5年两种。四是偿还方式。中央代发地方债所募集资金要纳入省级财政预算管理,地方政府需要按时足额上缴还本付息额和发行费用等资金,中央财政在债券到期后统一代为地方政府办理债券本息偿还事宜。2014年,经国务院批准,上海、浙江、广东、深圳等10个省市试点地方政府债券自发自还,地方债发行迈出了实质性的步伐。

第三节 中外公债管理制度的比较

在公债的管理和监管方面,西方同样有一套完善的体系,下面将主要介绍美、日发达国家和我国的公债管理与监督。

一、美国公债的管理制度

美国联邦债务管理的内容主要包括,确定发行债券的种类和各种债券的期限构成,决定债券的发行对象,确定债券的发行利率和销售日期,确定公开市场业务是买进还是卖出债券,以影响债券市场的行市,决定到期债券的偿还方式和有关联邦债务的其他规定,诸如某类债券兑换现金或用于纳税的条件和政府与债权人之间的其他特殊规定,等等。

现行美国国债的管理制度是由财政部与美国联邦储蓄局(以下简称美联储)商议,确定年度国债发行规模,并在年初公布国债发行日历,包括详细的拍卖日期和发行种类,不可随意变更。这样,市场参与者和投资人可以提前了解国债发行信息,以便合理安排资金,减少市场风险,从而有利于国债的顺利发行。美联储的主要任务是根据财政部的全年发行计划,代理财政部组织具体的拍卖和销售;负责统计市场信息,必要时向一级自营商集团融资,确保一级市场发行的成功和二级市场流通渠道的畅通;与财政部共同监管二级市场;负责政府债券簿记系统的管理和运作,使运作更为规范和透明。对于美国国债发行体制,美国所有国债的现行发行方式都采用以年收益率为基础进行投标拍卖的方法。财政部除了为弥补短期财政赤字而不定期地发行现金管理债券以外,正常发行国债的时间都是确定的,并且把不同期限的国债分布在不同的季度里,以便投资者有所准备,并有利于国债市场的供求平衡。如果发行时间有所变更,会提前通知,使得市场有充分的时间去消化信息。对于美国国债流通管理体制,目前美国国债流通市场的监管主要由《国债法修正案》和《政府证券法》进行规定。1993年通过的《国债法修正案》规定,国会授予财政部对国债市场的永久管理权,并授权财政部可以要求任何持有或控制了即将发行或最近发行的国债且超出一定数量的组织或个人履行报告义务。目前,财政部下属的联邦监管局对国债市场进行监管,财政部制定了监管政策后,由证券交易委员会(SEC)负责具体的执行工作。《政府证券法》对美国政府证券市场上国债经纪商的财务责任、投资者的资金及债券账户安全、大户持仓报告、财务报告、审计规则和托管机构的国债托管等方面均做了规定。通过这一系列规定,可以为财政部和其他监管机构提供更多的信息,以此提高对市场的监管力度,从而保证监管机构有必要的工具来管理美国国债市场。

在地方债方面,美国主要通过发行人、市场机制以及透明的法律框架来约束州地政府的借债行为。各州都通过有关的法律约束并规范地方政府的举债行为。地方政府和部门的征税能力是地方政府举债的基础,但其不仅受到法律的限制,而且还受到经济的限制。如有些州规定:债券要首先用于改进公用事业的长期项目,大宗发行债券需要投票表决。

美国很多州地政府发行一般责任债券必须经过公众投票表决同意(收入债券的发行可以不通过公众投票)。不少州还要求债券按系列发行,每一种债券的期限不得超过项目估计的寿命周期,每一种债券的收益都必须计入专项基金,并不得与政府其他基金混在一起。对州以下的地方政府,如果其债务不能偿还,则债权人可以依法起诉要求强制执行。如果没有可扣押财产,则地方政府可以得到上级政府批准提高税率以偿还债务。

另外,美国的信用评级制度十分健全,州地政府公债的信用等级至少是由两家主要的私人信用评级公司(穆迪投资者服务公司和标准普尔公司)中的一家来评定。地方政府的信用级别对地方政府债券的发行、债券筹资成本、债券的流通性都产生重大的影响。投资者也高度关注地方政府债券的发行以及发行人的财务状况,如发行人的支付能力和支付意愿。投资者衡量地方政府支付能力的指标有:净债务与应税财产估计价值的比率,即税收支持的净债务与地方市政应税财产价值的比率;人均净债务水平;偿债资金需要量(还本付息额)与每年财政总收入的比率,主要反映固定费用的偿付能力;债务和税率限制,即地方市政当局的债务受到应税财产估计价值的法定限制。

二、日本公债的管理制度

国债方面,日本的新规财源国债(包括建设国债和赤字国债)、借新还旧国债和财政投融资国债,主要是从与政府经常性预算的关系、能否增加预算可用资金或发债法律基础等角度来说的。对国债投资者或市场参与者而言,这几种国债没有任何差别,都是日本财务省代表中央政府发行的国债。近年来,国债筹资需求持续增加,财务省理财局大力推进国债管理改革。日本国债管理主要具有以下特点。一是规范国债品种,标准化特点鲜明。二是不断开发国债新品种,扩大国债投资者群体。近年来,财务省理财局加大了国债品种创新力度,不断开发并引入国债新品种。三是不断延长国债发行期限和剩余期限,有效控制借新还旧风险等市场风险。四是定期滚动发行各种国债,着力构建并完善国债收益率曲线。参照国际通行做法,财务省理财局全部采用定期滚动方式发行各种国债。五是广泛听取意见,国债管理政策透明度很高。

地方债领域,日本《地方公债法》明确限定和规定了地方公债的用途。该法在规定"地方政府的财政支出必须以地方公债以外的收入作为财源"的基础上,规定某些支出可以以地方公债作为财源,某些支出原则上是建设性支出。从实际情况看,地方公债资金一般用于以下各项事业:一是交通、煤气和水道等公营企业所需经费;二是对地方公营企业提供的资本金和贷款;三是灾害紧急事业费、灾害后的生产恢复事业费和灾害救济事业费;四是既发债的调期;五是所有地方普通税的税率都高于标准税率的地方政府从事的文教、卫生、消防及其他公共设施的建设。此外,在特殊情况下,以特别立法的形式可发行上述目的以外的地方公债。1990 年年末地方政府公债余额中,有 28.4% 属于地区综合开发事业债,9.9% 属于义务教育设施建设事业债,6.8% 属于公营住宅建设事业债,一般公共事业债和购买公共用地事业债分别占 6.2% 与 3.4%。

日本地方公债除建设公债的原则要求外,中央政府还对地方公债的发行进行严格的管理。主要体现在两个方面。一是对地方公债发行实行计划管理。第二次世界大战以后日本中央政府(主要由大藏省和自治省)每年都编制地方公债计划,其主要内容包括地方公债发行总额、各种用途、各种发行方式的发债额。二是对各地方政府发行地方公债实行协议审批制度。各地方政府要发行公债必须向自治省上报计划,经自治大臣批准后方可发债。自治大臣在审批时,要与大藏大臣协议,听取大藏大臣的意见,所以称为协议审批制度。地方公债计划与协议审批制度相互配合,构成了日本严密的地方公债管理制度。首先,通过地方公债计划,对每一年度地方公债的总规模及各种债券的发行额度进行管理,既防止地方公债的膨胀又指导地方公债资金的用途,对于协调地方政府与中央政府的步调,实施经济社会政策有着重要意义。其次,通过协议审批制度,具体落实各个地方政府的发行额,不仅可以防止地方公债发行突破中央计划,而且通过协议审批过程,强化了中央与地方财政的联系和中央对地方财政的指导。

日本建立了严密的地方公债管理制度,地方公债计划与协议审批制度相互配合使得公债管理成为日本宏观经济政策的重要组成部分,既防止地方公债的膨胀又指导地方公债资金的用途,强化了中央与地方财政的联系和中央对地方财政的指导,对于协调地方政府与中央政府的步伐,实施经济社会政策有着重要意义。另外,过分严格的地方公债管理制度造成了日本中央政府对地方公债干预过度的问题。在地方公债的发债审批制度上,中央政府审批作用过强,弱化了其他如地方议会、信用中介机构等环节的监督约束作用。另外,在地方债的资金来源、地方债的利率决定机制等方面都存在着政府过度干预的问题。

三、中国公债的管理制度

1. 国债管理制度

从我国财政收入角度看,国债是中央政府为实现公共财政职能、平衡财政收支、按照有借有还的信用原则筹集财政资金的一种方式,是政府债务管理的重要组成部分。国债管理是指财政部代表中央政府制定并执行中央政府债务结构(包括品种结构和期限结构)管理计划或战略的过程,目标是在中长期的时间范围内,尽可能采用最低的筹资成本和可承受的市场风险的管理方式,确保中央政府的筹资及支付需求得到及时满足。目前,我国国债管理制度主要包括国债余额管理制度、国债计划管理制度和国债计划执行制度。

2. 地方债管理制度

1994年,我国出台了《预算法》,其中的第28条中规定地方政府没有发行地方政府债券的权力。但是改革开放以后,随着经济和社会的不断进步,为了更好地进行地方建设,地方政府有越来越高的资金需求,虽然从银行贷款一直是地方政府获取资金的主要方式,但由于银行贷款的占比高,呈现出明显放缓的增长趋势。2009年经国务院批准,国家财政部可代理各省、自治区、直辖市和计划单列市政府发行地方政府债券。于是,地方政府开始会借助其他融资平台变相的进行举债,尤其是在2009年金融危机之后,中央政府代地方政府发行债券的金额巨大。

我国的地方政府债务存在直接债务和或有债务之分,直接债务在地方政府债务中占的比重最大。直接债务是法律或合同规定,需要在到期时由财政资金偿还的债务,明确了地方政府的还债责任,是负责还债的主体。或有债务顾名思义,是政府在一定情况下需要偿还的债务,其中一种情况是政府对这笔债务进行了担保,另一种情况是政府可能承担一定的救助责任。前者是指由政府提供担保的债务,政府需要承担一定的潜在风险,因为如果债务发生违约事件,政府常常需要承担一定的连带责任。而对于后者是指政府在法律上说并不负有偿还责任,但是由于种种原因,一旦出现债务违约时,政府还需要给予一定救助的债务。

2011年10月20日,地方政府自行发债政策出台,国家财政部批准上海市、广东省、浙江省、深圳等省市作为试点开展地方债务发行。随后地方政府发行债券的规模不断扩大,2013年的金额为3500亿元,2010年地方政府债券占地方政府债务的比重为7%,这一数值在2013年上半年增加到10.3%。2014年财政部下发《2014年地方政府债券自发自还试点办法》的通知,将试点地区增加至十个,增加了江苏、山东、北京、青岛、宁夏、江西,并且在办法中做出了全面的规范,包括发债规模、信用评级、信息披露、会计核算、承销与招标等多方面的规范。2015年3月12日,财政部进一步出台了《地方政府一般债券发行管理暂行办法》,要求一般债券采用记账式固定利率附息形式,期限为1年、3年、5年、7年和10年,以一般公共预算收入还本付息,基于发债政府的信用自发自还,并鼓励社会各类符合法律法规的金融机构、各企业相关资金以及个人投资者投资一般债券。

四、公债管理的经验总结

通过对美国、日本公债管理实践的介绍可见,美、日等发达国家已形成了较成熟的公债管理体系,并作为地方公共事业发展的重要筹资渠道。尤其是美国和日本在地方债券的发行与管理中有一些比较成功的经验,值得我国借鉴。

1. 对国债实行较为严格的管理

国债的发行条件、发行方式、发行数量、认购对象、交易场所、交易对象等都有明确的规定,或者以法律的形式加以确定。这似乎与国债市场的本性不相符,而实际上这正体现了国债以国家或政府为发行主体的根本特征。

2. 有效约束与规范地方政府的举债行为

美国和日本地方政府均通过有关法律来约束与规范地方政府的举债行为,以地方政府的征税能力作为举债的基础,用法律与经济方面的双重限制约束地方政府的举债行为。地方政府对发债较谨慎,在整个政府的债务总量中所占的比重较低。

3. 发行地方公债实行严格的审批制度

实行严格的审批制度可以达到三个目的,即统一协调中央政府、地方政府及民间资金的关系;防止地方债务规模失控,威胁地方财政的健康运行;防止资金流动异常、过多地集中于经济发达地区,导致资源配置失调。

4. 地方公债的持有者多元化

美国和日本地方债券的持有者有银行、保险公司、其他金融机构、个人和其他投资者等。投资主体多元化,使得债券市场的流动性大大增强,也有利于不同投资偏好的投资者构成交易对手,形成交叉的市场需求,提高地方债券市场的活跃度。

5. 地方公债筹得款项的使用方向明确

美国和日本地方债券使用方向非常明确。如美国规定地方债券资金用途一般只能用于基础设施建设,有利于满足地方公共项目投资的资金需求。日本颁布的《地方财政法》中对可使用地方债券资金的项目有明确的规定,只有那些具有适债性的项目,并允许地方政府发行债券进行建设。地方债券所筹资金应严格投向私人部门不愿投资或私人部门无能力承担的项目。合理限定地方债券的资金投向,可避免对私人投资的"挤出效应",使得私人部门投资不会受到排挤,还在一定程度上解决了投资资金缺乏的问题。所以,地方政府在运用债券资金时须优先考虑本地区资源优化配置,科学论证地方公债投资项目的可行性,避免盲目投资。

第十二章 我国国债市场的发展与完善

我国公债市场,特别是国债市场的发展自一开始就和我国的经济改革与发展紧密联系在一起,成为经济改革和发展的重要一环。2008年金融危机席卷全球之际,一些发达国家的国债市场成为了一个"避险"的天堂,这对于提出我国国债市场的发展战略具有非常重要的借鉴意义。

第一节 金融危机背景下国债市场的功能

2008年金融危机席卷全球之际,恐慌的投资者抛售股票转而购买低风险的政府债券,发达国家的国债市场更成了一个"避险"的天堂。除了恐慌性需求外,国债的货币性需求、政策性需求和制度性需求使得一个发达的国债市场对于缓冲金融危机具有非常重要的意义。

一、恐慌性需求国债功能的发挥

在金融动荡、经济衰退的时候,投资者对安全资产的恐慌性需求大量增加。安全性是投资者秉承的至上原则,他们考虑的首要问题是如何保本而不是资本收益,他们对自身短期财产安全的关心会超过对政府长期财政健康的关注。而国债被公认为是最安全的投资工具。目前,美国、英国和德国10年期债券收益率在2%之下,处于历史最低水平,即使实际利率是负也备受追捧。

应该指出的是,并不是所有的国债市场都能成为"避险"的天堂。欧洲债务危机告诉人们,随着逐渐恶化的政府财政状况和其不断攀升的债务率,投资者终会发现原以为安全的资产不再安全,危机随之而来。如希腊和葡萄牙的国债收益率飙升至24.26%与10.46%;西班牙和意大利的国债收益率也在7%的警戒线徘徊。值得注意的是,作为世界负债水平最高的日本,国债与GDP之比约220%,比希腊的181%还高出许多,其信用评级屡遭下调,却仍未失去其作为避险债券的光环,收益率在很长的时间内一直低于1%并屡创新低,境外投资者持有的日本国债升至创纪录的近1万亿美元,占未到期债务的8.5%。这显示,在欧洲债务危机波折不断的情况下,国际投资者认为日本的国债相对安全并积极买进。相对安全的原因是绝大部分的日本国债由本国投资者持有,有万亿储蓄和外汇储备为日本偿债提供了巨大的缓冲。然而,不能"一厢情愿"地期望日债的绝对安全性。IMF警告称,市场对财政状况的担忧可能引发日债收益率突然飙涨,这可能会迅速令债务无法持续,并撼动全球经济。

二、货币性需求国债功能的发挥

人们知道,货币一般具有价值尺度、流通手段、储藏手段和支付手段等职能。政府债券同货币有许多相似之处,其需求不仅仅是基于回报率。对于不愿承担风险的投资者,如货币市场基金以及退休人员来说,国债适合储备积蓄;中央银行也把政府债券看成是准备金的一部分,金融市场参与者通常把国债作为贷款的抵押品;自2008年金融危机后,监管机构要求银行保留更多的流动性来缓冲资金,特别是政府债券。当然,国债与货币比起来至少还有债务违约的风险,但国债是流动性最强的资产类别,可以随时以一个合理的价格顺利变现。从流通手段、储藏手段和支付手段的角度来说,国债有类似货币的特性。Krishnamurthy 和 Vissing-Jorgensen(2012)发现,当美国发行的国债数量占GDP的比例下降时,其货币性需求就会增加,从而拉大了国债与那些同等信誉评级的企业债券之间的溢价。2008年以来,剧增的国债能够给私人投资者和金融机构提供足够的"货币",以满足他们对安全性和流动性的需求,从而使金融市场有效运转。哈佛大学教授Stein(2012)认为,如果政府不发行足够多的"类货币"(quasi-money)资产,投资者就会转向其他有较高安全保证的投资目标,如有资产保证的商业票据以及回购债券等。而过分依赖这种非政府债券,则很容易引起危机。

三、政策性需求国债功能的发挥

国债市场是全球金融市场中最为重要、规模最大、流动性最强的组成部分之一,也是中央银行公开市场业务的主要场所。在传统利率政策接近零点、落入流动性陷阱的情况下,美、英、日等国的中央银行启动量化宽松(quantitative easing,QE)的非常规政策,用新发行的货币直接购买国债和其他金融资产。同时美联储又进行了"扭转操作"(operation twist),即卖出短期债券而买入长期债券,以此降低长期国债的收益率。而欧版的量化宽松政策则是向银行提供3年期利率为1%的再融资(long-term refinancing operation,LTRO),希望能够增加银行体系的流动性供给,并促使银行购买各国国债。

美联储等四大央行的量化宽松给全球带来了史无前例的基础货币扩张,四大中央银行的资产负债表急剧膨胀。据美联储公布的数据显示,美联储资产负债表中的美债规模约占六成,成为美债最大的投资者。而欧洲央行的间接量化宽松方式,使得欧洲的银行可以通过低息贷款购买高收益的政府债券以增加账面利润。以西班牙为例,2012年2月底,银行持有的政府债券达1420亿欧元,占总额的25%;而在21世纪的头10年里,这一比例通常在6%左右。不论是直接还是间接的量化宽松,都只能暂时缓解本国或地区的金融危机,却导致全球资金泛滥。新兴国家不得不大量发行货币以对冲流入的美元,平衡本国货币对美元的汇率,被动地扩张资产负债表,引发严重通货膨胀和资产泡沫。据统计,2011年年末,中国人民银行资产规模达4.5万亿美元,在人民币尚未国际化的情况下已成为全球资产第一大央行。这反映了我国在全球货币和金融体系中的被动地位与尴尬局面,我们有必要进一步考虑其更深层次的制度原因。

四、制度性需求国债功能的发挥

经历次贷危机和欧债危机,美国国债为何屹立不倒?为什么中国等新兴国家对美债的需求有增无减?一方面,除了恐慌性需求、货币性需求和政策性需求外,美国国债还有更深层次的制度性需求。第二次世界大战后,美元成了主要的储备货币和结算货币,美国凭借美元作为世界货币的地位和优势,强加所谓的"华盛顿共识"(Washington consensus),要求美元逆差国家进行结构性调整,使国际货币体系处于扭曲和压制(repression)显示状态,始终没有一个合理和稳定的保障机制;另一方面,美国通过国际收支逆差输出大量的美元,获取大量廉价的资源和商品,而贸易顺差的国家(地区)则积累了大量的美元储备(表 12-1),却不得不投资于低收益的美国国债,进行预防性储蓄(precautionary savings)来实现自我保护,以应对金融危机的不时之需。

表 12-1 拥有外汇储备的十大国家和地区

排名	国家/地区	外汇储备/亿美元	检视日期
1	中国	31 615	2018 年第一季度
2	日本	12 047	2018 年第一季度
3	瑞士	7 857	2018 年第一季度
4	沙特阿拉伯	4 866	2018 年第一季度
5	中国香港	4 375	2018 年第一季度
6	印度	3 972	2018 年第一季度
7	韩国	3 853	2018 年第一季度
8	巴西	3 583	2018 年第一季度
9	俄罗斯	3 565	2018 年第一季度
10	新加坡	2 798	2018 年第一季度

正如全球最大债券基金——太平洋投资管理公司(PIMCO)首席投资官格罗斯(Gross)所言,美国国债市场仍被投资者公认为是最干净的"脏衣服"。这说明,尽管美元已不再是唯一的国际储备货币和国际清算及支付手段,国际货币体系仍然由美元主导,美国可以通过美债"绑架"他国经济,延续美国霸权。当外国政府和央行拥有的美债增加时,美元贬值可使国外债权缩水,从而减轻美国债务,向他国转嫁危机。若他国不买或减持美国国债,将会导致美元贬值,从而使其手中持有的美债价值缩水,导致本国发生货币危机。然而,这种扭曲和压制的国际货币体系没有也不可能从根本上解决"特里芬难题"(Triffin dilemma),即其他国家必须依靠美国持续逆差,不断输出美元来增加它们的国际储备。这势必会危及美元信用从而动摇美元作为最主要国际储备资产的地位,使得国际货币体系具有内在的不稳定性并危机不断。

第二节　国债发行市场和流通市场的利率市场化

在 1981 年我国恢复国债市场的第三年放开了银行同业拆借市场利率和债券市场利率,债券市场利率首先开放了二级市场,随后一级市场也放开了,标志着我国正逐步进入利率市场化,至今已有 30 多年。当下我国已逐步进入经济转型期,在加快了对金融市场改革的同时也推出了一系列的改革举措。例如,2013 年央行开始了全面放开贷款利率管制、贷款基础利率的集中报价以及大额可转让存单的发行等,2014 年 12 月国务院法制办公室发布了《存款保险条例(征求意见稿)》,使得存款利率市场化也日趋明朗,其目标就是要建立一个金融市场化、利率市场化的资本市场,改革已经进入了关键期和攻坚期。

一、我国国债流通市场存在的问题

我国还未形成完全的利率市场化,其中如何定价和如何避险是最需要解决的两个基础性问题。

(一) 如何定价

为了促进利率市场化的稳步推进,建立较为完善的定价机制成为一项重要的议题。目前我国已基本实现市场化的货币市场利率、债券市场利率、协议存款利率等,它们之间存在着较为严重的市场分割。同时利率市场化需要金融主体行为的改变,包括存款保险制度、无风险的收益率曲线等一系列的前提条件。这就带来了两个问题,如何实现各市场间的有效联动,构造怎样的无风险收益率曲线?

收益率曲线可以分析利率走势并进行市场定价,它是进行各项投资的重要依据。就其主要意义而言:一方面它为投资者确定了国债的投标利率,同时为二级市场上的国债品种的选择及预测开盘价提供了依据;另一方面为政府发行国债、国债的流通管理、通过实施货币政策和调节市场利率走势提供参考。根据各国利率市场化的经验来看,建立有效的基准利率曲线可以较好地解决以上的两个问题,因为基准利率可以为各市场建立有效的定价参考系,促进整个利率体系随之进行调整,使利率市场化有实质性的突破并获得较为稳定和持续的发展。

从对收益率曲线的影响因素来看,主要债券市场的供需、公开市场业务操作、物价水平、银行利率水平、宏观经济、银行利率水平等。从所研究的文献来看,一个国家内可以有多种收益率曲线,目前在中国金融市场存在着以 Shibor(上海银行间同业拆放利率)为准的基准收益率曲线、银行间国债基准收益率曲线和央行票据与政策性金融债收益率曲线的三种收益率曲线,然而我国所推出以 Shibor 为准的基准收益率曲线,不能较好地反映出中长期市场基准利率,而国债市场基准利率可划分为短期、中期和长期,因此国债基准利率可以较好地反映中长期市场基准利率,且从发达的国外市场基准利率来看,大多也是以国债利率作为基准利率的。

(二) 如何避险

在随着利率市场化的进程中,将会增加利率对经济环境变化的敏感性,无论是国际上各种金融市场经济及利率的变化,还是银行客户变更还贷或取款时间等,都将会对利率产生影响,增加利率波动的风险,如何管理波动风险,是我们需要解决的第二大问题。从各国利率市场化的经验来看,建立利率衍生产品是控制风险的主要金融工具,其中以利率期货为主要金融工具。而利率期货产品必须以利率现货为支撑,这就更加突显了国债市场在利率市场化中不可取代的地位。

通过对这两个问题的分析,可以得出国债市场对利率市场化具有其他金融工具所不可取代的地位。从国外成熟市场的国债发展来看,国债所形成的收益率曲线成为各国市场定价公认的基准,蕴含着丰富的市场信息,有助于了解国债市场的长短期供求关系,揭示了市场利率的总体水平与发展变化,为政府制定和实施货币政策提供了重要的依据。目前,我国国债市场还无法产生市场基准利率,公开市场操作也无法发挥市场化利率体制下应有的作用,利用国债及国债衍生产品规避利率风险的功能更是缺乏,国债市场的调节功能、价格发现功能、规避利率风险的功能还有待进一步完善。

二、实现国债发行市场和流通市场的利率市场化的途径

完善国债市场的价格发现功能,首先尽快彻底实现国债发行市场和流通市场的利率市场化,建立一条完整可靠的国债收益率曲线,为金融市场和中央银行提供一个具有连续性的市场基准利率。如何实现国债发行市场和流通市场的利率市场化,建立一条完整可靠的国债收益率曲线。

(一) 促使国债基准利率的市场化

尽快彻底实现国债发行市场和流通市场的利率市场化,首先需要建立一条完整可靠的国债收益率曲线,为金融市场和中央银行提供一个具有连续性的市场基准利率。在发行市场上,应主要采用招标方式,引入竞争机制,通过定期、均衡、滚动地发行短期、中期和长期国债,可以确立并不断强化国债利率作为市场基准利率的地位,促使基准化的国债利率尽可能地贴近市场利率,体现市场利率,从而起到引导市场利率的作用。逐步把定息国债的初始期限延长到 7 年、10 年、20 年乃至 30 年,最终形成一条完整、可靠和较为准确的国债收益率曲线,为其他债务工具利率的变动和中央银行利率的调整提供一个可靠的参考指标,这无疑对市场化利率体制的确立具有积极的推动作用。充分发挥国债承销机构和公开市场操作"一级交易商"的做市商(market maker)作用,提高国债现货市场的流动性。通过市场参与者的交流,在各个市场进行对冲套利活动,创造拉平整个市场利率水平的市场条件。借鉴国际经验,将银行间债券市场逐渐发展为国债场外(OTC)市场,交易所债券市场发展为国债场内市场,最终形成统一开放的国债发行市场和高流动性的国债流通市场。统一是指统一的国债托管、清算系统的基础上,无论投资者在哪个国债市场上交易,最终是在同一系统内交割。参照国际通行做法,统一银行间债券市场和交易所债券市场,上市交易的国债均在中央国债登记结算有限责任公司进行统一托管清算和结算,交易所不再进行国债的托管。开放是指所有投资者均可自由出入银行间债券市场和交易所债券市场买卖国债,由于有最低成本的限制,个人投资者和小额投资者可通过代理人或购买国债投资基金的方式参与交易。

(二) 调整国债期限结构和持有者结构,增强国债市场的流动性

为提高国债市场的调节功能,今后应增加 1 年期以下如 3 个月、6 个月、9 个月等短期国债的发行,逐步形成长、中、短期限结构合理的国债结构。戴园晨先生认为,我国对国债发行实行年度规模审批制度,这也是导致 1 年期以下短期国债严重缺乏的原因之一。建议按公开市场操作需要量由全国人大常委会审查确定一个短期国库券余额的上限,由财

政部对滚动发行加以调控,不再逐年或逐笔报告。今后应使国债持有者结构从个人为主向机构投资者为主转变,为中央银行公开市场操作提供充分的载体。国债持有者结构向机构投资者倾斜,必然造成相当一部分个人投资者买不到国债,而个人投资者的积极参与对于国债市场的发展又是极为重要的。解决这一矛盾的关键在于大力发展国债投资基金,通过国债投资基金,使不能直接投资于国债的小额个人资产得以间接投资于国债,同时个人投资者也可通过银行、保险等形式间接参与国债市场,为国债市场的发展提供稳定的资金来源。

(三) 丰富国债品种,引入短期国债期货产品

我国现具有短、中、长期可交割国债的期货合约,应逐步引入衍生品种,增强国债市场规避利率风险的功能。2013年9月6日,5年期国债期货的上市宣告国内国债期货市场重启。自重启以来,国债期货持仓量稳步上升。2015年3月20日,10年期国债期货上市,扩大了国债期货对国债收益率曲线的覆盖范围。2015年2月将期货合约的最小变价位由0.002元调整为0.005元,降低了市场的运行成本。但目前国债期货市场只存在为期5年和10年的国债期货合约,缺少短期利率相应的期货产品,市场仍然缺乏相应的避险工具,只有较为完善的、能够满足所有利率的品种,才能形成较为合理的收益率曲线,因为每一个品种都有相应的规律,只有将国债期货的短、中、长期合约装备完全,才有助于形成整体市场的基准收益率曲线,才能够作为整体市场的基准利率。

(四) 加强机构投资者的参与程度

由于国债期货重新上市至今只有1年半的时间,机构的参与力度不够,活跃度也欠佳,甚至会出现无法交易的现象,这样就堵塞了国债期货的流通。究其原因,主要有以下三个方面。首先,由于缺乏对国债期货重新上市时间较短,一些机构还未寻求到交易规律,使得对国债期货抱有谨慎态度;其次,作为国债的主要交易方银行不愿意进入期货市场,这使得整体国债期货市场流动性不高,机构参与度不够;最后,国债期货的运行成本较高,减少了投资的杠杆比例,降低了风险回报收益。这三方面的原因,导致机构投资者的综合参与度不高。因此大力引导机构参与者,尤其是大量持有国债现货的银行、保险这一"活水",同时可以为机构投资者量身定制交易规则,有助于活跃国债期货市场,从而有利于实现国债期货整体功能的发挥。

总之,从利率市场化角度来看,由于国债市场的价格发现功能、市场调节功能和规避利率风险的功能不完善,阻碍了利率市场化的进程,应当尽快发展和完善国债市场的功能,加快利率市场化进程,这也是我国加入WTO后面临的紧迫问题。

第三节 我国国债市场的发展及完善对策

一、发行特种国债实行国民经济第三次债务重组

目前,我国财政状况总体安全稳健。2015年,全国财政赤字占GDP的比重为3.51%,略高于国际公认警戒线的3%。但地方政府的债务负担沉重,已经成为妨碍国民经济健康运行的"瓶颈"。截至2015年年底,我国地方债扩张严重,有100多个市级、400多

个县级政府债务率超过100%。多地政府还不上债而选择了"借新还旧",这显然无法解决问题而只是让地方债务危机延迟爆发。我国地方政府债务问题产生的根本原因在于分权制下财税体制的弊端。1994年实行分税制后,地方政府出现了财权和事权不匹配的矛盾。根据1995年实施至今的《预算法》,地方政府不得发行地方政府债券。在这种情况下,地方融资平台应运而生,即政府设立一个公司以获得银行贷款,以投资拼政绩,再高价卖地还债。2009年金融危机后,4万亿元的投资刺激计划使得地方债这个雪球越滚越大。一旦出现地方政府债务危机,银行呆账等不良贷款激增,偿债压力加重地方政府对"土地财政"的依赖,房地产调控政策难以为继,地方政府压缩预算开支,就业减少,经济增长放缓,地方政府和银行债务都会由中央财政最终埋单。

作为解决治理地方债务的破冰之策,财政部于2011年10月允许上海市、浙江省、广东省、深圳市四省市自行组织发行政府债券试点。2011年我国地方政府共计发行了2 000亿元的债券,其中上海等四省市自行发债229亿元。虽然地方政府无法自主决定发债的规模和用途,因而与中央代为发债并无二致,但仍被视为一种过渡政策而备受瞩目。2014年5月经国务院批准,上海、浙江、广东、深圳、江苏、山东、北京、江西、宁夏、青岛等地将试点地方政府债券自发自还,这也意味着中国地方政府自主发债的时代已经到来。

曹文炼(2012)等学者基于过去成功的经验,提出了发行特别国债,实行国民经济第三次债务大重组,以减轻地方政府的债务负担和化解银行不良资产。如果发行2万亿元的特别国债用于债务重组,那么国债发行额占财政收入比重不会超过40%,是可以承受的。同时,借此扭转地方政府对"土地财政"依赖的局面,通过体制改革从根本上解决地方政府财权和事权失衡问题,为地方政府提供未来可持续的新收入来源。这包括适度提高地方政府税收收入分配比例,稳步推进房产税改革,为地方政府提供可持续的新增税源。最为重要的是深化分税制改革,将目前已经在财源管理上实行的省管县和县管乡体制进一步扩展至所有行政管理上,建立与各级地方政府级次相配套的预算管理机制。

二、发挥国债市场在利率市场化进程中的作用

40年来,我国的利率市场化遵循渐进式改革的一贯思路,先放开货币市场利率和债券市场利率,再逐步推进存、贷款利率的市场化。目前处于利率双轨制之下,即银行体系中被管制的存、贷款利率和基本由市场决定的货币及债券市场利率共存(何东、王红林,2012)。2012年6月7日,央行宣布将金融机构存款利率浮动区间的上限调整为基准利率的1.1倍,将金融机构贷款利率浮动区间的下限调整为基准利率的0.8倍,终于打破了严受管制的存款利率浮动区间上限,迈出了利率完全市场化的关键一步。

市场化利率体制的确立需要一条具有连续性的市场基准利率。为此,应该完善国债市场的价格发现功能,尽快彻底实现国债发行市场和流通市场的利率市场化,不断强化国债利率作为市场基准利率的地位,促使基准化的国债利率尽可能地贴近市场利率,并将定息国债的初始期限延长到7年、10年、20年乃至30年,最终形成一条完整、可靠和较为准确的国债收益率曲线,为其他债务工具利率的变动和中央银行利率的调整提供一个可靠的参考指标。

随着利率市场化改革的不断深化,利率波动幅度也将不断加大,这必然使投资者利用利率衍生品进行风险管理的需求日益增强。从历史经验来看,20世纪70年代,欧美主要国家在利率市场化进程中,利率衍生品的创新层出不穷,呈现爆发性增长,在不到10年的时间内完成了利率市场化过程。值得注意的是,自2012年2月中国金融期货交易所启动国债期货仿真交易,暂停了17年的国债期货。回顾1995年的"3·27国债期货"事件,关键原因在于包括国债在内的所有利率都没有实现市场化。而今,利率市场化的过程正在加速,国债期货的基本前提已然具备,推出国债期货既可以为投资者提供管理利率风险的工具,又有助于利率价格发现,推进银行间市场和交易所市场两个现货市场的融合发展,并通过国债市场交易形成的收益率曲线来确定基准利率体系,为各类金融资产提供更为准确的定价依据。

三、发展国债市场,形成统一的市场体系

继续发展我国的国债市场,需要扩大国债市场规模,丰富国债品种和期限结构。在发行市场上,应主要采用招标方式,引入竞争机制,通过定期、均衡、滚动地发行短期、中期和长期国债,特别是增加1年期以下如3个月、6个月、9个月等短期国债的发行,使其成为公开市场业务的主要媒介。为此,可按公开市场操作需要量审查确定一个短期国债余额的上限,由财政部对滚动发行加以调控,不再逐年或逐笔报告。

在二级市场上,充分发挥国债承销机构和公开市场操作的做市商作用,建立主承销商承担一定做市义务的主承做市机制,并明确做市商考核、融资融券、承销便利等相关问题,降低做市商在市场波动情况下持有做市债券的存货成本,丰富做市交易对冲操作手段,增强做市商风险化解和风险承担能力,提高国债现货市场的流动性。

逐步建立统一开放的国债市场。在统一的国债托管、清算系统的基础上,无论投资者在哪个国债市场上交易,最终都是在同一系统内交割。我们可以借鉴国际经验,将银行间债券市场逐渐发展为国债场外(OTC)市场,将交易所债券市场发展为国债场内市场;场内、场外市场交易的国债均在中央国债登记结算有限责任公司进行统一托管、清算和结算。允许所有投资者均可自由出入场内、场外市场买卖国债,大力发展国债投资基金,使个人和小额投资者可通过间接的方式参与交易,为国债市场的发展培育稳定、理性的投资者群体。在法律和组织架构上,需要规范各个市场的规章制度,完善监管体系,并由单一的法律法规和监管机构统一管理。

四、推动人民币国际化,发展国债离岸市场

在我国,人民币国际化重点是让人民币从体内出生、成长并慢慢走出去,在贸易、计价、投资、储备等领域为国际所用;在利率、汇率和资本项目开放还没有完成的情况下,应发展离岸金融中心作为人民币国际化的"育儿园",而其首选应当为香港,因为这是一个"离家既近,又通达国际,且设施完善"的"育儿园"(李小加,2012)。而其他城市也在积极推动离岸人民币业务,其中伦敦作为最大的欧洲美元市场,竞争优势与香港相得益彰(表12-2)。

表 12-2　香港和伦敦作为人民币离岸中心的竞争优势比较

项　目	香　港	伦　敦
结算及清算系统	离岸人民币所在地 离岸人民币即时支付结算系统	西方首个人民币交易结算中心 全球第二大离岸人民币结算中心
历史及政策性因素	背靠中国内地，且有国家政策支持，列入"十二五"纲要	欧洲美元离岸市场历史悠久，英国财政部和伦敦金融城政府主导
离岸人民币流动性	至 2015 年年末离岸人民币存款达 8 511.06 亿元	至 2015 年年末离岸人民币存款达 1 993.71 亿元
与中国大陆的贸易量	至 2015 年年末，中国内地对香港进出口贸易达 3 443.30 亿美元	至 2015 年年末，中国内地对英国进出口贸易达 910.3 亿美元
时区覆盖范围	大部分覆盖东亚、南亚和澳洲，部分覆盖中东地区	大部分覆盖欧洲、非洲和中东，部分覆盖北美洲、拉丁美洲和南亚
债券、外汇和衍生市场	全球第六大外汇交易市场 亚洲第三大银行同业融资市场	全球最大外汇交易市场 全球最大跨境银行同业融资市场 全球最大场外利率衍生工具市场

从功能上看，作为"育儿园"的离岸人民币中心包括贸易结算中心、企业融资中心和投资产品中心。作为投资产品中心的基础品种，人民币国债的发行较好地发挥了市场基准作用，带动了香港人民币债券市场的发展。截至 2015 年年末，香港累计发行人民币债券 6 926 亿元，其中境外机构在港累计发债 4 162.7 亿元，财政部在港累计发债 1 360 亿元，内地机构在港累计发债 1 403.3 亿元。近年来，香港人民币债券市场发展迅猛，并已成为香港资本市场的重要组成部分。而且今后，除了继续在香港发行人民币国债外，还可利用伦敦欧洲美元市场的优势和经验，进一步拓展国债离岸市场，形成"一个轴心、两个扇面"的模式。

2014 年 9 月 14 日，英国政府成功发行首支人民币主权债券，规模为 30 亿元人民币，期限为 3 年。这意味着英国成为中国之外第一个发行人民币计价国债的国家，而且这也是全球非中国发行的最大一笔人民币债券。

从资金流动来看，离岸市场的主要模式有：完全离岸（非居民—离岸中心—非居民，即资金从非居民流向离岸中心，再流向非居民）以及境内借款（非居民—离岸中心—居民）。人民币国债离岸市场的模式应该是境内借款，其需求主要来自外国投资者和中央银行，作为他们投资组合和储备资产的重要组成部分。应该指出的是，目前人民币国债的吸引力主要是人民币的升值预期，要使其成为被广为接受和投资的金融资产和储备资产是一个长期的过程，这有赖于国际货币体系的顶层设计改革、国家政策的支持和改革的深化以及离岸市场的建设与发展。

参 考 文 献

[1] 马克思,恩格斯.马克思恩格斯全集:第四卷[M].北京:人民出版社,1972.

[2] 马克思,恩格斯.马克思恩格斯全集:第九卷[M].北京:人民出版社,1972.

[3] 马克思,恩格斯.马克思恩格斯全集:第十二卷[M].北京:人民出版社,1972.

[4] 马克思,恩格斯.马克思恩格斯全集:第二十三卷[M].北京:人民出版社,1972.

[5] 欧洲经济史:第一卷《中世纪时期》[M].北京:商务印书馆,1988.

[6] 千家驹.旧中国公债史资料 1894—1949 年[M].北京:中华书局,1984.

[7] 邓子基,张馨,王开国.公债经济学——公债历史、现状与理论分析[M].北京:中国财政经济出版社,1990.

[8] 卢文莹.中国公债学说精要[M].上海:复旦大学出版社,2004.

[9] 高坚.中国债券[M].北京:经济科学出版社,1999.

[10] 亚当·斯密.国民财富的性质和原因的研究:下卷[M].北京:商务印书馆,2002.

[11] 大卫·李嘉图.政治经济学及赋税原理[M].北京:商务印书馆,1976.

[12] 艾·布列格里.为帝国主义服务的税收、公债和通货膨胀[M].北京:中国财政经济出版社,1956.

[13] 约翰·穆勒.政治经济学原理及其在社会哲学上的若干应用[M].北京:商务印书馆,1991.

[14] 罗伯特·蒙代尔.蒙代尔经济文集:中译本,第二卷[M].北京:中国金融出版社,2003.

[15] 约翰·梅纳德·凯恩斯.就业、利息和货币通论:中译本[M].北京:商务印书馆,1988.

[16] 平新乔.财政原理与比较财政制度[M].上海:上海三联书店,上海人民出版社,1997.

[17] 罗伯特·巴罗.政府债券是净财富吗?[J].政治经济学杂志,1974.

[18] 本杰明·M.弗里德曼,弗兰克·H.哈恩.货币经济手册:中译本,第二卷[M].北京:经济科学出版社,2002.

[19] Barro,R.J. The Ricardian Approach to Budget Deficits[J]. Journal of Economic Perspective,1989, 3(2):37-54.

[20] 张志超.适度债务规模理论[J].天津社会科学.1992(5).

[21] Barro,R.J. Are Government Bonds Net Wealth?[J]. Scholarly Articles,1974,82(6):1095-1117.

[22] Barro,R.J. On the Determination of the Public Debt[J]. Scholarly Articles,1979,87(5):940-971.

[23] 肖宇.中国国债市场——发展、比较与前瞻[M].北京:社会科学文献出版社,1999.

[24] 李俊生,李新华.公债管理[M].北京:中国财政经济出版社,2001.

[25] 袁东.中国国债市场与投资[M].北京:经济管理出版社,1994.

[26] 龚仰树.国债学[M].北京:中国财政经济出版社,2000.

[27] 高培勇.国债运行机制研究[M].北京:商务印书馆,1995.

[28] 龚仰树.国内国债经济分析与政策选择[M].上海:上海财经大学出版社,1998.

[29] 罗蕴玲,杨义群等.数量经济学导论[M].北京:学苑出版社,1998.

[30] 杨义群、黄达人.高级经济分析[M].杭州:浙江大学出版社,1994.

[31] Working,H. A Theory of Anticipatory Prices[J]. American Economic Review,1958,48(2): 188-199.

[32] Abbott,C.C. Management of the Federal Debt[J]. Bulletin of the Historiographical Institute, 1946,24(1):97-108.

[33] 史明霞.国债风险控制体系研究[M].北京:经济科学出版社,2007.

[34] 樊丽明.中国地方政府债务管理研究[M].北京:经济科学出版社,2006.
[35] 夏锦良.公债经济学[M].北京:中国财政经济出版社,1991.
[36] 张海星.公共债务[M].大连:东北财经大学出版社,2011.
[37] 刘华.公债的经济效应研究[M].北京:中国社会科学出版社,2004.
[38] 陈共.财政学[M].北京:中国人民大学出版社,2000.
[39] 高晓林,池薇.1954—1958年国家经济建设公债述论[J].当代中国史研究,2008(5).
[40] 陈时兴.中国转型期国债的金融分析[M].北京:中国社会科学出版社,2001.
[41] 何盛明.财经大辞典[M].北京:中国财政经济出版社,1990.
[42] 郭庆旺,赵志耘.财政学[M].北京:中国人民大学出版社,2002.
[43] 张馨,王玮副.透视中国公共债务问题:现状判断与风险化解[M].北京:中国财政经济出版社,2004.
[44] 刘辉,马通.国债管理[M].天津:南开大学出版社,2005.
[45] 赵远军,周侃.国债市场与投资[M].上海:立信会计出版社,1998.
[46] 郭红玉.国债宏观经济效应研究[M].上海:对外经济贸易大学出版社,2005.
[47] 黄挹卿.国债管理业务全书[M].北京:中国金融出版社,1995.
[48] 中国人民银行成人教育教材编审委员会.国债管理理论与实务[M].北京:中国金融出版社,1992.
[49] 杨光焰,周自强,李九领.国债制度分析[M].郑州:河南人民出版社,1995.
[50] 胡关金.公债经济论[M].杭州:杭州大学出版社,1991.
[51] 叶永刚,黄河,胡燕等.国债期货[M].武汉:武汉大学出版社,2004.
[52] 王文刚,宋永明.相对独立的公债管理体制:分析与借鉴[J].经济体制改革,2004(2).
[53] 贾康,李大春.中国加入WTO后国债管理面临的挑战与对策[J].财政研究,2001(9).
[54] 宋永明.现代西方公债管理政策理论综述[J].经济学动态,2002(8).
[55] 王蕾,冯倩楠.利率市场化、国债期货价格发现与风险规避功能[J].金融论坛,2015(4).
[56] 周颖刚,陈世渊.试论我国国债市场的发展[J].当代财经,2013(1).
[57] 彭志远.西方公债理论的新发展[J].经济与管理,2003(11).
[58] 高芳.西方经济学公债理论综述——兼评对我国现实的适用性及理论指导意义[J].平原大学学报,2006(4).
[59] 李妍,张志宏.对我国地方政府发行公债问题的思考[J].经济问题探索,2010(4).

后　记

　　本书是为有志于系统学习与研究公债理论的财政学、金融学专业的研究生和本科生及实际经济工作者编著的。

　　本书一方面对公债理论进行了比较系统的阐述；另一方面对国内、国际范围内的公债理论与实践的有关问题进行了比较深入的分析、探讨。这使得本书成为介于标准经济学教科书和纯粹学术专著之间的一种作品。本书是由李士梅提出创作主旨，并和李安拟定总体框架和写作大纲，共同承担有关章节的撰写内容。最后由李士梅和李安对本书进行全面修改、统稿和定稿。各章节的合作撰写人还有张宇暄、梁培培、赵洁。

　　本书在编撰、著述过程中参考了大量国内外有关专家和学者的研究成果，大部分已在文中或参考文献中标明，有些则由于篇幅的缘故没有一一明示，在此一并致谢。

　　由于我们的水平有限及占有资料的局限性，对公债经济学的研究难免存在不足，敬请读者不吝赐教。

李士梅　李安

2019 年 1 月 30 日

教学支持说明

▶▶ **课件申请**

尊敬的老师：

您好！感谢您选用清华大学出版社的教材！为更好地服务教学，我们为采用本书作为教材的老师提供教学辅助资源。鉴于部分资源仅提供给授课教师使用，请您直接手机扫描下方二维码实时申请教学资源。

任课教师扫描二维码
可获取教学辅助资源

▶▶ **样书申请**

为方便教师选用教材，我们为您提供免费赠送样书服务。授课教师扫描下方二维码即可获取清华大学出版社教材电子书目。在线填写个人信息，经审核认证后即可获取所选教材。我们会第一时间为您寄送样书。

任课教师扫描二维码
可获取教材电子书目

 清华大学出版社

E-mail: tupfuwu@163.com　　　　　　　　网址：http://www.tup.com.cn/
电话：8610-83470158/83470142　　　　　传真：8610-83470142
地址：北京市海淀区双清路学研大厦B座509室　邮编：100084